Lawrence Elliott

JOHANNES XXIII.

Lawrence Elliott

JOHANNES XXIII.

Das Leben eines großen Papstes

VIERTE AUFLAGE

Herder

Freiburg · Basel · Wien

Ins Deutsche übertragen von
Heinz Graef (I)
Hans Schmidthüs (II)

Die Originalausgabe erschien unter dem Titel
„I will be called John"

im Verlag Reader's Digest Press / E. P. Dutton & Co., Inc. / New York 1973

Freiburger Graphische Betriebe 1974
ISBN 3-451-16939-8

Vorwort

Im Frühjahr 1967 fragte mich Maurice Ragsdale, der Verleger von Reader's Digest, ob ich daran interessiert sei, etwas über Papst Johannes XXIII. zu schreiben, ein kleines Erinnerungsbuch vielleicht, das die Herzensgüte dieses Mannes und seine ungeheure Anziehungskraft auf Menschen aller Konfessionen veranschaulichen könnte. Obwohl ich an einem anderen Projekt arbeitete, sagte ich sofort zu, denn dieser Gedanke faszinierte mich. Wir sprachen noch ein wenig darüber, und dann – ich hatte mich bereits erhoben, um zu gehen – bemerkte Ragsdale: „Eine Frage noch, sind Sie Katholik?"

„Nein", gab ich zur Antwort und dachte, daß ich damit meinen Auftrag wohl losgeworden sei.

„Um so besser!" sagte er emphatisch. „Uns geht es ja um die Lebensgeschichte eines Menschen. Freilich ist er Papst geworden, aber die Leute liebten ihn ja nicht deswegen, weil er eine hochstehende und mächtige Persönlichkeit darstellte, sondern im Gegenteil, weil er so menschlich war. Und die menschliche Seite des Ganzen – die unwiderstehliche Ausstrahlung, die er auf Nichtkatholiken ausübte – läßt sich wahrscheinlich besser von einem Außenstehenden erzählen."

So statte ich denn auch zunächst Maurice Ragsdale meinen Dank ab für die Ermunterung und Hilfe, die er mir bei der Abfassung dieses Buches gewährt hat. Das „kleine Erinnerungsbuch", von dem an jenem Frühlingstag vor mehr als fünf Jahren die Rede war, ist weit umfangreicher geworden als vorgesehen und hat mich länger beschäftigt als die sechs oder acht Monate, mit denen ich ursprünglich gerechnet hatte. Aber ich hoffe, daß der Leser in diesen Seiten den wesentlichen Gedanken Ragsdales noch wiederfindet: die Geschichte eines Mannes, der das Herz der ganzen Welt gewann.

Weder heute noch künftig kann jemand, der eine ernsthafte Würdigung des Lebens und der Persönlichkeit Johannes' XXIII. versucht, auf Erfolg hoffen, wenn er nicht mit dem Quellenmaterial beginnt, das Mgr. Loris Capovilla, der Sekretär und getreue Helfer des verstorbenen Papstes, zugänglich gemacht hat. Wenn der Biograph noch dazu den persönlichen Beistand Monsignore Capovillas findet, hat er doppeltes Glück. Ihm gegenüber ist meine Dankbarkeit grenzenlos. Er war es, der mich während der Zeit, die wir gemeinsam in Chieti zubrachten, davon überzeugte, daß ich mein geplantes Buch über Papst Johannes auf seine vollen biographischen Dimensionen ausweiten mußte, und seine tatkräftige Hilfe und Führung gaben mir den Mut weiterzumachen. Ich muß noch hinzufügen, daß die umfassenden und andauernden Bemühungen Monsignore Capovillas um die Herausgabe der Tagebücher und Briefe des Papstes eine Fundgrube für sachdienliches Material sind, und die Erlaubnis, daraus zitieren zu dürfen, erkenne ich dankbar an.

Von den vielen Mitgliedern der Familie Papst Johannes', die mir eine Unterredung gewährten, bin ich besonders seinem Neffen Mgr. Battista Roncalli in Bergamo und seiner Nichte Enrica Roncalli in Sotto il Monte verpflichtet. Was sie an Einzelheiten beisteuerten, geht aus dem Text dieses Buches klar hervor, und die persönlichen Erinnerungen, die sie mir anvertrauten, halfen mir, es zu gestalten.

Ich danke allen kirchlichen Würdenträgern, die meine Bitten um Information beantwortet haben und trotz dringender Geschäfte die Zeit fanden, mit mir zu sprechen. Ich weiß besonders die Offenheit zu schätzen, mit der einstige Freunde und Helfer des Papstes über ihn berichtet haben. In dieser Hinsicht möchte ich Seine Eminenz Egidio Kardinal Vagnozzi, die Monsignori Andrea Spada und Thomas Ryan dankbar erwähnen; nicht zu vergessen Erzbischof William Carew, der mich mit einer Fülle von Einzelheiten über die Geographie des Vatikans und über die Jahre versah, die Papst Johannes im Apostolischen Palast verbrachte. Und schließlich gilt mein ganz besonderer Dank Seiner Eminenz, dem verstorbenen Angelo Kardinal Dell'Acqua, der einer der engsten Mitarbeiter Papst Johannes' war.

An dieser Stelle scheint mir der Hinweis angebracht, daß niemand, der Erinnerungen oder Material zu diesem Buch beigesteuert hat, für den Gebrauch, den ich davon gemacht habe, in irgendeiner Weise verantwortlich ist. Die Deutungen und Ansichten, ebenso wie die Fehler, die sich möglicherweise eingeschlichen haben, gehen zu meinen Lasten. Ich bin menschlich genug zu hoffen, daß diejenigen, die mir geholfen haben, meine Arbeit wohlwollend beurteilen, sollte es anders sein, so liegt der Fehler wahrscheinlich bei mir.

Inhalt

Für Gisela in Liebe

Sotto il Monte

Auf den gelben Hügeln, die sich aus der Lombardischen Ebene im Norden Italiens erheben, sieht man an einem gestreckten Hang über dem Tal des Po eine Handvoll getünchter Häuser. Die Ortschaft heißt Sotto il Monte, was „unterhalb des Gebirges“ bedeutet. Zehn Jahrhunderte lang haben die Dorfbewohner den steinigen, kärglichen Boden beackert, ohne einen anderen Lohn für ihre Mühe zu erwarten als eine Abendmahlzeit aus Suppe und Polenta, hin und wieder ein Glas Wein und den beständigen Segen Gottes. Im Sommer brütet über den Weingärten und kleinen Kornfeldern die Hitze. Im Winter fegt ein schneidender Wind von den Alpen herunter, wirft Schnee oder eiskalten Regen über die Hügel, rüttelt an den Fensterläden und dringt durch Mark und Bein.

Vor langen Jahren wurde an einem solchen Tag, am Morgen des 25. November 1881, dem Bauern Giovanni Battista Roncalli und seiner Frau Marianna ein Kind geboren, ein erster Sohn nach drei Töchtern. Am Spätnachmittag – der Wind wütete noch immer, und unaufhörlich fiel ein kalter Regen – war die Mutter von ihrem Bett aufgestanden und machte sich gemeinsam mit ihrem Mann bereit, um zur Pfarrkirche zu gehen. Das war für fromme Eltern in jenem abgelegenen Flecken und in den ungewissen Zeitläuften eine Selbstverständlichkeit. Sie hofften, daß das kleine Wesen, dem sie das Leben geschenkt hatten, zu einem robusten Mann heranwachsen werde; aber falls es anders kommen sollte, falls der Herrgott ihn noch an diesem Tag zu sich rufen würde, sollte er als getaufter Christ vor seinem himmlischen Vater erscheinen. Und so stapften sie hinaus in den Sturm, Marianna trug den in ein Wolltuch gehüllten Säugling – denn Männer trugen keine Babies –, während Giovanni mit seinem Onkel Saverio, den man wegen seines stattlichen Bartes „Barba“ nannte, an der Spitze marschierte. Er war das Haupt der Familie Roncalli und sollte Taufpate werden.

Sie überquerten die Piazza und kamen zu der kleinen Kirche Santa Maria von Brusico mit ihren verwitterten Steinen und den im Wind klappernden Läden, und dort erfuhren sie, daß der Pfarrer im benachbarten Dorf einen Kranken besuchte.

„Wann wird er zurück sein?“ fragten sie.

Der Küster zuckte die Achseln: „Chi lo sape?“ („Wer weiß?“)

Wieder heimzugehen kam nicht in Frage. Während Marianna und Barba warteten, eilte Giovanni durch den Regen zum Standesamt, um die Geburt seines Sohnes zu melden, dann kehrte er zu den beiden zurück ins Pfarrhaus. Dort saßen sie in ihrem dunklen, altersstolzen Sonntagsstaat, steif und schweigend auf der einzigen harten Bank.

Der Vater war von der Sonne gebräunt und sehnig, er hatte einen großen schwarzen Schnurrbart, die gebogene Nase und die abstehenden Ohren, die später, im Mannesalter, auch den Sohn kennzeichnen sollten. Die Mutter, eine geborene Maria Anna Mazzola, war damals siebenundzwanzig Jahre alt und hatte bereits einen stattlichen Leibesumfang. Sie hatte die warmen, scharfsichtigen Augen, das gütige Gesicht, das auch dem Sohn später eignen sollte. Sie stammten beide aus dem Kleinbauerntum, jenem Quell der Menschheit, den der alte Erdteil während eines Jahrtausends gelegentlich ausbeutete, auf den er sich verließ, wenn es galt, seine Ernährung sicherzustellen, seine Armeen zu füllen und die Maschinen in seinen Fabriken zu bemannen, als die Landbewohner in die Städte kamen, um neue Arbeitsmöglichkeiten zu suchen. Dies alles leisteten die Bauern Europas in guten und schlechten Zeiten, wobei sie die Familie, das Dorf und die Nation mit ihren beständigen Werten durchsäuerten und ein stoisches und unzerstörbares Bindeglied zwischen Vergangenheit und Gegenwart bildeten.

Der Name Roncalli wird, wie man sagt, von dem italienischen Wort ronchi abgeleitet, einer Art Terrasse, die man an der Hügelflanke aufschichtet, um Wein anzubauen. Der erste Roncalli, der sich in Sotto il Monte ansiedelte, kam um 1430 über die Hügel aus dem Imagna-Tal im Bezirk von Bergamo. Er hieß mit Vornamen Martino und baute sich ein solides Haus, das heute noch steht, wenn es auch seit Jahrhunderten nicht mehr im Besitz der Familie ist. Damals besaßen die Roncallis nichts. Sie hatten nur ihre Angehörigen und einen unerschütterlichen Glauben an Gott, und wie die anderen Familien in den gelben

Hügeln klammerten sie sich, Generation für Generation, mit bäuerlicher Zähigkeit an den Ackerboden. Sie waren *mezzadros* (Pachtbauern), die ihr Land von dem Grafen Ottavio Morlani gepachtet hatten. Vom Tagesanbruch bis zur Dämmerung arbeiteten alle, die Männer, die Kinder und manchmal auch die Frauen, mit den primitivsten Geräten auf den Feldern und verdienten sich so die Nahrung für den Tisch und vielleicht ein paar Lire nebenbei.

Im Jahre 1881, dem Jahr, in dem dieses neue Kind geboren wurde, bearbeiteten die Roncallis vier Hektar Land, etwa acht Morgen, und im Stall standen vier Kühe, deren Milch sie zur Hälfte für sich behalten durften. Aber damals war eine Familie noch eine Familie, zu ihr gehörten auch die Großeltern, die Onkel und Tanten und deren Kinder; sie alle lebten unter dem gleichen Dach, und jeden Abend gab es achtundzwanzig Münder zu sättigen. Vierzig Jahre sollten noch vergehen, bevor die Seidenraupen einen unerwarteten Gewinn einbrachten und Giovanni Battista in die Lage versetzten, eine Anzahlung auf die vier Hektar Land und das darauf stehende Haus zu leisten, das Colombera hieß. Der jetzt noch in den Armen der Mutter schlummernde Säugling wurde damals aufgefordert, seinen Namen den Unterschriften der Familienmitglieder hinzuzufügen, damit, es war im Jahre 1921, die Bank in Bergamo die erste Rate auf den vereinbarten Kaufpreis von fünfundfünfzigtausend Lire überweisen konnte. Aber noch weitere zwanzig Jahre sollten vergehen, bevor die dem Grafen Morlani geschuldete Summe getilgt war, bevor die Roncallis zum erstenmal seit fünfhundert Jahren keine Pachtbauern mehr waren. Endlich besaßen sie ihr eigenes Land und ihr eigenes Heim – und blieben doch so arm wie zuvor.

Es war bereits spät am Abend, als der Pfarrer, Don Francesco Rebuzzini, zurückkehrte. Er war völlig durchnäßt und sehnte sich zweifelsohne danach, die Schuhe von den Füßen zu streifen und vor dem Ofen in Ruhe ein Glas Glühwein zu trinken. Statt dessen sah er sich den frischgebackenen Eltern und dem stolzen Onkel gegenüber, die sich erhoben hatten, und Marianna hielt ihm den Säugling entgegen.

„Er ist heute morgen eingetroffen", sagte sie. „Ein Junge."

„Wir sind gekommen, um ihn taufen zu lassen", meinte Giovanni.

„Falls es nicht zu spät ist", fügte Barba hinzu.

Der Priester seufzte. Nein, es war nicht zu spät. Er führte sie in die kleine, kalte und kahle Kapelle, wo die flackernden Kerzen dunkle Schatten über die Wände warfen. Sie standen vor dem marmornen Taufbecken, Onkel Saverio nahm sein Patenkind auf seine Arme, während die Mutter und der Vater näher herantraten, als Don Francesco mit der feierlichen Handlung begann. Draußen heulte und tobte der Wind, und manchmal hörten sie, wie ein Regenguß gegen die Fenster prasselte. So wurde das Kind in die Gemeinschaft der Kirche aufgenommen. Auf dem Taufschein ist sein Name als Giuseppe Angelo Roncalli eingetragen, aber dieses Versehen muß man wohl der Müdigkeit Don Francescos zugute halten, denn in Wirklichkeit hieß der Kleine Angelo Giuseppe. Außerdem gab es kein Anzeichen, kein übersinnliches Omen dafür, daß einmal der Tag kommen sollte, an dem er den Thron des heiligen Petrus besteigen würde.

Im Anfang wohnten sie in dem dreihundert Jahre alten Bauernhaus an der Via Brusico, wo er geboren wurde. Es steht dort heute noch, wenn auch ein wenig verändert, ein zweistöckiges Fachwerkhaus mit getünchten Wänden und roten Ziegelböden. Es hatte kein fließendes Wasser, keinen Herd, und im Winter brachte man das Vieh im Erdgeschoß unter und das Getreide im Hof. Sie lebten, wie die übrigen Dorfbewohner auch, in völliger Armut, und alle ertrugen sie mit heiterer, bäuerlicher Gelassenheit. Angelo, der als Kind Angelino genannt wurde, sagte später einmal: „Wir waren sehr arm, aber das waren alle, daher merkten wir gar nicht, daß wir irgend etwas entbehrten." Beim Abendessen gab es keinerlei Abwechslung. Es gab immer nur Polenta, ein in der Lombardei übliches Gericht aus Maismehl, und am Weihnachtsfest ein wenig Wein und selbstgebackenen Kuchen. Und wenn abends ein Bettler vor der Küchentür stand, nahm er am Tisch Platz, und sie teilten mit ihm das wenige, das sie besaßen.

Angelo erinnerte sich an die Felder, die zur Zeit der Aussaat naß und feucht waren und in der Erntezeit trocken und staubig. Selbst als er noch zu jung war, um mitzuarbeiten, begleitete er die Mutter auf ihren Gängen und trottete hinter ihr her, wenn sie in der Abenddämmerung den langen Hang hinauf heimwärts stapfte. Sein Vater ritt auf dem Esel, denn so war es Brauch bei der Landbevölkerung. Es wäre ihm nie eingefallen, statt seiner Marianna reiten zu lassen.

Viele Jahre später, als er Papst geworden war, erinnerte er sich an seinen Vater mit einem Anflug jenes zärtlichen Humors, der ihn mit allen Menschen und allen Konfessionen verband: „Es gibt drei Möglichkeiten, um sich zu ruinieren – die Frauen, das Glücksspiel und die Bauernarbeit. Mein Vater entschied sich für die langweiligste."

Die Glocken der Mönche von Boccanello, deren Kloster anderthalb Kilometer entfernt lag, waren ihre Hausuhr. Sie sagten ihnen, wann sie aufwachen, wann sie beten, wann sie essen mußten. Wenn es frühmorgens um fünf zum Angelus läutete, konnte der Junge hören, wie sich seine Mutter im benachbarten Zimmer regte und dem Vater zurief: „Wach auf, Giovanni! ‚Der Engel des Herrn brachte Maria die Botschaft'..." Wenn sie zu Mittag läuteten, ließ sie alles stehen und liegen und sagte: „Es ist Zeit, die Polenta aufzusetzen."

Im Oktober 1887, als Angelo fast sechs Jahre alt war, wurde er in die einzige Schule von Sotto il Monte geschickt, ein Gebäude, das nur aus einem Raum bestand und mit drei Bänken versehen war, für jede Klasse eine. Der Leiter der Schule war der Pfarrer Don Francesco. Angelo hatte eine schnelle Auffassungsgabe und ein gutes Gedächtnis, außerdem war er darauf erpicht, etwas hinzuzulernen. Sein jüngerer Bruder Saverio, mit dem er im Jahr darauf gemeinsam zur Schule ging, sagte: „Stellt euch vor – er *wollte* zur Schule gehen! Was mich betrifft, ich habe zwanzig Jahre lang die Schule nicht besucht, mit Ausnahme eines Jahres, und auch da nur, wenn es regnete. Wenn das Wetter schön war, ging ich auf die Felder. Daher ist es wohl auch gekommen, daß er Papst wurde und ich ein Analphabet geblieben bin."

Die übrigen Klassenkameraden waren von Angelos Fleiß nicht so sehr beeindruckt. Eines Tages kam der Schulinspektor in die Schule und fragte die Schüler, welches von beiden mehr wiege, ein Doppelzentner Eisen oder ein Doppelzentner Stroh. Alle riefen eifrig: „Eisen! Das Eisen!" Schließlich, als die letzten Stimmen verstummt waren, erhob sich Angelo und sagte, vielleicht ein wenig selbstzufrieden: „Ein Doppelzentner ist ein Doppelzentner. Einer wiegt genausoviel wie der andere."

„Der Inspektor lobte ihn", wußte sich einer seiner Kameraden zu erinnern, „wir aber verprügelten ihn." Battista Agazi ist inzwischen gestorben, aber seine Tochter, die noch heute in dem Haus gegenüber der Colombera lebt, erinnert sich an die wehmütige Fröhlichkeit, mit der er diesen Vorfall aus seiner Jugend erzählte. „Ja, ja, es ist wirklich wahr", pflegte er jedem zu sagen: „Wir lauerten ihm auf der Straße auf und verprügelten ihn – nicht allzusehr freilich."

Als Angelo die drei Grundschulklassen durchlaufen hatte, schickte ihn Don Francesco, der zu spüren schien, daß in dem Jungen etwas Besonderes steckte, gemeinsam mit seinem Vater nach Carvico, einer Nachbargemeinde, deren Pfarrer, Don Pietro Bolis, in dem Ruf stand, ein hervorragender Lehrer des Lateinischen zu sein. „Der Junge ist nicht dumm", sagte der Vater, „sollte er also zurückbleiben, klopfen Sie ihm auf die Finger." Don Bolis bedurfte einer solchen Aufforderung nicht: gerötete Ohren und schmerzende Knöchel waren das Geheimnis seiner pädagogischen Erfolge, und Angelo lernte Caesars Bücher über die Feldzüge in Gallien „zum Kurs von einer Ohrfeige pro Seite", wie er sich auszudrücken beliebte.

Daheim blieben seine Lebensgewohnheiten unverändert, der rhythmische Ablauf der Zeit war ihm wohlvertraut und verläßlich. An Feiertagen gab es stets eine Wallfahrt zu einem der nahegelegenen Heiligtümer, wobei seine Mutter Brot und Käse als Verpflegung mit sich trug. Jeder Tag begann mit einer Messe und endete mit dem Gebet des Rosenkranzes. Am Abend saß Angelo mit den anderen an dem großen Küchentisch und lauschte begeistert, wenn Onkel Saverio laut aus der Bibel oder aus den katholischen Tageszeitungen von Bergamo vorlas.

Dieser ungewöhnliche Mann, der sich beinahe alles selbst beigebracht hatte, nahm den Jungen in seine Obhut und vermittelte ihm eine christliche Ethik, die über Ritus und Frömmigkeit hinausging, eine Neugier und ein Interesse für die weite Welt, die über die begrenzenden Berge hinausreichten. Die übrigen Familienangehörigen, soweit sie älter waren, erschienen Angelo in seiner Erinnerung „ein wenig mürrisch, aber sonst wahrhaft gute und ehrenwerte Leute". Mehr als ein halbes Jahrhundert später erwähnt er sie in einem Brief an seinen jüngeren Bruder Giovanni: „Zum Glück tretet ihr Brüder nicht in die Fußstapfen unserer alten Angehörigen ..., die kaum miteinander sprachen, ohne zu murren ... Ich erinnere mich, daß ich als Kind unseren Herrn inbrünstig anzuflehen pflegte, er möge doch die alten Roncallis ein wenig miteinander reden lassen. Und ich fragte mich mehr als einmal: Wie wollen sie je in den Himmel kommen, da doch der Herr sagt, daß wir alle einander lieben müssen..."

Etwa um diese Zeit bezog die Familie die Colombera, ein unregelmäßig gebautes, dreihundert Jahre altes Haus, das einen Binnenhof umschloß. Es hatte ein imposantes rotes Ziegeldach und achtzehn Räume, aber es führte nur einen bescheidenen Wandel in den Lebensgewohnheiten der Roncallis herbei. Sie waren immer noch *mezzadros*, und abgesehen von der Überbelegung durch Onkel, Tanten und Vettern – es waren jetzt zwanzig Kinder im Haus, von denen Angelo der älteste Junge war – mußten noch Unterkünfte für das Vieh freigehalten werden.

Im Oktober 1891, als Angelo noch nicht ganz zehn Jahre alt war, trat er in die höhere Schule in Celana ein, das jenseits des Berges San Giovanni lag. Sein Vater, der zunächst noch im Zweifel darüber war, ob ein Junge, der Bauer werden sollte, eine solche Erziehung benötigte, wurde von Don Francesco davon überzeugt, daß die Zeiten sich änderten. In der heutigen Welt, sagte der Priester, sei es für einen so aufgeweckten Jungen wie Angelo nicht damit getan, daß er in gleicher Weise heranwachse wie die übrigen Dörfler und nur den ländlichen Dialekt der Umgebung von Bergamo spreche. Er muß „das Italienisch der Hochsprache" lernen, sagte Don Francesco, und dazu Geographie und Mathematik. Giovanni zuckte die Achseln und brachte seinen Sohn auf den Weg über das Gebirge hinunter ins Tal von San Marino, um ihn dort bei Verwandten unterzubringen, die nicht weit vom Bischöflichen Internat in Celana wohnten.

Aber sein Vater begleitete ihn nur ein Stück des Weges. „Als mein Vater mich bis kurz vor den Wäldern von Faida begleitet hatte", schrieb Angelo Roncalli viele Jahre danach, „mußte ich von dort allein weitergehen bis nach Pontida, wo ich bei meinem Onkel und meiner Tante in der Ca' de Rizzi wohnen sollte, um von dort aus die Internatsschule in Celana als Externer zu besuchen. Kaum war ich in der Kälte und in den Wäldern allein, da weinte ich bei dem Gedanken an mein Zuhause, das ich verlassen hatte."

Seine Abwesenheit dauerte jedoch nicht lange. Die Verwandten in Pontida gerieten sich wegen einer Erbschaft fürchterlich in die Haare, und eines Abends erschien Marianna und nahm ihren Jungen mit nach Hause. Jetzt mußte er *täglich* die acht Kilometer über den Monte San

Giovanni zur Schule gehen. Frühmorgens um 6 Uhr brach er auf, in der Tasche eine in Papier gewickelte Scheibe kalter Polenta, die ihm als Mittagessen diente, und seine Schuhe meist über die Schulter gehängt, um sie zu schonen. Wenn er dann abends müde und fröstelnd heimkam, reichte seine Kraft nur noch aus, um zu essen und ins Bett zu fallen. Wenn er morgens in den tiefgefurchten Karrenspuren nach Celana stolperte, hielt er beharrlich ein geöffnetes Buch vor die Augen, um sich die Hausaufgaben einzuprägen. Aber in seinem Kopf tanzten Geographie und Mathematik wild durcheinander. „In Celana war ich alles andere als eine Glanznummer", sagte er später, und seine halbjährlichen Zeugnisnoten, die sich im mittleren Durchschnitt der Notenskala bewegten, ärgerten ihn.

Aber es gab noch andere unglückliche Begleiterscheinungen. Das Bischöfliche Internat in Celana war im 16. Jahrhundert vom heiligen Karl Borromäus, einem Bergamasken, gegründet worden, der Erzbischof von Mailand wurde und in Angelos Leben noch eine Rolle spielen sollte. Aber im Jahre 1891 war es eine Diözesanschule, und fast alle Schüler, die übrigens älter waren als der dunkelhäutige, untersetzte Junge aus Sotto il Monte, gehörten einer gehobeneren Gesellschaftsschicht an. Sie machten sich über seine ärmliche Kleidung und seinen bäuerlichen Dialekt lustig, und um ein Haar wäre er wegen eines Vergehens geschaßt worden, das in Wahrheit auf ihr Konto ging; es war eine harte und mühsame Zeit für einen Zehnjährigen.

Einmal sagte er: „Ich erinnere mich nicht, daß ich je den Wunsch gehabt hätte, etwas anderes als Priester zu werden." Frömmigkeit war für ihn so selbstverständlich wie das Atmen. In seinem Herzen war die Kirche ganz und gar lebendig. Ihre Heiligen waren seine Vorbilder, und ihre Lebensgeschichten bewegten und begeisterten ihn. Gott war wirklich. Nicht nur wenn er betete, spürte Angelo Seine Gegenwart, auch wenn er seinen Blick über die Hügel wandern ließ oder wenn er die winterharte Krume in seinen Händen zerbröselte, überkam ihn die Gewißheit, daß sie im Frühling wieder Frucht tragen und die zarten Weizenschößlinge ernähren werde.

Für seinen jugendlichen Geist konnte es keinen edleren Beruf geben, um Gott zu dienen, als den eines Pfarrers. Der Priester war der Vater des Dorfes, der weise und gütige Hüter der Seelen. Er lehrte den Katechismus, feierte das Meßopfer und hörte die Beichte. Er kannte jede Familie, all ihre Hoffnungen und Nöte und ihre geheimen Ängste. Wenn er predigte, sprach er mit der Stimme Gottes, und nichts in der Welt schien wirklich oder endgültig, weder Verlöbnis noch Geburt noch selbst der Tod, ehe der Priester auf die Kanzel gestiegen war und es verkündet hatte.

Von seinem Ehrgeiz, Priester zu werden, sprach Angelo nicht, denn er fühlte, daß das für den Sohn eines *mezzadro* zu anmaßend gewesen wäre. Aber Don Francesco mag es wohl geahnt haben. Als er bemerkte, wie der Junge ehrfurchtsvoll die Soutane und den gestärkten Kragen des Geistlichen anstarrte, neckte er ihn: „Werde mir nur ja kein Priester, Angelino. Schau nur, wie sehr wir in dieser Kleidung schwitzen. Und wie der Kragen drückt!“

Aber er bereitete ihn auf die Lateinprüfung vor und erlaubte ihm, schon mit acht Jahren zur ersten heiligen Kommunion zu gehen, dann wählte er ihn dazu aus, die Namen der anderen Kinder in die Liste für das Gebetsapostolat einzutragen. Und im Herbst 1892 erreichte Don Francesco, daß Angelo, trotz seiner mäßigen Leistungen in Celana, ins Konvikt in Bergamo eintreten konnte.

Damit war er aber noch nicht für den Priesterberuf bestimmt. In jener Zeit boten die Seminare für einen katholischen Jungen die einzige Gelegenheit, eine höhere Bildung zu erlangen. Ein solcher besuchte das Seminar, gleich ob er nun Arzt, Rechtsanwalt, Journalist oder Priester werden wollte. Aber auch Giovanni wußte, welchen Weg sein Sohn einschlagen würde. Nur mit Widerstreben gab er seine Einwilligung, denn jeder Vater sehnte den Tag herbei, an dem sein Ältester ihm bei der Feldarbeit zur Hand gehen würde, und so sagte er: „Er ist der Sohn eines armen Bauern. Er wird ein noch ärmerer Priester werden.“

Es war vereinbart worden – auch dies wieder durch die Vermittlung Don Francescos –, daß das Schulgeld von dem Bruder des Grundbesitzers Graf Morlani bezahlt werden sollte, der Prior eines religiösen Ordens an Santa Maria Maggiore war. Aber Marianna war der Ansicht, daß ein Junge, der so weit weg von zu Hause lebte, wenigstens ein paar Lire in der Tasche haben müßte. Sie und Giovanni besaßen keinen Heller. Ihre Familie war inzwischen auf zwölf Personen angewachsen – schließlich hatte Angelo sogar dreizehn Brüder und Schwestern, von denen drei in ihrer Kindheit starben –, und wenn einmal

Geld vorhanden war, so wurde es für ein Paar Schuhe oder ein warmes Kleidungsstück ausgegeben. Desungeachtet machte sich Marianna auf, um jeden aus der Verwandtschaft um etwas Geld zu bitten, mit dem sie ihren Jungen auf die Reise schicken konnte. Sie war den ganzen Morgen und den größten Teil des Nachmittags umhergelaufen. Als sie heimkehrte, zitterten ihre Lippen, und völlig geschlagen sank sie an dem langen Küchentisch zusammen. Dann weinte sie bitterlich. Angelo, der noch nie erlebt hatte, daß diese starke, selbstbewußte Frau je zuvor zusammengebrochen wäre, vergaß diesen Augenblick nie.

„Was hast du denn, Mama?“ bettelte er. „Was ist los?“

Keiner Antwort fähig, leerte sie ihre abgegriffene Geldbörse auf dem Tisch aus. Nur ein paar kleine Münzen rollten klappernd auf die Tischplatte. Alles in allem waren es zwei Lire, die einem Wert von rund 50 Pfennigen entsprachen.

Und mit diesem Betrag und einem Herzen voll jugendlicher Hoffnung machte sich Angelo Roncalli, noch nicht ganz elf Jahre alt, auf den Weg, um Priester zu werden.

Die katholischste aller Städte

Die Entfernung zwischen Sotto il Monte und Bergamo beträgt nur dreizehn Kilometer, aber für Angelo Roncalli, der anfangs November 1892 dort ankam, war es eine völlig neue Welt. Bergamo strahlte vor Urbanität und war erfüllt von Geist und Leben. Die Läden stellten köstliche Dinge zur Schau, wie er sie noch nie gesehen hatte, und wenn er in die Cafés hineinschaute, sah er elegant gekleidete Herren und Damen, die mit den Männern und Frauen, denen er bisher begegnet war, keinerlei Ähnlichkeit hatten. Das Priesterseminar lag in der Città Alta, der hochgelegenen Altstadt, deren Mauern auf die Zeit der Etrusker zurückgingen und deren mittelalterliche Kirchenkuppeln und Renaissancepaläste hoch über das Dächergewirre des tiefer gelegenen neueren Stadtteils emporragen. Nachts bildete der Lichterglanz der Altstadt einen grellen Kontrast zu der Dunkelheit des Gebirges.

Und obgleich es nur eine kleine Stadt war – weder eine Eisenbahn noch eine Staatsstraße führten hindurch –, so besaß es doch eine reiche Tradition an künstlerischem Schaffen. Hier entstand die Kunst der Pantomime, und seit dem sechzehnten Jahrhundert entwickelten sich hier die Masken tragenden Charaktere der commedia dell'arte. Hier hatten der große Komponist Donizetti gelebt und der katholische Schriftsteller Manzoni, dessen Roman „Die Verlobten" in der ländlichen Umgebung von Bergamo spielte und drei Generationen von Italienern entzückt hatte und der auch ein Lieblingsautor des jungen Angelo Roncalli werden sollte. Ihm gefiel diese ungewöhnliche bergamaskische Aufgeschlossenheit für das Schauspiel des Lebens. Der sanft-spöttelnde Humor, der in dieser Stadt heimisch war, vertrug sich gut mit seinem bäuerlichen Wesen.

In den turbulenten Jahren kurz vor der Jahrhundertwende war Bergamo auch das bedeutendste Zentrum des Katholizismus in dieser Gegend. Der *Osservatore Romano* nannte es „Cattolicissima Città" (die katholischste aller Städte). Es war die Zeit des *risorgimento*, eine

Woge italienischen Nationalismus' brandete empor und unterwühlte die weltliche Herrschaft der Kirche. Im Jahre 1870 hatte König Viktor Emmanuel die letzten der einstmals ausgedehnten Herrschaftsgebiete des Papstes, Rom und die päpstlichen Staaten, annektiert, und als Antwort darauf hatte sich Pius IX. nicht ohne Bitterkeit als den Gefangenen im Vatikan bezeichnet und durch das Dekret *Non expedit* den Katholiken verboten, zu wählen oder ein staatliches Amt anzunehmen. Zwanzig Jahre sollten vergehen, ehe der italienische Katholizismus begann, sich wieder in das politische Leben des Landes einzufügen. Und dieser Anfang wurde in Bergamo gemacht.

Denn hinter der glänzenden Fassade schwelte innerhalb der Stadt eine Armut, die so furchtbar und erniedrigend war wie irgend sonst in Italien. Hier, wie anderswo auch, hatte der ungestüme Vormarsch der industriellen Revolution Tausende argloser Männer und Frauen überrannt und versklavt. Angelockt von den Fabriken, schufteten sie endlos lange Stunden für geringen Lohn. Sie ertrugen die Strapazen in den schmutzigen, lärmdurchtobten Werkhallen, kehrten wieder heim in ihre überfüllten Elendsquartiere und lebten ohne Hoffnung für sich oder für ihre Kinder. Wenn sie krank wurden oder zu alt, um zu arbeiten, setzte man sie auf die Straße.

Es gab Männer, auch Priester waren darunter, die der Ansicht waren, daß sich die Kirche um diese Notlage kümmern müßte. Sie erkannten, daß die politische Einigung Italiens ohne eine soziale Wiedergeburt unmöglich war. Ihr Wortführer war Camillo Guindani, Bischof von Bergamo. Im Jahre 1891 erhielt ihr Anliegen einen unverhofften Auftrieb, als Papst Leo XIII. seine aufsehenerregende Enzyklika *Rerum Novarum* (über die Arbeiterfrage) veröffentlichte. Es war ein dramatischer Aufruf, altes Unrecht wiedergutzumachen, und für jene, die sich ihren Unterhalt mit ihrer Hände Arbeit verdienten, eine Bestätigung ihres menschlichen Wertes.

„Es müssen Wege und Mittel gefunden werden, und zwar möglichst schnell", so begann das Dokument, „um die Not und das Elend zu beseitigen, die gegenwärtig so schwer auf der großen Mehrheit der Ärmsten der Armen lasten." Und zum erstenmal in der Geschichte wurde von höchster kirchlicher Stelle bestätigt, daß die Kirche nicht nur für das religiöse Leben ihrer Gläubigen Verantwortung trägt, sondern auch für ihr leibliches Wohlergehen. Es war ein eindeutiger

Appell an das Gewissen, und in Bergamo folgten katholische Geistliche und Laien diesem Aufruf, indem sie sich auf die Seite der Arbeiter stellten und dem Fluch der Armut mit der Forderung nach gerechten und praktischen Lösungen zu Leibe rückten. Sie kämpften für das Recht der Arbeiter und Bauern, sich in Organisationen zusammenzuschließen, um sich selber helfen zu können. Sie errichteten Gemeindeküchen und entwarfen Pläne für eine Versicherung. Um 1895 gab es in der Provinz Bergamo nahezu einhundert katholische Verbände, Genossenschaften und Kreditvereine mit mehr als 42000 Mitgliedern.

Alle diese Anstrengungen, die unter der Bezeichnung „Katholische Aktion" zusammengefaßt wurden, schockierten natürlich bestimmte Kreise der Geistlichkeit und der Laien. Und ebenso natürlich war es, daß sie von der antiklerikalen Linken verspottet und lächerlich gemacht wurden. Aber am Ende stellte es sich heraus, daß die Katholische Aktion ein vernünftiger Ausweg aus dem politischen Patt zwischen unangebrachter Einmischung der Kirche in weltliche Angelegenheiten und fanatischem Antiklerikalismus war, und als Ursprung der christlich-demokratischen Bewegung blieb sie auch weiterhin eine wirksame Kraft im gesellschaftlichen und politischen Leben Italiens. Und Angelo Roncalli, der acht seiner bildsamsten Jahre in Bergamo verbringen sollte, wo der Geist von *Rerum Novarum* lebendig blieb, der dort zum Manne heranwuchs und immer wieder zu den dortigen Quellen humanistischen Geistes zurückkehrte – Angelo Roncalli blieb der Mahnung Papst Leos eingedenk, die besagte, daß man sich der Arbeit nicht zu schämen brauche und daß man in jedem Menschen seine Würde als Mensch zu respektieren habe.

Die römisch-katholische Kirche ist keine demokratische Institution. Sie ist auf dem Prinzip der Autorität gegründet und wird von einer Hierarchie verwaltet, die es nicht gern sieht, wenn man anderer Meinung ist. Aber vor hundert Jahren, als die soziale Schichtung in Europa noch fest gefügt war, als ein armer Junge nur die Aussicht hatte, ein armer Mann zu werden, gab es für den aus den unteren Schichten Stammenden die Möglichkeit, sich in den Rangordnungen der Kirche emporzuarbeiten, um schließlich sogar die Machtfülle und den Einfluß eines Kardinals, eines Mitglieds der Römischen Kurie oder eines Diplomaten des Heiligen Stuhls zu erreichen. In der Tat wurden die jungen Seminaristen, ungeachtet ihrer Herkunft, gleich von Beginn ihres Studiums an sorgfältig daraufhin beobachtet, ob sie Anzeichen einer besonderen Eignung oder Begabung erkennen ließen, und die wenigen Auserwählten wurden nach Rom, dem unerschöpflichen Quell kirchlichen Führertums, geschickt, um ihre Ausbildung zu vervollkommnen.

Nach dem Bericht über seine ersten Jahre in Bergamo hätte niemand vorhersagen können, daß Angelo Roncalli solcher Ehren teilhaftig werden würde. Er selbst beklagte seine Unfähigkeit, die Grundkenntnisse der exakten Wissenschaften, insbesondere der Mathematik, zu erfassen, und er besaß die unglückliche Neigung, sich während des Unterrichts kleine Scherze zu erlauben, was er ständig bedauerte, da sie mit seiner früheren Auffassung von priesterlicher Frömmigkeit nicht übereinstimmten, aber er konnte nicht widerstehen. Andererseits hatte er begonnen, sich eingehend mit Geschichte und Theologie zu beschäftigen, und während andere Kameraden an der strengen Ordnung des Seminars zerbrachen, hielt der junge Roncalli dank seiner bäuerlichen Vitalität mühelos durch. Am Ende der beiden Jahre waren seine Zeugnisnoten zwar nicht hervorragend, aber doch befriedigend.

Irgendwann im Frühjahr 1895 kaufte sich der dreizehnjährige Angelo ein Notizbuch mit steifem schwarzem Einband. Wahrscheinlich unterschied es sich nicht von jenem, das er für den Schulgebrauch benutzte. Es hatte vierundsechzig, in kleine Quadrate aufgeteilte Seiten und sollte eine besondere Bedeutung erlangen. Auf der Innenseite des Einbanddeckels schrieb er ein lateinisches Sprichwort, das besagte: „Fehler, die im Munde von Laien Bagatellen sind, sind Blasphemien im Munde von Priestern.“ Dann trug er ein: „Lebensregeln, die junge Männer befolgen müssen, wenn sie im religiösen Leben Fortschritte machen wollen.“ Die Liste hatte ihm sein geistlicher Mentor gegeben, und sie enthielt eine Reihe von Vorschriften, die er tagtäglich und „zu allen Zeiten“ zu befolgen gedachte: „Verweile wenigstens eine Viertelstunde im Gebet, ehe du morgens aufstehst“; „Hüte dich vor Eigenlob und dem Wunsch, mehr oder auch nur in gleichem Maße wie andere geachtet zu werden.“

Dies waren die ersten Eintragungen in einem geistlichen Tagebuch, das Angelo Roncalli bis an sein Lebensende getreulich weiterführen sollte. Wo immer er in den nächsten fünfzig Jahren und mehr weilte, das Tagebuch nahm er stets mit. Bald nannte er es sein Tagebuch, das Tagebuch einer Seele, und schließlich wuchs es auf achtunddreißig Notizbücher und Schnellhefter an. Mgr. Loris Capovilla, der persönlicher Sekretär Papst Johannes' wurde, nennt es: „Ein Bericht, der von einem vierzehnjährigen Seminaristen begonnen wurde... die wahrheitsgetreuen Aufzeichnungen über eine ganz innerliche und aufrichtige Beziehung zwischen einem Christen und seinem Gott." Als Junge, Priester, Bischof und Papst vertraute er diesen Heften seine tiefsten Gedanken und Betrachtungen an. Und die frühesten Seiten waren schon gelb und brüchig geworden, als Papst Johannes XXIII. am 9. Juli 1961 folgende Eintragung machte: „Ein friedlicher Sonntag. Mgr. Loris zeigte mir meine alten Notizbücher, die er treu bewahrt hat, um sie jetzt sorgfältig zu ordnen. Er möchte sie gern veröffentlichen; ich fühle eine gewisse Abneigung dagegen. Sie sind ein so persönlicher Teil von mir, persönlicher als alles andere, was ich geschrieben habe; in diesen Seiten ist meine Seele."

Dann, so berichtet Capovilla, hielt er inne, um die Seiten aus den Jahren 1895–1899 noch einmal zu lesen, und mit Tränen in seinen gütigen Augen fuhr er fort: „Ich war ein braver Junge, unschuldig und ein wenig schüchtern. Ich wollte Gott um jeden Preis lieben, und mein einziger Wunsch war es, Priester zu werden. Indessen mußte ich einen Feind in mir selbst bekämpfen, die Eigenliebe. Ich erlegte mir strenge Opfer auf. Ich nahm alles sehr ernst..."

Schließlich brachte er noch einige kleine Berichtigungen an und gab seine Zustimmung zu der Veröffentlichung der Aufzeichnungen. „Vielleicht haben sie Seelen, die sich zum Priesterberuf hingezogen fühlen, etwas zu sagen", meinte er. Ein Jahr nach seinem Tod, 1964, wurde dann das *Geistliche Tagebuch* veröffentlicht und seither in viele Sprachen übersetzt.

Es ist nicht schwer, den untersetzten, ernsten Jungen in diesen frühen Eintragungen wiederzufinden, der sich streng tadelt und gegen zahlreiche geringfügige Verfehlungen kämpft:

„Ich will mich bemühen, in den Pausen nicht so viel zu schwatzen und nicht allzu fröhlich zu sein." – „Ich darf während der Meditation nicht dösen, wie es heute morgen der Fall war." – „Da ist aber noch etwas – ich bin wirklich allzu versessen auf Obst."

Und als er älter wurde, warnte er sich selbst wieder und wieder vor den Versuchungen des anderen Geschlechts: „Plaudere nie vertraulich mit Frauen, noch spiele oder scherze oder schenke ihnen auf andere Weise Vertrauen, was immer auch ihre Stellung, ihr Alter oder ihr Verwandtschaftsgrad sei." Später notierte er: „Was die Reinheit betrifft, ist es wahr, daß ich, dank meiner Liebe zur Unbefleckten Jungfrau, keine ernsthaften Versuchungen habe, die sich gegen diese Tugend richten – doch ich muß gestehen, daß ich zwei Augen in meinem Kopf habe, die gerne mehr sehen möchten, als sie sollten."

Doch in Wahrheit sind alle diese Skrupel mehr ein Echo der im Seminar herrschenden Disziplin in den neunziger Jahren des vorigen Jahrhunderts als ein wirkliches Bild des zehn- bis zwangzigjährigen Angelo Roncalli. Er war wirklich ein braver Junge. Und gelegentlich durchbrach seine ihm wesenseigene Fröhlichkeit den gemessenen Ernst, und wir tun einen Blick in sein wahres Selbst. Wenn er seine „ausbündige Heiterkeit" beklagt, kann er dennoch nicht umhin, hinzuzufügen: „Aber was soll's, es ist immer noch besser, fröhlich zu sein, als den Kopf hängen zu lassen. Und denke daran: Freue dich im Herrn!"

Wenn ihn wirklich etwas quälte in jenen Jahren, dann war es der bohrende Schmerz der Entfremdung von seiner Familie. Sotto il Monte war nahe genug, um oft nach Hause zu kommen, aber es war nicht mehr so wie früher. Er saß wie immer am langen Küchentisch, aber jetzt redeten ihn seine Vettern mit dem förmlichen *voi* (Sie) an, statt des alten, vertrauten *tu* (du). Und die Soutane und der runde Hut des Seminaristen, die in Bergamo nichts Besonderes waren, machten ihn in Sotto il Monte zu einem Außenseiter. Einige ältere Verwandte verneigten sich jetzt vor ihm, was ihn befremdete, und andere, „sogar jene, die Anteil an mir genommen haben, blicken jetzt beiseite, wenn ich ihnen begegne". Einmal wurde den Seminarleitern gemeldet, daß er sich aufspiele und zu Hause eine bevorzugte Behandlung erwarte. Er wurde entsprechend getadelt und nahm es schweigend hin.

Dahinter steckte natürlich der Neid über einen ihresgleichen, der eine Sonderstellung erlangt hatte, der als einziger Junge im ganzen Dorf für das Seminar ausgewählt worden war. Natürlich gab es auch den unvermeidlichen Widerstreit in Angelos eigenem Herzen zwischen dem ursprünglichen Jungen, der er nun einmal war, und dem Seminaristen, der das Zeichen seiner Berufung an sich trug. Und er wußte es. Er erkannte, wie leicht er der Täuschung unterlag, sich über Probleme auslassen zu müssen, zu deren Lösung ihm jegliche Voraussetzung fehlte, oder in den endlosen kleinlichen Streitigkeiten Partei ergreifen zu sollen, die in jeder Familie vorkommen. Danach bekannte er reuig: „Dies ist ein natürlicher Fehler von mir, ich möchte ein Salomon sein, den Richter spielen, das Recht nach gut und böse entscheiden. Welch eine Anmaßung, welch ein Hochmut!"

Die Zeiten, in denen er zu Hause war, wurden immer quälender für ihn. „Diese verflixten Ferien ... Erst drei Tage meiner Ferien sind um, und schon bin ich ihrer müde. Angesichts einer solchen Armut, inmitten solchen Argwohns, bedrückt von so vielen Sorgen, muß ich oft seufzen, und manchmal kommen mir die Tränen."

Die Armut seiner Familie lag schwer auf ihm, und je länger ihn sein Studium von ihrer eng umgrenzten Welt harter Arbeit und schlichter Frömmigkeit fernhielt, um so weniger schien es etwas zu geben, worüber er mit ihnen sprechen konnte. Was die Eltern angeht, so fühlten sie den Riß mindestens ebenso schmerzlich: der Junge, auf den sie so stolz waren, in den sie so viel Hoffnung gesetzt hatten, wurde ihnen mehr und mehr fremd. Und für sie muß es bitter gewesen sein, zu erkennen, daß die Ursache dafür seine Bildung war, das erste Erwachen von Wahrnehmungen, die sie nicht mitvollziehen konnten, nicht aber Angelo selbst, dessen Liebe zu Vater und Mutter niemals schwankte. Auch für sie dürfte es nicht leicht gewesen sein, angesichts der täglichen Belastungen dazusitzen und sich die unreifen Ansichten eines sechzehnjährigen Seminarzöglings anzuhören.

Manchmal kam der heimliche Ärger zum Ausbruch. Im September 1898 wurde sein kleiner Bruder Giovanni ernsthaft krank, und Angelo schien es, als nähmen seine Eltern die Gefahr zu untätig hin. Er gebrauchte scharfe Worte. Sie antworteten in freundlichem Ton. Später schrieb er schuldbewußt in sein Tagebuch: „Heute morgen ging alles ein bißchen durcheinander; nachher, als wir darüber sprachen, wie wir meinen geliebten Bruder am besten heilen könnten, habe ich mich den Anwesenden gegenüber schlecht benommen. Ich erkenne also, daß ich immer dafür leiden muß, wenn ich zu allem schweige, geschehe es auch in bester Absicht; ich muß alles in mir verschließen, auch wenn ich mich dem Ersticken nahe fühle, aber ich will alles dies Jesus und Maria aufopfern zum größeren Heil meiner Seele und der meines kleinen Giovanni."

Gegen Abend schien es seinem Bruder besser zu gehen, und Angelo ging auf die Straße hinaus, um Don Francesco Rebuzzini, seinen Beschützer und Pfarrer, zu besuchen. Später sollte er sich an dieses Gespräch mit Wehmut erinnern – wie sehr hatten ihn die aufmunternden Worte Don Francescos und das fröhliche „Arrivederci!" beim Abschied erleichtert. Denn als er am nächsten Morgen, am Sonntag, dem 25. September, in die Kirche kam, um bei der Messe zu dienen, fand er seinen verehrten Freund blutüberströmt und mit offenem Mund tot am Fuß des Altars liegen. Hier sind die Worte, mit denen er seine Empfindungen äußert:

„Mein guter Vater, der so viel für mich getan, der mich erzogen und zum Priestertum geführt hat, mein armer Pfarrer ist gestorben. Ich weinte nicht, doch innerlich war ich erstarrt. Wie er so auf dem Boden lag, den Mund offen und blutig, die Augen geschlossen; sein Gesicht kam mir vor – ach, ich werde diesen Anblick nie vergessen! –, er kam mir vor wie Jesus, als er tot vom Kreuz abgenommen wurde. Er sprach nicht mehr, schaute mich nicht mehr an. Wo ist mein Vater jetzt? Dort, nahe dem Herzen Jesu. Mögen die Gebete, die der gute Pfarrer für mich gesprochen hat, und die, welche ich jetzt für ihn spreche, mich ihm gleich machen, damit das ‚Auf Wiedersehen' von gestern abend in Erfüllung gehe und wir uns im Paradies wieder umarmen können."

Als Andenken bekam er Don Francescos Ausgabe der „Nachfolge Christi", und er trug sie lange Zeit stets bei sich in der Hoffnung, daß auch er einst sein Leben als einfacher Landpfarrer verbringen würde.

Es sollte noch mehr Sorgen in seinem jungen Leben geben, noch mehr Familienzwiste. Aber er machte Fortschritte im Verständnis seiner selbst und dem seiner Eltern. An einem Sommerabend des Jahres 1909, nach einem weiteren unerfreulichen Zwischenfall in seinem Elternhaus, schrieb er:

„Heute abend ist etwas geschehen, das mich beunruhigt und einen tiefen und schmerzlichen Eindruck hinterlassen hat. Meine Mutter fühlte sich durch einige Worte (die ich, um die Wahrheit zu sagen, behutsamer hätte vorbringen können) etwas gekränkt. Sie war sehr beleidigt und redete zu mir so, wie ich es von meiner Mutter nie erwartet hätte... Das war zuviel für das Herz eines Sohnes. Es war ein Schlag, der mich mit Bitterkeit erfüllte. Mußte ich da nicht weinen? O Mutter, wenn du wüßtest, wie sehr ich dich liebe und wie sehr ich dich glücklich sehen möchte, du könntest dich vor Freude nicht fassen! Du aber, Jesus, nimm dieses wirkliche Opfer an, das ich dir bringe und ins Herz lege, und schenke mir immer größere Milde und Güte, und schenke meiner guten, armen Mutter größere Kraft."

Er war glücklich in Bergamo. Sein Geist war angeregt, seine Seele beschwingt, und zielstrebig legte er von den Meilensteinen, die das Leben eines Seminaristen begleiten, einen nach dem andern zurück. Mit vierzehn Jahren hatte er die Tonsur erhalten, drei Jahre später empfing er die Niederen Weihen.

Sein Horizont weitete sich. Seine philosophische Sicht auf das Leben vertiefte sich zu einer humanistischen Haltung und wurzelte in der Überzeugung, daß der Priesterberuf ein Dienen aus Liebe war. Oft, wenn er zusammen mit seinen Mitstudenten in der großen Kathedrale saß und den kühnen, seiner Zeit vorauseilenden Predigten Bischof Guindanis lauschte, fühlte er sich ergriffen von dem missionarischen Sinn seines Berufes. Immer tiefer versenkte er sich in seine Studien – Liturgie, Weltliteratur, Geschichte und das Latein Ciceros, Vergils und Ovids. Seine Zeugnisse, die anfangs alles andere als glänzend waren, führten ihn jetzt fast an die Spitze der Klasse.

Vor zweieinhalb Jahrhunderten hatte das Bistum Bergamo in Rom ein kleines Kolleg unterhalten. Es war im Jahre 1640 durch die Tatkraft eines schlichten Priesters, des Kanonikus Flaminio Cerasola, gegründet worden und vergab Stipendien an die begabtesten Studenten des Bischöflichen Priesterseminars. Im Laufe der Jahre war die kleine Anstalt in dem Päpstlichen Römischen Priesterseminar aufgegangen, für gewöhnlich das Apollinare genannt, unter dessen Absolventen einige der hervorragendsten kirchlichen Würdenträger waren. Eine Zeitlang, in den bitteren Jahren nach 1870, als die Truppen Garibaldis in Rom einmarschierten, wurde das Stipendienprogramm Cerasolas fallengelassen. Aber nach schwierigen Verhandlungen wurde es 1900 wiedereingeführt, und drei Seminaristen aus Bergamo wurden in das Apollinare entsandt, um dort ihre Studien fortzusetzen. Angelo Roncalli war derjenige unter ihnen, den man zuerst auserwählt hatte.

Priester auf ewig

In den Jahren, bevor er nach Rom kam, hatte sich der junge Angelo Roncalli, der Seminarist aus Sotto il Monte, ständig mit seinem Gewissen herumgeschlagen, auch jetzt noch bestand er hartnäckig darauf, ein unbedeutender Mensch zu sein. Im Februar, während er an Exerzitien teilnahm, schrieb er in sein Tagebuch: „Wer bin ich? Woher komme ich? Wohin gehe ich? Ich bin nichts. Alles, was ich besitze, mein Sein, meine Weltsicht, Wille und Erinnerungsvermögen – alles wurde mir von Gott gegeben. Das, was ich ringsum sehe, war schon vor zwanzig Jahren da; die gleichen Sonne, Mond und Sterne, die gleichen Berge, Meere, Wüsten, Tiere, Pflanzen und Menschen; alles und jedes entwickelte sich nach seiner eigenen Bestimmung. Und ich? Ich war nicht hier. Alles geschah ohne mich, niemand hatte eine Vorstellung von mir, nicht einmal im Traum, denn ich existierte nicht."

Jetzt, am 3. Januar 1902, hatte Angelo einen unmittelbaren Anlaß, seine Bedeutungslosigkeit zu spüren. Er saß in einem Zug, der durch die Winternacht südwärts ratterte, quer durch die Poebene und über den hohen Rücken der Apenninen. Er fuhr gemeinsam mit seinen beiden Klassenkameraden Achille Ballini und Guglielmo Carozzi nach Rom, um einen neuen Lebensabschnitt am Päpstlichen Römischen Priesterseminar zu beginnen. Schon einmal, auf einer Pilgerfahrt mit anderen Schülern aus Bergamo, hatte er die lärmende, geschichtsträchtige Stadt besucht. Jetzt sollte er hier leben, um in einem der größten Seminare der Welt zu studieren.

An einem dunklen Wintermorgen, es war am 4. Januar, kamen sie um 6.30 Uhr früh dort an. Auch das Apollinare sah auf den ersten Blick dunkel und abweisend aus. Es lag in einem Labyrinth kleiner, verwinkelter Straßen zwischen der Piazza Sant'Agostini und der Via della Scrofa und war durch eine umbaute Brücke mit der altersgrauen Kirche Sant'Apollinare verbunden. Angelos Zimmer hatte nur ein einziges vergittertes Fenster hoch in der Wand, ein hartes Bett, einen

Tisch, ein Bücherbrett und fließendes Wasser. Der altertümliche Steinboden war kalt und feucht. Doch in seinem ersten Brief an seine Familie schrieb er:

„Der Herr konnte mich wirklich nicht mehr segnen, als er es getan hat, und ich hätte mir nicht vorgestellt, soviel Glück zu haben. Was die Gesundheit betrifft, geht es mir sehr gut; wißt Ihr, das ganze Leben ist hier anders als in Sotto il Monte oder in Bergamo. Wir leben hier wie Herren. Man sagt mir sogar, ich hätte mich schon im Aussehen verändert und werde alle Tage dicker. In dieser Beziehung also könnt Ihr Euch freuen, daß nichts zu fürchten ist. Der Empfang, der mir nach der Ankunft in Rom bereitet wurde, und die Liebe und das Gute, das mir die H. H. Oberen erweisen, stehen wirklich über allem Lob. Ich habe ausgezeichnete Kameraden gefunden, an die ich mich schon gewöhnt habe, so daß ich mich beinahe als alten Insassen des Seminars betrachten kann... Die Schule und das Studium machen mir wirklich keine Mühe, ich finde darin sogar ein angenehmes Vergnügen. Auch nach der Seite der Frömmigkeit kann man seinen eigenen Dingen sehr gut nachkommen; in unserer Kapelle wird eine sehr schöne Madonna – Muttergottes der Zuversicht genannt – verehrt, der ich Euch jeden Morgen und jeden Abend empfehle, damit sie Euch segne, Euch Frieden und Trost in all Eurem Verdruß und Eurer Trübsal gebe. Jeden Tag gehe ich spazieren, und so kann ich viele heilige Stätten besuchen und für mich und für Euch beten... Ich kann Euch nicht all die Sehenswürdigkeiten schildern, denen man hier begegnet. Vorgestern abend zum Beispiel wohnte ich einer Akademie bei, die im Propaganda-Fide-Kolleg stattfand und bei der ich 40 Kleriker, die dort studieren, um als Missionare in ihre Länder zurückzukehren, ihre Aufsätze in 40 verschiedenen Sprachen vortragen hörte. Wenn Ihr das gesehen hättet! Da waren alle Farben vertreten, weiße, gelbe, rote. Einige hatten das Gesicht, die Hände schwarz wie Kohle. Und der Papst? Ich konnte ihn am Sonntag abend in St. Peter inmitten von Tausenden von Lichtern sehen. Ich konnte nahe bei ihm sein; ihn gut sehen und seinen Segen empfangen. In diesem so feierlichen und ergreifenden Augenblick habe ich an Euch alle, an alle Verwandten, Wohltäter und Freunde gedacht. Und er, dieser gute alte Mann, hat auch Euch alle miteinander gesegnet.

Seid also nochmals getrost, und statt Euch zu beklagen, dankt immer dem Herrn, und habt ihn lieb, indem Ihr Euch immer und in allem als gute, als heilige Christen erweist."

Rom nahm ihn vom ersten Tag an gefangen, wie es wohl jedem ergeht, der ein Gefühl für die Vergangenheit hat. Dicht unterhalb der Mauern des Seminars, unter dem gleichen Erdreich, auf dem die Stadt erbaut wurde, lag die Geschichte der westlichen Zivilisation, beginnend mit einem heidnischen Dorf auf dem Kapitolinischen Hügel. Und die Ruinen und wiederhergestellten Überreste dieser Anfänge, die Denkmäler der römischen Republik und des Imperiums, die Trümmer primitiver Kirchen und unterirdischer Verstecke der Christen, die glanzvollen Prunkbauten der Renaissance – dies alles gehörte jetzt ihm, und er konnte nicht genug davon bekommen.

Es war ein Heiliges Jahr. Pilger aus ganz Europa, ja sogar aus Amerika, füllten die Straßen. Sie waren gekommen, um den Segen des neunzigjährigen Papstes Leo XIII. zu empfangen. Gemeinsam mit ehrfurchtsvollen Seminaristen aus anderen Ländern, verbunden in dem Gefühl, jetzt ein geistiger Bürger Roms zu sein, durchwanderte Angelo die geschichtliche Stadt bei jeder Gelegenheit. Sie wurde lebendig in seinem Herzen. Aus den stummen Überresten las er die Lebensgeschichten der Kaiser und Päpste, die die Vergangenheit erneuert und ihre eigenen Denkmäler für künftige Zeiten hinzugesellt hatten: das großartige Forum Romanum, das Kolosseum, den Konstantinsbogen. Unter dem Pflaster, in den feuchtkalten Katakomben, glaubte man, noch das Echo einer Tragödie zu hören, die sich vor zweitausend Jahren ereignete.

Angelo arbeitete fleißig am Apollinare. Er war sich dessen bewußt, daß sein Aufenthalt hier in Rom eine besondere Ehre war – und daß sie ihm besondere Verpflichtungen auferlegte –, und sein Tagebuch aus jenen Tagen ist gespickt mit Warnungen und Mahnungen. Eine Photographie, die im Januar 1901 gemacht wurde, zeigt ihn in Soutane und Chorrock, das Haar sorgfältig zur Seite gekämmt, die Augen geradeswegs auf die Kamera gerichtet, und auf seinem Gesicht ein solcher Ausdruck von Unschuld und Frieden, als wollte er die in seinen Aufzeichnungen spürbare Unruhe über seine Unwürdigkeit widerlegen. Die Aufnahme trägt die Unterschrift: „Erstes Photo des Klerikers Angelo Roncalli im Alter von zwanzig Jahren."

Obwohl er bereits in Bergamo ein Jahr lang Theologie studiert hatte, mußte er infolge seiner Jugend noch einmal von vorn anfangen. Die Lehrer am Apollinare gehörten zu den besten unter dem weltlichen Klerus, und Angelo hatte allen Grund, sich später ihrer zu erinnern. Es gab dort einen Dozenten des Kanonischen Rechts, einen schmalen, asketisch anmutenden jungen Mann mit stahlgeränderter Brille und einem sanften, zurückhaltenden Wesen, dessen unaufdringliche Klugheit ihn schon damals, auch in den Augen eines unfertigen Seminaristen, für eine größere Zukunft bestimmten. Es war Don Eugenio Pacelli, der spätere Papst Pius XII.

Angelos geistlicher Vorgesetzter von 1902 bis nach seiner Priesterweihe war Don Francesco Pitocchi, ein Redemptoristenpater, der an einer Krankheit litt, die es ihm unmöglich machte, den Kopf von der Brust zu heben. Um so höher erhob sich sein Geist. Er hörte mehr zu, als daß er selber sprach – „er las in unseren Augen; er las in unseren Herzen“ –, und lauschte mit gleichbleibender Freundlichkeit. Die Summe dessen, was er lehrte, faßte er in die Worte zusammen: „Gehorcht immer, in Einfalt und fröhlichen Herzens, und überlaßt alles andere dem Herrn!“ Als Papst pflegte Johannes später zu sagen: „Ah, Padre Francesco! Wenn wir es fertiggebracht haben, etwas aus unserem Leben zu machen, so müssen wir gestehen, wir verdanken es ihm.“

Sein Professor der Kirchengeschichte, Mgr. Umberto Benigni, sollte sich auf andere Weise einen Namen machen. Er war ein aufgeregter, lebhafter Mann, der leicht ins Stottern geriet und im Kellergeschoß ein Kirchenblatt, *Voce della Verità*, herausgab. Wenn er während des Unterrichts die Druckfahnen korrigierte, machte er die Seminaristen durch kleine Seitenbemerkungen häufig mit den Tagesneuigkeiten bekannt; es war ihnen nämlich verboten, Zeitungen zu lesen, nicht einmal den Osservatore Romano, das offizielle Organ des Vatikans, doch angesichts der späteren Tätigkeiten des Monsignore muß man die Unparteilichkeit seiner Verkündigungen sehr bezweifeln. Nach dem Ersten Weltkrieg entlarvte ihn die Entdeckung versteckter Geheimdokumente in Belgien als Rädelsführer einer virulenten anti-modernistischen Intrige.

Der Schatzmeister war ein vielbeschäftigter kleiner Mann namens Garroni, an den Angelo sich oft wenden mußte, um kleinere Beträge zu leihen. Das ärgerte ihn und mag sein Urteil über den geplagten

Schatzmeister beeinträchtigt haben, von dem er berichtet, er sei während des Mittagessens zwischen den Tischen des Speisesaals hin und her gerannt und habe die Studenten ermahnt, nicht zuviel zu essen. „Man hätte meinen können, auf seinen Schultern läge die Verantwortung für die Lebensmittelversorgung von ganz Rom."

Drei Wochen nach dem Osterfest dieses ersten Jahres hielt er seine ersten Exerzitien, seit er nach Rom gekommen war. „Wer bin ich?" schrieb er in sein Tagebuch. „Gewiß kann ich mich über die Gnadengaben nicht beklagen, die Jesus mir gesandt hat. Was mich selbst angeht, muß ich jedoch bekennen, bin ich immer noch nicht anders geworden als der, der ich vorher war ..."

Im Juni wurde ihm das Bakkalaureat in Theologie zuerkannt, und er gewann einen Preis für seine Studien in Hebräisch. Es war ein erstes Anzeichen für seine lebenslange Verehrung der Heiligen Schrift. Er hatte einen mediterranen Sinn für Tradition, eine Hochachtung vor den frühen Kirchenvätern und Heiligen, vor Dante und Cicero, deren Werke er eingehend kannte, so daß er lange Stellen daraus zitieren konnte. Sein Latein war hervorragend – der alte Schulfuchs von Carvico, Don Pietro Bolis, hatte seine Sache gut gemacht –, und beim Studium mittelalterlicher Geschichtsquellen konnte er alles um sich her vergessen.

Nur wenige Tage nach seiner Ankunft im Apollinare hatte er nach Hause geschrieben: „Und du, geliebte Mutter, erinnerst du dich noch an jenen letzten Morgen, da keiner von uns das Herz hatte, dem andern ein Wort zu sagen? Hier in Rom vergesse ich nichts." Jetzt, da das Studienjahr zu Ende war, erzählte er ihr freudig: „Nächste Woche werde ich Rom verlassen, um nach Hause zu fahren. Bitte, richte mir mein übliches kleines Zimmer her, weil ich heimkommen werde, um eifrig zu studieren, nicht, um mich zu vergnügen. Ich bin noch genau der gleiche wie zuvor, daher möchte ich nicht, daß du dir irgendwelche besondere Mühe machst. Stell dir einfach vor, ich käme vom Seminar in Bergamo nach Hause. Meine hochachtungsvollen Grüße dem verehrten Pastor und seinem Kaplan, und sage ihnen, ich freute mich sehr darauf, heimzukommen, um ihnen wieder auf die Nerven zu fallen."

Die italienische Regierung blieb der Kirche gegenüber feindlich gesinnt. Unter anderen kleinen Schikanen brachte sie einen Erlaß über die Einberufung zum Wehrdienst heraus, der keine Rücksicht auf das Kanonische Recht nahm, das den Priestern verbot, Waffen zu tragen, und keinerlei Vorkehrung traf, um Seminaristen vom Wehrdienst zu befreien. So kam es, daß am 30. November 1901, wenige Tage nach seinem zwanzigsten Geburtstag, Angelo Roncalli keine andere Wahl blieb, als sich in Bergamo bei der Garnison des 73. Infanterie-Regiments der Lombardischen Brigade zum Wehrdienst zu melden. Ihr Wahlspruch lautete „Acerrimus Hostibus" (Unwiderstehlich für den Feind).

Im Anfang muß er den Eindruck gehabt haben, als sei er unter eine kalte Dusche geraten. Der jähe Übergang von der frommen, klösterlichen Geborgenheit zu der rauhen Welt der Kaserne, einer Welt, in der Zoten und Gotteslästerungen den üblichen Gesprächsstoff bildeten, wo über sexuelle Themen lachend diskutiert wurde und man ihnen gierig nachjagte, war für den jungen Roncalli ein psychischer Schock, den er so bald nicht vergessen sollte. Doch er konnte nicht umhin, seine neuen Kameraden zu lieben. Das lag in seiner Natur. Sein angeborenes Anstandsgefühl und die ihm eigene Wärme schienen die guten Seiten ihres Wesens hervorzulocken, und einige wurden seine langjährigen Freunde.

Einer seiner ersten Briefe, an Pater Pitocchi und den Rektor des Apollinare, spiegeln seine verwirrten Gefühle wider: „Für mich bringt dieses Leben hier die größten Opfer mit sich, ein wahres Fegefeuer." Er fand die Vorschriften militärischer Disziplin „sehr ermüdend, besonders am Anfang. Es genügt, wenn ich sage, daß dieser jämmerliche Brief vor etwa einer Woche begonnen wurde, ohne daß ich in der Lage gewesen wäre, ihn gleich zu beenden." Dann gesteht er, daß es auch Erfreuliches gebe: „Ich habe ausgezeichnete Offiziere, die erkennen lassen, daß sie mich sehr schätzen; sie erweisen mir große Achtung und versichern mir, daß ich völlige Freiheit habe, meine religiösen Pflichten zu erfüllen. Unter meinen Mannschaftskameraden, von denen die meisten aus Bergamo und Brescia stammen, habe ich bislang nur Zeichen der Ehrerbietung und Zuneigung beobachtet."

Auch die Tatsache, daß er Sotto il Monte und seine alten Lehrer am Seminar von Bergamo besuchen konnte, hob seine Stimmung. Und die Disziplin, wenn auch von anderer Art, war wirklich nicht so beengend wie jene, der er sich nahezu zehn Jahre lang hatte fügen müssen. Der Drill und die langen Gebirgsmärsche härteten ihn ab und waren nicht anstrengender als die Zeit, in der er Tag für Tag über den Monte San Giovanni hatte zur Schule gehen müssen. Bald schaffte er das alles spielend. Er wurde zum Unteroffizier befördert und kurz vor seiner Entlassung im November 1902 zum Feldwebel, und als er bei seinen Angehörigen zu Besuch weilte, sah er in seiner schwarzen, mit silbernen Biesen besetzten Uniform und dem flotten militärischen Schnurrbart recht schneidig aus.

Aber seine Konfrontation mit der eingefleischten Unmoral der Welt ließ ein brennendes Mal zurück. Erst später, im Rückblick auf diese Zeit, erkannte Angelo Roncalli, wie sehr die Monate in der Truppe seinen Gesichtskreis erweitert hatten, wie sie sein Mitgefühl vertieft und ihm dazu verholfen hatten, die Schwächen der Menschen besser zu verstehen. Nachdem sich sein Urteil mit der Zeit gemildert hatte, machte er als Papst einige Notizen für eine Autobiographie und schrieb, die dritte Person benutzend, über den Soldaten folgendes: „Er wird diese zwölf Monate in bester Erinnerung behalten als eine Erfahrung strenger Zucht, ein Mittel, um den jugendlichen Geist der Söhne Italiens kennenzulernen und die geeigneten Wege zu finden, um sie zu allem, was gut ist, zu bewegen."

Etwa sechzig Jahre nach seiner Militärdienstzeit empfing Papst Johannes den Armeebischof des italienischen Heeres im Vatikan in Privataudienz. Der Feldgeistliche kniete nieder, um den Ring des Papstes zu küssen, und Johannes half ihm auf die Füße. „Wir waren einmal Feldwebel", sagte er nachdenklich.

Nachdem Angelo in die Geborgenheit des Apollinare zurückgekehrt war, versenkte er sich in Studium und Gebet. Da es ihm so viel Freude bereitete, sich seiner bäuerlichen Anfänge zu erinnern, ahnten später nur wenige etwas von dem hohen Stand seiner geistigen Bildung, von dem hohen Wert, den er dem Erwerb von Kenntnissen beimaß, von den Anstrengungen, die er auf die Erlangung von Wissen verwandte, und von der besonderen Genugtuung, die es ihm verschaffte. Um diese Zeit stand er ganz im Bann des heiligen Philipp Neri, des Florentiners aus dem 16. Jahrhundert, der das religiöse Leben Roms erneuerte und verstärkte, als es einen Tiefstand erreicht hatte, und auch das seines Jüngers, des Kardinals Cesare Baronius. Der breiten Skala von Römern, die zu dem einer Zelle gleichenden Raum kamen, der unter dem Namen Oratorium bekannt war, vermittelte Philipp Schulung, Erleuchtung und die Gnade Gottes. Für den jungen Baronius war er eine Quelle ständiger Ermutigung bei einem schriftstellerischen Unternehmen, den *Annales Ecclesiastici,* einer Geschichte der frühen Kirche, die bis zum Anbruch moderner Forschungsmethoden an Gelehrsamkeit unübertroffen war.

Ist es daher verwunderlich, daß Roncalli sich manchmal fragte, ob ihn seine Laufbahn als Priester in eine ähnliche Richtung drängte, ob er nicht, statt Seelenhirte in einem kleinen Dorf zu werden, der schriftlich niedergelegten Geschichte der Kirche weitere Kapitel hinzufügen würde? Er trug in der Tat Material aus verschiedenen geschichtlich bedeutsamen Werken zusammen, u. a. zu einer Lebensbeschreibung des Cesare Baronius. Darin berichtet er, wie der gute Kardinal jeden Tag eine Wallfahrt zur unvollendeten Basilika von Sankt Peter machte und unterwegs anhielt, um den Bettlern eine Münze zu geben, und wie er im Innern des Gotteshauses niederkniete, um den Bronzefuß des Apostels zu küssen, dem er *Oboedientia et Pax* (Gehorsam und Friede) gelobte. Angelo machte diese Worte zu seinem eigenen Wahlspruch, aber, wenngleich ihn die Tätigkeit eines Kirchenhistorikers befriedigt hätte, ihn erwartete eine größere Aufgabe.

Inzwischen arbeitete er, studierend und reifend, unverdrossen fort. Bald nach Beginn des neuen Jahres trug er eine frisch gewonnene Erkenntnis in das Tagebuch ein.

„Der Begriff der Heiligkeit, dem ich nachzueifern bestrebt war, ist falsch. In jeder meiner Handlungen pflegte ich mir das Bild eines bestimmten Heiligen vor Augen zu halten, den ich bis in die kleinsten Einzelheiten nachahmen wollte. Ich sagte mir dann gewöhnlich: in dieser Lage hätte der heilige Aloysius so und so gehandelt, oder: dieses oder jenes hätte er nicht getan. Es zeigte sich aber, daß ich nicht fähig war, das zu erreichen, was ich geglaubt hatte erreichen zu können, und das betrübte mich. Diese Methode war falsch. Ich muß mir das Wesentliche ihrer Tugenden zum Vorbild nehmen, nicht die Nebensächlichkeiten. Ich bin nicht der heilige Aloysius, also kann ich auch nicht in seiner besonderen Weise nach Heiligkeit streben, sondern gemäß den Erfordernissen meiner eigenen Natur. Ich darf nicht die trokkene, blutleere Kopie eines Vorbilds werden, und sei es auch noch so vollkommen."

In ähnlicher Weise verfolgte er auch die sich zusammenbrauende stürmische Auseinandersetzung über den „Modernismus" – eine Bezeichnung, unter der alle neuen Gedanken, die sich mit den Nöten und Problemen der Kirche beschäftigten, zusammengefaßt waren – und beobachtete sie mit kühlem Verstand und dem ihm angeborenen erdhaften Realismus, der später Millionen Menschen beeindrucken sollte. Dies war der Weg, den er wählte, um die Extreme zu vermeiden, um zu erkennen, daß in den Argumenten beider Seiten oft die Leidenschaft stärker sprach als wirkliche Einsicht. Er war inmitten der stürmischen Begeisterung Bergamos für soziale Erneuerung groß geworden und daher für neue Ideen ohne weiteres zugänglich. Die Zeit sollte kommen, da ihm die fanatische Verteidigung der Orthodoxie mehr zu schaffen machte als die Gefahr des Modernismus. Aber den Geboten und dem Dogma der Kirche blieb er gewissenhaft treu. Er weigerte sich, Pamphlete und Flugblätter zu lesen, die heimlich zirkulierten. Selbst als er schon zwanzig Jahre Priester war, warnte er gelegentlich: „Der Geist der Modernität, der Freiheit und des Kritizismus ist wie guter Wein – er taugt nicht für schwache Köpfe."

Angesichts der Seminarausbildung im Italien der Jahrhundertwende mutet es wie ein kleines Wunder an, daß junge Menschen, denen man mit zwölf Jahren die Soutane angezogen und die man für die nächsten zehn Jahre vom Treiben der Welt abgesondert hatte, häufig doch noch als warmherzige und aufgeschlossene Seelsorger daraus hervorgehen konnten. Gerade in den Reifejahren, in der kritischen Phase des Übergangs vom Jungen zum Mann, wurden sie streng überwacht, wurden sie ermahnt, Frauen zu meiden, durften sie keine Zeitung lesen, keine politischen Gespräche führen noch einer abweichenden Meinung Gehör geben. Als Rückhalt besaßen sie nur ihre Liebe zu Gott und zu ihren Mitmenschen.

Im Sommer des Jahres 1903 lag Papst Leo im Sterben, das Ende seiner langen Regierungszeit stand bevor. Nur wenige Monate zuvor, am 20. Februar, hatte Angelo geschrieben: „Heute ist ein großer Tag. Unser Heiliger Vater hat das fünfundzwanzigste Jahr seines Pontifikats vollendet. Die katholische Christenheit lag zu seinen Füßen, um ihm ihre Glückwünsche und Verehrung zu diesem glücklichen Ereignis darzubringen, das im Verlauf von neunzehnhundert Jahren nur zweimal eingetreten ist."

Es war nicht nur die katholische Christenheit allein, die Leo im Frühling dieses denkwürdigen Jahres ihre Huldigung darbrachte. Jubelnd berichtet der Seminarist über die Ankunft des englischen Königs, Edwards VII., im Vatikan:

„Rom feiert offiziell und öffentlich ... Fahnen, Girlanden, Dekorationen in den Straßen. Er ist der König einer der größten Nationen, und folglich verdient er es, geehrt und geachtet zu werden. Aber eine prachtvolle Uniform, ein wehender Federbusch genügen, um die Menge zu erregen und sie in Begeisterung zu versetzen, und unterdessen verwendet niemand einen Gedanken an Gott ... Doch dieser Mann, ein Protestant, tat wirklich etwas Gutes, während er in Rom weilte: er zeigte sich erhaben über gewisse tendenziöse Strömungen des Antiklerikalismus; dies ist ein höchst bedeutsames Ereignis, ein häretischer König des protestantischen England, das die katholische Kirche durch mehr als drei Jahrhunderte hindurch verfolgt hat, erscheint persönlich, um dem armen alten Papst, der in seinem eigenen Haus wie ein Gefangener gehalten wird, seine Achtung zu erweisen."

Und wenige Wochen später findet sich diese überschwengliche Eintragung über den Besuch des deutschen Kaisers, Wilhelms II.: „Es ist wahrlich ein Akt göttlicher Vorsehung, ein wirklicher Triumph für das Papsttum. Ein protestantischer Kaiser schreitet nach Jahrhunderten der Feindschaft die Stufen zum Vatikan hinauf und beugt sich in Demut vor der Größe des Päpstlichen Thrones."

Wie bei vielen Gläubigen Roms spiegelt sich in Roncallis Beurteilung dieses Vorgangs mehr sein persönlicher Wunsch, die Abtrünnigen möchten zur Kirche zurückfinden, als die Tatsache selbst, die nicht mehr als ein Zeichen der Achtung vor einem großen und hochbetagten geistlichen Würdenträger war.

Dennoch war die Regierungszeit Leos XIII. nicht ohne bedeutsame Fortschritte in Richtung auf Aussöhnung und Erkenntnis der wirklichen Lage geblieben. Leo war für die Teilnahme der deutschen Katholiken am politischen Leben ihres Landes eingetreten und hatte den katholischen Absolutismus in Frankreich gemäßigt. Er erklärte die

Transzendentalphilosophie des heiligen Thomas von Aquin als im Einklang mit der kirchlichen Lehre und bahnte mit der Enzyklika *Rerum Novarum* der ökonomischen Freiheit einen Weg in der modernen Gesellschaft. Und obgleich Leo sich weiterhin in seinem vatikanischen Herrschaftsbereich abriegelte, obgleich er den Bann, mit dem Pius IX. die italienischen Katholiken, die sich an der staatlichen Politik beteiligten, belegt hatte, nicht aufhob, so ermutigte er die Katholiken dennoch, bei Kommunalwahlen zur Urne zu gehen und sogar in den Gemeindeverwaltungen mitzuwirken.

Am 20. Juli 1903, in seinem vierundneunzigsten Lebensjahr, starb der Heilige Vater. Für den zweiundzwanzigjährigen Angelo Roncalli war es eine tiefbewegte Zeit. Leo war der Papst seines ganzen bisherigen Lebens gewesen. Jetzt, nach dem feierlichen Prunk der Beisetzung, brachen die spannenden, von Gerüchten umwitterten Tage des Konklaves an. Mit seinen Mitstudenten stand er oft auf dem überfüllten Sankt-Peters-Platz und wartete auf die weiße Rauchfahne, die die Wahl eines neuen Papstes verkünden sollte. Aber Tag für Tag war der emporsteigende Rauch schwarz, und statt einer Entscheidung wurden Gerüchte laut, die sich später auch bestätigen sollten, daß der österreichische Kaiser Franz Joseph versuche, ein Veto bei der Wahl des aussichtsreichsten Kandidaten einzulegen. Dieser war Kardinal Mariano Rampolla, Leos Staatssekretär, ein Mann mit fortschrittlichen sozialen Vorstellungen. Angelo war bestürzt. Ihm war die Einmischung der Machtpolitik in die Angelegenheiten der Kirche unbegreiflich, und die Lektion, die er dabei lernte, prägte sich ihm tief ein. Ob die Drohung Franz Josephs ihre Wirkung tat, oder ob Rampollas Gesinnung auch für seine Kollegen Kardinäle zu fortschrittlich war, der Mann, der schließlich auf dem Mittelbalkon der Basilika erschien, um die Hochrufe der Menge entgegenzunehmen, war Giuseppe Sarto, der Patriarch von Venedig, der unter dem Namen Papst Pius X. bekannt wurde. Es war eine seiner ersten Amtshandlungen, die Unabänderlichkeit des Konklaves zu bestätigen und jegliches Recht auf den Einspruch einer weltlichen Macht zu verwerfen.

Schon im April 1903 hatte Angelo geschrieben: „Je mehr ich die Verborgenheit liebe, um so größer werde ich vor Gott und den Menschen sein und um so nützlicher mein Priesteramt."

Der Zeitpunkt seiner Ordination rückte näher. Am 10. April wurde er in Sankt Johann im Lateran zum Subdiakon geweiht. „Die einzigen Worte, die meine Zunge zu stammeln vermag, sind jene des Heiligen Paulus: ‚Nicht ich bin es mehr, der lebt, sondern Christus, der in mir lebt.'" Kurz vor dem Weihnachtsfest wurde er zum Diakon geweiht. Bis zu seiner Priesterweihe waren es nur noch acht Monate.

„Was wird aus mir werden? Werde ich ein guter Theologe oder ein berühmter Jurist werden, oder werde ich eine Landpfarrei bekommen und ein einfacher Priester sein? Was kümmert mich das alles? Ich muß darauf vorbereitet sein, nichts davon oder alles zu werden, oder sogar mehr als dies alles, wie Gott will. Schließlich ist es für Jesus ein leichtes, meinen Traum, in den Augen der Welt etwas Großes zu werden, in alle vier Winde zu zerstreuen."

Unaufhörlich quälte ihn der Gedanke, daß sein Ehrgeiz weltlicher Natur war, daß sogar sein Lerneifer nichts anderes war als eine Sünde des Hochmuts: seine Examina gut zu bestehen; in den Augen anderer Erfolg zu haben. „Geisteskraft und Gedächtnis sind Gaben Gottes", schrieb er. „Warum sollte ich den Mut verlieren, wenn andere mehr dieser Gaben besitzen als ich?"

Auch war er in den vielen kommenden Jahren nie ganz frei von der Sorge, er könnte versuchen, die Tatsachen seinem Ehrgeiz unterzuordnen, statt sie als den Willen Gottes zu akzeptieren. Sein Weg zum Thron des heiligen Petrus mag als ein gerader erscheinen, als eine ununterbrochene Kette von Erfolgen im Dienst der Kirche. In Wahrheit war sein Leben voll von Hindernissen, Enttäuschungen, scheinbaren Fehlschlägen, selbst Demütigungen. Aber mit der stoischen Gelassenheit seiner bäuerlichen Vorfahren bot er all diesem Trotz: Wenn die Trauben im Frühling erfrieren, gibt es im Winter keinen Wein, immer aber wird es einen neuen Frühling geben. Das war die Weise Gottes.

Im August 1904 stieg er mit zehn anderen Priesterkandidaten aus verschiedenen Seminaren den Caelius hinauf, um sich im Haus der Passionisten-Patres bis zum Tag seiner Priesterweihe zurückzuziehen. Er dachte an die Zukunft, aber die Vergangenheit war oft bei ihm. „Von meinem Fenster konnte ich das Kolosseum, den Lateran und die Via Appia sehen." Nachts hörte er die Patres, wenn sie sich zur Matutin begaben, „den Hall ihrer Schritte und das Schleifen ihrer langen schwarzen Gewänder durch die dunklen Korridore". Und vor

Ablegung der Gelübde, ehe er sich endgültig und unwiderruflich Gott weihte, brachte er seine Zukunftserwartungen in Einklang mit der Inspiration, die ihm ein einfacher spanischer Laienbruder einflößte: „Der gute Bruder Thomas, der mein Zimmer aufräumt und mich bei Tisch bedient, gibt mir reichlich Nahrung für meine Gedanken. Er ist nicht mehr der Jüngste... wartet auf jedermanns Wink und Ruf, so einfach, wie es nur ein Geschöpf sein kann, das keine ehrgeizigen Pläne kennt, keine lockenden Trugbilder, zufrieden, für den Rest seines Lebens ein einfacher Laienbruder zu sein. Angesichts der Güte des Bruder Thomas fühle ich meine Nichtigkeit; ich sollte den Saum seiner Kutte küssen und ihn zu meinem Lehrer machen. Und doch bin ich schon fast ein Priester, der Empfänger so vieler Gnaden! Oh, Bruder Thomas, wie unendlich viel lerne ich von dir!"

Am Abend des 9. August besuchte er die Lateranbasilika, um zu beten. Am 10. August, kurz nach dem Morgengrauen, kam der stellvertretende Rektor, Pater Domenico Spolverini, zu ihm ins Kloster, sie gingen gemeinsam den langen, felsigen Hügel hinunter und durchquerten schweigend die Stadt bis zur Piazza del Popolo. Dort, in einer kleinen Barockkirche mit einer goldenen Kuppel und einem Säulenportikus, in Santa Maria in Monte Santo, wurde Angelo Roncalli drei Monate vor seinem kanonischen Alter von dreiundzwanzig Jahren zum Priester geweiht.

„Als alles vorbei war und ich meine Augen erhob, nachdem ich den Eid ewiger Treu geschworen hatte, erblickte ich das gnadenreiche Bildnis der Gottesmutter. Sie schien mir zuzulächeln. Sie erfüllte meine Seele mit sanfter Ruhe und tiefem Frieden, was ich nie vergessen werde."

Nachher ging er zum Apollinare zurück, das menschenleer war, denn die Studenten waren alle in Roccantica, dem Sommersitz des Seminars. Er schrieb Briefe an Bischof Guindani in Bergamo und an seine Angehörigen in Sotto il Monte, „damit sie an der Freude in seinem Herzen teilhaben könnten". Dann war er allein mit Gott.

In der Frühe ging er nach Sankt Peter, um seine erste heilige Messe zu feiern. „Der große Platz hatte mir vieles zu sagen, als ich ihn überquerte. Ich stieg in die Krypta hinab, nahe dem Grab des Apostels. Der Subrektor hatte eine Gruppe von Freunden dorthin eingeladen. Ich las die Votivmesse zu den heiligen Peter und Paul. Ich erinnere mich, daß das stärkste aller Gefühle, die mein Herz überfluteten, eine große Liebe zur Kirche, zur Sache Christi war; es war ein Gefühl völliger Hingabe, der Vorsatz, ja der heilige Schwur, dem Stuhl des heiligen Petrus die Treue zu halten und unermüdlich für das Heil der Seelen zu arbeiten."

Noch eine andere große Freude wartete auf ihn. Pater Spolverini hatte eine Audienz beim Heiligen Vater erwirkt, und als Pius X. erschien, heiter, weißhaarig, sagte der gute Pater: „Eure Heiligkeit, hier ist ein junger Priester aus Bergamo, der gerade seine erste heilige Messe gefeiert hat." Roncalli, niederkniend, wiederholte seine Gelübde, die er an der Tumba des heiligen Petrus abgelegt hatte. Der Papst legte ihm die Hand auf den Kopf. „Gut gemacht, gut gemacht, mein Junge", sagte er. „Ich werde den Herrn bitten, deine guten Vorsätze mit einem besonderen Segen zu belohnen."

Pius ging weiter und sprach mit jemand anderem. Dann kam er, aus irgendeinem Grund, wieder zurück. „Wann wirst du wieder daheim sein", fragte er, „in Bergamo?"

„Am Fest Mariä Himmelfahrt, Heiligkeit", antwortete Roncalli.

„Ah, das wird ein Fest werden. Und wie erst werden die schönen Glocken von Bergamo an diesem Tag erschallen!"

Am Abend reiste der junge Priester nach Roccantica in den Sabiner Bergen, einem geschlossenen kleinen Dorf, das ihn an Sotto il Monte erinnerte. Die Seminaristen erwarteten ihn an einer kleinen Brücke. Die Villa im Hintergrund war, wie aus festlichem Anlaß, prachtvoll erleuchtet. Sie sangen „Tu es sacerdos in aeternum" (Du bist Priester auf ewig), und Pater Pitocchi trat vor, um ihn zu umarmen. Später schrieb Roncalli: „Der Pater war zu freundlich in dem, was er über mich gesagt hat: seine Zuneigung hat ihn ein wenig blind gemacht."

Den Tag darauf reiste er nach Hause.

Wieder in Bergamo

Der Zug, der nach Norden fuhr und ihn heimwärts trug, schien zu kriechen. Unterwegs zelebrierte er die Messe in Florenz und am nächsten Tag in Mailand, am Grab des heiligen Karl Borromäus. Endlich, am 15. August 1904, am Fest Mariä Himmelfahrt, war er wieder in Sotto il Monte. „Ich zähle diesen Tag zu den glücklichsten meines Lebens", schrieb er, „für mich, für meine Angehörigen und Wohltäter, für alle."

Die verwitterte kleine Dorfkirche, in der er vor dreiundzwanzig Jahren getauft worden war, war voll von Verwandten der Roncallis, alle in stolzer Erwartung und trotz der sommerlichen Hitze im dunklen Sonntagsstaat. Nach der Messe hielt Angelo seine erste Predigt. Auf Anregung des Pfarrers, Luigi Battaglia, hatte er die theologische Bedeutung der Himmelfahrt Mariens als Thema gewählt. Man sagte, es sei eine gescheite Predigt gewesen, vielleicht aber überstieg sie ein wenig die Fassungskraft der Gläubigen. (Die Aufnahme Mariens in den Himmel wurde erst 1950 durch die Ex-Cathedra-Erklärung Pius' XII. zum kirchlichen Dogma.)

Sei's drum. Man wischte sich die Augen, und an einer Stelle, für ihn selbst überraschend, brach dem jungen Priester die Stimme, und er sagte: „Liebe Gemeinde, meine geliebten Angehörigen, es verwirrt mich, euch weinen zu sehen, obgleich ich weiß, daß es Tränen der Freude sind."

Hinterher drängten sich alle um ihn, um ihm Glück zu wünschen. Und einer der älteren Verwandten ergriff seine Hand und legte ihm die bei Neupriestern übliche Empfehlung ans Herz: „Jetzt mußt du tüchtig arbeiten und Papst werden." Beide lachten.

Die heiteren Sommertage in der Colombera vergingen allzu schnell. Im November, zu Beginn des neuen Studienjahres, kehrte er zum Apollinare zurück, um sein Studium fortzusetzen. Er hatte bereits den theologischen Doktorgrad erworben und schickte sich jetzt an, auch im Kanonischen Recht zu promovieren. Überdies wurde er zum Hilfsdozenten ernannt.

Seine gehobene Lebensstellung schien ihn wenig verändert noch seinem Humor geschadet zu haben. Als Antwort auf die Bitte seiner Mutter, ihr ein weiteres Bild von ihm zu schicken, schrieb er: „Es stimmt, daß ich der Familie noch immer nicht mein Bild geschickt habe, obwohl der Pfarrer eines bekommen hat, einfach aus dem Grund, weil Ihr schon ein Photo habt, er aber nicht – und außerdem möchte ich nicht zu viele Photos von mir verteilen, da ich weder Papst noch Kardinal, noch Bischof, sondern nur ein einfacher Priester bin. Es ist weder erforderlich noch schicklich, daß mein Gesicht hier und dort und überall zu sehen ist."

Bischof Guindano von Bergamo, hochgeehrt von seiner Diözese und geachtet beim Vatikan, starb im Oktober 1904, und Papst Pius X. ernannte Mgr. Giacomo Maria Radini-Tedeschi, einen Patrizier und Mann des Fortschritts, den einige der Kurialen mit Argwohn betrachteten, zu seinem Nachfolger. Die Weihe, die am 29. Januar 1905 in der Sixtinischen Kapelle im gelben Licht der Altarkerzen und dem durch die hohen Fenster einfallenden Sonnenschein stattfand, war in jeder Hinsicht prunkvoll. Der Papst selbst vollzog den geheiligten Ritus, und zwei junge Priester aus Bergamo, Guglielmo Carozzi und Angelo Roncalli, waren auserwählt, bei der Messe zu assistieren. Im wichtigsten Augenblick dieser Zeremonie war es Roncalli, der die Bibel, die das Joch Christi versinnbildet, auf Radinis gebeugten Nakken hielt, während Papst Pius seine Hände auf den Kopf des neugeweihten Bischofs legte und ihm die besondere Gabe des Heiligen Geistes übertrug.

Wie es sich traf, sollte dieser Augenblick eine besondere Bedeutung für Roncalli haben.

Nachher half der Papst Bischof Radini-Tedeschi auf die Füße und sagte ihm etwas so leise, daß niemand die Worte verstehen konnte. Dabei erhellte ein Ausdruck überirdischen Glücks Radinis Gesicht.

„Was hat er gesagt?" flüsterte jemand. „Worum handelt es sich?" Niemand erfuhr es. Aber es war ein Geheimnis, das Roncalli eines Tages teilen sollte.

Giacomo Maria Radini-Tedeschi wurde 1857 in Piacenza, einem bäuerlichen Zentrum am Po, geboren; es lag etwa 65 Kilometer südlich von Bergamo. Seine Familie stammte aus dem alten Adel der Emilia-Romagna, nach Geist und Rang nahm sie eine hohe Stellung ein, und einige Angehörige waren Priester oder Ordensschwestern geworden. Er selbst trug den Titel eines Grafen, als er auf seine Privilegien verzichtete, um Gott zu dienen.

Groß und stattlich, mit Charme und Beredsamkeit ausgestattet, lenkte er bald die Aufmerksamkeit Leos XIII. auf sich. Er wurde nach Rom gerufen und fungierte in den nächsten fünfzehn Jahren als inoffizieller Botschafter des Heiligen Stuhls, förderte als solcher die Bewegung der sozialen Aktion und koordinierte die Tätigkeiten der Diözesanverbände in ganz Italien. Seine Wohnung in Rom wurde ein Diskussionzentrum für Menschen verschiedenster Stellung und Herkunft, die alle der Überzeugung waren, daß die Gläubigen vor den materiellen Nöten der Menschen die Augen nicht schließen durften. Ihr Instrument war die Organisation *Opera dei Congressi.* Seit der Zeit, da das „Non expedit“ Pius' IX. den Katholiken die Mitarbeit an nationalen Angelegenheiten verboten hatte, hatte *Opera dei Congressi* als eine Art Vermittlungsstelle gedient; es war die einzige kirchliche Körperschaft in Italien, die in der Lage war, mit der Regierung Informationen auszutauschen und bei den ernsten erzieherischen, wirtschaftlichen und sozialen Problemen der Nation mitzuwirken. Radini-Tedeschi wurde ihr Vizepräsident.

Er und seine Anhänger waren überzeugt, daß der Kampf für soziale Gerechtigkeit ein untrennbarer Teil der christlichen Ethik war, und sie arbeiteten unermüdlich für ein breitgefächertes nationales Programm der Katholischen Aktion, so wie es sich in Bergamo bereits entwickelte. Sie glaubten, es sei an der Zeit, daß die Katholiken die Verantwortung für ihr eigenes Land mitübernähmen, daß sie zur Wahlurne gehen und parlamentarische Ämter bekleiden sollten, auch wenn eine Übereinkunft zwischen der italienischen Regierung und dem Vatikan noch ausstand. Mit ihren Wahlzetteln und Stimmen im Parlament könnten sie nicht nur den demokratischen Fortschritt der Nation fördern, sondern auch Freiheit für die Kirche und die Unabhängigkeit des Heiligen Stuhles erreichen.

Doch es kam anders. Nach dem Tod Leos XIII. im Jahre 1903

brandmarkte der neue Staatssekretär, Kardinal Merry del Val, die Ideen der *Opera dei Congressi* als respektlos und unannehmbar, und die Mitglieder des Führungsgremiums legten ihr Amt nieder. Bald darauf löste Papst Pius die Organisation auf. Ihre Arbeit sollte später zwar wieder aufgenommen werden, aber die erzwungene Unterbrechung trug nicht dazu bei, eine kommende Katastrophe abzuwenden. Man fragt sich, ob die faschistische Diktatur Mussolinis im italienischen Boden so leicht hätte Wurzeln schlagen können, wenn es der Christlichen Demokratie erlaubt worden wäre, sich ungestört zu entwickeln.

Für Radini-Tedeschi war es ein vernichtender Schlag. Er war ganz in der Arbeit für die *Opera* aufgegangen und hatte all seine Kraft und Begeisterung in sie investiert. Aber seine Treue zum Heiligen Vater wankte nicht. Als Pius ihm das Bistum Bergamo anbot, nahm er es ohne Zögern an.

Papst Leo war ein Mann des 20. Jahrhunderts gewesen. Der Kirchenhistoriker Franz Xaver Seppelt sagt über ihn: „Seine Fähigkeit lag nicht in neuen Ideen, sondern darin, alte Ideen auf das moderne Leben anzuwenden." Pius war von anderer Art, er war ein Seelenhirte. Da er es ablehnte, sich mit solchen kirchlichen Angelegenheiten zu befassen, für die er sich nicht voll geeignet fühlte, überließ er die meisten diplomatischen und politischen Angelegenheiten dem Kardinal Merry del Val, auf dessen Rat er die *Opera dei Congressi* aufgelöst hatte.

Dennoch war es Pius X., der schließlich den italienischen Katholiken das Recht, an den politischen Angelegenheiten des Landes mitzuwirken, zurückgab. Und es war Pius und nicht seine Berater, der bestimmt hatte, daß Mgr. Radini-Tedeschi der Nachfolger Bischof Guindanis in Bergamo, der eigentlichen Kernzelle der sozialen Bewegung, werden sollte.

„Man hat vorgeschlagen, Sie zum Erzbischof von Palermo zu ernennen", erzählte er Radini, „und ich sagte nein. Darauf schlug man Sie für Ravenna vor. Ich sagte nein. Dann bleibt noch Bergamo übrig, und ich sagte ja." Und herzlich fügte er hinzu: „Gehen Sie also dorthin. Für einen Bischof, der Trost braucht, ist Bergamo die geeignete Diözese."

Vielleicht war es für einige Mitglieder der Kurie eine Genugtuung, daß der unruhige Radini-Tedeschi aus den Kommandostellen des Vatikans entfernt worden war. Aber es steht außer Zweifel, daß Pius dieses Gefühl nicht teilte. Er schätzte Radini persönlich sehr und achtete ihn als Mann der Kirche hoch, was er auch dadurch bewies, daß die Bischofsweihe von ihm persönlich vollzogen wurde.

Bald darauf sprach der neugeweihte Bischof bei Monsignore Spolverini, dem Rektor des Apollinare vor. Er suchte einen jungen Geistlichen aus der Umgebung von Bergamo, der ihm als Sekretär dienen sollte. Kannte der Monsignore einen Priester, den er empfehlen konnte? Was dann geschah, ist nie ganz geklärt worden, obwohl es einen unermeßlichen Einfluß auf das Leben Angelo Roncallis, auf die fernere Zukunft der Kirche und ihre Stellung in der Welt haben sollte. Die eine Version besagt, Spolverini habe spontan Roncalli vorgeschlagen als einen Mann, der intelligent sei und mit dem sich gut zusammenarbeiten ließe. Eine andere Quelle will wissen, daß der Rektor zwei der aus Bergamo stammenden Seminaristen des Apollinare genannt habe, Roncalli und seinen Freund Guglielmo Carozzi, und daß Carozzi, der zuerst gefragt wurde, dem Bischof gesagt habe, Roncalli sei der geeignete Mann für diesen Posten. Und schließlich wird behauptet, der Bischof, ein außergewöhnlicher Mann von immensem Weitblick, habe niemanden um Rat gefragt und statt eines erfahreneren Priesters aus seiner näheren Umgebung den unbekannten jungen Mann dazu ausersehen, der bei seiner Konsekration assistiert hatte.

Wie immer dem auch sei, Angelo Roncalli nahm das Amt an, und statt ein Kirchenhistoriker oder Landpfarrer zu werden, befand er sich plötzlich auf dem langen Weg, der manchmal voll unübersehbarer Windungen war, manchmal in eine Sackgasse zu münden schien, ihn aber schließlich zum Thron des heiligen Petrus führte.

Der neue Bischof und sein Sekretär trafen am 9. April 1905 in Bergamo ein. Man kann sich schwerlich zwei Menschen vorstellen, deren äußere Erscheinung so grundverschieden war. Radini-Tedeschi war von auffallender Gestalt, weltgewandt und von jener Gelassenheit, die ein Teil seines aristokratischen Erbes war. „Eccolà, Monsignore Radini“, schrieb Roncalli später: „Schauen Sie sich Monsignore Radini an, seine schöne, aufrechte, imponierende Gestalt. Die Natur hat ihn verschwenderisch ausgestattet.“ Roncalli selbst war einen halben Kopf kleiner, neigte ein wenig zur Fülle und hatte ein derbes, wohlwollendes Bauerngesicht. Der Bischof war im Gespräch „von unvergleichlicher Liebenswürdigkeit und würzte seine Unterhaltung mit überraschendem Witz". Das Italienisch des Sekretärs war geprägt von den knarrenden Lauten der lombardischen Bauern, und zuweilen verfiel er unversehens in den bergamaskischen Dialekt.

Aber Radini-Tedeschi besaß mehr als eine elegante Erscheinung und gute Umgangsformen, und sein junger Sekretär mehr als eine warmherzige bäuerliche Persönlichkeit. Der Bischof, einer der glänzendsten und beliebtesten Führer der Katholischen Aktion, verstand wahrscheinlich mehr von der ländlichen Organisation zum Zweck sozialer und wirtschaftlicher Verbesserung als irgendwer in Italien. Er war nicht der Mann, der von seiner Überzeugung abließ, nicht einmal angesichts der bitteren Enttäuschung, die er erlebt hatte. In Roncallis Biographie über den Mann, den er „den Polarstern meines Priestertums" nannte, einem Werk, das uns ungewollt ebensoviel über ihn selbst als über den Bischof verrät, mit dem er zehn Jahre lang zusammengearbeitet hat, sagt er von Radini-Tedeschi, sein Geist habe etwas Soldatisches an sich gehabt. „Er liebte den Kampf für die gute Sache, für die Rechte des Volkes, für das Christentum. Aber Radini schätzte nicht den Krieg, der mit Nadelstichen ausgefochten wurde. Was ihm wirklich lag, das waren solche Schlachten, in denen man als ein Ritter ohne Furcht und Tadel kämpfen konnte, als Kavalier, in aller Öffentlichkeit und in offener Feldschlacht." Was den Sekretär anlangt, so setzte er seine Kräfte freudig ein, um die sich jagenden Forderungen seines *padrone* zu erfüllen. Bald war er als des „Bischofs Schatten" bekannt.

Noch ehe sie sich im Bischöflichen Palast in Bergamo regelrecht niedergelassen hatten, begaben sich der neuernannte Bischof und sein Sekretär auf eine Reihe von Pilgerreisen, deren erste zum Grab des heiligen Karl Borromäus in Mailand führte. Von dort ging es weiter nach Lourdes, wo das Bauernmädchen Bernadette Soubirous vor einem halben Jahrhundert eine Erscheinung der Gottesmutter gehabt hatte, und anschließend besuchten sie die Heiligtümer in Arles, Lyon und Paray-le-Monial. Es war die weiteste Reise, die Roncalli bisher unternommen, und das erstemal, daß er Italien verlassen hatte. Er stellte fest, daß Bischof Radini sich an allen Orten über die augenblickliche Tätigkeit der in der Katholischen Aktion Frankreichs zusammengeschlossenen Gruppen eingehend informierte. Nach ihrer Rückkehr machten sie sich an die Arbeit.

Im Jahre 1905 gab es in der Provinz Bergamo 430000 Katholiken, 350 Pfarrgemeinden, 512 Kirchen, 2000 Priester und 400 Seminaristen – für alle trug der Bischof die Verantwortung. Radini-Tedeschi, damals achtundvierzig und auf der Höhe seiner Leistungskraft, war entschlossen, seinen Arbeitseifer auf seine eigene Diözese zu beschränken. Aber er war sich bewußt, und Roncalli dachte genauso, daß das in Bergamo aufgestellte Beispiel einen unvermeidbaren Einfluß auf die ganze Kirche Italiens ausüben werde.

Sie begannen mit einem umfangreichen Bauprogramm. Man hatte die Kanzlei in einem erschreckend verfallenen Zustand vorgefunden: düster, feucht und unbequem. Auch die prächtige Kathedrale aus dem 17. Jahrhundert hatte unter der jahrzehntelangen Vernachlässigung sehr gelitten, und einigen ihrer unschätzbaren Meisterwerke drohte die Gefahr unrettbarer Zerstörung. Radini-Tedeschi setzte prompt alle Stellen der Kurie in Bewegung und ordnete den Bau einer neuen Bischöflichen Residenz an. Gleichzeitig wurde mit einer umfassenden Renovierung der Kathedrale und der Restaurierung der Grabdenkmäler seiner Vorgänger begonnen. Überall im Bistum entstanden neue Kirchen, Klöster und Schulen. Stolz schrieb Roncalli über seinen Bischof: „Die Steine werden von dir reden.“

Radini-Tedeschi unternahm zahlreiche Visitationsreisen, die ihn nach und nach in jede einzelne Pfarrei seiner Diözese führten; Roncalli begleitete ihn dabei und machte sich Notizen. Und kaum verging ein Jahr, in dem die beiden nicht auf einer Pilgerfahrt zu irgendeinem fernen Ort waren. Bevor die Erkrankung des Bischofs und der Ausbruch des Krieges ihren Reisen ein Ende machten, hatten sie Frankreich, Spanien, Palästina, Deutschland, Österreich, Ungarn, Polen und die Schweiz besucht. Zwischen 1905 und 1913 machten sie fünf Pilgerfahrten nach Lourdes, einem Heiligtum, das für beide von besonderer Bedeutung war, und regelmäßig nahmen sie an sozialen Studienkonferenzen in verschiedenen Gegenden Frankreichs teil. Bald sprach Roncalli fließend Französisch und machte die Bekanntschaft zahlreicher ausländischer Prälaten. Er erwarb sich eine gründliche Kenntnis anderer Kulturnationen und ihrer Lebensgewohnheiten.

Sehr wahrscheinlich hat keine Auslandsreise ihn so nachhaltig beeindruckt wie die Pilgerfahrt ins Heilige Land im Jahre 1906. Er schickte eine Reihe von Berichten an *L'Eco di Bergamo,* eine Zeitung, für die er bis zum Tage seines Todes eine besondere Vorliebe hegte. Der heutige Herausgeber, Mgr. Andrea Spada, berichtet, daß Roncalli ein hervorragender Reporter gewesen sei, obwohl er damals erst fünfundzwanzig Jahre alt und mit religiösen Verpflichtungen und seiner Arbeit für Bischof Radini-Tedeschi voll ausgelastet war. Seine Beobachtungen waren präzise, sein journalistischer Instinkt war sicher, und er konnte brillant formulieren. Am 30. September berichtet er aus Kana: „Die Straße, die von Nazareth nach Kana führt, ist schauderhaft. Für uns Italiener käme sie nicht einmal als Feldweg in Frage, und wenn man bedenkt, daß die armen Leute hier das Zehnfache dessen zahlen, was es wert ist. Aber man darf nicht vergessen, wir befinden uns hier unter Türken, und die türkische Regierung versteht sehr viel von Erpressung und unglaublicher Ungerechtigkeit, aber nichts von Straßen."

Am nächsten Tag berichtet er über einen Unfall aus Tiberias: „Infolge der Salven, die die Araber zu Ehren des Ereignisses dicht vor unseren Nasen abfeuerten, bäumte sich das Pferd Don Soldinis und stürzte mit dem unglücklichen Priester unmittelbar unter die Hufe der Pferde, die eine der Kutschen zogen. Ich sah, wie unser Bischof aus der Kutsche sprang und dann mit dem guten Don Soldini zurückkam, wobei er ihn mit der einen Hand stützte und mit der anderen das Blut stillte, das ihm reichlich über die Wange floß. Glücklicherweise war die Verletzung nicht gefährlich ..."

In einem Bericht vom See Tiberias schildert er mit jenem einzigartigen Sinn für das Wirkliche und das Mystische, aus dem die Struktur seines Glaubens bestand, die klare Vision dessen, was wir sind, und die glühende Sehnsucht dessen, was wir sein könnten:

„Um 4.30 früh waren fast alle Pilger auf den Beinen. Der unbeschreibliche Lärm der Bootsleute, alle junge Moslems, die schon lange mit ihren Booten gewartet hatten, riß alle jene aus dem Schlaf, die hundemüde waren. Und jetzt waren wir in ihrer Hand. Die Boote lagen nicht direkt am Ufer, so erforderte das Einsteigen eine besondere Prozedur. Zwei dieser Kerle, die schrien, als seien es hundert, packten jeden von uns bei den Beinen, und mit unglaublicher Leichtigkeit und Schnelligkeit trugen sie uns sanft zu den Booten ...

Nie werde ich das Entzücken, die Herzensfreude, den geistigen Anhauch vergessen, die ich an diesem Morgen empfand, als wir über das Wasser glitten. Nach und nach, je weiter das Boot auf den See hinausfuhr, färbte das erste Licht der Frühe die Fluten, die Häuser und die umliegenden Hügel. Wir sprachen nicht, aber unsere Herzen waren bewegt. Es war, als könnten wir Jesus sehen, wie er in Petri Boot diesen gleichen See überquert. Jesus stand vor uns, und wir konnten ihn sehen: obgleich wir unwürdig waren, fuhren wir ihm auf dem Wasser entgegen, und unser Gebet war stumm, doch spontan und beredt... als wir ans Ufer kamen, ging die Sonne auf."

In der Gesellschaft seines Bischofs kam Roncalli mit führenden Männern der Kirche in Berührung. Radini-Tedeschi bewegte sich in einem Kreis höchster Prälaten, Kardinäle und Diplomaten, und wohin er auch ging, sein Sekretär ging mit. Giacomo della Chiesa war einer der engsten Freunde Radinis, und Achille Ratti war sein Studienkamerad am Lombardischen Kolleg in Rom gewesen, und beide sollten den päpstlichen Thron besteigen.

Um mit dem Bischof zu verhandeln, kamen die geistlichen und weltlichen Führer der neuerstandenen Katholisch-Sozialen Bewegung, die Roncalli lange Zeit von ferne bewundert und deren Werke er studiert hatte, nach Bergamo. Unter ihnen war Don Luigi Sturzo, ein junger Priester aus Sizilien, dessen *Partito Popolare,* 1909 gegründet, schließlich zum *Partito Democrazia Cristiana* wurde. An diesem Wendepunkt seines Lebens, gleich zu Anfang seines Priesteramtes, sah sich Roncalli nicht nur einer Fülle anregender Ideen gegenüber, er mußte sich auch mit den Mitteln und Wegen auseinandersetzen, durch deren Anwendung die materiellen Nöte der Bevölkerung behoben werden sollten.

Der Bischof erfaßte schnell, daß die geistlichen und intellektuellen Fähigkeiten Roncallis von seinen Pflichten als Sekretär nicht voll beansprucht wurden. Er ermunterte ihn, eine Stelle als Lehrer am Seminar anzunehmen, wo er ab Oktober 1906 Kirchengeschichte dozierte und später Lehrgänge in Patrologie, dem Studium der Kirchenväter, und in Apologetik, der Verteidigung des christlichen Glaubens, übernahm.

„Man muß in der Lage sein", pflegte Roncalli zu sagen, „jedem, der fragt, eine Begründung für unseren Glauben zu geben."

Wie mehrere seiner ehemaligen Studenten bezeugen, war Roncalli ein beliebter Lehrer. Seine Lehrmethode war unkonventionell, fast unterhaltsam, sie war der natürliche Ausdruck seines zwanglosen und mitteilsamen Wesens, so daß sich seine Begeisterung für den jeweiligen Unterrichtsstoff wie von selbst auf seine Zuhörer übertrug. Einer dieser früheren Studenten, Mgr. Giuseppe Angiolini, der jetzige Rektor des Seminars in Bergamo, erinnert sich noch, wie der stämmige junge Priester in den Hörsaal stürmte, manchmal ein wenig zu spät, und ständig außer Atem, so als hätte er die letzten hundert Meter im Laufschritt zurückgelegt. „Er pflegte sich umzuschauen wie einer, der erstaunt ist, uns alle hier zu sehen. Dann fragte er nach dem einen oder anderen von uns. Manchmal erzählte er uns etwas Amüsantes, das er an dem betreffenden Morgen erlebt hatte. Darauf begann er mit der Vorlesung."

Sein Aufgabenbereich wurde ständig größer. Zu Beginn des Jahres 1909 wurde ein neues Bistumsblatt herausgegeben, *La Vita Diocesana* (Leben im Bistum), und Bischof Radini-Tedeschi ernannte Roncallis Freund Carozzi zum geschäftsführenden Direktor, Roncalli selbst zum Herausgeber. Gleichzeitig unterrichtete er die Kinder der Pfarrgemeinde San Michele del Arco im Katechismus und vertrat regelmäßig einen Ortsgeistlichen, der erkrankt oder verreist war, am Altar oder im Beichtstuhl. Und wenn in der ständig wachsenden Familie Roncalli eine Hochzeit oder eine Taufe fällig war, dann brauchte er nur über das Gebirge zu wandern, um daheim in Sotto il Monte seines Amtes zu walten.

Er war nie lange ohne Verbindung mit seiner Familie; wenn er sie nicht besuchen konnte, schrieb er seinen Angehörigen und fragte nach ihrem Wohlergehen. Als er hörte, daß seine Schwestern Ancilla und Assunta einen Arbeitsplatz in einer Seidenfabrik angenommen hatten, in der „anrüchige" Zeitungen verteilt wurden, schrieb er seiner Mutter: „Ich bitte Dich, äußerst wachsam zu sein, und wenn Du glaubst, daß irgendeine Gefahr für sie besteht, dann hole meine Schwestern sofort dort weg: der Herr wird dafür sorgen, daß Ihr keinen Mangel an Brot leidet." In der Tat heiratete Assunta bald darauf, und im Laufe der Zeit kamen Ancilla und eine andere Schwester, Maria, nach Bergamo, um ihrem Bruder den Haushalt zu führen.

Als die Frau seines Bruders Saverio erkrankte, schrieb er ihr von Bergamo: „Heute habe ich mit einem sehr guten und tüchtigen hiesigen

Arzt gesprochen; sobald ich Dir Bescheid gebe, und das wird sehr bald sein, kommst Du mit Deinem Mann nach hier und läßt Dich gründlich untersuchen: die Kosten übernehme ich."

Und an seinen Vater, dem wohl die Verbitterungen des nahenden Alters zu schaffen machten, schrieb er: „Der einzige Trost, den es gibt, ist das Bewußtsein, ein gutes Leben geführt zu haben. Du mußt mir verzeihen, wenn ich Dir etwas vorpredige, aber es ist meine Liebe zu Dir, die mich so sprechen läßt; und denke daran, nur aus diesem Grunde bin ich Priester, nicht um Dir zu ermöglichen, reich und mit den Gütern dieser Welt gesegnet zu werden, sondern um Dir zu helfen, in diesem Leben seelisch zufrieden und im zukünftigen glücklich zu sein."

Ungleich härter war er zu sich selbst, wie es eine Tagebucheintragung aus jener Zeit deutlich macht:

„Einer meiner größten Fehler ist, daß ich noch nicht das richtige Zeitmaß gefunden habe. Ich muß danach trachten, viele Dinge in möglichst kurzer Zeit zu erledigen. Deshalb werde ich sehr darauf achten, auch nicht eine Minute mit unnützen Dingen zu verlieren, wie z. B. unnötig zu plaudern und so weiter...

Ich verspreche, besonders beim Essen enthaltsam zu sein. Etwas weniger zu essen als bisher wird mir sicher gut tun. Ich werde meine Portionen deshalb auf die Hälfte herabsetzen und in der Regel weniger Wein trinken, und auch diesen noch mit Wasser vermischt. Wenn ich darüber nachdenke, scheint es mir, als verspreche ich ein wenig zuviel. Aber ich hoffe, der Herr hilft mir, meinem Vorsatz treu zu bleiben...

Das Aufstehen soll sich jeweils nach den Umständen richten, damit ich für alles genügend Zeit habe. In der Regel werde ich um $^1/_2$6 Uhr aufstehen."

Als Roncalli im Spätjahr 1906 den Bischof anläßlich eines Besuchs bei Kardinal Ferrari in Mailand begleitete, stahl er sich beiseite, um die Archive des Erzbischofs zu durchstöbern, während die beiden älteren Männer plauderten. Und dort, unter einem Stapel alter Wälzer und Handschriften begraben, die seit vielen Jahren nicht mehr abgestaubt, geschweige denn gelesen worden waren, entdeckte er neununddreißig Pergamentbände mit Dokumenten, die sich auf die Visitationsreisen bezogen, die der heilige Karl Borromäus der Diözese Bergamo im Jahre 1575 abgestattet hatte. Er erkannte sofort die historische Bedeutung seiner Entdeckung: es war ein ins einzelne gehender Bericht aus erster Hand darüber, wie sich das kirchliche Leben während der Übergangszeit vom Mittelalter zur Renaissance abspielte und wie es sich der großen katholischen Gegenreformation anpaßte, die das Konzil von Trient verfügt hatte. „Damals entschloß ich mich", schrieb er, „diese Dokumente, sorgfältig redigiert und mit Anmerkungen versehen, unter Zuhilfenahme moderner wissenschaftlicher Methoden für die Erklärungen und kritischen Anmerkungen, zu veröffentlichen." Es sollte eine Lebensarbeit werden.

Über ein Jahr lang, wenn immer er und der Bischof in Mailand weilten, zog er sich mit den Dokumenten zurück. Schließlich rührte seine Begeisterung Radini-Tedeschi, und dieser vermittelte eine Zusammenkunft zwischen seinem jungen Sekretär und seinem alten Freund, Mgr. Achille Ratti, dem Präfekten der berühmten Mailänder Ambrosiana. Lange nachher berichtet Roncalli über diese seine erste Begegnung mit dem späteren Papst Pius XI.:

„Ich erinnere mich noch lebhaft an unsere erste Begegnung im Erdgeschoß der Ambrosiana, in dem großen Lesesaal, als ich noch voller Furcht und Ungewißheit war. An seinem Pult am rechten Ende des Saales sitzend, empfing er mich mit würdevoller, aber herzlicher Liebenswürdigkeit. Noch heute sehe ich, wie er mir sein breites und offenherziges Gesicht zuwendet, während er mir zuhörte und seinen ersten Eindruck über den Plan, den ich ihm erläuterte, äußerte. Er fand ihn sofort reizvoll und interessant, hielt aber mit dem Urteil zurück, bis er das Material geprüft hätte. Als ich wenige Tage nach dieser Begegnung wiederkam, hatte Monsignore Ratti die umfangreiche Dokumentation im Erzbischöflichen Archiv bereits durchgesehen. Er gab mir zu verstehen, daß der sechste und der siebte Band vermutlich die detailliertesten Aufzeichnungen und Erlasse enthielten, die sich auf die Besuche des heiligen Karl Borromäus in Stadt und Bistum Bergamo bezogen, und daß diese beiden Bände als Richtschnur für die Anlage des übrigen Studiums dienen sollten. Diese Dokumente lagen schon auf Mgr. Rattis Tisch bereit, um photographiert zu werden... Die Kopien des sechsten und siebten Bandes wurden dann unter Rattis Aufsicht angefertigt, und er persönlich ordnete die Negative in richtiger Folge."

Es wäre eine Übertreibung, zu behaupten, die beiden wären wirklich

Freunde geworden. Ratti war fünfundzwanzig Jahre älter als Roncalli und ein Prälat von erheblichem Einfluß. Desungeachtet war er eine nie versagende Quelle der Inspiration und Hilfe, in der Tat die einzig spürbare Hilfe, auf die Roncalli in den ersten Anfängen seines monumentalen Werkes rechnen konnte. Radini-Tedeschi setzte zwei Kommissionen ein, um bei der Forschungsarbeit Hilfe zu leisten, aber in dem Vorwort zum ersten Band, der 1936 veröffentlicht wurde, bemerkt Roncalli launig: „Wie es so oft geschieht, war es auch in diesem Fall: ein Projekt beginnt mit der Bildung von Kommissionen, aber die Arbeit muß von einem einzelnen getan werden."

Er tat sie nicht ungern. Während er sich in den nächsten fünfzig Jahren dieser Arbeit widmete, wann immer er konnte, versenkte er sich in die Geschichte seines geliebten Bergamo, in die Zeiten, da Borromäus, ein Riese der Kirche, durch seine Straßen wanderte, seine Pfarrsprengel besuchte und die Reformen einführte, die das Leben Norditaliens umgestalteten. Abgesehen von einer kurzen Periode, während der Roncalli einen Mitarbeiter, Pater Pietro Forno, hatte, arbeitete er allein an dem Werk. Erst 1958, im Jahr, in dem er Papst wurde, wurde der letzte Band der fünfbändigen wissenschaftlichen Untersuchung „Urkunden über die Apostolischen Visitationen des heiligen Karl Borromäus in Bergamo, 1575" endlich fertiggestellt. Es ist ein Denkmal für einen Mann und eine Stadt, die Roncalli beide verehrte, und ein Zeugnis für das hohe Maß an Gelehrsamkeit, das sich der Bauernsohn aus Sotto il Monte erwarb.

Der Konflikt zwischen Kirche und Staat dauerte an. Innerhalb der Kirche gab es Zusammenstöße zwischen jenen, die die weitverbreitete Armut und Ausbeutung als Gottes Willen ansahen, und den anderen, Aktivisten, Liberale oder schlimmer noch Modernisten genannt, die danach strebten, die Kirche für die soziale Besserstellung der Armen zu aktivieren. So erbittert und unversöhnlich war der Streit, daß, lange nachdem er Papst geworden war, Johannes XXIII. verriet, das Heilige Offizium bewahre noch immer eine Postkarte auf, die er vor vierzig Jahren einem Freund mit modernistischen Ansichten, einem ehemaligen Studiengenossen aus dem Apollinare, Ernesto Buonaiuto, geschrieben habe. Aber in seiner Biographie über Radini-Tedeschi wies er auch darauf hin, daß immer zwei Texte offen auf dem Schreibtisch des Bischofs lagen: die Heilige Schrift und Leos XIII. großartige Sozial-Enzyklika *Rerum Novarum*. „Diese beiden Werke genügten ihm. In ihnen pochte sein eigenes großes Herz. Er ging auf in der Arbeit für die Armen, eben weil ihn religiöse Gründe dazu bewegten. ‚Es sind die Arbeiter', sagte er, ‚die am meisten von Sekten verführt werden. Als Folge ihrer Arbeit und ihrer mißlichen Lebensbedingungen werden sie am ehesten dazu getrieben, sich gegen Gott, die Regierung und die Gesetze aufzulehnen.'"

Dies ist kaum eine revolutionäre Doktrin. Tatsache ist vielmehr, daß selbst anhand der Erklärungen, die um 1910 abgegeben wurden, weder der Bischof noch sein Sekretär Modernisten genannt werden konnten. Aber Roncalli begann zu erkennen, daß das Zetergeschrei, das manchmal von beiden Seiten erhoben wurde, niemandem diente, was immer auch die Verdienste der beiden feindlichen Parteien sein mochten. Radikale Demagogen verfluchten die Kirche als eine dünkelhafte, unbeugsame Interessenvertretung, und übereifrige Apologeten verdammten jede Abweichung von der äußerst unnachgiebigen Orthodoxie.

Es war eine ebenso unruhige Zeit wie die unsere. Der Papst fühlte sich verpflichtet, die jungen Geistlichen vor einer Art Unzufriedenheit mit der kirchlichen Autorität zu warnen und die Bischöfe zu drängen, strengere Maßstäbe bei der Auswahl der Kandidaten anzulegen. Doch in Bergamo, einer Stadt, die durch unabhängiges Denken gekennzeichnet war, hatte Bischof Radini-Tedeschi keinerlei Schwierigkeiten mit aufsässigen Priestern oder Gläubigen. In der Tat gab es in jenen schwierigen Tagen unter den italienischen Katholiken eine tröstliche Redensart, die lautete: „Was immer das Unglück bringt, wir brauchen nur vier Schritte zu gehen, und wir sind in Bergamo."

Der Sinn dieser Redewendung war klar: Unter der Leitung des Bischofs widmete sich jede Pfarrei der Diözese sowohl sozialen als auch religiösen Aufgaben; die Priester waren auf beiden Gebieten tätig, und die Leute waren dankbar dafür. Aus dem Bischofspalast kam ein ständiger Strom neuer Gedanken und Anregungen, die darauf abzielten, die Feindseligkeiten in jenen unruhigen Zeiten zu mäßigen, und fast immer hatte Roncalli seine Hand im Spiel. Beide gemeinsam richteten ein Auswanderungsbüro für Zehntausende von Italienern ein, die, auf der Suche nach Arbeit, in Amerika und den europäischen Ländern ihr Glück versuchen wollten. Dann wandte Radini-Tedeschi seine Aufmerksamkeit den besonderen Nöten der werktätigen Frauen zu, der erste Bischof in Italien, der dieses heiße Eisen anpackte. Er rief drei Organisationen ins Leben: die Liga der Arbeiterinnen, die Vereinigung zum Schutz junger Frauen und die *Casa di Maternità*, die werdenden Müttern und ihren Neugeborenen großzügige Unterstützung gewährte.

Roncalli wurde der kirchliche Berater dieser Gruppen und später Präsident der Frauenabteilung im Diözesanverband der Katholischen Aktion. Mit achtundzwanzig hatte er jetzt einen Sitz im Zentralkomitee, ein Beweis für das Vertrauen, das der Bischof in die Fähigkeit seines Sekretärs setzte. Natürlich lenkten seine Tatkraft und sein Organisationstalent auch die Aufmerksamkeit der bürgerlichen Mittelschicht Bergamos auf sich, die einen Priester, der sich mit Politik befaßte, ebenso verdächtig fand wie einen Politiker, der in die Kirche ging.

Radini und sein Sekretär beunruhigten die konservativen Katholiken dadurch, daß sie trotz der antikirchlichen Einstellung der Regierung eine praktische Verbindung mit den Zivilbehörden unterhielten. „Der Bischof", schrieb Roncalli kurz und bündig, „hatte einen heiligen Schrecken vor billiger Popularität." Radini-Tedeschi führte den Brauch ein, am Neujahrstag dem Bürgermeister und dem Stadtrat einen Besuch abzustatten, um gegenseitig Glückwünsche auszutauschen, wie er auch in anderer Weise die Realitäten des Lebens anerkannte. Als gemeldet wurde, die Königinmutter Margherita werde nach Bergamo kommen, gab es Leute, die sich laut fragten, ob Radini-Tedeschi ihr seine Aufwartung machen werde angesichts der Kluft zwischen Kirche und Staat. Für jeden, der ein wenig Einfühlungsvermögen besaß, war die Antwort klar. „Er handelte wie ein italienischer Bischof und wie ein Gentleman", berichtete Roncalli, „und ging, um der Königin einen Besuch abzustatten."

Doch kein Ereignis aus jenen Jahren zog einen so scharfen Trennungsstrich zwischen den Anhängern des Bischofs und seinen Gegnern wie der bittere Streik in den Eisenwerken von Ranica, einer kleinen Gemeinde etwas außerhalb Bergamos. Im Spätsommer 1909 verlangte der Vorarbeiter der Fabrik, Pietro Scarpellini, im Auftrag der achthundert Beschäftigten einen Arbeitskontrakt. Er enthielt die Forderung nach Herabsetzung der wöchentlichen Arbeitsstunden, die sich damals auf zehneinhalb Stunden am Tag beliefen, und nach einer kleinen Lohnerhöhung. Wütend konterten die Arbeitgeber mit der Erklärung, Scarpellini habe „seine Stellung mißbraucht", und entließen ihn auf der Stelle. Am 21. September bekräftigten die Arbeiter, die von Nicola Rezzara, einem guten Bekannten des Bischofs, angeführt wurden, ihr angeborenes Recht, sich zur Wahrnehmung ihrer Interessen zusammenzuschließen, und traten in den Ausstand.

Damals gab es natürlich keine Streikgelder oder organisierte Hilfe für Streikende und kaum öffentliche Sympathie. Ohne Lohn waren sie, was den Unterhalt ihrer Frauen und Kinder anlangte, ganz auf die Mildtätigkeit angewiesen. Radini-Tedeschi und Roncalli gehörten zu einer Handvoll Außenseitern, die Geld zu einem Unterstützungsfonds beisteuerten. Sie besuchten die Arbeiter in ihren Wohnungen, brachten ihnen Nahrungsmittel und eine noch wertvollere Gabe, moralische Unterstützung. Und als die Tage des Streiks zu Wochen wurden und der harte Winter herankam, organisierten sie Volksküchen und sorgten dafür, daß keine Familie der Streikenden ohne Nahrung oder Kleidung oder Unterkunft blieb. Doch es waren weniger Radini-Tedeschis Zuschüsse an Geldmitteln als sein offenes Eintreten für die Sache der Hüttenarbeiter, was den Zorn seiner Kritiker entflammte und die Streikenden in ihrer Haltung bestärkte, und Roncalli notierte mit einiger Untertreibung: „Es wurden nicht eben wohlwollende Berichte an seine Vorgesetzten in Rom geschickt." In seiner Biographie über den Bischof weist er darauf hin, daß anders als in Frankreich, Deutschland und Belgien es in Italien weder ein Gesetz noch sonst eine administrative Einrichtung gab, um Arbeitskämpfe beizulegen, und gibt seine eigene Haltung während des Streiks von Ranica zu erkennen:

„Es war gut, daß das Anliegen der Arbeiter vom Bischof verteidigt wurde, und zwar nicht nur hoch von der bischöflichen Kanzel herab, sondern auf dem öffentlichen Markt, in den Auseinandersetzungen zwischen Arbeitgebern und Arbeitnehmern und in den Werkhallen. Monsignore Radini fühlte, daß es seine Pflicht war, ein Beispiel zu geben, und er hatte den Mut, es zu tun.

Als der Streik begann, gehörte Radini zu den ersten, die ihren Namen auf die Liste setzten, um den Arbeitern zu helfen; und er gehörte zu jenen, die großzügige Geldsummen beisteuerten, um den

Streikenden das tägliche Brot zu sichern. Darauf wurde von allen Seiten der Vorwurf erhoben, dies sei ein Skandal; unfreundliche Berichte wurden an die höchsten Stellen geschickt...

In Ranica stand nicht das Lohnproblem oder die Personenfrage auf dem Spiel, sondern ein Prinzip: das fundamentale Problem der Freiheit der christlichen Arbeiterorganisation als Gegengewicht gegen die mächtige Organisation des Kapitals. Er stellte sich energisch auf die Seite der streikenden Arbeiter, weil er dadurch eine hohe Christenpflicht erfüllte und für Gerechtigkeit, Mildtätigkeit und sozialen Frieden eintrat. Er ließ die Schreier schreien und ging unbeirrt seinen Weg, indem er für die streikenden Arbeiter aktiv Partei ergriff."

Am 8. November, fünfzig Tage nach dem Beginn des Streiks, wurde der Ausstand dadurch beendet, daß die Arbeitgeber ihre Niederlage eingestanden, indem sie der Bildung einer Metallarbeitergewerkschaft zustimmten. Bischof Radini-Tedeschi hatte recht behalten. Als alles vorüber war und der aufgewirbelte Staub sich gelegt hatte, erhielt er einen handschriftlichen Brief von Papst Pius: „Wir können Euch für das, was Ihr zu tun für klug erachtet habt, nicht tadeln", schrieb der Heilige Vater, „da Ihr mit dem Ort, den betroffenen Personen und den Umständen bestens vertraut seid."

Klug. Es war ein Wort, das in den Kreisen des katholischen Klerus und folglich auch unter den Laien einen besonderen Akzent erhielt, und auch für Angelo Roncalli wurde die Bedeutung dieses Wortes klarer. „Man redet so viel über Klugheit", sagte ihm Radini-Tedeschi, indem er ihm das Schreiben des Papstes entgegenhielt. „Aber ich habe Ihnen schon oft gesagt, daß Klugheit nicht darin besteht, daß man nichts tut. Klugheit heißt handeln, und zwar richtig handeln."

Anfang Mai 1912 schrieb Roncalli an seinen Vater:

„Giovanni hat mir gesagt, daß es Onkel Saverio nicht gut geht. Heute hatte ich den Wagen anspannen lassen, um ihn zu besuchen, doch der ständige Regen hat mich daran gehindert. Wenn die Nachrichten, die ich von Euch erwarte, nicht ernster werden, denke ich am Sonntag zu kommen..."

Er kam am 21. Mai in Sotto il Monte an, und am nächsten Tag starb Saverio Roncalli, sein geliebter Barba, im Alter von vierundachtzig Jahren. Angelo Roncalli setzte den Text für das Gedenkblatt auf, und darin versuchte er, etwas über den dauernden Einfluß seines Großonkels auf sein eigenes Leben zu sagen.

Für Roncalli senkte sich damit der Vorhang über einen Abschnitt seines Lebens. Mit dem Tode Saverios, des freundlichen, aufgeschlossenen alten Mannes mit seiner Vorliebe für Geschichte und Kirche, der ihm einst aus der Bibel und den katholischen Zeitungen vorgelesen hatte, war der erste Lehrer seiner Kindheit unwiderruflich dahingegangen. Bald sollte er auch noch das leuchtende Licht seines jungen Priestertums verlieren. Der Anfang vom Ende kündigte sich bereits an.

Bischof Radini-Tedeschi war jetzt ein geplagter Mann. Die ersten Kriegswolken zogen am fernen Horizont herauf, ihre Umrisse waren zwar noch vage – ein kriegerisches Gespräch, ein Liebäugeln mit der Gewalt der Waffen –, aber für einen so hellhörigen Mann wie Radini versprach alles dies nichts Gutes. Und was für ihn am schwersten zu ertragen war, wie er seinem Sekretär traurig gestand, er glaubte, er habe das Vertrauen des Papstes verloren.

Roncalli versuchte, ihm diese niederdrückenden Gefühle auszureden. Schrieb denn Seine Heiligkeit nicht häufig an den Bischof, sogar eigenhändig? Das war doch gewiß ein Zeichen dafür, daß er die Zuneigung und Verehrung des Monsignore erwiderte.

Aber Radini wußte nur zu gut, daß es in Bergamo Leute gab, die ihn in Rom als Modernisten anschwärzten, und in Rom wiederum solche, deren Ansicht über die Leitung der Diözese Bergamo der Papst ein willigeres Ohr lieh als der Überzeugung des Bischofs selbst. „Manchmal“, so berichtet Roncalli in seiner Biographie über Radini, „insbesondere während der letzten Jahre seines Lebens, befand sich Radini in einem Zustand der Ungewißheit und des Zweifels darüber, ob er das volle Vertrauen des Heiligen Vaters noch verdiene. Für seine Güte war dies die härteste Prüfung. Obgleich die Angelegenheit zu delikat ist, um sie in aller Öffentlichkeit zu diskutieren, darf man sie nicht mit Schweigen übergehen, denn das hieße, was den sittlichen Wert Monsignore Radinis betrifft, sich dem Vorwurf der Unwahrheit und Ungerechtigkeit aussetzen.“

Soviel ist bekannt: während eines Besuches im Vatikan, im November 1911, wandte sich Radini-Tedeschi in einem Memorandum, das bezeichnend für seine Aufrichtigkeit ist, unmittelbar an den Papst:

„Ich möchte ein Seelsorger und ein Vater sein, um zu versuchen, die Menschen mit Liebe, mit viel Liebe, zu gewinnen, ohne allzu nachgiebig zu sein. Vielleicht könnte alles dies, wenn es von jemandem beurteilt wird, der nicht vom Heiligen Geist erleuchtet ist oder nicht fühlt, welche Kraft es kostet, allen ein Vater zu sein, wie Nachlässigkeit aussehen oder übertriebene Güte oder eine Neigung, alles in zu rosigem Licht zu sehen. Zu optimistische Ansichten und Nachlässigkeit waren vielleicht jene Sünden, Heiliger Vater, die mir die Anklage eingebracht haben, unversöhnlich zu sein... Ich bitte Euch um Verzeihung."

Ob Pius dieses bemerkenswerte Schreiben je beantwortet hat, ist nicht bekannt. Roncalli schließt mit der Frage, ob der Bischof die Vermutung, der Papst vertraue ihm nicht mehr ganz, vielleicht übertrieben habe. „War es die zartfühlende Liebe, die er für den Papst hegte und die er nun verletzt glaubte, was ihn die Dinge schwärzer sehen ließ, als sie in Wirklichkeit waren? Es könnte sein."

Es hätte aber auch sein können, daß der Instinkt des unglücklichen Bischofs richtig war. Roncalli berichtet jedenfalls: „Dieser Verdacht wurde für ihn zu einer Dornenkrone und legte eine quälende Angst um sein Herz." Und all dies zu einer Zeit, da der Bischof das Ende seines Lebens herannahen sah und er erdrückt wurde von der Last dessen, was er ungetan zurücklassen mußte.

Vier Jahre lang war er krank gewesen und hatte mehr oder weniger große Schmerzen gehabt. Die Ärzte hatten ihm geraten, die Arbeit in einem langsameren Tempo zu verrichten, und während eines Sommerurlaubs, den er gemeinsam mit Roncalli in dem Schweizer Wallfahrtsort Maria Einsiedeln und dem italienischen Piemont verbrachte, schien er in der Tat wieder zu Kräften zu kommen. Aber anfangs 1914 war die Veränderung in seinem Aussehen, der matte, zehrende Blick, furchterregend. Ihn so zu sehen zerriß seinem Sekretär das Herz. Er schrieb: „Radini fühlte die schreckliche Drohung, die über seinem Haupt hing." Da er in diesem Sommer unfähig war zu reisen, blieb der Bischof in seinem kleinen Landhaus in der hügeligen Umgebung von Bergamo und hütete das Bett, täglich umsorgt von dem getreuen Roncalli.

Dort war es, wo sie Ende Juni erfuhren, daß der österreichische Erzherzog Franz Ferdinand und seine Gemahlin Sophie in Sarajevo ermordet worden waren. Die Lunte war gezündet. Wenige Wochen später brach in Europa der Krieg aus, das Pulverfaß war explodiert. Deutschland fiel in Belgien ein und war bald, gemeinsam mit Österreich, in einen tödlichen Kampf mit Rußland, Frankreich und England verwickelt.

Roncalli hinterließ einen ergreifenden Bericht über jene heißen Augusttage, als Radini-Tedeschis Leben dahinschwand und die Welt, wie er wußte, in Trümmer ging: „Er gab ein überaus diszipliniertes Beispiel der Ruhe und Geduld, selbst in Augenblicken größten Schmerzes ... Manchmal, ganz allein in der Stille der Nacht, hörte man ihn stöhnen: ‚O *Madonna mia*, gib mir Stärke.‘ Der Ausbruch des Ersten Weltkriegs hatte seine Miene und seinen Geist mit tiefer Traurigkeit umhüllt; begierig ließ er sich alle Neuigkeiten vorlesen, die nach und nach immer blutiger und betrüblicher wurden. Beständig dachte er an den Krieg und brütete ganze Nächte in einem Zustand des Schreckens vor sich hin. Einmal sagte er: ‚Wer weiß, was die Zukunft für Europa bringt? Armes Belgien. Armer Kardinal Mercier ...‘“

Am Abend des 11. August verschlimmerte sich sein Zustand, und die Ärzte fanden sich wieder ein. Nach einer kurzen Beratung mit Roncalli entschied man sich, dem Bischof zu sagen, wie ernst sein Zustand war, und daß er nach Bergamo zurückkehren müßte, um dort chirurgisch-diagnostisch untersucht zu werden. In dieser Nacht fand er keinen Schlaf, und am Morgen, völlig erschöpft, war er seiner Prüfung für einen Augenblick nicht gewachsen. Als Roncalli sein Zimmer betrat, sagte er: „Gestern abend wart ihr alle ein wenig grausam, als ihr mir diese Mitteilung in so scharfer Form machtet, obwohl ihr es natürlich gut gemeint habt. Was erwartet ihr denn von mir? Ich bin auch nur ein Mensch.“ Er seufzte. „Aber jetzt bin ich auf alles vorbereitet. Der Wille Gottes – das ist alles.“

Später sinnierte er: „Wir müssen auf Gott vertrauen, nicht auf die Menschen. Menschen tun, was sie können, aber das ist sehr wenig. Sie wollen operieren und werden zweifellos Erfolg haben. Dennoch, ich werde in die andere Welt gehen.“

Sie kehrten im Auto nach Bergamo zurück. Die Operation ergab eine bösartige Darmerkrankung. Sein Leben war nicht mehr zu retten. Es war nur noch eine Frage von Tagen, sagten die Ärzte, nicht mehr. Und Radini, der die Wahrheit aus ihren Mienen las, sah sich seiner dunkelsten Stunde gegenüber. Allein mit Roncalli, brach er zusammen und schluchzte. „Ich hatte ihn noch nie so weinen sehen", schrieb Roncalli.

„Fassen Sie Mut, Monsignore", sagte ich. „Sind wir nicht alle in Gottes Hand, der Stärke und Leben schenkt?"

„Oh, mein Sohn, im Angesicht des Todes bin ich kein Held, aber ich bin auch kein Feigling. Es ist der Gedanke an meine große Verantwortung, der mich erschreckt. Ich bin Bischof. Ich bin Bischof und habe eine große Macht, Gutes zu tun, und ich habe nicht genug getan. Und jetzt wird Gott mich richten."

Der Sekretär tröstete ihn, indem er ihm versicherte, daß er Gottes Werk getreulich und gut getan habe, und Radini fand sich mit dem Unvermeidlichen ab und sah den letzten Tagen ruhig und mit stetigem Mut entgegen.

Der schreckliche Weltkrieg wütete weiter. Als Radini auf dem Sterbebett lag, empfing Papst Pius X., der die Nationen beschworen hatte, eine friedliche Regelung für ihre Zwistigkeiten zu finden, den österreichischen Botschafter beim Vatikan in Audienz. „Heiliger Vater", sagte der Diplomat, „Tausende von Katholiken kämpfen in den Armeen Österreichs und Deutschlands. Seine Majestät, der Kaiser von Österreich, bittet Euch, seine Armeen in diesem Kampf zu segnen."

Pius, der ebenfalls am Ende seines Lebens angelangt war, erstarrte vor Zorn. „Ich segne den Frieden", sagte dieser kämpferische Christ, „nicht den Krieg." Damit war die Unterredung beendet.

Erschöpft von den Anstrengungen, die er gemacht hatte, um den Krieg zu beenden, und entsetzt über seine Schrecken, starb Pius X. wenige Tage danach. Als Radini die Nachricht am Morgen des 20. August übermittelt wurde, schloß er die Augen und murmelte: „Dann werde ich nicht länger zögern. Der Heilige Vater ruft mich."

Darauf verriet er Roncalli das Geheimnis seiner Konsekration, die Worte, die ihm Pius vor fast zehn Jahren zugeflüstert und die niemand außer dem Papst und seinem neuen Bischof gehört hatte. „Als der Heilige Vater mich an jenem Tag aufrichtete, versprach er mir, wenn ich eines Tages stürbe, werde er mich holen kommen, damit wir zusammen im Paradies sein könnten. Jetzt ist er dort und ruft mich. Ich will ihn bald sehen."

Am Abend des 22. August war es soweit. „Nun, ist meine letzte

Stunde gekommen?“ sagte er zu den Ärzten. „Ich danke Ihnen für den hervorragenden ärztlichen Beistand, den Sie mir in diesen Tagen zuteil werden ließen, aber ich bitte Sie, verehrte Doktoren, hören Sie die letzten Worte, die der sterbende Bischof Ihnen als Andenken hinterläßt. Oh, der Glaube! Welch ein großes Geschenk ist der Glaube! Besonders in diesem Augenblick, da ich vor den Pforten der Ewigkeit stehe. Jetzt gehe ich, und ich bin glücklich.“

Für eine kleine Weile tröstete Roncalli ihn im Gebet, Radini respondierte mit leiser Stimme. Dann erstarb seine Stimme, und der Sekretär, der ihn für bewußtlos hielt, schwieg. Aber der Bischof sprach noch ein letztes Mal: „Mut, mein lieber Don Angelo“, murmelte er, „es geht noch. Ich verstehe jedes Wort, das Sie sprechen.“ Kurz vor Mitternacht starb im Alter von siebenundfünfzig Jahren Giacomo Maria Graf Radini-Tedeschi.

Der neue Papst wurde am 4. September gewählt und nahm den Namen Benedikt XV. an. Es war Giacomo della Chiesa, der Kardinal-Erzbischof von Bologna, der ein enger Freund Radini-Tedeschis und wie dieser wegen angeblicher modernistischer Neigungen einst aus dem Vatikan verbannt worden war. Es ist durchaus verständlich, daß Angelo Roncalli besonders erfreut war über die Wahl eines Mannes, der seines geliebten Bischofs geistliche und soziale Überzeugungen teilte.

Aber es waren schwere Tage für Roncalli. Ausgerechnet nach dem zehnten Jahrestag seiner Priesterweihe, dreiunddreißig Jahre alt, fühlte er sich plötzlich abgetrennt und richtungslos dahintreibend. Andere, wußte er, waren weiter gekommen und befördert worden. Solange Radini lebte, hatte er nie einen Gedanken auf seine ferneren Zukunftsaussichten verwandt. Aber jetzt war Radini-Tedeschi, der „Polarstern“ seines Priestertums, tot, und er konnte seinen Kummer, das Gefühl eines unwiderruflichen Verlusts, nicht abschütteln. Ohne Zweifel würde der neue Bischof, wer immer es auch sein sollte, schon einen Arbeitsplatz für ihn finden, aber er wollte dies nicht als unbedingt sicher voraussetzen. Er zog aus dem Bischöflichen Palais aus und mietete eine Wohnung bei seinem alten Freund Carozzi. Natürlich hatte er an Arbeit keinen Mangel: seine Vorlesungen am Seminar, die Herausgabe von *La Vita Diocesana* und die Arbeit mit der Frauenabteilung der Katholischen Aktion. Während dieser Zeit ging er oft nach Sotto il Monte und verwendete viele Stunden auf die Arbeit über das Werk des heiligen Karl Borromäus. Außerdem begann er die Lebensbeschreibung Radini-Tedeschis.

Am 23. Mai 1915 erklärte Italien Österreich und Deutschland den Krieg. Am Tag darauf wurde Angelo Roncalli mit den Reservisten einberufen.

Eine Welt in Aufruhr

Die Frage, ob Italien sich in den Krieg einmischen sollte, hatte die Nation gequält. Lange und bittere Monate hindurch hatten heftige Pressekampagnen und einschüchternde Reden die Bevölkerung gespalten und jedes andere Problem in den Hintergrund gedrängt, sogar die Frage, ob sich die Katholiken an der nationalen Politik beteiligen sollten. Aber die schwache Stimme der Vernunft wurde niedergebrüllt und verhöhnt. Es machte nichts, daß das Land kein ehrenhaftes Interesse am Krieg hatte, daß das Heer schlecht vorbereitet war, nicht einmal, daß die Regierung sich vertraglich zu einem Bündnis mit Deutschland und Österreich verpflichtet hatte. Die Wogen des Nationalismus gingen zu hoch.

Am 23. Mai 1915 machte Angelo Roncalli folgende Eintragung in sein Tagebuch:

„Morgen werde ich als Sanitäter zum Militärdienst einrücken. Wohin wird man mich schicken? Vielleicht an die Front? Werde ich nach Bergamo heimkehren, oder hat der Herr bestimmt, daß meine letzte Stunde auf dem Schlachtfeld schlagen wird? Ich weiß nichts. Ich will nur eines: immer und überall den Willen Gottes erfüllen."

Am nächsten Tag meldete er sich im Hauptquartier des Militärbezirks in Mailand. Einer seiner ehemaligen Studenten aus Bergamo, der ihn dort traf und ihm half, sich durch das bürokratische Labyrinth hindurchzufinden, sagte später, Roncalli sei durch das aufgeregte Hin und Her sehr verwirrt gewesen und habe sich in seiner Uniform äußerst unbehaglich gefühlt. Er gab dem jungen Mann die wenigen Lire, die ihm als Sold für den ersten Tag seines Militärdienstes ausbezahlt worden waren, damit er sich ein Glas Wein dafür leiste und wünschte ihm eine glückliche Heimkehr zu seiner Familie. Wieder einmal war er der Unteroffizier Roncalli, diesmal den Sanitätern zugeteilt und nach Bergamo zurückbeordert, um dort Dienst zu tun.

In Venetien hatten sich inzwischen italienische Divisionen massiert und begannen auf einem schmalen Frontabschnitt, der sich auf die südlichen Gebirgshänge der Alpen erstreckte, einen Angriff gegen die Österreicher vorzutragen. Es war ein halsbrecherisches Gelände, das ständig bergauf führte und dessen Pfade mit Schlamm und Geröll und später mit Schnee bedeckt waren, während die österreichische Artillerie von oben herab Tod und Verderben spie. Elfmal in siebenundzwanzig Wochen warfen sich die Italiener gegen den Feind, und unter schwersten Verlusten, insgesamt 66 000 Tote und 10 000 Verwundete, gelang es ihnen schließlich, dem Feind einen jämmerlichen Geländegewinn von sechzehn Kilometern abzuringen.

Inzwischen wurde Bergamo, das weniger als 300 Kilometer von der Kampflinie entfernt lag, zum Hauptaufnahmeplatz für den endlosen Strom von Verwundeten. Unteroffizier Roncalli, der in dieser hektischen Zeit nachts kaum mehr als fünf Stunden schlief, versah seinen doppelten Dienst als Sanitäter und Priester, indem er Verwundete versorgte, den Tod bekämpfte und, wie er sich später ausdrückte, „den Sterbenden einen letzten Freundschaftsdienst leistete und ihnen die Versöhnung mit Gott durch die Absolution anbot".

Er hatte sich einen struppigen schwarzen Schnurrbart wachsen lassen. Damals erschien ihm dies unumgänglich, gleichsam als Bekundung dafür, daß er sich mit dem gewöhnlichen Soldaten eins fühlte. Aber als er später eine Photographie betrachtete, die in jenen ersten Kriegstagen gemacht worden war, sagte er: „Der Schnurrbart war ein Irrtum. Ich ließ ihn mir in einem Augenblick der Schwäche wachsen."

Unter den Offizieren und Ärzten, die dem Lazarett, in dem Roncalli Dienst tat, zugeteilt waren, gab es einige, deren antiklerikale Vorurteile auch durch die selbstlose Hingabe, die er seinen Schützlingen angedeihen ließ, und die langen, ermüdenden Stunden, die er dort verbrachte, nicht beseitigt wurden. Er war Priester – nichts konnte dieses schwarze Mal auslöschen. Besonders ein Offizier überhäufte ihn derart mit Sarkasmus und Schmähung, daß Roncalli, der befürchtete, die Kontrolle über die Leute seiner kleinen Einheit zu verlieren, eine schriftliche Beschwerde einreichte. Diese nötigte dem Offizier eine die Zukunft vorwegnehmende Erklärung ab: „Ich bin nur ein armer Oberstleutnant, Herr Unteroffizier, und eine weitere Beförderung ist unwahrscheinlich", sagte er mit einem Lächeln, dessen Aufrichtigkeit zweifelhaft war, „wogegen Sie am Beginn Ihrer Karriere stehen und wahrscheinlich einmal Kardinal werden."

Es war klar, daß er in die militärische Schablone nicht hineinpaßte, dieser dicke, unbedeutende Unteroffizier von vierunddreißig Jahren – ob er nun einen Schnurrbart trug oder nicht. Vor allem fehlte ihm jene herzlose Kaltschnäuzigkeit, mit der erfolgreiche Unteroffiziere ihre Untergebenen behandelten. Einmal sah er sich gezwungen, einem seiner Leute den Ausgang zu sperren. Am nächsten Tag – die übrigen Leute des Zuges waren auf einem Stadtbummel – war Unteroffizier Roncalli entsetzt, den Übeltäter noch in der Kaserne zu finden. „Was tun Sie denn hier?" fragte er. „Warum sind Sie nicht mit den anderen in die Stadt gegangen?"

„Aber Herr Unteroffizier", erwiderte der Mann, „Sie haben mir doch drei Tage Stubenarrest gegeben."

„Ja, ja", sagte Roncalli zerknirscht, „aber das sollte nur für nachts gelten. Während des Tages haben Sie freien Ausgang."

In Bergamo richtete er eine besondere Messe für Soldaten ein und gründete einen katholischen Verein zur Unterstützung der Bezirkstruppen. Wann immer er sich für einen halben Tag von seinen Pflichten freimachen konnte, ging er über das Gebirge nach Sotto il Monte, wo er das vertraute und geliebte Dorf seiner Kindheit durch die unersättlichen Anforderungen des Krieges verändert fand. Alle Männer in wehrfähigem Alter, darunter seine vier Brüder, waren zu den Waffen gerufen worden. Die Arbeit auf den Feldern war von den Frauen und alten Männern übernommen worden und der jahrhundertealte Rhythmus des Lebens – Arbeit und Gebet und Dankbarkeit für einen vollen Magen – aus dem Gleichgewicht geraten. Jetzt warteten die Leute im Dorf auf Briefe, auf Nachrichten vom Kriegsschauplatz, auf den Aushang der letzten Verwundetenliste und konzentrierten ihr Leben auf diese besorgniserregenden Augenblicke.

Im Frühjahr 1916 wurden durch einen besonderen Erlaß der Regierung alle Priester in der italienischen Armee zu Feldgeistlichen im Offiziersrang ernannt. Unteroffizier Roncalli wurde am 28. März zum Leutnant befördert, und prompt rasierte er seinen Schnurrbart ab. Seine Pflichten wurden zahlreicher. Jetzt trug er sowohl für das große Reservelazarett „Neue Zuflucht" in Bergamo als auch für die kleineren Krankenhäuser, Schulen und andere improvisierte Krankenstationen des Bezirks die Verantwortung, in denen der Zustrom der Verwundeten aus dem Norden versorgt werden mußte. Er wurde zum geistlichen Berater des Verbandes für Zivilverteidigung ernannt und gründete in den folgenden Monaten ein Genesungsheim für Soldaten und einen Verein zur Unterstützung der Mütter und Witwen der Gefallenen.

Er hielt auch Vorlesungen im Seminar. Am ersten Tag des Schulbeginns gab es ein großes Rätselraten über den Mann, der es fertigbrachte, gleichzeitig Feldgeistlicher und Professor für Apologetik zu sein. Aber als er den Hörsaal betrat, so erinnert sich Simone Bottani, einer seiner Schüler, war Roncalli wie jeder andere Priester gekleidet, nur daß sich auf seinen Ärmeln und auf dem flachen Hut zwei goldene Streifen befanden, die seinen militärischen Rang anzeigten. Er legte seinen Hut ab, lächelte den Studenten zu, machte das Zeichen des Kreuzes und begann mit einem Zitat des heiligen Petrus, das in jene unsicheren Zeiten ausgezeichnet hineinpaßte: „Es darf nämlich keiner von euch leiden als Mörder oder Dieb oder Übeltäter oder Angeber. Wenn er aber als Christ leidet, so braucht er sich nicht zu schämen, er verherrliche vielmehr Gott durch diesen Namen."

Wegen des Krieges mußte der zweisemestrige Kursus auf ein Semester reduziert werden. „Am Schluß dieses einen Semesters", erinnert sich Bottani, „fuhren wir alle heim, aber es blieb uns, dank der Vorlesungen von Roncalli, unvergeßlich. Und wir alle wußten, daß er Nacht für Nacht studieren mußte, um uns Vorlesungen halten zu können."

Trotz seines voll ausgefüllten Terminkalenders gelang es Roncalli, die Biographie über Radini-Tedeschi fertigzustellen, und in seiner Einleitung zur ersten Auflage, die 1916 veröffentlicht wurde, bemerkte er: „Diese Seiten wurden geschrieben, während in Europa der Krieg weiterging, der schreckliche Krieg, der soviel Blutvergießen und Tränen verursachte. Ich habe diese Zeilen geschrieben und an diesem Buch gearbeitet nicht in der behaglichen Stille des Studierzimmers, sondern inmitten der verschiedensten Tätigkeiten, wobei ich den Lehren und Beispielen Monsignore Radinis folgte. Einige Monate hindurch habe ich als einfacher Soldat daran gearbeitet, dann als Unteroffizier im untersten Rang und schließlich in meiner Eigenschaft als Priester." Er reiste nach Rom, um ein Exemplar des Buches dem Papst zu überreichen, im übrigen aber hielt er sich strikt an den anspruchsvollen Arbeitsplan, den er sich aufgestellt hatte.

Der Krieg lastete immer stärker auf Roncalli. In einem Brief an seinen Bruder Saverio vom 1. September 1916 schrieb er:

„Heute morgen sagte man mir, daß unser Vetter Battista Mazzola im Krankenhaus von Verona, mir scheint an einer Verletzung durch eine österreichische Granate, gestorben ist. Der arme Junge! Der Herr nehme ihn auf in seine Herrlichkeit und tröste seine unglückliche Mutter."

Und in seinen eigenen Krankenhäusern stieg die Zahl der Verwundeten täglich.

Aber das Schlimmste sollte noch kommen. Im Oktober 1917 begannen die Österreicher, verstärkt von sieben deutschen Divisionen, eine Offensive bei Caporetto in der Absicht, die ausweglose Situation zu beenden und die Italiener zur Kapitulation zu zwingen. Es war eine der verheerendsten Niederlagen der Alliierten in diesem Krieg. Innerhalb weniger Tage durchbrach die mächtige deutsch-österreichische Streitmacht die Front und jagte das italienische Heer in die Flucht. Unfähig, sich neu zu ordnen und Widerstand zu leisten, begannen die Truppen einen verzweifelten, überstürzten Rückzug unter mörderischem feindlichem Artilleriefeuer, der erst zum Stillstand kam, als sie die Piave, nördlich von Venedig, erreicht hatten. Nur die schnelle Heranführung französischer und englischer Verstärkung von der Westfront befähigte die aufgeriebenen italienischen Streitkräfte hier, 110 Kilometer von ihrer Ausgangsstellung entfernt, zu halten, und Caporetto ging als eine der größten Katastrophen in die Annalen des Krieges ein. Die Verluste der Italiener betrugen 45 000 Tote und Verwundete und 275 000 Gefangene.

Für Angelo Roncalli waren diese Tage, da der Herbst sich anschickte, in den trostlosen Winter hinüberzugehen, eine Zeit der Verzweiflung und tiefster Seelenqual. Im Dezember war ein Brief an seinen jüngsten Bruder Giuseppe mit dem Vermerk „Empfänger im Kampf vermißt" zurückgekommen, und am 6. Januar schrieb er wieder an Saverio, der auch an der Front war: „Ich bin eben von Sotto il Monte zurück... sie sind alle sehr bekümmert wegen Giuseppino, und jetzt beginnt man, sich um Dich Sorgen zu machen. Ich vermag Dir nicht zu sagen, was ich empfinde oder was ich leide. Ich habe alle meine Brüder und Schwestern immer geliebt, aber jetzt, besonders wenn ich an Euch beide denke, bin ich manchmal so bewegt, daß zuzeiten, wenn ich mit dem Herrn allein bin, mir die Tränen in die Augen treten und ich mich der Erregung, die mich überwältigt, nicht erwehren kann."

In Bergamo reichten die vorgesehenen Verpflegungsstätten nicht mehr aus, um die zahllosen Opfer der Schlacht aufzunehmen, und sie mußten in Kirchen und anderen öffentlichen Gebäuden untergebracht werden. Dort lagen sie auf ihren Bahren, die man auf dem Fußboden abgestellt hatte, und warteten auf einen der wenigen Ärzte oder Krankenschwestern, die des Andrangs von Verstümmelten nicht mehr Herr wurden. Der Leutnant und Feldgeistliche Roncalli ging mit seiner kleinen Gruppe von Sanitätern zwischen ihnen umher. Oft gingen die langen Nächte unmerklich in den dämmernden Morgen über, und immer noch arbeiteten sie weiter, brachten den Verwundeten, soweit sie konnten, ärztliche Hilfe und Erleichterung. Roncalli erteilte jenen, für die der Kampf ausgestanden war, die Absolution.

Jahre später äußerte sich Roncalli über diese Zeit: „Ich danke Gott, daß ich im Ersten Weltkrieg als Unteroffizier und Feldgeistlicher Dienst tun konnte. Wieviel habe ich in dieser Zeit über das Menschenherz gelernt, wieviel Erfahrung habe ich gesammelt, wieviel Gnade empfangen." Aber damals, als er die schreckliche Zeit durchstehen mußte, litt sein feinfühliger Geist unter der Grausamkeit und dem Vernichtungswillen des Krieges. Wenn er auf dem nackten Boden neben einem schwergeprüften Soldaten kniete, war er tapfer und fand tröstende Worte. Wenn er aber danach allein in seinem Zimmer war, überkam ihn eine tiefe Niedergeschlagenheit, und, wie er schrieb, „es kam häufig vor, daß ich mich auf die Knie werfen und wie ein kleiner Junge weinen mußte, unfähig, meine Erschütterung länger zu bezwingen, die ich beim Anblick so vieler armer Söhne unseres Volkes empfand, die einen einfachen, heiligen Tod starben".

Anfang 1918 erfuhr er, daß sein Bruder Giuseppe lebte und in österreichischer Gefangenschaft war. Sofort gab er diese gute Nachricht an Saverio weiter und fügte, wie es seine Gewohnheit war, zwanzig Lire hinzu, damit er sich eine Kleinigkeit dafür kaufe. Im Augenblick war die Front am Flußlauf der Piave entlang wieder stabil. Es sollten weitere Offensiven gestartet werden, es sollte mehr Verwundete geben, aber als der Frühling kam, gab es auf dem kriegsmüden Kontinent einige, die es wagten, den künftigen Frieden ins Auge zu fassen. Zu ihnen gehörte auch Roncalli, und am 17. April schrieb er Saverio mit freudiger Erregung:

„Wenn Du wieder nach Bergamo kommst, wirst Du eine Neuigkeit feststellen. Ich wohne nicht mehr im Seminar, sondern in einem Palazzo, nicht weit davon entfernt. Der Bischof hat mich beauftragt, darin ein ‚Studentenheim' zu eröffnen. Wenn der Krieg zu Ende ist, werde ich dorthin endgültig umziehen und unsere beiden Schwestern Ancilla und Maria mitnehmen. Sie haben nach allem – nach soviel Arbeit – das Recht, mit etwas mehr Bequemlichkeit zu leben; sie werden für mich und meine Arbeit wertvoll sein –... Inzwischen sorge ich für die Möbel. Weil ich wenig Geld habe, leihe ich mir – mit 5% Zins – von unserem Vater zweitausend Lire. Ich hoffe, ihm das Geld Ende nächsten Jahres zurückgeben zu können."

Zwei Jahre nach Italiens Eintritt in den Krieg, im Mai 1917, hatte Papst Benedikt Eugenio Pacelli zum Erzbischof geweiht und ihn nach Deutschland geschickt, um auf eine friedliche Regelung zu drängen. Aber Kaiser Wilhelm II. war nicht gewillt, über Frieden zu sprechen, statt dessen belehrte er Pacelli darüber, wie der Vatikan seine Soldaten aufstellen sollte, um einen eventuellen Angriff abwehren zu können. Entmutigt, aber nicht verzweifelt, legte Benedikt im August des gleichen Jahres allen kriegführenden Mächten einen Friedensplan vor, der auf der „moralischen Kraft des Rechts", auf einem internationalen Schiedsspruch und der Herausgabe der besetzten Gebiete basierte. Auch diese Bemühung schlug fehl, und der Krieg ging erbarmungslos weiter.

Aber es gab noch weite Bereiche humanitärer Anstrengung, in denen die Bemühungen der Kirche auf einen Ausgleich zwischen Hoffnung und Verzweiflung, zwischen Leben und Tod zielten. In den Vatikan ergoß sich eine Flut von Briefen, die von den Angehörigen vermißter Soldaten abgesandt waren, und obgleich die Namen und die staatliche Zugehörigkeit der Absender ganz verschieden waren, war die Frage stets dieselbe: Können Sie uns helfen, ihn zu finden? Um dieser Ungewißheit abzuhelfen, richtete der Papst das Vatikanische Büro für Kriegsgefangene ein. Es wurde von Dutzenden von Geistlichen und vier weiblichen Ordensgemeinschaften verwaltet, die die Namenslisten der in den Lagern beider kriegführenden Seiten – der Allierten und der Zentralmächte – gefangengehaltenen Soldaten durchsuchten und oft eine wertvolle Nachricht übermitteln konnten: „Ihr Sohn lebt und befindet sich als Gefangener in Deutschland." Damit wurde die furchtbare Sorge der betroffenen Familien gemildert.

Benedikt setzte sich unermüdlich für den Austausch verwundeter Gefangener ein. Fast 29000 Soldaten beider Seiten, die sich in den Schützengräben eine Tuberkulose zugezogen hatten, wurden in einem besonderen Zug, der unter dem Namen *Il treno del Papa* (der Zug des Papstes) bekannt wurde, zu Genesungsheimen in Norditalien gebracht. Um den Millionen durch den Krieg geschädigten Menschen in Europa und Rußland Nahrung und Obdach zu geben, wurden in den katholischen Kirchen 30 Millionen Lire gesammelt, wozu weitere 5,5 Millionen Lire aus Geldmitteln des Papstes kamen. Als Benedikt im Jahre 1922 starb, mußte der Vatikan Geld leihen, um seine Beisetzung und das anschließende Konklave bezahlen zu können, so drastisch hatte diese gewaltige Anstrengung die päpstliche Kasse erschöpft.

Aber im November 1918 gab es endlich Frieden. Er war nicht ein Ergebnis der Vernunft und des guten Willens, sondern wurde durch Waffengewalt, Zermürbung und ein letztes Übermaß an Blutvergießen erzwungen. Auch verwirklichte er nicht Woodrow Wilsons Vision einer Welt, die für die demokratische Regierungsform reif war, es war vielmehr eine Welt alter, nicht verheilter Wunden und neuer Eiterherde, die bereits auf die nächste Eruption hindeutete. In Rußland war die Dynastie der Romanows gestürzt worden, wobei Zar Nikolaus, die Zarin und sämtliche Kinder auf grausame Weise ermordet worden waren. Und das neue Regime versprach nicht Befriedung, sondern eine Schreckensherrschaft und eine weltweite Revolution. In Deutschland ging aus der Armee, die vor Wut schäumte, ein Gefreiter namens Hitler hervor, dessen eigener Haß sich die Unruhe und den Unwillen der besiegten Nation zunutze machte und der seinen verschrobenen Geist der Politik zuwandte. In Italien demonstrierten Linksradikale und entfachten Streiks, während Banden faschistischer Schwarzhemden unter der Führung Mussolinis durch die Straßen zogen und allen, die sich ihnen in den Weg stellten, die Schädel einschlugen.

Der Krieg war vorüber, und ein neuer Tag dämmerte herauf. Doch es blieb dunkel.

Am 15. Oktober 1918 starb Roncallis Schwester Enrica im Alter von fünfundzwanzig Jahren an Krebs. Er fuhr zum Begräbnis nach Sotto il Monte, und einige Tage später schrieb er seinen tiefbekümmerten Eltern: „Wir dürfen die Erinnerung an unsere arme, liebe Enrica in Ehren halten, aber nicht den Kopf hängen lassen." Dann erhielt die Familie eine glückliche Nachricht: Giuseppe, der so lange in österreichischer Gefangenschaft war, war in ein Feldlazarett in der Nähe von Padua überwiesen worden und sollte, obwohl ernstlich krank, bald nach Hause kommen. Dankbar, doch immer noch in Sorge, schrieb Roncalli an seinen Bruder Giovanni: „Wenn Giuseppino so weit ist, daß er reisen darf, laß es mich wissen, damit ich sofort komme und ihn hole. Uns ist ein so großes Glück zuteil geworden; wir dürfen jetzt keinen Fehler machen. Giuseppino muß auch in Kleinigkeiten sehr vorsichtig sein; er darf sich nicht erkälten, nicht übermüden usw. und nicht ungeduldig sein. Ich schicke Dir einige Paar Strümpfe und eine Wolljacke. Schreibe mir, wenn Du Geld brauchst ..."

Im November 1918, wenige Wochen bevor er aus der Armee entlassen wurde, eröffnete Don Roncalli im Palazzo Marenzi an der Via San Salvatore in der Altstadt von Bergamo sein Studentenheim. Obwohl der neue Bischof, Mgr. Luigi Marelli, sein Vorhaben begeistert unterstützt hatte, da er es im Sturm des Nihilismus als einen christlichen Hafen für junge Leute betrachtete, war er doch nicht in der Lage, ihm einen größeren finanziellen Zuschuß zu gewähren, und Roncalli benutzte geliehenes Geld und seinen eigenen Entlassungssold, um den ehrwürdigen, lange Zeit unbewohnten Palazzo zu renovieren und mit Möbeln auszustatten. Das Heim war nicht für Seminaristen bestimmt, sondern hauptsächlich für Laienstudenten, die dort kräftige und erschwingliche Mahlzeiten erhielten, ein ruhiges Zimmer zum Studieren fanden sowie einen großen Erholungsraum. Die Schlafsäle lagen im zweiten Stock. Auf dem Treppenabsatz ließ Roncalli inmitten einiger verschlissener Wandbehänge und Bildnisse einen großen Spiegel und darüber in Latein die Inschrift anbringen: „Erkenne dich selbst." Für diejenigen, die diese Botschaft als zu hintergründig empfanden, gab es eine praktischere Deutung. „Was soll das bedeuten?" fragte ein etwas ungepflegter Student, der auf die Inschrift schielte. Da ertönte Roncallis schlagfertige Antwort: „Sie brauchen einen Haarschnitt."

Das Heim wurde schnell beliebt. Studenten, die von auswärts kamen, zogen es einer Unterkunft bei Fremden vor, und diejenigen, die zu Hause wohnten, fanden sich im Erholungsraum ein, um Gesellschaft zu finden und Gedanken auszutauschen. Es mag wohl das erste solcher Studentenheime in Italien gewesen sein, und sein Erfolg führte bald zur Gründung anderer, zuerst in der Neustadt von Bergamo, dann in anderen italienischen Universitätsstädten.

Vielleicht war es unvermeidlich, daß der Erfolg der Casa delle Studenti in bestimmten Kreisen auch auf Kritik stieß. Einige meinten, es herrsche eine zu große Freizügigkeit und nicht genügend Frömmigkeit oder Disziplin. Don Roncalli sei diesen jungen Burschen gegenüber zu gutmütig; sie nützten ihn aus. Das war wohl kaum der Fall. Gewiß milderte er die Strenge und die harte Disziplin, die für das Seminar bezeichnend waren, durch eine warme Herzlichkeit, die ihn befähigte, mit seinen Studenten persönlich Bekanntschaft zu schließen; er half ihnen bei ihrem Studium, borgte ihnen kleinere Beträge und erleichterte den Neulingen die Einsamkeit durch seine Freundschaft. Aber täglich wurde die Messe gefeiert, und die hohe christliche Moral, die das Heim beseelte, stand außer Zweifel. Erst nachdem Roncalli Bergamo verlassen hatte, etwa zwei Jahre danach, geriet die Casa delle Studenti in Schwierigkeiten und wurde endgültig geschlossen. Aber inzwischen hatte dieser Gedanke sich durchgesetzt, und überall in Italien waren Studentenheime entstanden.

Roncalli verwendete seine ganze freie Zeit auf den einer neuen Bestimmung zugeführten Palazzo und glaubte, dieser habe endlich seinen wahren Zweck gefunden. Im Frühjahr 1919 trug er folgende Überlegungen in sein Tagebuch ein:

„Es gab Tage, da ich nicht wußte, was der Herr von mir in der Nachkriegszeit wollte. Jetzt besteht keinerlei Grund mehr zu Unsicherheit und Ausschau nach anderen Dingen: das Apostolat für die studierende Jugend, das ist meine Hauptaufgabe, das ist mein Kreuz …

Ganz besonders werde ich darüber wachen, daß in meinem Haus immer eine Atmosphäre größter Reinheit erhalten bleibt, von der die jungen Menschen gefangengenommen werden; so werden sich in ihnen jene Eindrücke bilden, die zutiefst haften und auch den späteren Lebenskämpfen standhalten … Herr, hilf mir, daß ich wenigstens von ferne und im Maße meiner Schwachheit jenen leuchtenden Beispielen hervorragender Apostel der Jugend nachfolge.

Das in Angriff genommene Werk ist groß. Schon wogt die Ernte auf den Feldern, doch es fehlen die Arbeiter."

Desungeachtet erledigte er eine Vielzahl anderer Aufgaben. Er war wieder geistlicher Berater des Frauenverbandes der Katholischen Aktion geworden, und zwar zu einer Zeit, da die Frauen sich in neue Bereiche des Handels und der Erziehung vorwagten und sowohl Führung als auch die Stärke ihrer organisierten Mitglieder benötigten. Er war auch einer der Hauptorganisatoren des ersten Eucharistischen Kongresses der Nachkriegszeit, eine Arbeit, die ihm am Herzen lag, denn Bischof Radini-Tedeschi hatte einst einen solchen Kongreß für Bergamo geplant. Und Bischof Marelli hatte ihn zum geistlichen Leiter des Seminars ernannt, eine Stellung, die in einer Zeit, da die jungen Kleriker von der Front und aus den Kasernen zurückkehrten, von außerordentlicher Bedeutung war. Doch darf nicht unerwähnt bleiben, daß man ihm keinen Lehrauftrag gab, obwohl seine Eignung als Lehrer unbestritten war, obwohl er die Biographie über Radini-Tedeschi veröffentlicht hatte und an der Herausgabe der Visitationsreisen des heiligen Karl Borromäus ständig weiterarbeitete. Im Blick auf spätere Entwicklungen darf man vermuten, daß man ihn bereits damals modernistischer Tendenzen verdächtigte.

Kaum ein Monat verging, ohne daß er sich die geistige Erfrischung einiger Tage in Sotto il Monte verschaffte. Das kleine Dorf schien von den Irrungen und Wirrungen der Welt jenseits des Gebirges unberührt geblieben, seine Bewohner waren durch eine bäuerliche Gelassenheit geprägt, die erkannt hatte, daß manche Dinge unvermeidlich und die meisten anderen unwichtig sind. Je mehr die Jahre dahingingen, Roncalli war jetzt fast vierzig, um so mehr schätzte er die langen abendlichen Gespräche mit seinem Vater. Giovannis Glaube war im wesentlichen ungetrübt, seine Frömmigkeit absolut, und er sprach mit der derben Beredsamkeit und Würde seines hohen Alters – und manchmal mit schmerzlicher Aufrichtigkeit. Er war seinerzeit nicht glücklich gewesen, als er erfuhr, daß sein Sohn sich zum Priester berufen fühlte, gestand er, und er hatte ihn nur widerstrebend aufs Seminar geschickt, denn sie hätten ein weiteres Paar starker Arme draußen auf den Feldern gut gebrauchen können. Und selbst jetzt, wenn auch mit größter Achtung vor Don Angelos Amt, fragte er sich oft, ob er das Rechte getan hatte: das Leben eines Bauern war hart, aber einfach, und die Bürde eines Priesters war schwer. Ein andermal, als er von seiner Tochter Enrica sprach, sagte er, er würde trotz seines Alters und seiner Armut lieber die Last auf sich nehmen, weitere zehn Kinder aufzuziehen als eins zu verlieren.

Roncalli widmete sich gern jungen Menschen und verstand es, mit ihnen umzugehen. Und besonders in jenen unruhigen Zeiten, da die alten Wahrheiten verächtlich gemacht wurden und die heftigen Extreme der Linken und der Rechten die Jugend auf die Straße lockten, war er überzeugt vom Wert und von der Wichtigkeit seiner Mission. Es ist schwer zu sagen, wohin ihn die Sorge für die moderne Jugend wohl geführt hätte. Am 10. Dezember 1920 wurde er nach Rom gerufen, und danach nahm sein Leben eine Richtung, die ihn von seelsorgerischen Aufgaben weg in die Welt hinausführte.

Als Giacomo della Chiesa, der Erzbischof von Bologna, 1914 Papst Benedikt XV. wurde, vermerkte ein junger Prälat: „Er scheint mir ein Mann zu sein, der von der Natur ziemlich stiefmütterlich behandelt worden ist.“ Schmal und gebeugt, hatte sein Gang etwas Hinkendes, und die Augen, die hinter der randlosen Brille strahlend hervorblickten, schienen ein wenig zu schielen. Benedikt selbst hat einmal gesagt: „Ich bin nur ein häßlicher Wasserspeier unter den Schönheiten Roms.“

Aber er war auch eine bewegende Kraft, die die Kirche in den Lebensstrom des 20. Jahrhunderts hinüberleitete. Sein Friedensplan war zwar abgelehnt worden, aber Präsident Wilsons berühmter Vierzehn-Punkte-Plan, der den Rahmen für die Friedenskonferenz in Versailles bildete, hatte eine auffallende Ähnlichkeit mit den Vorschlägen Benedikts. In Anerkennung der Bemühungen des Papstes stattete Wilson Anfang 1919 Benedikt einen Besuch ab, es war der erste Besuch eines amtierenden amerikanischen Präsidenten im Vatikan.

Staaten, die sich bisher gescheut hatten, mit dem Heiligen Stuhl diplomatische Beziehungen aufzunehmen, wie z.B. Holland, Polen, Jugoslawien, Finnland, die Tschechoslowakei und Japan, schickten jetzt, in der gelockerteren Atmosphäre der Regierung Benedikts, ihre offiziellen Vertreter hin. Eine lange Zeit getrübte Beziehung zu Frankreich wurde bereinigt. Und in Italien selbst versprach die Anerkennung der politischen Realitäten und ein freundlicheres Verhältnis zur politischen Führung des Landes, die Kirche aus dem Gefängnis ihrer selbstgewählten Isolation zu befreien. Nicht zuletzt unterließ es der Vatikan, vom König als dem Herzog von Savoyen zu sprechen. Der Papst persönlich ermutigte den sizilianischen Priester Don Luigi Sturzo, den *Partito Popolare* (Volkspartei) zu gründen, der sofort über einhundert Parlamentssitze gewann.

Benedikt vernachlässigte auch nicht die innere Struktur des Katholizismus. Er war der Überzeugung, die jahrhundertealte Verwaltung der Kongregation für die Ausbreitung des Glaubens müsse modernisiert werden. Der missionarische Arm der Kirche, das *Werk der Glaubensverbreitung*, war 1822 in Frankreich als eine Gesellschaft zur Sammlung von Geldspenden gegründet worden, und die eingegangenen Gelder wurden dazu benutzt, um Lebensmittel, Arzneimittel und Unterrichtsmaterial in die Missionsländer, besonders nach Afrika, zu schicken. Im Laufe der Jahre hatten sich andere europäische Länder zur Gründung ähnlicher Gesellschaften entschlossen, die nur dem Namen nach von Rom geleitet wurden. Jetzt herrschte eine allgemeine Verwirrung. Die Parochialverwaltung hatte widersprüchliche Zuständigkeiten und einen stagnierenden, veralteten Geschäftsgang hervorgebracht. Die Eingeborenen in den Missionsländern, die man die Überlegenheit der westlichen Zivilisation gelehrt hatte, waren enttäuscht und verwirrt worden, als man sie während des Krieges aufgefordert hatte, im Dienst des einen christlichen Landes gegen ein anderes zu kämpfen. Es gab Unzufriedenheit und Aufstände gegen die Ausplünderung der afrikanischen Völker durch die Weißen, gegen die Grausamkeit, mit der sie die schwarze Bevölkerung behandelten.

Angesichts der Notwendigkeit, einer großen geistigen Ablehnung zu wehren, entschloß sich Papst Benedikt, die Arbeit der Missionsgesellschaften wirklich zu internationalisieren, indem er sie unter einer einzigen vatikanischen Behörde zusammenfaßte. Dies war eine heikle Sache, denn keine Missionsgesellschaft würde gern auf ihre nationalen Vorrechte und Geldmittel verzichten wollen. Um sie dazu zu bewegen, suchte Benedikt einen Mann mit besonderer Findigkeit und ausgesprochenem Organisationstalent. Auf der Vorschlagsliste, die man ihm zur Auswahl vorlegte, sah er den Namen Don Angelo Roncallis, des ehemaligen Sekretärs seines lieben Freundes, des Bischofs Radini-

Tedeschi. Vielleicht erinnerte er sich an Roncallis Buch über den Verstorbenen oder an seine Mitarbeit bei der Organisation des Eucharistischen Kongresses, der kürzlich in Bergamo stattgefunden hatte. Was immer der Grund gewesen sein mag, Benedikt deutete auf den Namen Roncallis und sagte: „Der da, der da." Und wenige Tage darauf erhielt letzterer eine Aufforderung von Kardinal Wilhelm van Rossum, dem Präfekten der *Propaganda Fide*, der eine so mächtige Persönlichkeit in der Kurie darstellte, daß man ihn oft den „Roten Papst" nannte.

Roncalli war nicht sehr glücklich über van Rossums Schreiben. Er betrachtete es als eine ungewöhnliche Ehre: er war vom Heiligen Vater selbst ausersehen und eingeladen worden, eine Stellung in unmittelbarer Nähe des Machtzentrums der Kirche zu bekleiden. Aber es war ausgerechnet jene Art von Ehre, die ihn bestürzte und verwirrte. In Bergamo leistete er Seelsorgearbeit. Wie unbedeutend sein Amt auch war, er konnte sich unmittelbar um die Nöte seines Volkes kümmern. In Rom, beauftragt mit der Verwaltung weitreichender Gesellschaften zur Beschaffung von Geldmitteln, würde er sich im Labyrinth der vatikanischen Bürokratie verlieren, was er beklagte, und den Versuchungen des Ehrgeizes ausgesetzt sein, was er fürchtete.

In seiner Unschlüssigkeit wandte er sich an den alten Kardinal Ferrari, den Erzbischof von Mailand und langjährigen Freund Radini-Tedeschis, und bat ihn um Rat. Wohin rief ihn die Pflicht? fragte er den Erzbischof in seinem Brief. Was sollte er tun? Und Ferrari, dessen Stimme durch Kehlkopfkrebs verstummt war und der das Ende seiner Tage herannahen sah, appellierte in einem herzlichen und eindeutigen Antwortschreiben an das Verantwortungsbewußtsein Roncallis: „Mein lieber Professor, Sie wissen, wie sehr ich Sie schätze, und außerdem sind Sie es Monsignore Radini schuldig. Daher ist dies meine offene, ungeschminkte Meinung. Der Wille Gottes ist völlig klar. Der Rote Papst ist das Echo des Weißen Papstes, und dieser wiederum ist das Echo Gottes. Lassen Sie alles andere liegen und gehen Sie, und ein großes Glück wird Sie begleiten." Er kam am 18. Januar 1921 in Rom an und stellte sich in dem prächtigen Renaissancepalast der *Propaganda Fide* am Fuß der Spanischen Treppe vor. Es war bezeichnend, daß niemand ihn erwartete oder wußte, was man mit ihm anfangen sollte. Ohne Instruktionen, ja ohne einen Platz zum Verweilen oder um seinen Koffer abzustellen, kehrte Roncalli auf die Piazza zurück.

Auf der Straße lief er Mgr. Vincenzo Bugarini, seinem alten Rektor am römischen Seminar, in den Weg, der darauf bestand, daß der überraschte Priester sein eigenes Zimmer mit ihm teilte, bis er endgültig untergebracht war.

Schuld an seinem Mißgeschick waren die Schrullen der Bürokratie, nicht der Rang seines neuen Amtes, denn schon bald ließ ihn Papst Benedikt zu sich bitten. Er war noch nie in den päpstlichen Gemächern im dritten Stock des Apostolischen Palastes gewesen, und nachdem er niedergekniet war, um den Ring des Papstes zu küssen, blickte er entzückt durch das hohe Fenster, das auf den riesigen Petersplatz hinausging, auf den anmutigen Bogen seiner Kolonnaden und die niedrigen Hügel in der Ferne. Überwältigt von der Pracht seiner Umgebung und von der Erregung des Augenblicks – er, Angelo Roncalli in Privataudienz beim Papst! –, mußte er sich dazu zwingen, die Worte Benedikts zu verstehen und ihre volle Bedeutung zu erfassen. Und für die Aufgabe, die jetzt auf ihn wartete, waren sie in der Tat ungeheuer wichtig.

Die Missionsorden müßten mit neuem Geist beseelt werden, sagte der Papst. In einer Welt, die kleiner geworden und enger verflochten war, die auf die Rückwirkungen aus ihren entferntesten Bereichen empfindlich reagierte, hatte die enge, nationalistische Einstellung der Vergangenheit keinen Platz mehr. Es war seine Absicht, die getrennt arbeitenden Ordensgesellschaften zur Würde einer päpstlichen Institution unter Leitung des Vatikans zu erheben, aber wenn dies möglich war, dann würde die Art und Weise, wie man dabei vorgehen sollte, von den Informationen abhängen, die Don Roncalli ihm brächte. Er sollte die Missionszentren im Ausland, in Frankreich, Belgien und Deutschland besuchen und den Weg zu einer Vereinheitlichung vorbereiten. „Sie werden der Reisende Gottes sein", sagte er zu Roncalli und entließ ihn mit seinem Segen.

Obwohl er in Angelegenheiten des Vatikans ein Neuling war, wußte Roncalli doch, daß man ihm eine dornenvolle Aufgabe gegeben hatte. Wie konnte er fernweilende Prälaten und prominente Laien davon überzeugen, daß Dinge, die sie jahrelang getan hatten, nun auf einmal anders getan werden oder gar unterbleiben mußten? Außerdem war er durch seinen subalternen Rang im Vatikan benachteiligt. Man hatte ihm zwar einen hochtrabenden Titel verliehen – Präsident der italienischen Zentralbehörde für das Päpstliche Missionswerk –, aber in Wirklichkeit war er völlig unerfahren, ein Neuling unter den verkrusteten Veteranen des päpstlichen Hofes, zudem noch ein Ausländer, der Sohn eines armen Bauern aus einer unbekannten ländlichen Diözese. Aber er hatte einen Auftrag vom Papst und seinen eigenen Entschluß, und das mußte genügen.

Er reiste zunächst nach Piacenza und Bozen im Norden Italiens. Bald nach seiner Rückkehr, am 7. Mai, wurde er zum Hausprälaten Seiner Heiligkeit ernannt, eine Ernennung, die ihn berechtigte, den Purpur eines Monsignore zu tragen, und Roncalli nahm diese Auszeichnung ernst genug, aber als er seinen Angehörigen die Neuigkeit mitteilte, warnte er sie wie immer vor unangebrachtem Stolz: „... Der Heilige Vater hat mich zum Hausprälaten ernannt. Dies ist eine große Ehre für mich und für Euch. Aber wir dürfen nicht überheblich sein ... der Mann, der zu einer bestimmten Höhe emporsteigt, kommt leichter zu Fall als ein Mann, der auf dem Boden steht."

Als er im Juni zum Fest des heiligen Johannes nach Sotto il Monte zurückkehrte, begegneten ihm die Frauen des Dorfes, die ihm einst unters Kinn gefaßt und ihn Angelino genannt hatten, mit ehrwürdiger Scheu, als sie seine neue Soutane mit dem purpurnen Umhang und Gürtel sahen. Schließlich fragte eine von ihnen seine Mutter: „Was bedeutet das? Warum ist er wie ein Bischof gekleidet?" Und Marianna, die wirklich nicht wußte, was es bedeutete, zuckte beredt die Schultern: „Ach, du weißt doch, wie das so geht. Diese Dinge regeln die Priester untereinander."

Bereits jetzt – und erst recht später als Bischof und Kardinal – nahm er sich Zeit, um die Priester seiner Heimatdiözese zu empfangen. Sie neigten ein wenig zur Weltfremdheit und fühlten sich rückständig und vergessen. Monsignore Roncalli versuchte, durch seine Gegenwart und sein Interesse den ursprünglichen Sinn ihrer Mission neu zu beleben, und mußte manchmal damit beginnen, ihnen den Sinn für ihre eigene Person aufzufrischen.

Den Sommer und Herbst verbrachte er damit, in Ausführung des schwierigen und heiklen Auftrags der *Propaganda Fide* durch Italien zu reisen: Venedig, Turin, Bologna, Genua, Monte Cassino waren die Stationen. Zwischendurch sah er sich nach einem geeigneten Haus in Rom um, damit er sich endlich dort niederlassen und seine Schwestern zu sich holen konnte. Er hatte sich entschlossen, auch Monsignore Bugarini zu seinem Hausgenossen zu machen, denn sein alter Freund war fast siebzig und kränklich. Seine bescheidenen Mittel setzten der Möglichkeit zu wählen Grenzen, doch endlich, gegen Ende Oktober, fand er ein geräumiges Haus nahe Santa Maria in der Via Lata, das erschwinglich war, und bald danach fuhr er nach Sotto il Monte, um Ancilla und Maria nach Rom zu holen. Am 13. November schrieb er an seine Eltern:

„Wir sind glücklich in unserem schönen Haus... und heute hat Ancilla uns zum erstenmal ein gutes kleines Mittagessen zubereitet, mit dem Mgr. Bugarini sehr zufrieden war. Sie klagt etwas darüber, daß hier alles noch teurer als in Bergamo ist. Hoffen wir, daß die Vorsehung uns hilft, gut durchzukommen. Ihr werdet schon sehen, daß sie uns helfen wird..."

Im Dezember dieses Jahres unternahm er seine bisher längste Reise und besuchte Missionsbehörden in Frankreich, Belgien, Holland und Deutschland. Nicht lange nach seiner Rückkehr, es waren kaum drei Wochen des neuen Jahres vergangen, zog sich Papst Benedikt, der sich rühmte, zeit seines Lebens nur zwei und eine halbe Lire für Ärzte und Medizin ausgegeben zu haben, eine akute Lungenentzündung zu, und am 22. Januar 1922 „entschlief er mit großer Heiligkeit im Herrn", wie das vatikanische Bulletin sich ausdrückte.

Es ist bekannt, daß die Versammlung der Kirchenfürsten, die sich bald danach zum feierlichen Konklave in der Sixtinischen Kapelle eingefunden hatte, die weiße Robe zunächst Kardinal Laurenti, dem Haupt der *Propaganda Fide,* anbot. Dieser gute und demütige Diener Gottes war über die Aussicht, Papst zu werden, so erschrocken, daß er vor seinen Kardinalsbrüdern auf die Knie fiel und sie anflehte, sie möchten doch „dieses erhabene Amt einem anderen geben, der stärker und geeigneter ist, die Bürde zu tragen". Es folgte dann eine Pattsituation zwischen konservativen und progressiven Gruppen, die dreizehn Wahlgänge hindurch dauerte, und als nach dem vierzehnten Wahlgang endlich weißer Rauch aus dem Ofenrohr über der Sistina hervorquoll, zeigte er an, daß man sich durch einen Kompromiß auf einen Kandidaten geeinigt hatte. Es war Kardinal Achille Ratti, der erst kürzlich der Nachfolger von Kardinal Ferrari als Erzbischof von Mailand und nur vier Jahre vorher Direktor der Vatikanischen Bibliothek geworden war. Ein nachdenklicher Mann, ein Humanist, der einer der hervorragendsten Gelehrten seiner Zeit hätte werden können.

Roncallis Arbeit ging weiter. Der neue Papst hatte ein tiefes persönliches Interesse an den Missionsgesellschaften, und eine seiner ersten Amtshandlungen war die Überführung der Zentralbehörde nach Rom. Roncalli bereitete das *Motu Proprio* vor, das päpstliche Dekret, das die Änderung verwirklichte, und er selbst wurde Mitglied der reorganisierten obersten Behörde.

Auch seine Reisen gingen weiter. Wohin er auch kam, stets sah er sich älteren, erfahrenen Männern gegenüber, die lange im Dienst der Missionen gearbeitet hatten und jetzt davon überzeugt werden mußten, daß man zwar ihre Verdienste zu schätzen wußte, ihre Methoden hingegen von den Ereignissen überholt worden waren. Mit unermüdlicher Geduld und liebenswürdigem Zureden gewann er nach und nach die alten Experten für die neue Idee. Die glückliche Wahl seiner Worte trug viel dazu bei. Ein bejahrter Missionsdirektor in Lyon, der älteste Vertreter der Gesellschaft für die Verbreitung des Glaubens, klagte bei Gelegenheit: „Hundert Jahre lang haben wir hier diese Arbeit getreulich fortgeführt. Nun wollen Sie uns von Rom aus bevormunden. Warum eigentlich?“ Und in seinem besten Französisch antwortete Roncalli: „Um Ihr Beispiel für die anderen Gesellschaften zur Pflicht zu machen. Um alle anderen auf das Niveau der besten emporzuheben.“

Er gab eine Zeitschrift heraus, *Die Verbreitung des Glaubens in der Welt*, die über die Geschichte der Missionsgründer informierte und die Organisation der Laiengruppen dazu bewegte, die Missionsarbeit zu unterstützen. Im Mai 1922 hielt er zur Erinnerung an das dreihundertjährige Bestehen der *Propaganda Fide* vor einer erlesenen Versammlung, die sich in der Päpstlichen Kanzlei zusammengefunden hatte, eine Ansprache. Darin beschrieb er die Arbeit der Missionen als „die größte Chance der katholischen Religion im 20. Jahrhundert“. Mehrere Kardinäle gratulierten ihm, nicht nur zu seiner Rede, sondern zu den Fortschritten in der Sache, die seit seiner Ankunft in Rom zu verzeichnen waren. Und er hatte in der Tat Fortschritte erzielt. Abgesehen davon, daß er die Überleitung der Missionsverwaltung nach Rom reibungslos vollzogen hatte, hatte er ihre Einkünfte im Jahre 1921 verdoppelt, ein Vorgang, der sich 1922 fast in der gleichen Höhe wiederholen sollte.

Aber es waren schlimme Zeiten für Italien, das von wirtschaftlichem Elend und einer Regierung geplagt war, die sich zu entschiedenen Maßnahmen nicht aufraffen konnte. Roncalli war in Rom Zeuge der unseligen Vorgänge, die die Nation verändern und die Welt erschüttern sollten. Es war eine Zeit zunehmender Arbeitslosigkeit und lähmender Streiks, und die Drohung faschistischer Banden von Schwarzhemden ließ Unheil ahnen. Sie waren im Parlament nur spärlich vertreten, aber in den Straßen wuchs ihre Stärke ständig, und in Mussolini besaßen sie einen lautstarken demagogischen Führer. Am 28. Oktober 1922, nach einer von Krisen geschüttelten Woche, während er in Mailand auf seine Stunde wartete und seine Schwarzhemden die Bevölkerung Roms terrorisierten und die Presse einschüchterten, forderte der unentschlossene König Viktor Emmanuel III. Mussolini auf, ein neues Kabinett zu bilden. In dieser Nacht bestieg der künftige *Duce* einen Zug nach Rom, um seine zwei Jahrzehnte währende Diktatur zu beginnen, indem er seine Macht durch Grausamkeit und Mord festigte.

Es gibt kein ernsthaftes Argument dafür, daß die Kirche anfangs nicht die Illusion hegte, Mussolinis faschistischer Staat könnte möglicherweise ein Bollwerk gegen die radikale Linke sein und vielleicht auch eine annehmbare Alternative zu einer blutleeren Demokratie, die den revolutionären Zeitläuften nicht standzuhalten vermochte. Es war nicht schwer, sich in dieser Weise täuschen zu lassen. Als Apostolischer Nuntius in Polen hatte Pius XI. den Kommunismus in Aktion gesehen und ihn fürchten gelernt. Hervorragende Staatsmänner wie Winston Churchill und Herbert Hoover hielten Mussolinis anfänglichen Redeschwulst für bewundernswert. König Georg von England verlieh ihm die Ritterwürde. Und als er an der Macht war, unternahm der ehemalige Sozialist und lebenslange Atheist Mussolini gewaltige Anstrengungen, um sich mit der Kirche aus den zynischsten aller politischen Beweggründe zu einigen. „Da das italienische Volk nahezu völlig katholisch ist", sagte er, „und der Katholizismus der altehrwürdige Ruhm Italiens ist, kann die italienische Nation nur katholisch sein."

Was diese gewundene Rhetorik in Wirklichkeit meinte, war die Erkenntnis Mussolinis, daß die Existenz des Heiligen Stuhls in Rom der Stadt eine besondere Aura und Bedeutung verlieh. Wenn er es auch nie öffentlich ausgesprochen hat, so war er im Grunde doch davon überzeugt, daß er die Bevölkerung seinem Willen leichter gefügig machen konnte, wenn er sich den Anschein gab, als respektiere er ihren Glauben. Warum sollte er das Risiko eingehen, sich die Feindschaft von Millionen guter Katholiken zuzuziehen, da es ihm doch mit wenigen Gesten gelang, sie zu frenetischem Beifall auf der Piazza Venezia zu bringen? Folglich erlaubte er so etwas wie eine katholische Erziehung in den öffentlichen Schulen und gab seine Zustimmung zu Verhandlungen zwischen Kirche und Staat, deren Ergebnis das Konkordat war, das 1929 im Lateran unterzeichnet wurde. Durch diese Abmachung verzichtete der Papst darauf, irgendeinen Anspruch auf die einstmals päpstlichen Staaten geltend zu machen, und die italienische Regierung anerkannte und garantierte die Unabhängigkeit des 108 Morgen umfassenden Staates, der Vatikanstadt heißen sollte. Die brennende Römische Frage war endlich durch Anerkennung der realen Gegebenheiten, mit denen beide Seiten sechzig Jahre lang gelebt hatten, aus der Welt geschafft.

Inzwischen hatte Don Luigi Sturzo, der sizilianische Priester und Gründer des *Partito Popolare,* auf die faschistische Version einer Koalitionsregierung mit dem Ausruf reagiert: „Man arbeitet stehend miteinander, nicht kniend." Solche Äußerungen waren in der herrschenden Atmosphäre nicht angebracht, und schließlich war er gezwungen, aus Italien zu fliehen. Sein Nachfolger, Alcide de Gasperi, leistete einen letzten Widerstand bei den Wahlen vom April 1924, die durch brutale Straßenkämpfe, einschließlich einer faschistischen Attacke gegen die Geschäftsstellen des *Partito Popolare* gekennzeichnet waren. Kurze Zeit später wurde de Gasperi auf Befehl der Regierung verhaftet und ins Gefängnis geworfen. Als er nach vier Jahren freigelassen wurde, geriet er bald wieder in Schwierigkeiten mit den faschistischen Behörden und war wieder ein gejagter Mann. Er fand eine Zuflucht im Vatikan, wo man ihm einen Posten in der Bibliothek gab, der ihn vor seinen Feinden verbarg, bis er nach dem Ende des Zweiten Weltkriegs als Führer der Christlichen Demokraten wieder auftauchte und Premierminister Italiens während der Geburtswehen des Wiederaufbaus war.

Wie dachte Roncalli über all diese Ereignisse? Seine Tagebücher geben darüber keine Auskunft. Aber in einigen kürzlich veröffentlichten Briefen, die er während der politischen Kampagne von 1924 an seine Familie schrieb, gab er sowohl seinem Abscheu vor dem faschistischen

Aufruhr Ausdruck als auch den Gefühlen, die er wegen der Empfindlichkeit seiner Stellung verbergen mußte:

„Ich empfehle allen, sich wegen der Wahlen nicht aufzuregen. Ihr werdet zu gegebener Zeit Eure Stimme abgeben. Jetzt ist es besser, den Dingen ihren Lauf zu lassen. Zu Hause bleiben, ruhig sein und selber denken, jedoch zulassen, daß jeder tut, wie er meint. Ich zum Beispiel bleibe der Volkspartei treu. Aber wegen meiner Stellung hier beim Heiligen Stuhl kann und darf ich mich nicht öffentlich äußern. Deshalb werde ich nicht nach Bergamo zur Wahl kommen."

Schon früher, zu Anfang des Jahres, hatte Roncalli in sein Tagebuch einige Gedanken über seine Arbeit eingetragen:

„Heute, am 18. Januar, dem Stuhlfest Petri, sind es bereits drei Jahre, daß ich, im Gehorsam gegen meine Vorgesetzten, in der Propaganda Fide das Amt des Präsidenten für Italien übernommen habe... Unter Schmerzen habe ich in Bergamo zurückgelassen, was ich so sehr geliebt habe: das Seminar, wohin der Bischof mich Unwürdigen als Spiritual berufen hatte, und das Haus der Studenten, das mir ganz besonders am Herzen lag. Ich habe mich mit ganzer Seele in mein neues Amt hineingeworfen. Hier muß und hier will ich bleiben, ohne zu überlegen, ohne nach etwas anderem zu streben... Gewiß, ich arbeite immer, aber im Grunde meines Wesens neige ich zu Faulheit und Fahrigkeit. Mit Gottes Hilfe will ich diese Neigungen energisch bekämpfen. Um mich selbst ständig zu demütigen, werde ich mir immer wieder sagen, daß ich ein Faulpelz bin, ein Arbeitstier, das mehr leisten müßte..."

Aber sosehr sich Roncalli um noch größere Anstrengungen in der Sache bemühte, die er für eine Lebensaufgabe hielt, der Zug der Ereignisse, der zu seiner nächsten Station führen sollte, hatte sich bereits in Bewegung gesetzt. Papst Pius hatte das Jahr 1925 zum Heiligen Jahr erklärt und beauftragte Monsignore Roncalli damit, eine Missionsausstellung zu veranstalten, die Kunstwerke, Karten und Bilder zeigte, anhand deren man die Arbeit der Missionen in Afrika und Lateinamerika verfolgen konnte. Das Material, das er zusammentrug, hatte sowohl anthropologische als auch religiöse Bedeutung und erforderte daher langwierige Verhandlungen mit Fachgelehrten und der Presse. Außerdem hatte er den Auftrag, sich um die Unterbringungs- und Verpflegungsmöglichkeiten der Hunderttausende von Pilgern zu kümmern, die man in Rom erwartete. Es war eine ziemlich zeitraubende Aufgabe, und Pius war offensichtlich zufrieden mit seiner Arbeit. Roncalli fragte sich sogar, ob „der Heilige Vater die Freundschaft, die ihn mit meinem früheren Bischof Radini verband, auf mich übertragen hat".

Mitten in diesen Vorbereitungen für das Heilige Jahr traf ihn ein harter Schlag. Anfang Februar 1924 erkrankte Monsignore Bugarini an einem Bronchialleiden, das sich zu einer Lungenentzündung entwickelte. Am 14. Februar spendete er ihm die Letzte Ölung und dann, so berichtete er seiner Familie, „begleitete ich ihn im Gebet zum Herrn". Der Verlust traf ihn schwer. Der alte Priester war ihm ein wirklicher Freund gewesen, und aus ihren abendlichen Gesprächen, in denen er sich die kleinen Enttäuschungen und gelegentlichen Entmutigungen vom Herzen reden konnte, die alle Menschen erfahren, hatte er großen Trost geschöpft. Bugarini hatte ihm als Andenken den silbernen Kelch geschenkt, mit dem er vor einem halben Jahrhundert sein erstes Meßopfer gefeiert hatte. Außerdem hatte er Roncalli seine Schreibmaschine hinterlassen, und danach waren fast alle seine Briefe mit der Maschine geschrieben.

Im November wurde er zum Professor der Patristik ernannt, der Wissenschaft von den Kirchenvätern, die er am Päpstlichen Athenäum des Laterans lehren sollte. Es war eine wichtige Ernennung. Seine Studenten waren junge Geistliche aus den verschiedensten Ländern, und die Universität zählte zu den bedeutendsten in Europa. Schon nach drei Monaten jedoch wurde er sowohl von seiner Lehrtätigkeit als auch von seinem Posten in der *Propaganda Fide* entbunden, und es wurde ihm mitgeteilt, daß er als Apostolischer Visitator nach Bulgarien geschickt würde. Er sollte zum Bischof ernannt und als Gesandter des Papstes in den Rang eines Erzbischofs erhoben werden.

War es wirklich eine Beförderung? Roncalli scheint dieser Ansicht gewesen zu sein, vielleicht weil ihm gesagt worden war, er würde nur kurze Zeit in Bulgarien bleiben, wo es knapp 50000 Katholiken gab und wo er keine diplomatische Stellung bekleiden sollte, bevor er im Dienst des Heiligen Stuhles nach Südamerika geschickt werden würde. Doch aus dieser letzten Aufgabe wurde nichts, und Roncalli mußte zwei Jahrzehnte in dem entlegenen Balkan verbringen. Der Vatikan hatte ihn anscheinend vergessen.

Als er am 19. Februar 1925 der Familie die Neuigkeit mitteilte, machte er keinerlei Vorbehalte, es sei denn, daß er sich um Ancilla und Maria brüderlich besorgt zeigte:

„Bevor Ihr es von andern erfahrt, teile ich Euch vertraulich eine Neuigkeit mit, die Eurem christlichen Herzen sicherlich Freude bereiten wird... Der Heilige Vater will mich zum Bischof ernennen und beabsichtigt, mich zunächst für einige Monate als seinen Vertreter in ein Land Europas zu entsenden, das ich Euch jetzt noch nicht nennen kann, und danach, wenn ich von dort zurückgekehrt bin, in ein Land Mittelamerikas...

Es ist für mich, wie Ihr seht, eine große Ehre, deren ich mich aber sehr unwürdig fühle... Doch zugleich ist es wegen der Trennung, die wir für einige Zeit auf uns nehmen müssen, ein Opfer...

Was die Schwestern betrifft, so möchte ich nicht – da wir nun das Haus in Rom aufgeben müssen –, daß sie für immer zur Familie zurückkehren, um die Zahl der Frauen zu vergrößern. Es wären zu viele, wenn auch alle gut und fromm sind... Sechs Jahre waren sie bei mir; in höchstens fünf Jahren – vielleicht auch schon früher – kommen sie, so Gott will, wieder zu mir zurück. Während dieser Zeit will ich also für sie sorgen."

Die Frage bleibt: Warum wurde Roncalli für einen diplomatischen Posten in Bulgarien ausgewählt, eine Aufgabe, für die er keine Erfahrung besaß, an einem Ort, über den er keine besonderen Kenntnisse mitbrachte? Die Umstände und der Zeitpunkt dieser überraschenden Ernennung lassen vermuten, daß gewisse negative Gründe dabei eine Rolle gespielt haben könnten.

Das Lateranische Seminar war immer ein Bollwerk des konservativen Katholizismus gewesen. Faßt man die lange währende Verbindung Roncallis mit einem sozialen Aktivisten wie Radini-Tedeschi ins Auge, mutet es seltsam an, daß er aufgefordert wurde, vor den empfänglichen jungen Geistlichen und Seminaristen dieser Hochschule Vorlesungen zu halten. Der Umstand, daß man ihn noch vor Schluß des ersten Semesters wieder abberief, legt die Vermutung nahe, daß seine Vorlesungen das Heilige Offizium in seinem Zweifel an der Rechtgläubigkeit Roncallis nur bestärkten. Sicherlich führte er mit seinen Zuhörern weitreichende Diskussionen, die die Inspiration der ersten Kirchenväter mit der Gegenwart zu verbinden suchten. Einige seiner seelsorgerischen Äußerungen mögen vielleicht revolutionierend geklungen haben. „In bestimmten Fällen kann es durchaus richtig sein, eine Mischehe zu sanktionieren", habe er, so wird berichtet, vor seinem Auditorium gesagt, und man kann sich vorstellen, daß eine solche Häresie dem Heiligen Offizium schleunigst hinterbracht wurde.

Außerdem war da noch die Sache mit Ernesto Buonaiuti. Roncallis ehemaliger Klassenkamerad war ein hervorragender Priester und begabter Lehrer geworden, aber seine Bücher und Beiträge, die radikale neue Auffassungen vertraten, zogen ihm bald die Mißbilligung der Hüter der Orthodoxie im Heiligen Offizium zu. 1915 wurde Buonaiuti aus seiner Stellung als Lehrer entlassen, und als er fortfuhr, Ideen zu verkünden, die mit der traditionellen Lehre nicht übereinstimmten, wurde er des Priesteramtes enthoben und 1926 exkommuniziert.

Roncalli, der diese Vorgänge mit schmerzlicher Anteilnahme verfolgte, wechselte auch weiterhin Briefe mit seinem Freund, was zur Folge hatte, daß das Heilige Offizium befürchtete, auch er könnte von der Seuche des Modernismus angesteckt worden sein. Roncalli selbst erfuhr von alledem nichts, bis er 1958, als er Papst wurde, ein Büro der Kongregation besuchte und um Einblick in seine Personalakte bat. Dort fand er neben seinem Namen den Vermerk: „Des Modernismus verdächtig." Als Beweis war eine Postkarte beigefügt, die Ernesto Buonaiuti an ihn adressiert hatte. Da erfaßte Roncalli der Zorn des Gerechten. Er verlangte eine Füllfeder und schrieb unter die tadelnden Worte: „Ich, Johannes XXIII., Papst, erkläre hiermit, daß ich niemals Modernist war!"

Einige Zeit darauf, als sein angeborener Humor die Episode in milderem Licht sah, sprach er mit einer Gruppe von Seminaristen. Nachdem er zuerst über die Bedeutung der Grundsätze des Dogmas diskutiert hatte, forderte er sie auf, gegen die Furchtsamkeit anzukämpfen. „Ich bin ein lebendes Beispiel dafür", sagte er lächelnd, „daß ein Priester, der unter der Beobachtung des Heiligen Offiziums gestanden hat, doch noch Papst werden kann."

Das Datum seiner Weihe zum Bischof war auf den 19. März 1925 festgesetzt worden. Während der Vorbereitungen zu dieser Feierlichkeit dachte er häufig an Sotto il Monte und seine Familie. Er veranlaßte, daß man das Landhaus mietete, das sein Vorfahre Martino Roncalli vor fast fünfhundert Jahren gebaut hatte, und sicherte sich dadurch ein Heim, in das er sich zur Erholung während der Ferien zurückziehen konnte. Damit hatten auch Ancilla und Maria eine Bleibe gefunden, in der sie leben konnten.

Als man ihm mitteilte, daß die Dorfbewohner eine Feier für ihn vorbereiteten, schrieb er an seinen Vater: „Wenn Ihr gefragt werdet, sagt, daß je bescheidener alles gemacht wird, es mir um so mehr gefällt, und daß man vor allen Dingen zu große Unkosten vermeiden und das Geld lieber der Kirche geben sollte."

Für ihn war selbst die kleinste Familienangelegenheit wichtig. Besorgt, daß alle, die bei seiner Bischofsweihe anwesend sein wollten, gut untergebracht würden, bat er seinen Vater, seiner verheirateten Schwester abzuraten, nach Rom zu kommen. Dennoch waren die Angehörigen und Freunde bei der feierlichen Konsekration in Rom zahlreich vertreten. Die reizvolle spanische Kirche San Carlo al Corso war voll besetzt. Und als der Konsekrator, Kardinal Giovanni Tacci, die altehrwürdige Handlung begann, da wußten alle, auch Roncalli selbst, daß alles, was in seinem Leben vorhergegangen war, nur ein Vorspiel bedeutete, daß das Bischofsgewand ein Mantel der Verantwortung war, den er bisher nicht getragen hatte, und daß sein Lebenslauf – sei's zum Besseren, oder zum Schlimmeren – eine neue Wendung genommen hatte.

Während der Einkehrtage, die als Vorbereitung für seine Bischofsweihe dienten, hatte er in sein Tagebuch geschrieben:

„Ich habe nicht nach diesem neuen Amt getrachtet und es mir auch nicht gewünscht. Doch der Herr hat mich mit so offensichtlichen Zeichen seines Willens dazu auserwählt, daß jede Weigerung eine schwere Schuld bedeuten würde ... Die Kirche will mich zum Bischof machen und als Apostolischen Visitator nach Bulgarien schicken, in einer Mission des Friedens. Vielleicht erwarten mich auf diesem meinem Wege viele Bedrängnisse. Ich suche die Herrlichkeit dieser Welt nicht und will sie nicht haben; aber ich denke sie mir groß in der anderen Welt ...

Mein Wappen soll die Worte führen: ‚Oboedientia et Pax – Gehorsam und Friede', die Cesare Baronius jeden Tag sprach, wenn er im Petersdom den Fuß der Petersstatue küßte. Diese Worte beinhalten in etwa meinen Werdegang und mein Leben. Mögen sie für immer die Ehre meines armen Namens sein!"

Am Morgen nach seiner feierlichen Konsekration ging Bischof

Roncalli, Apostolischer Visitator für Bulgarien und Titular-Erzbischof von Areopolis, einer alten Diözese in Palästina, mit seinen Eltern zum Grab des heiligen Petrus in den Petersdom, um an derselben Stelle zu beten, wo er seine erste heilige Messe als Priester zelebriert hatte. Dann wurden sie in Audienz vom Heiligen Vater empfangen, der den neuen Bischof und seine Mission segnete. Und am 23. April 1925 bestieg Roncalli in Begleitung Don Konstantin Bosschaerts', eines belgischen Benediktinerpaters, seines künftigen Sekretärs, in Mailand den Orient-Expreß nach Sofia.

Gesandter des Papstes

Eine Woche bevor Roncalli auf seinem Posten in Sofia ankam, hatte Papst Pius eine Gruppe von Katholiken aus Bulgarien empfangen und ihnen gesagt: „Ich werde Euch einen Gesandten schicken, der mich bei Euch vertritt. Er wird meine Ohren haben, damit ich Euch hören kann, meine Lippen, damit ich zu Euch sprechen kann, und mein Herz, damit Ihr fühlen könnt, wie sehr ich Euch liebe."

Mit anderen Worten, es war Erzbischof Roncallis Aufgabe, über die in jenem Land lebenden katholischen Splittergruppen zu berichten, nach Möglichkeiten zu suchen, die ihre Lage inmitten einer Bevölkerung verbessern konnten, welche in überwiegender Mehrheit der Orthodoxen Kirche des Ostens angehörte, und bessere Beziehungen zu einer Hierarchie herzustellen, die Rom gegenüber immer äußerst mißtrauisch gewesen war. Er war der erste päpstliche Gesandte in Bulgarien seit sechshundert Jahren – und kam in einem Augenblick an, als das Land am Rande eines Bürgerkriegs stand.

Bulgarien hatte im Ersten Weltkrieg auf deutscher Seite gekämpft und große Teile seines mazedonischen Territoriums an Griechenland und Serbien verloren. Massen von Flüchtlingen überfluteten das Land. Terroristen versuchten durch Mord und Bombenanschläge, ihrer Forderung nach einem unabhängigen Mazedonien Nachdruck zu verleihen. Im Jahre 1924 hatte es etwa zweihundert politische Morde gegeben, auf die die Regierung König Boris' III. ihrerseits mit dem Terror von Massenverhaftungen und wahllosen Exekutionen geantwortet hatte. Sogar in dem Augenblick, als der *Osservatore Romano* das ungewöhnliche Wissen und die überragende Urteilskraft rühmte, die Erzbischof Roncalli mit nach Bulgarien brachte, versuchten gedungene Mörder, den bulgarischen König zu töten. Sie überfielen sein Auto aus dem Hinterhalt, und obgleich Boris fliehen konnte, kamen sein Fahrer und sein Adjutant ums Leben. Bereits am nächsten Tag wurde der Premierminister, General Kimon Gheorgiew, ermordet. Mitten in den

Beisetzungsfeierlichkeiten am 16. April, nur neun Tage vor der Ankunft Roncallis in Sofia, explodierte in der großen Kuppel der Orthodoxen Kathedrale Swate Nedelja eine Bombe, die sie krachend zum Einsturz brachte und auf die dichtgedrängte Versammlung der Gläubigen herunterschleuderte. Obgleich der König wiederum entkam, wurden 150 Trauergäste getötet und 300 weitere verletzt.

Die bulgarische *Iskra,* eine katholische Zeitung, kommentierte die Ankunft Roncallis unmittelbar nach dieser Tragödie mit den Worten: „Zu diesem Zeitpunkt konnte man den Brandgeruch noch riechen... Ja, man könnte sagen, die Rauchschwaden lagen über dem ganzen Land, und niemand wußte einen Ausweg. Das Blut der Toten und die Tränen der Verletzten sind noch nicht versiegt."

Roncallis erste Amtshandlung war ein Besuch bei den Verwundeten. Die meisten von ihnen wurden im Sankt-Clementine-Krankenhaus betreut, das von Schweizer Ordensschwestern verwaltet wurde. In Sofia wurde positiv vermerkt, daß der römische Erzbischof sein Mitgefühl Orthodoxen und Katholiken gleichermaßen bekundete und daß die ärztliche Hilfe ausnahmslos auf alle Notleidenden ausgedehnt wurde. Damit nahm Roncallis Tätigkeit, der nur den Regungen seines Herzens folgte, einen guten Anfang.

Vier Tage später wurde er von König Boris empfangen. Diese Begegnung war aus zwei Gründen besonders bedeutsam: einmal, weil Roncalli keine diplomatische Stellung bekleidete – er war nur der persönliche Vertreter des Papstes, nicht mehr –, zum andern wegen der heftigen Auseinandersetzungen, die sich vor nicht langer Zeit zwischen dem Vatikan und dem bulgarischen Königshaus ereignet hatten. Boris' Vater, Zar Ferdinand, war geborener Katholik, aber die Tatsache, daß sein Volk überwiegend dem orthodoxen Glauben angehörte, ließ es politisch ratsam erscheinen, daß er seinen Sohn und Erben in diesem Glauben taufen ließ. Ferdinand war später nach Rom gereist, um seine Entscheidung vor Papst Leo XIII. zu rechtfertigen, aber die Unterredung hatte keinen guten Verlauf genommen. Mitten in der Sitzung hatte sich der gebrechliche alte Papst erhoben und mit majestätischer Geste auf die Tür gedeutet. Seitdem waren die Beziehungen zwischen dem Heiligen Stuhl und der bulgarischen Monarchie gespannt.

Jetzt war Boris König, ein junger dreißigjähriger Mann mit Hakennase und beginnender Glatze, der Roncalli willkommen hieß und bemerkte, der Besuch des Erzbischofs gereiche seinem Lande zur Ehre. Die Unterredung dauerte drei Stunden. Boris sollte Roncalli noch großen persönlichen Kummer bereiten, aber der Gesandte des Papstes sprach nie ein Verdammungsurteil über den König aus, er äußerte nur, man habe Boris irregeleitet.

Am 3. Mai feierte Roncalli in der römisch-katholischen Kirche in Sofia die Messe und hielt seine Antrittspredigt. Seine Mission gelte den Katholiken Bulgariens, sagte er, aber er hoffe, sie zu einem Geist der Freundschaft im Umgang mit ihren orthodoxen Landsleuten anzuleiten. „Es ist nicht genug, daß wir unseren getrennten christlichen Brüdern gegenüber die freundlichsten Gefühle hegen. Wenn wir sie wirklich lieben, müssen wir ihnen mit gutem Beispiel vorangehen und die Liebe in die Tat umsetzen." Er entschuldigte sich, daß er die Ansprache in Italienisch hielt, und versprach, Bulgarisch zu lernen.

Inzwischen richtete er sich an seinem neuen Tätigkeitsort ein. Auf Einladung von Mgr. Stefan Kurteff, eines katholischen Priesters des östlichen Ritus, wohnte er vorübergehend in dem kleinen weißen Pfarrhaus der Muttergotteskirche. Kurteffs Glaubensgemeinschaft, eine Splittergruppe der katholischen Minderheit Bulgariens, die nur fünftausend Seelen zählte, erkannte den Papst als Oberhirten an, benutzte aber eine byzantinische Liturgie, die mit der Liturgie der Orthodoxen fast identisch war. Daß Roncalli Monsignore Kurteffs Gastfreundschaft in Anspruch nahm, war ein Zeichen dafür, daß die Mutterkirche diese kleine Gruppe von Gläubigen nicht vergessen hatte. Es war eine freundliche Geste. Später bezog er ein eigenes kleines Haus in der Ulitza Massalà, das die Nummer 2 trug.

Schon einen Tag nach seinem Umzug wurde er in seinem Arbeitszimmer von einem Vertreter der in französischer Sprache erscheinenden Zeitung *La Bulgarie* interviewt. Der Reporter berichtete: „Der Monsignore ist noch sehr jung, und sein Gesicht ist von auffallender Energie, Aufrichtigkeit und Güte geprägt. Er empfing uns freundlich und ohne Umstände. Mit der ganzen Lebhaftigkeit, die für seine Landsleute typisch ist, erklärte er uns den Zweck seiner Reise nach Bulgarien und sprach er über die ersten Eindrücke, die er von unserem Land empfangen hat. Er sagte, er sei gekommen, um dem hochherzigen bulgarischen Volk den Segen des Papstes zu überbringen und die

Angelegenheiten der Katholiken zu regeln. Er rühmte das Land, den Fleiß der Bevölkerung und ihre Gastfreundschaft."

Aber eine oberflächliche Kenntnis des Landes und seiner Probleme genügte Roncalli nicht, er wollte es gründlicher kennenlernen. Und so begab er sich am 19. Mai, als er erst drei Wochen in Bulgarien war, auf eine Reise, die ihn zu jeder der weit entlegenen katholischen Enklaven führte. Aber die Erkenntnisse, die er an Ort und Stelle gewann, waren niederschmetternd, sowohl was die Lage dieser Splittergruppen betraf als auch die Aussichten für eine Einigung.

Das Schisma zwischen Ost und West, hervorgegangen aus religiösen Differenzen und verschärft durch politische Streitigkeiten, hatte sich im Verlauf eines Jahrtausends, das reich an Fehlhaltungen und Bitterkeiten war, vertieft. Obgleich die orthodoxen Gläubigen die Autorität des Papstes leugneten, erkannte das Papsttum die Gültigkeit der orthodoxen Sakramente an, und es hatte sich stets, wenn auch manchmal ungeschickt, um Aussöhnung bemüht. Zwar wurden katholische Schulen und Krankenhäuser im notleidenden Bulgarien der Nachkriegszeit gern gesehen, nicht aber die auf Bekehrung abzielende römische Propaganda, die oft mit ihnen Hand in Hand ging. Was die 50000 Katholiken des Landes betraf, die gleichzeitig auch treue Staatsbürger waren, so beunruhigte sie einmal die frostige Gleichgültigkeit der Regierung ihrem religiösen Wohlergehen gegenüber, und da sie oft von französischen Ordensschwestern und Missionaren betreut wurden, litten sie zum anderen unter dem Bewußtsein, daß sie nichts weiter als eine französische Kolonie im Nahen Osten darstellten.

Eine der ersten Weisungen des neuen Erzbischofs war auf die Beendigung dieses unwürdigen und erschwerenden Zustandes gerichtet. Künftig, so ordnete er an, sollten die Gebete nach der Messe nicht mehr in französischer, sondern in bulgarischer Sprache verrichtet werden. Sein Endziel aber war ein zweifaches: er wollte den Wünschen der bulgarischen Katholiken nach neuen Kirchen, Schulen und einem gut ausgebildeten Klerus entgegenkommen und gleichzeitig der orthodoxen Mehrheit ohne jeden Hintergedanken der Bekehrung vor Augen führen, daß der Heilige Stuhl sie als wirkliche Brüder betrachte.

Zu diesem Zweck reiste er den ganzen Frühling und Sommer im Land umher: vom Schwarzen Meer bis zur Türkei und durch das gebirgige Gebiet, das an Thrakien und Mazedonien grenzt. Sein Auto rumpelte über ausgedörrte Ziegenpfade, und wenn es nicht mehr weiterfahren konnte, kletterte er auf den Rücken eines alten, spatigen Gauls und setzte seinen Weg fort. Er reiste in ungefederten Wagen und lecken Schuten, manchmal durch heftige sommerliche Regengüsse, aber er ging überall hin, wo Menschen waren.

Er war jetzt fast fünfundvierzig Jahre alt und an ein weniger anstrengendes Leben gewöhnt, aber es blieb ihm kein anderer Weg übrig, um die katholischen Glaubensgemeinden zu besuchen und ihre Ortsgeistlichen kennenzulernen. Er und sein Reisegefährte Pater Privat Bélard mühten sich weiter, so gut sie konnten. Sie wärmten sich mit den Landpfarrern am offenen Feuer, schliefen in entlegenen Dorfkapellen auf einem Strohlager und vernahmen schaurige Geschichten über Banditen und Greueltaten von Terroristen.

Man hatte ihm geraten, von Malko Tirnovo, einer Stadt am Schwarzen Meer, fernzubleiben, wo der schwelende Haß gegen die kleine katholische Kolonie sich kürzlich in Gewalttaten Luft gemacht hatte. Mitte Juli ging er dennoch dorthin. Als er auf seinem Weg zur Kirche die drohenden Gesichter ringsum sah, erwiderte er die feindseligen Blicke mit freundlichem Lächeln. Dann hielt er eine Predigt, aus der soviel Freundschaft und guter Wille sprach, daß hinterher der orthodoxe Vizepräfekt, ein fanatischer Katholikenhasser, zu ihm kam, um ihm seine Aufwartung zu machen.

So mühselig diese Reisen auch waren, sie kräftigten ihn. Das Land erinnerte ihn an die Lombardei, und die Bauerndörfer an sein eigenes Dorf Sotto il Monte. Er fühlte sich wie zu Hause. Und obwohl er allenthalben zerstörte und verwüstete Kirchen erblickte, so sah er doch auch die offenherzige Haltung der Bevölkerung. Wohin immer er ging, strömten sie aus Hütten und einfachen Steinhäusern herbei, um diesen Abgesandten des Heiligen Vaters zu sehen: Hirten, Bauern, Flüchtlinge, alle waren erstaunt, daß eine so hochgestellte Persönlichkeit – ein Erzbischof! – über die Berge gekommen war, um sie zu besuchen. Das hatte es weder in ihrem Leben noch in dem ihrer Väter je gegeben. Nicht im Lauf von sechs Jahrhunderten hatte Rom jemanden geschickt, um sich nach dieser Handvoll Menschen zu erkundigen, die trotz der Verachtung seitens ihrer Nachbarn treu an ihrem Glauben festhielten.

In ihren Kirchen feierte Roncalli die Messe und spendete er die

Sakramente. Durch den Mund eines Dolmetschers sprach er zu den kleinen Gemeinden, stärkte sie durch seine Worte wie auch durch seine Anwesenheit und versicherte ihnen, daß sie nicht vergessen wären. An solche Begegnungen, an die einfachen Pflichten des Seelsorgers, sollte er sich später erinnern, nicht aber an die Gefahren und Entbehrungen der Reise. Denn er betrachtete sich in erster Linie als Priester und nur zufällig als Diplomat oder Lehrer.

Aber er vergaß auch nicht die irdischen Bedrängnisse seiner Herde. Er wußte, daß die Flüchtlinge aus Griechenland in der Umgebung von Svilengrad in einer schwierigen Lage waren, und er half ihnen durch einen Hilfsfonds des Papstes. Als er im August an Exerzitien für fünfundzwanzig Priester des Östlichen Ritus teilnahm, kannte er jeden einzelnen von ihnen mit Namen, denn er hatte jedes ihrer Dörfer besucht.

Über seine Arbeit schrieb er Ancilla:

„Der Heilige Vater hat mir 100000 Lire für die armen Flüchtlinge gegeben, die aus Griechenland oder Serbien nach Bulgarien kommen. Mit diesem Geld habe ich angefangen, pro Tag eine Mahlzeit an 250 besonders arme Kinder austeilen zu lassen. Das ist aber nicht in Sofia, sondern in Mesembria am Schwarzen Meer. Ihr müßt bedenken, daß man für die Reise dorthin zwei Tage braucht!... In Kürze werde ich einen weiteren Speisesaal für die armen Kinder eröffnen – ich habe mir vorgenommen, mich besonders ihrer anzunehmen –, an einer anderen Stelle, wo, wie man mir sagt, viele von ihnen im Winter vor Hunger sterben. Wenn Ihr dieses Elend hier sehen könntet! Alles noch Folgen des Krieges. Stellt Euch vor, wenn uns das zugestoßen wäre, aus unserem Land verstoßen und gezwungen zu sein, heimatlos in der Welt umherzuirren, zum Beispiel in der Schweiz, im Winter, ohne Geld, ohne Obdach, mit den Alten und Kindern zu solch einer rauhen Jahreszeit!"

Für Roncalli begann jetzt der schwierigste Abschnitt seines Lebens. Im Oktober 1925, nachdem er ein halbes Jahr in seiner neuen Stellung tätig war, kehrte er nach Rom zurück, um dem Heiligen Vater Bericht zu erstatten. Pius war besonders an Roncallis Bericht über seinen Besuch beim Metropoliten Stefan Gheorgiew, dem Patriarchen der Orthodoxen Kirche Bulgariens, interessiert. Wie viele seiner ersten Amtshandlungen war auch dieser Besuch ohne Beispiel – Roncalli hatte einfach entschieden, daß es höflich und angemessen sei, dem

Heiligen Synod einen Besuch abzustatten – und es mag den Metropoliten unsicher gemacht haben. Jedenfalls hatte er zur Erwiderung des Besuches nur einen Sekretär geschickt, und in bestimmten Kreisen des Vatikans war dies als ein Affront ausgelegt worden. Nun ließ sich der Papst von ihm selbst Auskunft darüber geben.

„Hat es dem Ansehen des Heiligen Stuhles keinen Abtrag getan, daß man nur einen Sekretär geschickt hat, um den Besuch des Apostolischen Visitators zu erwidern?"

„Ich glaube nicht, daß dies ihre Absicht war, Heiliger Vater", antwortete Roncalli. „Es ist richtig, daß der Metropolit sehr überlastet ist."

Pius sah ihn über die stahlgerandete Brille, die er zu tragen pflegte, eine Weile forschend an. „Der eine sät, und der andere erntet", sagte er schließlich, und Roncalli war froh, daß mit diesem unergründlichen Urteil die Sache beendet war.

Die Ausgewogenheit seines Berichts bewirkte, daß die Verwaltung der kirchlichen Angelegenheiten in Bulgarien nach Möglichkeit den Bulgaren selbst überlassen werden sollte. Wie die Dinge damals lagen, war die kirchliche Verantwortung auf drei ausländische Ordensgemeinschaften verteilt: die Assumptionisten, die Passionisten und die Kapuziner. Schulen und Krankenhäuser wurden von Schwestern dieser Kongregationen geleitet, die in Frankreich, Italien und in der Schweiz beheimatet waren. Das hatte, wie Roncalli nachwies, zur Folge, daß die Bulgaren dazu neigten, ihre katholische Kirche als untergeordnete missionarische Einrichtung anzusehen, die von Paris und Rom geleitet wurde. Das half aber weder den Katholiken des Landes, noch rechtfertigte es die Hoffnungen auf eine Wiedervereinigung mit den orthodoxen Schismatikern.

Roncallis Vorschläge zielten genau auf diesen Punkt. Er regte an, mit der Praxis zu brechen, einen Administrator von Rom zu entsenden, um die Leitung der religiösen Angelegenheiten der Katholiken nach östlichem Ritus in die Hand zu nehmen. Statt dessen, so sagte er, müßte ein Bischof aus ihren eigenen Reihen ernannt werden, und empfahl Stefan Kurteff für dieses Amt. Weiter forderte er, daß in Sofia ein neues Seminar errichtet werde, das sowohl Priester des östlichen als auch des lateinischen Ritus ausbilden sollte. Dort, nicht im Ausland, und nicht von Lehrern der etablierten Ordensgemeinschaften, könnte eine

Geistlichkeit in der slawischen Tradition herangebildet werden, die für die Bulgaren unendlich wichtiger sein würde als die Methoden Westeuropas.

Seine weiteren Vorschläge – die Liste war lang, und für einige Ohren im Vatikan enthielt sie Mißtöne – waren in ähnlicher Weise darauf gerichtet, die katholische Kirche Bulgariens enger an jene zu binden, die mit ihr zu tun hatten. Er fuhr nach Sofia zurück, um das Ergebnis abzuwarten – er wartete vergebens. Von der Sache Kurteff abgesehen, wurden seine Vorschläge ignoriert. Als er nach Rom schrieb, um zu erfahren, wie es denn damit stünde, erhielt er keine Antwort. Ebensowenig bekam er weitere Instruktionen, so daß er sozusagen in der Luft hing, nachdem Kurteff zum apostolischen Exarchen der bulgarischen Katholiken des Byzantinischen Ritus ernannt worden und die seelsorgerische Tätigkeit Roncallis damit beendet war.

Es war enttäuschend und verdrießlich, aber Roncalli ertrug es mit stoischer Gelassenheit. Nachdem er jedoch eines Tages einem Freund im Vatikan einen Brief geschrieben hatte, in dem von seinen Problemen die Rede war, bekamen einige Vertreter der Kurie Kenntnis davon. Als Roncalli von ihrem Mißfallen hörte, setzte er sich hin und schrieb einen weiteren Brief. Er bat zunächst um Verzeihung, falls er jemanden beleidigt haben sollte, dann schrieb er sich auf zwanzig Schreibmaschinenseiten allen Kummer von der Seele. Der Brief gelangte schon bald auf den Schreibtisch des Heiligen Vaters, der ihn mit Erstaunen las. „Siehe da, der Zorn des Lammes!“ sagte er. Aber es geschah noch immer nichts.

Während der Exerzitien, die er am Jahresende 1926 in Vorbereitung auf die Bischofsweihe Kurteffs hielt, machte er folgende Eintragung in sein Tagebuch: „Seit zwanzig Monaten bin ich nun Bischof. Und wie leicht vorauszusehen war, brachte mir dieses Amt viel Kummer und Sorge. Aber – es ist sonderbar – dieser Verdruß kam nicht durch die Bulgaren, für die ich tätig bin, sondern von den Zentralorganen der kirchlichen Verwaltung. Es ist eine Form von Kränkung und Demütigung, die ich nicht erwartet habe und die mich sehr schmerzt.“

Es überraschte Roncalli nicht sonderlich, daß die orthodoxe Kirche des Ostens kein Interesse an einer Wiedervereinigung mit den römischen Katholiken hatte. Das Studium der Geschichte hatte ihm die ganze Bitterkeit enthüllt, mit der die beiden Häuser Gottes sich voneinander getrennt hatten, um sich während der folgenden Jahrhunderte wechselseitig zu befehden und zu verfolgen. Aber es schmerzte ihn, daß der orthodoxe Klerus sich dem geistlichen Erbe der römischen Kirche gegenüber gleichgültig verhielt, daß er von dem Glanz ihrer Vergangenheit nichts wußte und ihren gegenwärtigen Zielen mißtraute. Er selbst kannte und verehrte die orthodoxen Kirchenväter. Jetzt hoffte er, daß dieses Verständnis und ein aufrichtiges Gefühl der Brüderlichkeit das vererbte östliche Mißtrauen jedem freundlichen Vorschlag gegenüber abschwächen würde.

Wo immer eine Gelegenheit sich bot, besuchte er Gottesdienste in der slawischen Liturgie. Eines Tages tauchte er ohne vorherige Ankündigung im orthodoxen Kloster Rila auf, dem berühmten bulgarischen Heiligtum bei Sofia. Die Mönche waren überrascht über das plötzliche Erscheinen des römischen Erzbischofs, dennoch zeigten sie ihm höflich die herrliche alte Kirche und waren tief ergriffen, als er vor dem Altar niederkniete, um zu beten. Jemand hatte gesagt, er sei „der Monsignore, dessen Einstellung lautet: ‚Laßt uns gegenseitig guten Willen haben!'" Und sein eigener guter Wille war so offenkundig, daß Menschen, die ihm mit Argwohn begegneten, ihn als Freunde verließen.

Roncalli sollte fast zehn Jahre in Sofia verbringen, allerdings ohne die ideologische Kluft zwischen Ost und West auch nur um ein Jota verringert zu haben. Noch konnte er den Argwohn der Orthodoxen ausräumen, daß sie alle, 100 Millionen an der Zahl, von den höchsten Behörden des Vatikans als irrende Seelen betrachtet würden, die sich von der einen wahren Kirche entfernt hatten. Aber es gelang ihm nach und nach, die offizielle Kühle aufzutauen, die man den katholischen Emissären auf dem Balkan entgegenbrachte. Dies war nicht nur der warmherzigen Persönlichkeit Roncallis zu verdanken, sondern auch seinem offen bekundeten Mitgefühl mit allen Menschen, gleich welcher Religion, besonders in Krisenzeiten.

Im Frühling des Jahres 1928 zum Beispiel wurde das Tal der Maritza in Mittelbulgarien von einer Folge von Erdbeben erschüttert. Roncalli eilte zu den betroffenen Städten und Dörfern, um zu erkunden, wie er den Tausenden von Obdachlosen helfen könnte. Tag für Tag gab es neue Erdstöße, denen heftige Regenfälle folgten, und Tag für Tag sah man die schwarzgekleidete Gestalt des katholischen Erzbischofs unter den Flüchtlingen umhergehen, um die Verteilung von Brot und Decken zu leiten. Er befand sich gerade in Philippopolis (heute Plovdiv), als am 18. April, um 9 Uhr abends, die ganze Stadt plötzlich zu beben begann und die einhunderttausend Einwohner, von Panik erfaßt, auf die Straße stürzten. Am nächsten Tag schickte Roncalli von Sofia aus ein Telegramm an den Vatikan und bat um einen Hilfsfonds für die Notleidenden.

Mit dem Geld, das ihm Freunde in Rom und Bergamo geschickt hatten, kaufte er neue Hilfsmittel und kehrte wieder und wieder in das verwüstete Tal zurück. Er schlief in Notzelten unter den Flüchtlingen und tröstete sie durch seine Gegenwart, wenn er nichts anderes spenden konnte. Mit dem päpstlichen Hilfsfonds richtete er die sogenannten „Suppenküchen des Papstes" ein, die bis in den Monat Juni hinein alle Notleidenden mit Nahrung versorgten.

„Zum Unglück haben die anhaltenden Regenfälle das Leben vieler armer Leute außerordentlich erschwert. Sie wagen es noch nicht, in ihre einsturzbedrohten Häuser zurückzukehren", schrieb er. „Stellt Euch die vielen alten Leute vor, die vielen armen Mütter, die in diesen Tagen Kinder bekamen und nicht wissen, wie sie sie vor der Kälte, dem Regen und Schmutz schützen sollen..."

Diese Krise ging vorüber. Aber eine andere, eine lange dunkle Nacht der Seele, braute sich für Angelo Roncalli zusammen.

Zu dieser Zeit hörte er zum erstenmal von immer wieder auftauchenden Gerüchten, nach denen er für ein neues Amt ausersehen werden sollte. In Bulgarien war er jetzt schon länger, als er erwartet hatte, mehr als drei Jahre, aber pflichtgetreu unterdrückte er alle Hoffnungen auf eine Beförderung, die er möglicherweise gehegt hatte. Als solche Gerüchte dem Pfarrgeistlichen von Sotto il Monte, Don Giovanni Birolini, zu Ohren kamen, riet ihm Roncalli, ihnen keinen Glauben zu schenken. „Wie man Scipio ‚Africanus' genannt hat, so bin ich bereit, ‚il bulgaro' (der Bulgare) zu werden." Und als Kardinal Eugenio Tosi, der Erzbischof von Mailand, starb, schrieb er nach Hause: „Es gibt Gerüchte, die meinen Namen mit der Ernennung für Mailand in Verbindung bringen. Glaubt nicht alles, was ihr hört. Bittet den Herrn, er möge mir größere Würden und Verantwortungen als jene, die ich bereits auf mich genommen habe, ersparen. Es tut nicht gut, wenn man seine Phantasie allzu frei schweifen läßt."

Aber die Gerüchte hielten sich hartnäckig. Anfangs 1930 hörte er, in Rom habe ihn jemand für den Posten des Apostolischen Legaten für die Türkei vorgeschlagen, doch dieses Amt ging an einen anderen. Später erschienen in der Presse Berichte, die wissen wollten, er sollte zum Nuntius befördert werden und nach Bukarest gehen, und sogar in Rumänien nahm man dies an. Aber statt dessen wurde diese Ehre Mgr. Valerio Valeri übertragen, dessen diplomatische Fußstapfen er später in Frankreich kreuzen sollte.

Er wäre kein Mensch gewesen, wenn er sich nicht übergangen gefühlt hätte. Es war nicht so, als hätte man ihm erlaubt, in Bulgarien das zu tun, was er für das Land erforderlich hielt. Seine Pläne für ein neues Seminar lagen in der vatikanischen Bürokratie unter Verschluß, und ebenso seine anderen Vorschläge für die Emanzipierung der bulgarischen Kirche von der Herrschaft der Ausländer. Folglich betätigte er sich, so gut er konnte, wobei er ironisch bemerkte: „Ich bin wie ein Lasttier, das immer vor diesen Karren gespannt ist. Die Bürde ist nicht sehr groß, aber ich habe ständig zu tun."

Er kämpfte gegen seine Enttäuschungen an, obwohl seine Wunden im Verlauf seiner regelmäßigen Besuche in Rom immer wieder aufrissen. „Es gibt viele Leute in Rom, die mich fragen, ob ich nicht der Meinung sei, mein Aufenthalt in Bulgarien zöge sich übermäßig lange hin. Ich lasse sie reden und bleibe ruhig auf meinem Posten." Als er einmal enttäuscht und traurig nach Sofia zurückgekehrt war, offenbarte er, ganz gegen seine Art, seine innersten Gefühle in einem Brief an Ancilla und Maria: „Ich muß Euch sagen, daß ich sehr froh war, von Rom fortzukommen, wo der Anblick so vieler kleinlicher Ränke mir auf die Nerven ging. Jeder ist eifrig damit beschäftigt, über eine Karriere zu reden und wie er sie einzufädeln denkt. Ah! Wie unglücklich wird ein priesterliches Leben, wenn man sich mehr um seine eigene Bequemlichkeit sorgt als um die Ehre Gottes und das Kommen seines Reiches."

Vor dem Weihnachtsfest 1928 hielt er einen Rückblick auf sein fünfundzwanzigjähriges Priesterleben. „Fünfundzwanzig Jahre Priester!" schrieb er in sein Tagebuch. „Welch große, welch außerordentliche Gnade! Ich wurde vor schwerer Schuld bewahrt... Ich muß mich stets als den erbärmlichsten Menschen betrachten, als den letzten und unwürdigsten Bischof der Erde, der nur aus Erbarmen und Mitleid unter seinen Mitbrüdern geduldet wird und dem gemäß seinen Verdiensten nur der niedrigste Rang zukommt: wirklich nur der Diener aller, nicht dem Worte nach, sondern in der tiefsten Bedeutung und auch in der sichtbaren Bekundung der Demut und Unterwerfung... Ich werde nie etwas unternehmen, weder direkt noch indirekt, um eine Veränderung in meiner Situation herbeizuführen, werde stets nur von einem Tag zum anderen leben. Mögen die anderen tun und sagen, was sie wollen, sich vordrängen, ich werde mich wegen meiner Zukunft nicht beunruhigen."

Er tat gut daran, sich an diesen selbstlosen Entschluß zu klammern, denn jetzt sollte er erneut auf die Probe gestellt werden. Ende 1929 wurde er endlich von Rom ermutigt, sich um ein Grundstück zu bemühen, auf dem das bulgarische Priesterseminar erbaut werden sollte. „Im Frühjahr werde ich mit dem Bau beginnen", schrieb er überglücklich. „Die Gesamtkosten werden sich auf 250000 Lire belaufen. Der Heilige Vater wird das Geld beschaffen. Ich habe nur die Mühe und Arbeit mit den Vorbereitungen gehabt, die für den Erfolg eines solch wichtigen Unternehmens erforderlich sind, und jetzt werde ich die Freude haben, zu sehen, daß diese großen Anstrengungen wirklich der Mühe wert waren."

Seine Freude war voreilig. Das Geld traf nie ein, und seine ganze Arbeit und Planung waren umsonst.

Er wohnte noch immer in dem kleinen Haus Nr. 2 in der Ulitza Massalà. Es war als Sitz eines Gesandten ungeeignet, und die Räume waren oft überfüllt, denn Roncalli teilte sie mit dem schon bejahrten Pater Ustichkoff, der die Zimmer trotz seiner schlechten Gesundheit mit Zigarrenrauch vollqualmte und Haufen aufsässiger Besucher empfing, wenn er nicht gerade einen Anfall von Niedergeschlagenheit hatte und es vorzog, mit seinen Tränen allein zu sein.

Auch Roncalli war einsam. Da er daran dachte, Ancilla und Maria zu sich zu holen, suchte er in Rom um die Erlaubnis nach, das Haus etwas zu vergrößern, und schrieb nach Hause: „Etwas Neues wird es sicherlich geben: entweder weiter hierbleiben mit einem festgelegten Auftrag oder woandershin versetzt werden." Drei Wochen später berichtete er seinen Schwestern: „Wenn es auch sein kann, daß ich nicht mehr lange hier bleiben muß, bereite ich doch alles so vor, als ob Ihr im nächsten Jahr zu mir kämt. So müssen wir leben." Aber mehr als ein Jahr ging dahin, und er schrieb ihnen: „Ich warte immer noch auf Antwort aus Rom hinsichtlich der Erweiterung meines kleinen Hauses. Wie Ihr wißt, tut man in Rom immer das Richtige, aber man muß warten lernen." Er sollte vergebens warten: die Erlaubnis kam nie.

Da er seine Aufgaben als Seelsorger Monsignore Kurteff übertragen hatte, befand er sich gewissermaßen auf dem Abstellgleis, oder wie er es ausdrückte: „Ich trage eine Würde, die ich nicht verdiene, und eine Amtsgewalt, die ich nicht einmal wie ein einfacher Priester ausüben kann. Ich habe kaum Gelegenheit, einmal eine Predigt zu halten, und ich höre nie Beichte."

Er reiste viel, stattete apostolische Besuche in der Türkei und in Griechenland ab und reiste in die Tschechoslowakei und nach Polen. Dennoch blieb ihm viel Zeit, und er mußte alles tun, um sich zu beschäftigen: „Wenn ich nicht Briefe schreiben oder Besucher empfangen muß, lerne ich Sprachen. Ich informiere mich ausgiebig über das Weltgeschehen, indem ich Zeitungen lese... Ich kann mich ruhig und regelmäßig religiösen Übungen widmen, und das bringt mir großen Trost und hilft mir, die kleinen Stiche der Strohhalme zu ertragen, auf denen ich liege wie das göttliche Kind."

Während dieser sorgenvollen Zeit spricht Roncalli in seinen Briefen häufig von seinem Gesundheitszustand, häufiger als zu anderen Zeiten seines Lebens. Er näherte sich seinem fünfzigsten Lebensjahr, war korpulent genug geworden, um sich ständig über seine Diät Sorgen zu machen, und war anfällig für Erkältungen und Magenverstimmungen. 1926 mußte er alle Zähne ziehen und sich ein künstliches Gebiß anfertigen lassen, was in jenenTagen durchaus üblich war bei Menschen mittleren Alters. „Mein Zahnarzt ist sehr tüchtig", schrieb er, „aber dennoch muß man leiden." Im Jahr darauf mußte er nach Italien zurückkehren, um ein Nierenleiden behandeln zu lassen. Doch er stammte aus einer zähen und langlebigen Bauernfamilie, und als er im Dezember 1928 die Bemerkung machte: „Ich selbst erwarte nicht, daß ich mein sechzigstes Lebensjahr erreiche", hat er wohl eher ein seelisches Unbehagen zum Ausdruck gebracht als ein körperliches.

Seine geistigen Leiden werden in seinen Tagebuchnotizen vom April 1930 deutlich erkennbar: ‚Gib, daß ich mein Kreuz liebe...' In den vergangenen Monaten hat mir der Herr manches auferlegt, meine

Geduld zu prüfen: die mühevollen Verhandlungen über die Gründung des bulgarischen Seminars; die über fünf Jahre währende Ungewißheit, welche definitiven Aufgaben mit diesem meinem Amt verbunden sein sollen; die Ängste und die Schwierigkeiten, nicht noch mehr tun zu können; die Notwendigkeit, das Leben geradezu eines Eremiten führen zu müssen, was meiner Neigung zur Sorge für die Seelen widerstrebt; innere Unzufriedenheit mit dem, was immer noch an menschlichen Schwächen in meiner Natur ist, wenn ich es auch bisher in Zucht zu halten vermochte..."

Er gab nicht nach. „Oboedientia et Pax" war sein bischöflicher Wahlspruch, und indem er Gehorsam und Frieden suchte, fand er die Selbstbeherrschung, um über seine geistige Krise hinwegzukommen. „Man mag mich niedertreten, aber ich will geduldig und gut bis zum Heroismus sein", schrieb er.

Sechs Monate später holte ihn eine Episode, auf die weder er noch der Vatikan einen Einfluß hatte, aus seiner in Geduld ertragenen Verborgenheit und stieß ihn in den Wirbel der Ereignisse.

Bereits seit Anfang 1930 sprach man von einer Heirat zwischen König Boris und Prinzessin Giovanna, der Tochter Viktor Emmanuels von Italien. Die beiden hatten eine ursprüngliche Zuneigung zueinander gefaßt, und man war der Ansicht, daß eine Verbindung der beiden Königshäuser von Bulgarien und Italien beiden Ländern zum Vorteil gereichen könnte. Mussolini trat besonders für diese Heirat ein, da er sie als ein Mittel betrachtete, um seinen Einfluß auch auf dem Balkan geltend zu machen. Er nahm das einzige Hindernis, den orthodoxen Glauben Boris', nicht ernst. Wie berichtet wird, soll er unter Bezug auf den kurz vorher unterzeichneten Lateranvertrag Kardinal Gasparri, dem päpstlichen Staatssekretär, gesagt haben: „Da wir schon die großen Schwierigkeiten zwischen uns beseitigen konnten, dürfte es nicht schwerfallen, auch dieses kleine bulgarische Geschäft zu erledigen."

Aber das war nicht so einfach. Bevor der Heilige Stuhl der katholischen Prinzessin die Dispens erteilen konnte, den orthodoxen König zu heiraten, bedurfte es absoluter Garantien, daß die Hochzeitsfeierlichkeit gemäß dem Kanon der katholischen Kirche vorgenommen wurde und daß, sollten dem Paar Kinder geboren werden, diese im katholischen Glauben erzogen würden. Zu diesem Zweck verbrachte Erzbischof Roncalli, der mit der heiklen Mission betraut war, des Königs Zustimmung zu gewinnen, während des heißen Sommers 1930 viele Stunden im königlichen Palast.

Er verstand die mißliche Lage Boris' sehr wohl. Fünfundachtzig Prozent seines Volkes waren Orthodoxe und würden sich fragen, warum ihr König sich katholischen Vorbehalten unterwerfen mußte, während die bulgarische Hierarchie die Aufrichtigkeit seines Glaubens bezweifeln würde, wenn er nicht in seiner eigenen Kirche getraut wurde. Außerdem war die ganze Angelegenheit durch täglich neue Spekulationen in den Zeitungen und hitzige Debatten auf der Straße schon in der Öffentlichkeit breitgetreten worden.

Und doch war da die schlichte Tatsache, daß die Heirat nicht stattfinden konnte, wenn Boris sich den Bedingungen des Vatikans nicht fügte – eine Tatsache, die ihm Roncalli liebenswürdig, aber hart in der Sache, klarmachte. Schließlich, nach wochenlangen Gesprächen, sagte der König, er sehe die Notwendigkeit ein und sei bereit, die entsprechenden Dokumente zu unterzeichnen. Für den apostolischen Visitator schien dies ein diplomatischer Erfolg zu sein. Indes, noch am Abend der Hochzeitsfeierlichkeit mahnte er, daß man äußerst wachsam sein müsse, „damit nicht der kleinste Taktfehler geschieht, der alles wieder gefährden könnte, auch dann noch, wenn die Hochzeit vorbei ist. Hier geht alles gut; aber es ist natürlich, daß der Teufel seine ganze List anwendet, um alles zu Fall zu bringen."

Roncallis Befürchtungen waren nur allzusehr begründet. Die königliche Hochzeit wurde am 25. Oktober in Assisi nach dem katholischen Ritus vollzogen. Aber sechs Tage später, sobald das königliche Paar nach Sofia zurückgekehrt war, bestand Boris darauf, daß sich Giovanna einer orthodoxen Trauungszeremonie in der Sankt-Alexander-Nevsky-Kathedrale unterziehe. Sie wurde als bloße „Einsegnung der Hochzeit" deklariert, obgleich die Spendung des Ehesakraments wiederholt wurde. Außerdem ließ das ganze Gepränge der Feierlichkeit keinen Zweifel daran, daß die Aufmerksamkeit der Orthodoxen in hohem Maße auf diesen Vorgang gelenkt werden sollte.

Die Reaktionen waren heftig. Roncalli selbst war tief verletzt: er hatte Boris, der sich während ihrer Verhandlungen klug und leutselig gezeigt hatte, schätzen gelernt; aber mehr noch, er war erschüttert angesichts der Tatsache, daß jemand es fertigbrachte, ihn derart vorsätzlich und wohlüberlegt zu hintergehen. Selbst in orthodoxen Kreisen wurden Stimmen der Bestürzung laut, die das Vorgehen des Königs mißbilligten.

Bevor er dem Papst darüber berichtete, suchte Roncalli den italienischen Gesandten in Bulgarien, Herrn Piacentini, auf, um Protest einzulegen. Der erfahrene Reporter in Rom, Corrado Pallenberg, hat dieses Ereignis geschildert:

„Piacentini antwortete mit dem Skeptizismus und der lässigen Art, die für den Römer typisch sind: ‚Nehmen Sie das doch nicht zu ernst, Eure Exzellenz. König Boris ist ja nun einmal gläubiger Orthodoxer, und er muß das mit seinem Gewissen ausmachen. Und was die Königin Giovanna betrifft, die Katholikin ist, nun ja, sie wird halt zur Beichte gehen.' Man kann sich gut vorstellen, daß Roncalli bei diesen Worten in Zorn geriet. Die Unterredung wurde sehr heftig und endete damit, daß Piacentini läutete und dem erscheinenden Diener auftrug, den Vertreter des Vatikans zu seinem Auto zu geleiten."

Es sollte noch schlimmer kommen. Nach Rom beordert, begab sich Roncalli sofort zu den päpstlichen Gemächern, um seinen Bericht zu erstatten, aber er fand keine Gelegenheit, sich zu Wort zu melden. Statt dessen mußte er in kniender Stellung verharren, während Papst Pius ihn ärgerlich tadelte. Er habe die Kirche in den Augen der Welt kompromittiert, erklärte der Pontifex. Der Heilige Stuhl habe sich auf ihn verlassen, und er habe versagt. Er hätte das Ränkespiel Boris', in das Giovanna eingeweiht gewesen sei, durchschauen und davor warnen müssen, ihnen Dispens zu gewähren.

Roncalli, der selber am meisten unter dem Betrug des Königs litt und fest davon überzeugt war, daß Giovanna genauso unschuldig an der Sache war wie er, verteidigte sich nicht. Später äußerte er bei Gelegenheit: „Ich hatte nichts getan, das Tadel verdient hätte, nein, aber der Heilige Vater hatte Grund, verärgert zu sein, und nur mein Stolz litt darunter." Dieser Vorfall sollte noch ein aufschlußreiches Nachspiel haben, doch im Augenblick war die Sache erledigt, und der Erzbischof kehrte, verwirrt und bedrückt, auf seinen Posten zurück. Von Sofia aus schrieb er: „Hier verbringe ich meine Tage umwittert von Stürmen. Die Angelegenheit der Hochzeitsfeier in der orthodoxen Kirche hat mir viel Kummer bereitet. Ich tröste mich in der Hoffnung, daß aus dem Bösen ein noch größeres Gutes entstehen kann, und ich bin zufrieden, Ruhe zu bewahren.“

Doch die Angelegenheit kam nicht zur Ruhe. In der Weihnachtsansprache am 24. Dezember spielte der Papst öffentlich auf die Hochzeit an und sprach mit unverhüllter Verachtung von „diesen erlauchten Persönlichkeiten“, die ihre Versprechen nicht hielten. Das Ergebnis war eine neue Flut von Gerüchten, die wissen wollten, der Apostolische Visitator würde gezwungen, Bulgarien zu verlassen. Ein Diplomat teilte Roncalli vertraulich mit, seine Ausweisung sei bereits beschlossen und sollte unmittelbar nach Weihnachten erfolgen.

Sie erfolgte nicht, obwohl das Echo dieser Gerüchte in ganz Sofia widerhallte. Am 23. Januar schrieb Roncalli der Schwester Ancilla, daß ihn die Weihnachtsansprache des Papstes in eine schwierige Lage versetzt habe, „wenngleich ich auf festem Boden stehe. Vielleicht gerade deshalb, weil mich jemand gern von hier weghaben möchte, wird mich der Heilige Vater um so mehr auf diesem Posten belassen.“

Genau das war Pius' Absicht, und sie brachte einen unerwarteten Vorteil mit sich. Der Vatikan hatte sich schon lange bemüht, dem päpstlichen Emissär in Bulgarien einen höheren diplomatischen Rang zuzuerkennen. In einem Land, in dem die Beziehungen zwischen den Kirchen nicht gerade sehr herzlich waren, war das leichter gesagt als getan, und es bedurfte dazu der Zustimmung des Königs und des Parlaments. Jetzt, da der König sich versöhnlich, wenn nicht gar reumütig zeigte, wurde ihm die Frage erneut vorgelegt. Und da die Trauungszeremonie in der orthodoxen Kathedrale ihm die Mehrheit seines Volkes geneigt gemacht und sein Ansehen gestärkt hatte, entschloß er sich, Rom gegenüber eine Geste zu machen. Am 26. September 1931 erhob der Heilige Stuhl seinen Vertreter in Sofia in den Rang eines Apostolischen Legaten, was zwar nicht ganz der diplomatischen Stellung eines Nuntius entsprach, doch erhaben genug war, weil es in einem gewissen Grad die Anerkennung durch den bulgarischen Staat bedeutete.

In einem Brief an seine Schwestern scherzte er:

„Schreibt von jetzt an statt Visitator immer Apostolischer Legat. Es ist lediglich eine Frage der Bezeichnung. Ich bin noch derselbe wie vorher. Aber es ist gut, daß es so ist. Alle werden sich hier darüber freuen, außer vielleicht den guten langen Bärten des Heiligen Orthodoxen Synods.“

Ein weiteres Resultat dieser Änderung war die Erlaubnis, daß Roncalli endlich in eine größere Wohnung umziehen durfte, eine Wohnung, die seinen neuen Lebensumständen angemessen war. Mit Hilfe seiner italienischen Freunde wurde sie entsprechend möbliert, und es gelang ihnen sogar, seine Bitte um eine Kopie des Dreifaltigkeits-Gobelins zu erfüllen, der einst über dem Altar der Sixtinischen Kapelle gehangen hatte. Dieser kam in seine eigene kleine Kapelle. In einem Land, in dem die Heilige Dreifaltigkeit mehr noch als im Westen verehrt wurde, gab es nichts, das geeigneter gewesen wäre, das Verständnis des Legaten für „die guten langen Bärte des Heiligen Synods" zu bekunden. Am 14. Februar 1932, dem zehnten Jahrestag der Inthronisation Pius' XI., gab Roncalli zum erstenmal einen Empfang für das Diplomatische Corps in der Residenz des Legaten. In dem roten Empfangssaal stehend, las er den versammelten Würdenträgern – erst in bulgarisch, dann in französisch – seine Begrüßungsansprache vor.

Auch das Gefühl, isoliert zu sein, nahm ein Ende. Rom schickte ihm einen jungen Sekretär, Giacomo Testa, der sein Kollege und Vertrauter und, wie alle zukünftigen Helfer Roncallis, ein getreuer Verfechter seiner tiefsten Überzeugung werden sollte: daß es mehr gibt, was die Menschen eint, als was sie trennt. Auch kamen jetzt Ancilla und Maria nach Bulgarien, um längere Zeit bei ihm zu wohnen. Da er sich wie immer an ihrer Gesellschaft freute, nahm er sie mehrmals auf Reisen mit, darunter auch nach Konstantinopel, „damit, wenn sie alt sind und nichts anderes mehr vom Leben haben, sie wenigstens von der Erinnerung an das leben können, was sie gesehen haben". Ein andermal schrieb er seiner Mutter: „Ach, wie froh wäre ich, wenn ich sie immer bei mir behalten könnte, nicht nur für drei oder vier Monate."

Aber die Zeit seiner Prüfungen in Bulgarien sollte noch dauern. Am 13. Januar 1933 gebar Königin Giovanna eine Tochter. Am nächsten Tag, wiederum gegen sein feierliches Versprechen, ließ König Boris das Kind mit großem Pomp in der Palastkapelle von dem orthodoxen Exarchen Stefan Gheorgiew taufen. Wenngleich Roncalli vermutet hatte, daß der König dies beabsichtigen könnte, und er folglich Rom gewarnt hatte, so bestürzte ihn dennoch die Hast, mit der man dabei vorging, und das geschmacklose Gepränge der Feierlichkeit. Aber als er zum Palast kam, um seinen Protest einzulegen, wollte ihn der König nicht empfangen. Er übergab das offizielle Protestschreiben dem Premierminister, und am 15. Januar schrieb er dem König einen ernsten Brief, der auch seine private Traurigkeit durchblicken ließ: „Ich denke an die Sorge, die der Heilige Vater empfindet und mit ihm alle guten Katholiken überall in der Welt. Es schmerzt mich um so mehr, als ich weiß, daß aus diesen ständigen Verletzungen des menschlichen Gewissens in Sachen der Religion, die sich an jedem kritischen Zeitpunkt in Geschichte und Leben dieses geliebten, aber unglücklichen Landes wiederholen, kein wirklicher Vorteil entstehen kann, weder für die königliche Familie noch für das bulgarische Volk."

In diesem Augenblick galt Roncallis Interesse in erster Linie Königin Giovanna. War sie an seinem letzten Vertrauensbruch beteiligt, oder hatte Boris sie ein zweites Mal getäuscht? Sobald er die Erlaubnis erhielt, sie zu besuchen, wurde die Antwort offenkundig. Giovanna war untröstlich. Sie berichtete ihm, Boris sei an dem Morgen nach der Entbindung, während sie noch das Bett hüten mußte, in ihr Zimmer gekommen und habe ihr das Kind weggenommen. Selbst als ihre Mutter, die Königinmutter von Italien, nach Sofia unterwegs war in der Annahme, sie würde bei der katholischen Taufe ihrer Enkelin Patin werden, ließ Boris den genau durchdachten, aber heimlich organisierten Ritus zu Ende führen. Und Giovanna, die nicht damit einverstanden war, mußte machtlos zusehen.

Nun befürchtete sie ernstlich, der Papst könnte diese störende Aufeinanderfolge der Ereignisse mißverstehen und sie für mitschuldig halten. Doch zu diesem Zeitpunkt konnte Roncalli sie beruhigen: Er selbst würde dem Heiligen Vater die feste Versicherung geben, daß Giovanna keinerlei Schuld trage. Er riet ihr einstweilen davon ab, in die Sankt-Josefs-Kirche, wo sie gewöhnlich den Gottesdienst besuchte, zur Messe zu gehen, da sie dort den Schmähungen überzeugter Katholiken ausgesetzt sein könnte, die den wahren Sachverhalt nicht kannten. Statt dessen möchte sie doch zur Kapelle der Delegatur kommen, wenigstens so lange, bis die Gemüter sich beruhigt hätten.

Der Papst, tief verletzt, behandelte die Angelegenheit während eines Konsistoriums am 13. März. Er sei schmerzlich überrascht gewesen, sagte er den Kardinälen in heftigem Ton, besonders angesichts der ausdrücklichen Versprechungen, die gemacht „und von den königlichen Händen unterzeichnet" worden waren. Doch er machte auch klar, daß er die Überzeugung Roncallis, die Königin treffe keine Schuld, teile. Er wüßte, so sagte er, „wie die Verantwortung verteilt war, und deshalb sind wir weder gezwungen noch in der Lage, kanonische Strafen aufzuerlegen oder unseren Segen einer Mutter vorzuenthalten, die schon unglücklich genug ist und ihre Unschuld an allem, was vorgefallen ist, beteuert hat".

Am 19. Januar feierte Roncalli den Jahrestag seiner Bischofsweihe mit einer heiligen Messe in der Sankt-Josefs-Kirche. Königin Giovanna, der eine Last von der Seele genommen war, wollte unbedingt dabeisein. Mit einer betont freundlichen und sinnvollen Geste überreichte ihr Roncalli vor allen versammelten Gläubigen ein schöngebundenes Meßbuch. Die Angelegenheit der Taufe war damit erledigt.

Auch für ihn selbst nahm die Episode einen freundlichen Ausgang. Die glaubwürdigen Berichte, die er dem Vatikan seit der Hochzeit geschickt hatte, brachten Pius zur Einsicht, daß sein Urteil über Roncalli drei Jahre zuvor falsch gewesen war, daß er ihn nach der königlichen Trauung ohne Grund für schuldig gehalten und getadelt hatte. Nach einem Bericht des vatikanischen Journalisten Gabriele Carrara forderte er den Legaten auf, nach Rom zu kommen. Als Roncalli diesmal vor dem Papst niederkniete, sagte er, er verstünde heute besser, was sich damals wirklich abgespielt habe und wer dafür verantwortlich gewesen sei. „Nun sollten wir eigentlich aufstehen und Uns bei Euch entschuldigen", fuhr der Papst gütig fort, „aber wenn es Gottes Wille sein sollte, daß Ihr einmal auf diesem Stuhl sitzen werdet, dann werdet Ihr wissen, daß das nicht möglich ist." Dann erhob er sich. „Als Papst, nein, aber als Achille Ratti, ja. Als Achille Ratti stehe ich auf und bitte Euch, mir zu verzeihen. Ich reiche Euch meine Hand in Freundschaft."

Ein Jahr lang wurde Roncalli bei Hofe nicht empfangen, aber davon abgesehen, verlief sein Leben in Sofia wie bisher. Als er den Exarchen Stefan bei einem Bankett in der ungarischen Botschaft traf, plauderte er angeregt mit ihm über alles mögliche, nur nicht über die Taufe der kleinen Kronprinzessin Marie-Louise. Während der Heiligen Woche wohnte er dem prunkvollen Gottesdienst in der Svate Nedelja, der orthodoxen Kathedrale, bei. Als er in der Weihnachtszeit der Königin die

Kommunion spendete, hatte er die freundschaftlichen Beziehungen zum östlichen Klerus wiederhergestellt, und im März 1934 wurde er von Boris wieder in den königlichen Palast eingeladen. Nachdem er ihm seinen Standpunkt erklärt hatte und fest bei seiner Überzeugung geblieben war, konnte er vom König sagen: „Abgesehen von dem Vorgang der Taufe usw. ist er ein guter Mensch. Aber welch ein Mysterium ist doch das menschliche Herz! Wir müssen für ihn beten."

Die Briefe, die Roncalli während dieser Zeit nach Sotto il Monte schrieb, offenbaren seine Persönlichkeit deutlicher, als es die Bildnisse tun, die seine Biographen von ihm entwarfen. Durch ihre Zeilen schimmern der feine Humor und die gütige Weisheit, die die ganze Welt eines Tages an ihm kennenlernen sollte. So schrieb er einmal zu Weihnachten, er beabsichtige, das feierliche Pontifikalamt bei den Kapuzinerpatres abzuhalten, und fügte hinzu: „Ich hoffe, in bulgarisch zu predigen", und dann, über sich selber lächelnd: „Die Predigt wird kurz sein."

Während eines besonders strengen Winters gab er seiner Mutter und seinen Tanten Ratschläge, wie sie am besten eine gewöhnliche Erkältung behandeln könnten: „Wir sind arm: aber das Bett, die Diät, das Abführmittel, das Aspirin sind kleine und einfache Dinge, die auch die Armen verwenden können... Diese Hinweise gelten für alle, alt und jung. Sie zu befolgen kostet nichts; läßt man sie außer acht, hat man Kosten über Kosten, nicht ausgeschlossen die für die Beerdigung." Ein andermal schrieb er: „Natürlich... von Zeit zu Zeit muß man dem Doktor und dem Apotheker etwas zu tun geben, sonst müßten sie ja ihren Beruf wechseln!"

Im Gegensatz zu manchen seiner geistlichen Mitbrüder war er nicht im geringsten verwirrt durch die aufsehenerregenden Fortschritte der Wissenschaft im 20. Jahrhundert, noch fühlte er seinen Glauben durch Enthüllungen über die Materie bedroht, er rühmte sie vielmehr als ein Versprechen für die Menschheit. Im April 1930 schrieb er an seine Familie. „Ihr habt von der letzten Erfindung Marconis gehört, der übrigens ein guter Christ und ein persönlicher Freund des Heiligen Vaters ist. Bald werden wir in so enger Verbindung miteinander stehen, daß wir uns nicht nur aus der Ferne hören, sondern auch im Bild sehen können. Denkt Euch, ich kann jeden Abend mit einem kleinen Radio, das in meinem Arbeitszimmer steht, deutlich Vorträge, Lieder, Nachrichten usw. aus weitesten Entfernungen mühelos hören."

Man kann sich die Verwunderung leicht vorstellen, mit der die Bauernfamilie solch erstaunliche Neuigkeiten empfing. Sie brauchten jedoch nicht auf derartige „Wunder" zu vertrauen, um mit ihrem geliebten Angelo in Verbindung zu treten. Jeden Sommer, gewöhnlich gegen Ende August, kehrte Roncalli nach Sotto il Monte zurück und blieb dort bis Mitte Oktober. Diese Besuche verfehlten nie, seine Lebensgeister zu stärken. Er wurde von seiner heimatlichen Scholle ernährt und durch die Gegenwart seiner Familie seelisch gestärkt, einer Familie, die sich jetzt um die Kinder seiner Brüder und Schwestern vergrößert hatte.

Wie jede Familie, die in einem einzigen Haus beisammen wohnt, sei sie nun klein oder groß, gab es bei den Roncallis mitunter Differenzen, und man zögerte nicht, die Unterstützung des Erzbischofs für die eine oder die andere Seite zu gewinnen. Im Anfang neigte er dazu, die Unstimmigkeiten gesondert zu mildern und daran zu erinnern: „... wir sollten als gute Christen fähig sein, einen Weg zu finden, damit alle Familien friedlich nebeneinander unter demselben Dach leben können."

Aber er konnte auch streng sein. Einmal war er sehr verärgert über den Familienzank, den es während seines Besuches in der Heimat gegeben hatte, und er schrieb: „Ich möchte diese Situation nicht noch einmal erleben. Wenn sich das nicht bessert, werde ich, aus Achtung vor meinen Eltern, nur zwei oder drei Tage bleiben und dann meine Ferien woanders verbringen."

Überzeugt, daß alles nichts nutzen würde, schlug er schließlich vor, in dem Haus zwei getrennte Küchen einzurichten. Er bot sich an, die Kosten zu tragen. Aber wie es bei Familien häufig der Fall ist, die Roncallis legten ihren Streit bei und beschlossen, in derselben Weise weiterzuleben wie bisher.

Inzwischen hatte der Erzbischof eine Bleibe gefunden, wohin er sich während solcher Familienbesuche ungestört zurückziehen konnte. Das Haus, das er von einem jungen Adeligen aus Bergamo für eintausend Lire im Jahr mietete, trug den Namen Camaitino – die italienische Zusammenziehung für Casa Martino (das Haus Martins) –, so genannt nach jenem Vorfahren Roncalli, der als erster aus dem Imagna-tal nach Sotto il Monte kam. Heute ist es ein Museum, das mit Erinnerungsstücken an Johannes aus der Zeit seines Papsttums gefüllt ist. Aber die Besucher, die durch das Fenster seines kleinen Schlafzimmers schauen, sehen den Turm des alten Kirchleins San Giovanni auf der Kuppe des langen grünen Hügels und die Welt seiner Kindheit zu seinen Füßen. Als Camaitino für seinen neuen Bewohner instandgesetzt wurde, entdeckten die Arbeiter einige Fresken aus dem fünfzehnten Jahrhundert und ein altes Wappen, eine Schnecke auf einem rot-weiß gestreiften Feld. Da es nach Ansicht Roncallis das Wappen seines Vorfahren sein mußte, benutzte er es als sein bischöfliches Siegel, nachdem er das Motto des Cesare Baronius „Oboedientia et Pax" hatte eingravieren lassen.

Jahre hindurch führte er einen lebhaften Briefwechsel über die Instandsetzung und Pflege des Hauses mit verschiedenen Familienmitgliedern, in der Hauptsache mit Ancilla und Maria, die er dauernd dort untergebracht hatte. Seine Briefe sind voll detaillierter Anweisungen, die sich auf die erforderlichen Renovierungsarbeiten beziehen, und mahnen gleichzeitig zur Einfachheit. Doch die Freude an seiner Erwerbung beeinträchtigte in keiner Weise seine grundsätzliche Haltung, so als er seinen Vater, in seiner Eigenschaft als Gemeinderatsmitglied, bat, er möge doch dafür sorgen, daß die Badezimmer an die Wasserleitung des Dorfes angeschlossen würden. „Natürlich", fügte er hinzu, „werden wir das bezahlen müssen, genau wie jeder andere auch." Später sprach er brieflich seine Anerkennung für den guten Fortgang der Ausbesserungsarbeiten aus und fuhr fort: „Doch ich mache mir Sorge, daß die Toilette noch nicht in Ordnung gebracht ist. Ihr müßt wissen, daß es gerade der Zustand der Toilette ist, nach dem eine Familie beurteilt wird, und wenn ein angesehener Fremder kommt, schämt man sich, wenn man ihm die häßliche Treppe zeigen muß, die zum Dachboden führt usw...."

Oft brachte er Gäste mit, die gemeinsam mit der Familie in der Colombera zu Mittag aßen – Geistliche aus Bergamo, an einem Weihnachtsfest Bischof Kurteff, und dreiundzwanzig Klassenkameraden aus dem Seminar, die im Sommer darauf ihr Priesterjubiläum feierten –, nicht ohne seiner Mutter jedesmal eine scherzhafte Mitteilung zu schicken, „um sie an die Hühner zu erinnern, die bis zu den Ferien gemästet sein müssen". Häufiger noch legte er einen 100-Lire-Schein bei oder einen größeren, wenn er einen solchen hatte, um zu den Haushaltungskosten beizutragen oder zur Abzahlung der Hypothek. Das Ausmaß, in dem er andere finanziell unterstützte, war in der Tat beträchtlich, wenn man bedenkt, daß er damals vom Vatikan jährlich 40000 Lire für seinen Unterhalt und seine Ausgaben in Bulgarien erhielt. Seine persönlichen Bedürfnisse müssen sehr bescheiden gewesen sein, denn er brachte es fertig, von diesem Geld für seine Schwestern Ancilla und Maria zu sorgen, zum Unterhalt eines Asyls und der Pfarrkirche von Sotto il Monte beizutragen und das Schulgeld für einige arme, aber strebsame Seminaristen zu bezahlen. Alles in allem beliefen sich diese Ausgaben – seine Verwandten sollten außer Hause nicht davon sprechen, wie er ständig mahnte – auf mehr als 12000 Lire jährlich, und man kann ihm kaum Übertreibung vorwerfen, wenn er bemerkt:

„... obgleich es mir an nichts fehlt, was meiner Stellung angemessen ist, besitze ich nichts sonst, und die meiste Zeit lebe ich in heiliger Armut, einer würdigen und in keiner Weise unglücklichen, aber dennoch wirklichen Armut."

Im Dezember 1927 schrieb er an seine Eltern: „Damit Ihr am Weihnachtstag an mich denkt, schicke ich Euch den letzten 100-Lire-Schein, der mir von der Rückreise aus Italien verblieben ist. Es ist sozusagen die letzte Patrone. Schade, daß nur diese eine übriggeblieben ist. Ich habe in diesem Jahr ein bißchen zuviel verschossen... Aber keine Angst. Ich bin ein Kind der Vorsehung, und die Vorsehung läßt es weder mir noch Euch am Notwendigsten fehlen."

Da es so viele Verwandte gab, hatte er Mühe, den Anschein zu vermeiden, als zöge er den einen dem anderen vor. Als er einmal einen kleinen Geldbetrag für seine Schwester Assunta beilegte, „weil sie die ärmste von uns allen war", mahnte er Ancilla: „Sag es niemand anderem." Aber er zeigte niemand die kalte Schulter. Als Saverios Tochter erkrankte und operiert werden mußte, schrieb er sofort seiner Schwägerin Maria, um ihr mitzuteilen, daß er sich an den Kosten beteiligen werde: „Ich tue für Dich und Saverio, was ich in einer ähnlichen Lage für meine übrigen Brüder und Schwägerinnen tun würde. Ich hatte mir vorgenommen, etwas Geld beiseite zu legen, um Euch aus Anlaß Eurer silbernen Hochzeit in diesem Jahr nach Lourdes zu schicken. Statt dessen werde ich das Geld dazu verwenden, Euch auf diese Weise zu helfen. Sagt mir, wieviel Ihr braucht, wenn die Operation vorüber ist."

Eine Zeitlang half ihm bei diesen Wohltaten ein amerikanischer Priester, Father Francis Spellman, der eines Tages als Kardinal-Erzbischof von New York eine machtvolle Stellung in der Kirche einnehmen sollte. Spellman hatte Roncalli auf seinen Reisen in Osteuropa kennengelernt und schickte ihm nach seiner Rückkehr regelmäßig Geld im Auftrag von Amerikanern bulgarischer Abstammung, für die Roncalli Messen in bestimmter Meinung lesen sollte. Roncalli achtete gewissenhaft darauf, daß er das Geld nicht eher nach Hause schickte, bevor er die Messen wirklich gefeiert hatte. „Wir können unsere Armut dadurch heiligen, daß wir sie mit dem Kreuzesopfer Jesu vereinigen, der in Armut für uns gestorben ist."

Im Jahre 1934 schrieb ihm der elfjährige Angelo Roncalli, der älteste Sohn seines Bruders Giovanni, daß er sich zum Priester berufen fühle. Zweifellos hat die Aussicht, jemandem trotz aller Schwierigkeiten helfen zu können, Roncalli nie so erfreut wie gerade in diesem Fall, und der stolze Onkel antwortete umgehend:

„Mein lieber Angelino, was Du mir in Deinem Brief vom 17. April dieses Jahres mitgeteilt hast, hat mich sehr gefreut. Wenn der Herr Dich wirklich zum Priestertum beruft, ist es sicher die kostbarste Gnade, die er Dir erweisen kann. Natürlich gilt dies nur, wenn Du ein würdiger und heiliger, der heiligen Kirche und den Seelen nützlicher Priester wirst. Wenn Dir das nicht gelänge, wäre es besser, Du würdest diesen Weg nicht einmal betreten. Doch hoffe ich, daß der Herr, der Dir den guten Plan ins Herz gelegt hat, Dir auch helfen wird, damit Dein ganzes Leben ihm geweiht sei. Du kannst Dir wohl vorstellen, wie gern ich bereit bin, nach besten Kräften das Werkzeug der Vorsehung zu sein auf dem Weg, der Dich an den Altar führen soll ..."

Das ganze Jahr hindurch arbeitete der Junge fleißig. Für den Herbst hatte man beschlossen, ihn in das Seminar nach Bergamo zu schicken. Dann, an einem nassen Novembertag, zog er sich eine Erkältung zu, und innerhalb einer Woche kämpfte er mit dem Tode. Die Nachricht erreichte Roncalli während eines offiziellen Besuches in Rom, und unverzüglich telegraphierte er an Giovanni: „Befolgt den Rat des Doktors / Ich werde alle Kosten tragen / Bin sehr betrübt nicht kommen zu können / Erwarte besorgt Nachricht über Angelos Krankheit / Ich bete, hoffe, segne / Telegraphiert umgehend / Mut."

Einige Tage darauf kam die Nachricht: Angelino, eben zwölf geworden, war tot. Niedergeschmettert, besorgt um Giovanni, seine Frau Caterina und um sich selbst, ließ er seinen Bruder wissen, daß er nach Hause kommen und die Begräbniskosten bezahlen werde. Dann fuhr er fort: „Seid versichert, daß Angelino, der jetzt bestimmt im Himmel und viel glücklicher und zufriedener ist als wir alle, ein wirksamer Fürsprecher sein wird, in erster Linie für Euch beide, die Ihr ihn so gut erzogen und auf den Weg zum Priestertum geführt habt, wie er es sich wünschte, und schließlich für die ganze Familie, die jetzt um ihn trauert. Ich weine ..."

Wenige Monate später traf eine glücklichere Nachricht ein: eine Beförderung, mit der er nach zehn langen Jahren des Wartens nicht mehr gerechnet hatte. Am 17. November 1934 schrieb er seinen Eltern: „Es sah so aus, als gäbe es nichts Neues über mein Verbleiben in Sofia, und schon hat der Heilige Vater heute morgen entschieden, mich als Apostolischen Legaten nach Konstantinopel zu schicken ..." Das war im August 1934. Und am 21. November druckte der Osservatore Romano folgende kurze Notiz:

„Seine Heiligkeit Pius XI. hat seine Exzellenz Angelo Giuseppe Roncalli, Apostolischen Legaten in Bulgarien, zum Apostolischen Legaten für die Türkei und Griechenland ernannt."

Es war keine spektakuläre Beförderung. Istanbul, häufig Konstantinopel genannt, obgleich der Name 1930 offiziell geändert wurde, war keine Nuntiatur. In der Tat gab es in der Türkei und Griechenland zusammen weniger Katholiken des römischen Ritus als in Bulgarien. Aber Schwierigkeiten gab es eine Menge. Die neuere Geschichte der Türkei hatte kaum mehr als ein Jahrzehnt früher begonnen, als Mustafa Kemal sie den Trümmern des Ottomanischen Reiches entriß. Jetzt wurde er Kemal Atatürk genannt, war Präsident einer stolzen und reizbaren Republik, zu dessen ersten Reformen die vollständige Säkularisation des nationalen Lebens und die konsequente Beschränkung religiöser Aktivität gehörten. Es war allgemein bekannt, daß der unangebrachte Eifer, mit dem Roncallis Vorgänger, Mgr. Carlo Gargotti, diese Reformen bekämpfte, zu seiner Ablösung geführt hatte. Zweifellos hoffte man im Vatikan, daß der neue Legat, der liebenswürdige, ausgeglichene Roncalli, sich dem revolutionären Klima der Türkei besser anzupassen verstünde.

Roncallis Reaktion ist bezeichnend für ihn. Er nahm die neue Aufgabe samt ihren Schwierigkeiten als den Willen Gottes an. Inzwischen war es an der Zeit, Abschied zu nehmen. Er hatte Bulgarien und seine Bevölkerung in sein Herz geschlossen, und in einer Weihnachtsansprache in der Sankt-Josefs-Kirche, die er in bulgarisch hielt und die über Rundfunk im ganzen Land verbreitet wurde, gab er seinen Gefühlen mit warmer Beredsamkeit Ausdruck, was vielen Zuhörern die Tränen in die Augen trieb:

„Heute bin ich zum letztenmal bei euch. Indem ich dies sage, tue ich meinem Herzen Gewalt an. Aber ihr wißt, daß wir alle nur Pilger sind auf dieser Erde... Möge Gott euch vor jeder Unsicherheit beschützen und den Himmel über euch heiter erhalten. Vor dem Altar unseres Herrn möchte ich bezeugen, daß das bulgarische Volk, von seinen höchsten Vertretern bis zum einfachsten Bürger, meinem Amt Liebe und Achtung erwiesen hat und daß ihr die Achtung der Welt verdient. Was mich angeht, so habe ich sehr wenig für euch getan. Ich habe in mancher Hinsicht versagt und bitte euch, mir zu vergeben, wie gute Brüder einander verzeihen. Ich bin ein Mensch wie ihr...

Und ihr, meine geliebten Brüder, vergeßt mich nicht, denn ich bleibe immer, auch jenseits von Wind und Meer, der glühende Freund Bulgariens. Im katholischen Irland gibt es den Brauch, daß am Weihnachtsabend jede Familie eine brennende Kerze ans Fenster stellt, damit, wenn der Heilige Josef und die Jungfrau Maria vorbeikommen sollten, sie sehen können, daß drinnen, um Feuer und Tisch versammelt und von der Gnade Gottes gesegnet, eine Familie auf sie wartet. So soll es auch bei mir sein: wo immer ich auch sein mag auf dieser weiten Welt, wenn ein Bulgare, fern von seiner Heimat, an meinem Haus vorüberkommt, er wird die Kerze des Willkommens in meinem Fenster brennen sehen. Er braucht nur an meine Tür zu klopfen, und sie wird ihm geöffnet werden, sei er nun Katholik oder Orthodoxer. Und drinnen, meine bulgarischen Brüder, werdet ihr aufs wärmste und herzlichste empfangen werden..."

Nach dem Beginn des neuen Jahres verließ er Sofia und nahm den Nachtzug nach Istanbul. Vor einem Jahrzehnt war er allein und unbeachtet in Sofia angekommen, aber sein Abschied war von einer spontanen Flut guter Wünsche und der offiziellen Wertschätzung der orthodoxen Kirche und der bulgarischen Regierung begleitet. Die Zeitungen rühmten ihn. Die Katholiken beklagten seine Abreise. Der König und die Königin luden ihn zu einem kleinen privaten Essen ein, bei dem Giovanna weinte und Boris ihn mit dem höchsten bulgarischen Orden auszeichnete. Nichts von alledem, die Ehrenerweise, das echte Bedauern über seinen Weggang, war nur förmliche Anerkennung und Danksagung für die Kirchen, die er gebaut, und jene, die er wiederaufgebaut hatte, oder für die materielle Hilfe, die er der armen und geschlagenen Bevölkerung des Landes gebracht hatte. Für Angelo Roncalli, die große Seele, den guten Menschen, der jeden wie einen Bruder behandelte, war es ein Testament.

Am Tag seiner Abreise, dem 4. Januar 1935, schneite es, und der Abend war bitterkalt. Aber das hielt weder die einfachen Menschen ab, die sich auf dem Bahnsteig in dichten Reihen drängten, noch die Würdenträger, die gekommen waren, um ihm „gute Reise" zu wünschen, unter ihnen bärtige Prälaten, die den Exarchen Stefan vertraten, die persönlichen Emissäre des Königs, der Premierminister und das gesamte Diplomatische Corps. So bewegt war Roncalli, dessen Augen sich vor Ergriffenheit trübten, daß er beim Einsteigen stolperte und beinahe gefallen wäre, wenn nicht jemand hinzugesprungen wäre, um ihn zu stützen. „Lebt wohl, lebt wohl", rief er wieder und wieder, bis er, als der Zug sich in Bewegung setzte, vor Rührung kein Wort mehr herausbrachte.

In Bulgarien, wo der Zauber seiner Persönlichkeit geheimnisvoll weiterwirkt, erinnert man sich seiner bis auf den heutigen Tag. Kardinal Egidio Vagnozzi, der acht Jahre nach Roncallis Abreise in Sofia war, erinnert sich, daß er ständig nach Neuigkeiten über „den Monsignore" gefragt wurde. Ein Ladenbesitzer, der Vagnozzis geistliches Gewand erkannte, winkte ihm zu und lief auf die Straße, um ihm beim Arm zu fassen. „Sagen Sie mir, Hochwürden", bat er dringend, „wo ist unser Monsignore – Sie wissen, der rundliche?"

Und Robert Kaiser, der damals Korrespondent des *Time* in Rom war, berichtet, daß Papst Johannes während der Olympischen Spiele 1960 in Rom einen bulgarischen General erblickte, den er während seiner Jahre in Bulgarien gekannt hatte. Er ließ den General fragen, ob er ihn nicht am Abend besuchen wolle, was letzteren sehr überraschte, denn Bulgarien wurde inzwischen kommunistisch regiert. Aber der Papst wollte offensichtlich nur Erinnerungen austauschen, und die Unterhaltung über alte Zeiten und alte Bekannte dauerte bis spät in die Nacht. „Wenigstens stellte er mir keine heiklen Fragen“, erzählte der General seinen skeptischen Kollegen. „Er sagte nur, er liebe Bulgarien sehr.“ Doch nicht lange nach den Olympischen Spielen, als der General nach Sofia zurückgekehrt war, wurde bekannt, daß ein katholischer Bischof und ein Dutzend Priester, die lange vom kommunistischen Regime gefangengehalten wurden, in aller Stille freigelassen worden waren.

Bischof in Byzanz

Nachdem er Sofia im Triumph verlassen hatte, reiste Roncalli 560 km weit, um am nächsten Morgen als unbekannter und unerwünschter Fremder in Istanbul anzukommen. Er hatte keine diplomatische Stellung bei der türkischen Regierung und benötigte für sein Kommen ein Visum und für sein Bleiben eine Aufenthaltsgenehmigung. Ein einziger Sekretär der Delegatur empfing ihn auf dem Bahnhof, eilig und diskret fuhren sie in einem Taxi zur Apostolischen Residenz.

Das alte Haus, das Roncalli von früheren Besuchen kannte, war voll staubiger Zimmer und abgenutzter Möbel. Aber er hielt sich nicht lange damit auf, seine Umgebung zu betrachten, sondern begab sich, in genauer Einhaltung der Vorschriften, sofort zum Gouverneur der Stadt, um sich vorzustellen, und dann zum Polizeipräsidium, um sich anzumelden.

Es war mehr eine Formalität als eine diskriminierende Maßnahme. Obwohl man die Katholiken als uninteressante Minderheit betrachtete, wurden sie weder besser noch schlechter behandelt als die siebzehn Millionen Moslems und die einhunderttausend orthodoxen Gläubigen des Landes. Die Türkei war dabei, sich unter großen Anstrengungen von einem orientalischen Sultanat in eine moderne westliche Republik umzuwandeln, und Atatürk hatte verfügt, daß jede Religionsausübung als ein veraltetes Hindernis zu gelten habe. Der Islam war als Staatsreligion abgeschafft worden, und die Privilegien, die man herkömmlicherweise den anderen Religionsgemeinschaften gewährt hatte, wurden kurzerhand zurückgezogen. Statt dessen legte man ihnen eine Reihe lästiger Einschränkungen auf, deren eine im Juni in Kraft treten sollte und das Tragen geistlicher Kleidung verbot. Roncalli bemerkte, „daß die armen Nonnen in meiner Umgebung sehr beunruhigt darüber sind“, aber für ihn war das nicht der Rede wert.

Er war mit der verworrenen Geschichte türkischer Vergangenheit vertraut, er kannte die Ausschreitungen der Sultane und Kalifen, und sein Einblick in die Geschichte des Landes sagte ihm, daß eine übersteigerte Reaktion darauf unvermeidlich war. Seit der Zeit, da Kaiser Konstantin das alte Rom den Päpsten überlassen und an den Ufern des Bosporus die herrliche Stadt Konstantinopel erbaut hatte, war dieser Teil des byzantinischen und später des ottomanischen Kaiserreichs, den wir heute die Türkei nennen, die Brücke zwischen Europa und Asien gewesen und auch das Schlachtfeld für sich befehdende Dynastien. Selbst als sich prachtvolle Moscheen und schimmernde Minarette am Goldenen Horn erhoben, als Kaiser und Sultane ihre Herrschaft über Osteuropa, Persien und Arabien ausdehnten, blieb die Türkei ein mittelalterlicher Staat, korrupt, despotisch und im Verfall begriffen. Seit hundert Jahren bekannt als „der kranke Mann am Bosporus“, weigerte sie sich dennoch zu sterben.

Das zwanzigste Jahrhundert endete in einer Ära schlimmsten Unbehagens. Unter Sultan Mohammed V. kämpfte die Türkei gegen Bulgarien und Italien und wurde besiegt, und als Verbündeter Deutschlands im Ersten Weltkrieg, war sie wieder in eine Niederlage hineingeschlittert und gezwungen, fast alles abzutreten, was ihr von ihrem europäischen Herrschaftsgebiet geblieben war. 1919 griffen die Griechen Kleinasien an, weil sie in der damaligen Unordnung des Ottomanischen Reiches eine Chance sahen, die griechische Herrschaft auf Kosten des Erbfeindes wiederaufzurichten. Fast hätten sie Erfolg gehabt – der neue Sultan Mohammed VI. hatte in der Tat den demütigenden Bedingungen bereits zugestimmt –, wäre nicht Mustapha Kemal und seine Jungtürken gewesen. Schleunigst brachte er in Ankara, wo er eine provisorische Regierung gebildet hatte, ein Heer auf die Beine, drängte die Griechen zurück und trieb sie 1922 aus der ganzen Türkei hinaus. Als der Sultan mit seinen Frauen, Konkubinen und Sklaven floh, endeten sieben Jahrhunderte ottomanischer Herrschaft, und Kemal Atatürk wurde Präsident der neuen Republik.

In den fünzehn Lebensjahren, die ihm noch verblieben, veränderte Atatürk das Gesicht der Türkei, indem er sie aus dem rückständigen, zähen Morast herauszerrte, in dem die Bevölkerung ohne Hoffnung auf Änderung seit dem Mittelalter gelebt hatte. Er regierte mit diktatorischer Grausamkeit, ein tapferer, unberechenbarer, dem Trunke zugetaner Tyrann, der entschlossen war, die verrotteten Überbleibsel der

Jahrhunderte durch herrscherlichen Befehl hinwegzufegen. Er gab die dekadente Hauptstadt Konstantinopel, mit ihren traditionellen Bindungen an das messianische Moslemreich, auf und erbaute im Innern des Landes, weit weg von dem verderblichen Einfluß der europäischen Mächte, eine neue: Ankara. Kein Überrest der unrühmlichen Vergangenheit entging seiner Aufmerksamkeit. Die Vielweiberei wurde abgeschafft, der Gregorianische Kalender wurde übernommen, und neue Zivil- und Strafgesetzbücher nach westlichem Muster wurden eingeführt. Die arabischen Schriftzeichen wurden durch das lateinische Alphabet ersetzt, eine Maßnahme, die die monumentale Aufgabe, eine Bevölkerung zu erziehen, die zu 85 Prozent des Lesens und Schreibens unkundig war, wesentlich erleichterte. Jeder Türke war verpflichtet, einen Familiennamen anzunehmen, so wie der Präsident selbst es getan hatte: Atatürk (Vater Türke).

Aber keine der Neuerungen, die von den Jungtürken verfügt wurden, waren revolutionärer als jene, die darauf gerichtet waren, den Einfluß des Islams abzuwürgen, der einst ein untrennbarer Bestandteil des Ottomanischen Reiches gewesen war. Religion war unvereinbar mit der modernen Nation, die Atatürk ins Auge gefaßt hatte. Im Jahre 1924 verbannte er den Kalifen, und vier Jahre später schaffte er den Islam als Staatsreligion ab. Der christlichen Minderheit war er nicht weniger feindlich gesinnt, hatte doch ihre Existenz im Laufe der Geschichte den europäischen Mächten als Vorwand gedient, sich in die türkischen Angelegenheiten einzumischen. Katholiken und Orthodoxe, die früher ihrem Glauben ungehindert nachgehen konnten, sahen sich von offiziellem Argwohn bespitzelt. Es war ihnen verboten, Andersgläubige zu bekehren; Sakramente, die, wie z. B. die kirchliche Trauung, im Widerspruch zu den Gesetzen des Staates standen, wurden eingeschränkt; ihr ganzes öffentliches Leben wurde von der neuen Bürokratie so sehr gegängelt, daß es ihnen unmöglich war, eigene Schulen zu unterhalten.

In diese explosive Atmosphäre kam der neue Apostolische Delegat, der sich sofort bemühte, sie mit seinem angeborenen guten Willen und seiner *bonhomie* zu entschärfen. Sonntag, den 6. Januar, einen Tag nach Roncallis Ankunft in Istanbul, war das Fest der Heiligen Drei Könige. Obgleich es an diesem Tag in Strömen regnete, war es eine günstige Zeit, sein neues Amt zu beginnen, denn das Dreikönigsfest, das an Christi Erscheinung vor den Heiden erinnert, wird im Nahen Osten feierlicher begangen als das Weihnachtsfest. Ein Archivar erinnert sich an den Einzug des Erzbischofs in die Heilig-Geist-Kathedrale: „Wenn auch die Sonne nicht schien, so wurde das reichlich wettgemacht durch das Gesicht des Helden dieses Familienfesttages, das vor Freundlichkeit strahlte. Nachdem Mgr. Roncalli am Samstagmorgen incognito von Sofia eingetroffen war, wurde er am Morgen des Epiphaniefestes in der Kathedrale von der Geistlichkeit und den Gläubigen begrüßt. Das päpstliche Schreiben, das ihn in seine Pflichten einsetzte, wurde vorgelesen. Dann trat der versammelte Klerus heran, um als Zeichen des Gehorsams seinen Hirtenring zu küssen."

In seiner Ansprache sprach Roncalli freimütig von seiner Liebe zum bulgarischen Volk, das er gerade verlassen hatte. „Aber jetzt öffnet sich mein Herz wie Arme und lehnt sich an Euch, die Ihr meine neue geistliche Familie bilden sollt ... Ihr wißt sehr wohl, und alle Welt weiß es, daß ich nicht hierhin geschickt worden bin, um mich mit Politik zu befassen oder materielle Interessen wahrzunehmen; meine Funktionen sind absolut und ausschließlich religiöser Art. Und an diese Grundlage will und muß ich mich halten, koste es, was es wolle." Aber er versäumte nicht, seine Vorgänger zu loben, die manchmal in Ungnade gefallen waren, weil sie für weltliche Ziele gekämpft hatten.

Von den achtzehn Millionen Menschen, die damals die türkische Nation bildeten, waren etwa zwanzigtausend Katholiken, von denen die Hälfte in Istanbul lebte. Für sie war Roncalli nicht Diplomat, sondern Seelsorger, denn als Haupt des apostolischen Vikariats der Stadt war er der Bischof der Gemeinde und hatte als solcher eine Fülle von geistlichen Aufgaben zu bewältigen. Der Rest der Katholiken war über das ganze Land zerstreut: eintausend in Smyrna, zweihundert in dem ausgedehnten Missionsgebiet von Trapezunt, fünfundvierzig in Tarsus, fünfzig Familien in Adana, die von zwei Jesuiten betreut wurden. Als Stellvertreter des Papstes wollte Roncalli sie alle besuchen. Er hatte noch einen weiteren Auftrag, der aber in seinem Beglaubigungsschreiben nirgendwo erwähnt war: er sollte mit dem Patriarchen von Konstantinopel, Benjamin I., dessen „ehrenvoller Primat" ihn mit dem höchsten kirchlichen Rang in der orthodoxen Welt bekleidete, eine Art Kontakt aufnehmen.

Inzwischen richtete er sich in seinem Wohnsitz ein. Bald waren

Anstreicher und Zimmerleute im ganzen Haus tätig und, wie er Ancilla und Maria schrieb: „Mit der Zeit werde ich nahezu alle Zimmer herrichten lassen, wobei ich jedesmal wenig, aber mit Überlegung ausgebe. So wird sich der Heilige Stuhl nicht beklagen und gerne bezahlen." Er fügte hinzu, daß er es gern sähe, wenn sie ihn bald besuchen kämen, und daß er vorhabe, in seinem Garten einige Hühner zu halten, um immer frische Eier zu haben. Seinen Eltern schickte er 500 Lire, „die ich ganz unten im Geldbeutel versteckt fand".

Da der Delegatur kein Auto zur Verfügung stand, ging er gewöhnlich zu Fuß in der Stadt umher, oder er benutzte den Bus. Seine Stellung wurde natürlich von der Regierung nicht anerkannt; wie jeder andere Prälat in der Türkei war er in jenen Jahren nur geduldet, aber er war so glücklich, wie er es lange nicht mehr gewesen war. Seelsorgerische Aufgaben, nach denen er sich immer gesehnt hatte, füllten seine Stunden und sein Herz. In der ersten Zeit fühlte er sich wirklich als Bischof, denn jetzt hatte er endlich eine Diözese. Und wenn sie auch nicht sehr groß war, so widmete er sich ihr dennoch mit liebevoller Sorgfalt, und selten fand eine Taufe, eine Hochzeit oder eine Beerdigung statt, die nicht in Gegenwart des Erzbischofs vorgenommen wurde.

Sein Haushalt bestand damals aus Giacomo Testa, seinem persönlichen Sekretär, Mgr. Della Tolla, einem Domherrn aus Istanbul, und Luigi Bresciani, einem jungen Bergamasken, der Roncallis ergebener Gefährte Freitag geworden war. Im Anfang war der Sekretär der Legatur, Mgr. Angelo Dell'Acqua, der Generalvikar, der diese Stellung unter Monsignore Margotti innehatte und einer der treuesten Helfer des Papstes Johannes werden sollte. Als Dell'Acqua zu gegebener Zeit nach Rom zurückgerufen wurde, nutzte Roncalli die Gelegenheit, um eine schmerzliche Entscheidung seines Vorgängers wieder rückgängig zu machen.

Es gab dort einen alten Hilfsgeistlichen der Kathedrale mit Namen Collaro, der einmal Generalvikar gewesen war. Eine fromme Seele. Nach Ansicht Margottis machten Collaros intensive Beschäftigung mit seinen seelsorgerischen Aufgaben und die langen Stunden, die er im Beichtstuhl verbrachte, ihn für die administrative Tätigkeit eines Generalvikars ungeeignet, und so ersetzte er ihn bei Gelegenheit durch den energischen jungen Dell'Acqua. Roncalli, dessen Geduld grenzenlos war und der lieber selber litt, als andere leiden zu machen, sah die Sache anders. Collaro, so überlegte er, war ein guter und sanftmütiger Diener der Kirche, dessen eingehende Kenntnis der Diözese über seine Mängel als Verwalter hinwegsehen ließ. Im Juli, sobald Dell'Acqua abgereist war, übertrug der Erzbischof das Amt des Generalvikars wieder dem dankbaren Collaro.

Am 13. Juni wurde der Erlaß, der die geistliche Tracht in der Öffentlichkeit verbot, rechtskräftig, und Roncalli, der dazu bemerkte: „Schließlich bedeutet es weder Gefängnis noch Tod", sah darauf, daß die Mitglieder der Delegatur sich danach richteten. Seine Haltung scheint einmalig gewesen zu sein: es wurde berichtet, daß der orthodoxe Patriarch Benjamin I. gedroht habe, sich für den Rest seines Lebens einzuschließen – eine Drohung, die er nie wahrgemacht hat –, und daß der französische Gesandte auf Drängen der Ordensgesellschaft einen heftigen Protest eingelegt habe. Die Regierung antwortete, sie sei jetzt Herr im eigenen Haus. Vorbei waren die Tage, als eine fremde Macht nur eine Flotte in die Dardanellen zu schicken brauchte, um der Türkei ihren Willen aufzuzwingen. Tatsächlich bildete Roncalli, als Haupt einer religiösen Körperschaft, die Ausnahme der Regel, denn er hielt es für wichtiger, ein Beispiel zu geben. „Wenn Christus in Rom ein Römer ist", sagte er, „so laßt ihn in der Türkei ein Türke sein."

Dell'Acqua, der in wenigen Wochen zurückberufen werden sollte, sah keinen Grund, sich Zivilkleider zu bestellen, die er später nie wieder tragen würde. Er werde vorzeitig abreisen, sagte er. Aber Roncalli wollte davon nichts wissen: Der Geist des Gesetzes muß ebenso erfüllt werden wie der Buchstabe. Ein Schneider wurde bestellt, Roncalli selbst suchte den Stoff und die Farbe für Dell'Acquas Kleidung und für die der übrigen Mitglieder der Delegatur aus, und er zeigte ihnen sogar, wie sie ihre Krawatten binden müßten. „Ich habe es als Soldat gelernt", erklärte er.

Dann zogen sie alle feierlich zur Sankt-Antonius-Kirche, um dort die übrige katholische Geistlichkeit zu treffen und aus der erzwungenen Übergabe ihrer Soutanen eine Art stummes Gottesopfer zu machen. In der Haltung der älteren Priester lag eine gewisse Traurigkeit und in den Augen der zuschauenden Gemeinde etwas wie Verlegenheit. Roncalli aber schien heiter wie immer: Kein unverbrüchlicher Grundsatz war in Frage gestellt, und da es keine andere

Wahl gab, als dem Gesetz zu gehorchen, tat man es am besten mit einem Lächeln.

Hinterher wurden ein paar Fotos gemacht. Roncalli sieht darauf sehr stattlich und ein wenig selbstbewußt aus in seinem dunklen Straßenanzug und der Melone, fast wie ein mailändischer Bankbeamter auf der Hochzeit der Tochter seines Direktors. Er schickte die Fotos nach Sotto il Monte: „Ihr werdet Euren Sohn, den Bischof, darauf erkennen in der Kleidung, wie sie das neue Gesetz erfordert!" Später sagte er einmal: „Ich habe zehn Jahre lang wie ein halber Zivilist gelebt und jedesmal die Kleidung gewechselt, wenn ich die Kirche betrat oder verließ."

Aber gerade diese versöhnliche Haltung war es, die die Regierung schließlich davon überzeugte, daß der Vatikan und sein Delegat sich darauf eingerichtet hatten, auch unter veränderten Verhältnissen zu bleiben. Anders als Margotti, der ständig auf diplomatische Kontakte gedrängt hatte, hatte Roncalli nicht einmal das offizielle Schreiben übersandt, das seine Ankunft ankündigte. „Völlig überflüssig", sagte er zu seinen Mitarbeitern. „Es soll hier und jetzt klar zum Ausdruck kommen, daß der Apostolische Delegat in diesem Land ein Vertreter ohne diplomatischen Rang ist." Eine solche Geste, es war eine von vielen, erlaubte ihm, sich als Pastor seiner Gemeinde freier zu bewegen. Roncalli schätzte die gefährliche Lage der Christen in der Türkei richtig ein, und er war entschlossen, ihre völlige Vernichtung nicht dadurch heraufzubeschwören, daß er eine halsstarrige Opposition gegen die Regierung betrieb.

Seine Strategie zielte darauf ab, seine Herde davon zu überzeugen, daß trotz scheinbaren Widerspruchs ein guter Katholik auch ein guter Türke sein konnte, und sein taktisches Vorgehen war das gleiche, das er auch in Bulgarien angewandt hatte. Er ordnete an, daß bestimmte amtliche Dokumente in türkisch abgefaßt wurden, und er selbst machte sich daran, eine hinreichende Sprechfertigkeit der Landessprache zu erwerben. Danach führte er sie in die Liturgie ein, indem er in jeder Kirchenbank Blätter verteilen ließ, und so konnten die Gläubigen die Gebete in türkisch verrichten statt in französisch oder italienisch, wie sie es bisher gewöhnt waren. Auch Teile der Heiligen Schrift wurden in türkischer Sprache vorgelesen, desgleichen Roncallis Predigten.

Der gute Eindruck, den all dies auf das türkische Volk machte, sollte von bleibender Wirkung sein. Schon bald, nachdem Roncalli 1958 zum Papst gewählt worden war, suchte die türkische Regierung um regelmäßige und dauernde diplomatische Beziehungen zum Heiligen Stuhl nach.

Sobald die Apostolische Residenz nach seinem Geschmack erneuert worden war, schrieb Roncalli an Ancilla und Maria: „Ich meine, es ist an der Zeit, daß Ihr wie gewöhnlich zu mir kommt und eine Weile bleibt." Die Schwestern hatten ihren Eltern über einen neuen bitteren Winter hinweggeholfen, der Haushalt verlief ruhig, und so machten sie sich Mitte Mai auf den Weg und nahmen in Venedig den Dampfer nach Istanbul. Aber dieser Besuch sollte nicht lange dauern. Im Juli wurde ihr Vater ernstlich krank, und sie kehrten unverzüglich nach Sotto il Monte zurück. Roncalli, der vorübergehend ohne Sekretär war und seinen Posten unmöglich verlassen konnte, wartete inbrünstig auf weitere Nachricht. Als Luigi am Morgen des 29. Juli ein Telegramm in sein Arbeitszimmer brachte, wußte er sofort, was es bedeutete. Giovanni Battista Roncalli, 84 Jahre alt, war tot. Er hinterließ seinen Kindern keine Erbschaft, aber das Beispiel seines eigenen Lebens: sieben Jahrzehnte harter Arbeit, ohne zu klagen, und stets bereit, den Willen Gottes zu erfüllen.

Roncalli schmerzte es doppelt. Er wußte, daß sein Vater ein langes und fruchtbares Leben hinter sich hatte, aber er kannte auch den bäuerlichen Stolz des alten Mannes auf die Stellung, die sein ältester Sohn in der Kirche einnahm. Daß Roncalli nicht persönlich anwesend sein konnte, um seine letzten Augenblicke mit ihm zu teilen, daß er ihm nicht selbst den Trost der Sterbesakramente spenden konnte, hinterließ eine tiefe Wunde bei ihm. Er telegraphierte an seine Familie: „Ich traure mit Euch", und noch am gleichen Tag versuchte er, den Schmerz seiner Mutter, und vielleicht auch seinen eigenen, durch einen langen Brief zu lindern, in dem er darauf hinwies, wie sehr man den Tod eines kleinen Bauern in einem entlegenen italienischen Dorf in Rom und Istanbul beachten werde:

„Der Herr hat also gewollt, daß unser Opfer vollständig sei... Ich wollte, daß besonders Ihr, unsere liebe Mutter, aus meinen Worten Trost schöpfet. Was wollt Ihr? Es ist das Gesetz der Natur, das Gesetz des Leidens. Seht, Eure Kinder sind um Euch, um Euch zu trösten, um Euch beizustehen. Mein Haus in Camaitino steht Euch ganz zur Verfügung. Geht dorthin mit den Schwestern! Ihr wißt, daß Euer bischöflicher Sohn nicht reich ist. Doch wird er eher sein Kreuz verkaufen, als daß er es Euch an etwas fehlen ließe in Euren Wünschen oder Bedürfnissen ..."

Schließlich konnte er Anfang September nach Hause kommen, um am Grab seines Vaters zu beten und seine Mutter zu besuchen, die sich mit Ancilla und Maria in Camaitino niedergelassen hatte. Er trug sich mit dem Gedanken, sie zu einem Besuch nach Istanbul kommen zu lassen, doch war es zu gefährlich, sie in so hohem Alter aus ihrer vertrauten Umgebung herauszulösen.

Nachdem er nach Istanbul zurückgekehrt war, begann sie sich öfter über die Übel ihres fortschreitenden Alters zu beklagen, und in einem Brief gab sie sogar der Befürchtung Ausdruck, sie würde ihn wahrscheinlich nie wiedersehen. Roncalli versicherte ihr, daß dem nicht so sei, dann schalt er sie sanft mit einem jener kernigen Aphorismen, die eines Tages die nüchterne Sprache des Vatikans beleben sollten: „Gegen ein hohes Alter kann man nichts machen, aber man kann versuchen, möglichst lange alt zu sein."

Während dieser Jahre, da er von Sotto il Monte weiter entfernt war denn je, blieb er stets in enger Verbindung mit seinem Heimatort. Er fragte immer nach Neuigkeiten, wenn er an den Ortspfarrer schrieb, und erinnerte sich, wie er einmal sagte, an „das ganze grüne Hügelland, das im Frühling voller Blütenduft war und im Sommer reich an Gaben".

Als sein jüngster Bruder, Giuseppe, Vater von Zwillingen wurde, schrieb er ihm voll Freude:

„Der Herr segnet die Kochtöpfe, wenn sie groß sind. Zweifle nicht am Segen des Herrn und an seiner Vorsehung ... Unser lieber Vater hatte recht, als er zu mir ins Seminar mit der Nachricht kam, daß wieder ein kleiner Roncalli in der Colombera eingetroffen sei, und es handelte sich gerade um Dich: ‚Der Herr ist groß, und er ist gütig. Um uns herum sind die Wälder, über uns die schöne Sonne und in uns die Gnade Gottes. Das genügt.'"

Und wie immer fuhr er fort, persönlich die Verantwortung dafür zu übernehmen, daß die Vorsehung des Herrn alle jene erreichte, die in Not waren. So schickte er Giovanni, der in bedrängter Lage war,

Geld, und desgleichen Alfredo, als er krank wurde, und Anfang 1936 übernahm er eine gestundete Schuldverschreibung in Höhe von Lire 30000, um die Familie vom Druck der angesammelten Schulden zu befreien. Einmal, entmutigt durch die zermürbende Last, schrieb er an Giuseppe:

„Nun aber erdrückt mich dies alles, und ich werde davon nicht vor meinem Tod befreit werden, wenn dieser bald kommt, oder nach etlichen Jahren, wenn ich sowohl den Ertrag der Versicherung einlösen wie auch mich von jeder Verpflichtung gegenüber der Bank befreien kann." Aber nachdem er einige Zeilen mehr geschrieben hatte, fand er seine angeborene gute Laune wieder:

„Inzwischen nur immer Mut, mein lieber Giuseppino! Wir machen traurige Zeiten durch, auf die wir nicht gefaßt waren. Doch als wir klein waren, ging es da vielleicht besser? Preisen wir Gott im Wohlstand und im Elend!... Bete immer für mich!"

Inzwischen arbeitete er weiter, zufrieden, aber ganz in Anspruch genommen von den Anforderungen seiner neuen Mission. Im Herbst 1936 hielt er in Ranica, einem Dorf bei Bergamo, Exerzitien. Es war dasselbe Dorf, in dem er und Radini-Tedeschi vor siebenundzwanzig Jahren den streikenden Hüttenarbeitern zu Hilfe gekommen waren. Jetzt, im Landhaus der Töchter des Heiligsten Herzens Jesu, war seine Welt voll Frieden und Ruhe, und er trug in sein Tagebuch einige Gedanken über seine tägliche Arbeit und seine Pflichten ein:

„In meinem neuen Amt in der Türkei bin ich trotz vieler Schwierigkeiten zufrieden. Ich muß meine Tage und meine Nächte besser einteilen. Es ist nicht gut, nie vor Mitternacht zu Bett zu gehen. Besonders die Zeit nach dem Abendessen hat eine Reform nötig. Man verliert zuviel Zeit mit dem Radio, und das bringt alles durcheinander...

Mein Gesundheitszustand zwingt mich, eine gewisse Diät einzuhalten. Auch mittags werde ich weniger essen, wie bisher schon abends. Ich soll alle Tage einen Spaziergang machen. Herr, dies bedrückt mich und erscheint mir als Zeitverschwendung. Wenn jedoch alle darauf bestehen, ist es wohl notwendig, daß ich es auch tue...

Es kommt mir vor, als wäre ich von allem losgelöst, auch von jedem Gedanken des Weiterkommens... Daß aber ein so großer Unterschied möglich ist zwischen meiner Beurteilung der Situation hier und der

Art und Weise, wie Rom dieselben Dinge einschätzt, das schmerzt mich; es ist dies mein einziges wirkliches Kreuz...

Ich werde mich mit noch mehr Sorgfalt und Ausdauer dem Studium der türkischen Sprache widmen. Ich fühle, daß ich das türkische Volk liebe, zu dem mich der Herr geschickt hat. Das ist meine Pflicht."

Das Kreuz, das er trug, das Gefühl, daß bestimmte Obere seine Arbeit für unbedeutend hielten, weil sie keine spektakulären Erfolge zeitigte, brachte ihn nicht vom Weg des Evangeliums ab und hin zu dem, was er „die Fallstricke der menschlichen Politik" nannte. Er war unter Umständen nach Istanbul gekommen, die nicht günstig waren, und sagte: „Jeder weiß, und der Vatikan besser als die meisten, daß diese Verhältnisse nicht von mir abhängig sind, und niemand erwartet von mir, daß ich eine Änderung herbeiführe. Es ist am besten, so unauffällig wie möglich in meiner Arbeit fortzufahren."

Gegen Jahresende 1936, in seinem fünfundfünfzigsten Lebensjahr, erkrankte er an einer Magenstörung, die einen kleinen Bruch hervorrief. Er versprach der Familie, sich der erforderlichen Operation zu unterziehen, „sobald ich eine Gelegenheit habe". Es kam nie dazu. Statt dessen legte er sich eine noch strengere Diät auf: „Kein Fleisch, wenig und leichten Wein, viel Gemüse und Obst. Ich werde ein wenig magerer nach Hause zurückkehren, aber in allem besser. Es ist seltsam, was man mir hier am meisten zu essen empfiehlt, ist Joghurt. Versteht Ihr? Man muß wieder wie die Kinder werden und wie die Armen essen."

Obgleich Roncalli auch zum Apostolischen Delegaten für Griechenland ernannt worden war, war es durchaus nicht sicher, daß er dieses rückständige Land je betreten würde. Als Monsignore Margotti vor drei Jahren auf diesen Posten berufen worden war, hatte man von einem solchen diplomatischen Import zuviel Aufhebens gemacht, und es war vorauszusehen, daß sich das griechische Außenministerium beleidigt fühlte und ihm ein Visum verweigerte. Solche Besuche, wie sie Margotti dann später den Katholiken Griechenlands abstatten sollte, waren selten und mit allerlei Schwierigkeiten verbunden.

Angesichts dieser unerfreulichen Aussichten, vermied es Roncalli sehr sorgfältig, in die gleiche Falle zu gehen wie sein Vorgänger. Bei einem Besuch, den er dem griechischen Konsul in Istanbul kurz nach seiner Ankunft machte, stellte er einen förmlichen Antrag auf ein

Visum und erklärte, er benötige es, um die religiösen Nöte der katholischen Bevölkerung kennenzulernen. Er vermied es peinlichst, auf irgendwelchen diplomatischen Privilegien zu bestehen. Dann ging er nach Hause und wartete auf Antwort. Sie kam innerhalb einer Woche: er erhielt ein auf acht Tage befristetes Visum mit der Auflage, nicht in amtlicher Eigenschaft zu reisen, sondern nur als Tourist.

Er fuhr sofort nach Athen und betrat eine völlig andere Welt. Wenn die Türkei ein Land in Aufruhr war, so war sie doch voller Energie und Zielstrebigkeit, ein altes Land, das sich in eine kräftige junge Nation umgestaltete. Aber das Griechenland, das Roncalli im Mai 1935 besuchte, war von Revolution bedroht. Zerrissen von der Linken wie von der Rechten, schien es dem Untergang geweiht.

Mehr als ein Jahrhundert vorher hatte die ganze Welt dem griechischen Freiheitskampf zugejubelt, der die Fesseln der Ottomanen zerbrechen sollte. Präsident James Monroe hatte sich für die Griechen öffentlich eingesetzt, und Lord Byron war für ihre Sache gestorben. Aber bald wandte die Welt ihre Aufmerksamkeit anderen Dingen zu, und in den nächsten hundert Jahren mußte Griechenland, eine arme und von innen erschütterte Nation, eine Reihe unglücklicher Kriege im östlichen Mittelmeer führen. 1924 war die Monarchie König Georgs II. abgesetzt und durch eine Republik abgelöst worden, die von Streiks heimgesucht wurde. Als Roncalli sie besuchte, waren ihre Tage bereits gezählt. Im November 1935 rief man den vertriebenen Georg wieder auf den Thron zurück. Wenige Monate später löste er das Parlament auf und stattete den Oberbefehlshaber des Heeres, General Joannes Metaxas, mit diktatorischen Vollmachten aus.

Außer den Regierungserlassen, die jede Phase des nationalen Lebens beeinflußten, waren Gesetze in Vorbereitung, die es den Katholiken unmöglich machten, Missionsarbeit durchzuführen oder eine Mischehe zu schließen, die nicht in einer orthodoxen Kirche vollzogen wurde; katholische Bücher unterlagen der Zensur, ihr Absatz wurde begrenzt, und die Reisen katholischer Geistlicher wurden rigoros eingeschränkt. Die geistlichen Führer der griechischen Orthodoxie, die am meisten antirömisch gesinnten des Nahen Ostens, waren entschlossen, die katholische Minderheit des Landes, deren Liturgie ihrer eigenen nahe verwandt war, daran zu hindern, neue Konvertiten für Rom zu gewinnen. Und Metaxas, der konfessionelle Spaltungen verhindern wollte, die zu weiterer Unordnung beitragen könnten, folgte nur allzu gern dem Rat des orthodoxen Metropoliten, Papandreou Damaskinos.

Alles dies lag bereits in der Luft, als Roncalli seinen ersten Besuch in Griechenland machte. Und er erkannte sofort, daß man ihm besondere Aufmerksamkeit widmete: wohin immer er ging, jemand folgte ihm. Da er betont auf dem Boden des Gesetzes bleiben und seine Mission rein geistlich verstanden wissen wollte, erhob er keinen Einspruch dagegen. Einer der Bischöfe, die er besuchte, nahm jedoch Anstoß daran, und Roncalli mußte ihn zurückhalten: „Wenn man in Sachen Gottes umhergeht, kann man es sich erlauben, leise aufzutreten."

Seine Diskretion wurde belohnt. Man erlaubte ihm im August, und noch einmal im November, wiederum die Einreise, und im nächsten Jahr gewährte man ihm schließlich einen Diplomatenpaß, der es ihm erlaubte, nach Belieben zu kommen und zu gehen. Schließlich brachte er es fertig, die fünfzigtausend Katholiken Griechenlands, die in Gemeinden über das Festland und die Ägäischen Inseln zerstreut waren, allesamt zu besuchen. Er wurde auch von König Georg und von Metaxas empfangen und wurde im Außenministerium begrüßt. Das bewirkte zwar keinerlei Änderung im Wohlergehen der griechischen Katholiken, aber da Roncalli infolge dieses kleinen Zugeständnisses in der Lage war, ihre peinliche Situation bekannt zu machen, durfte er überzeugt sein, daß „auch hier der Wassertropfen schließlich den Sieg über den Stein davonträgt".

Wenn schon die Katholiken in ihren weit entlegenen Enklaven oft durch das unerwartete Erscheinen des Erzbischofs überrascht wurden, der gewöhnlich vor Anstrengung außer Atem war, denn es gab weder Autos noch eigentliche Straßen in dem abgelegenen felsigen Land, so waren die Mönche der tausendjährigen Klöster auf dem Berg Athos erst recht verblüfft. Katholische Besucher dieses Bollwerks der griechischen Orthodoxie, das jedem weiblichen Wesen, ob katholisch oder orthodox, ob Mensch oder Tier, den Zugang versperrte, waren ohnehin selten, daß gar der persönliche Legat des Papstes zu Pferd den Berg hinaufstapfte, war ein historisches Ereignis. Natürlich kam er in privater Eigenschaft, weil er sehr interessiert war an den herrlichen orthodoxen Bibliotheken und Kunstschätzen, an ihren religiösen Symbolen und Gebeten. Er blieb dort drei Tage, und als er den Berg wieder verließ, hatte er die Aufregung der Mönche über das plötzliche Auftauchen dieses Vertreters des Vatikans völlig zerstreut.

Der tief eingewurzelte griechische Argwohn allen Italienern gegenüber wurde in diesen Jahren durch das Säbelrasseln Mussolinis im östlichen Mittelmeer verstärkt. Doch Roncalli blieb bei seiner Arbeit, und mit der Zeit gelang es ihm, die schlimmsten der antikatholischen Maßnahmen zu mildern. Er erreichte sogar, daß Hierarchie und Regierung ihm erlaubten, in Athen eine Kathedrale für Katholiken des byzantinischen Ritus zu bauen. Dieses Projekt verwickelte ihn in langwierige Verhandlungen mit seinen Oberen und mit den Griechen und endete in einem Kompromiß. Schließlich wurde es dann doch möglich, als der Vatikan auf Roncallis Drängen einging und damit einverstanden war, das neue Gebäude auf den Fundamenten der alten byzantinischen Kathedrale zu errichten und es zum Sitz des byzantinischen Bischofs zu machen, der die Jurisdiktion über alle griechischen Katholiken, einschließlich der in der Türkei lebenden, ausüben sollte. „Die Hauptstadt Griechenlands, Athen, ist die Hauptstadt aller Hellenen", hieß es in der Ankündigung des Vatikans. Mit dieser großartigen Geste an das griechische Nationalgefühl war der Erfolg besiegelt – wie Roncalli es vorausgesagt hatte.

Seine Arbeit in der Türkei ging weiter. Er machte regelmäßig Besuche in der Hauptstadt Ankara und bei den entfernteren Gemeinden, wo einzelne Gruppen von Katholiken lebten. Sein besonderes Interesse galt der Aufrechterhaltung der wenigen katholischen Schulen, die trotz der widrigen Zeitströmung zu überleben versuchten. Einst zählten sie zu den besten Schulen in der Türkei; Atatürk selbst war in einer solchen Schule erzogen worden. Aber die Misere der weltweiten Wirtschaftskrise und der Druck der Regierung auf die religiösen Ordensgemeinschaften bedrohte die letzten dieser Bildungsanstalten in ihrer Existenz. Nur die ständige Wachsamkeit des Erzbischofs half ihnen durchzuhalten. Sein im stillen sich durchsetzender Einfluß trug entscheidend dazu bei, daß eines der größten Kunstdenkmäler der Türkei unversehrt blieb: die herrliche Kathedrale der Hagia Sophia (Heilige Weisheit) in Istanbul. Sie wurde im 6. Jahrhundert n. Chr. von Kaiser Justinian als eine katholische Kirche des byzantinischen Ritus erbaut, und ihre Erhaltung erforderte einst sechshundert vollbeschäftigte Arbeitskräfte. Nach der Eroberung Konstantinopels durch die Türken im Jahre 1453 wurde sie Moschee, und ihre gewaltige Kuppel und schlanken Minarette dienten unzähligen anderen islamischen Gotteshäusern als Vorbild. Jetzt, da die antireligiösen Jungtürken an der Macht waren, gab es Pläne, sie in ein weltliches Museum umzuwandeln.

Doch diese Pläne wurden nie ausgeführt. Irgendwie gelang es dem katholischen Erzbischof, die atheistischen Machthaber davon zu überzeugen, daß die historische und künstlerische Bedeutung der Hagia Sophia ihre Wiederherstellung als byzantinisches Heiligtum unumgänglich mache. Man begann unverzüglich mit den Restaurierungsarbeiten, und als man fünfhundert Jahre alte Schichten von Gips und Farbe entfernt hatte, kamen herrliche Mosaiken und Fresken der christlichen Zeit zum Vorschein. Damit wurde die türkische Nation zum stolzen Hüter eines der größten Kunstdenkmäler der Welt.

Im Jahre 1937 traf Roncalli zum erstenmal mit einem Minister der Regierung zusammen. In Beantwortung einiger Anfragen teilte man ihm mit, daß Numan Rifat Menemengioglu, ein Unterstaatssekretär des Außenministeriums, ihn in Ankara zu einem inoffiziellen Besuch empfangen werde. Es war zumindest eine Gelegenheit, um der türkischen Regierung seine Ansichten darzulegen, und Roncalli machte sich freudig auf die Reise zur Hauptstadt. Leone Algisi, der der Unterredung beiwohnte und darüber berichtete, war Zeuge des peinlich höflichen Meinungsaustausches zwischen den beiden Männern, die sich auf den ersten Blick gegenseitig schätzten, wobei der eine es vermied, auf seine diplomatische Anwesenheit zu pochen, und der andere nicht geneigt war, sie überhaupt anzuerkennen. Man tut gut daran, zwischen den Zeilen zu lesen:

Roncalli: Da ich in Ankara in einer Sache zu tun habe, die mit meinem Amt zusammenhängt, bin ich glücklich über die Möglichkeit, einem Vertreter der Türkei meine Hochachtung zu erweisen.

Menemengioglu: Und ich freue mich sehr, Sie persönlich kennenzulernen und Ihnen zu sagen, daß die türkische Regierung vor Ihnen und der großen und illustren Tradition, die Sie vertreten, den tiefsten Respekt hegt.

Roncalli: Ich danke Ihnen. Ich hoffe, daß die türkischen

Behörden bemerkt haben, daß wir Katholiken die Gesetze des Landes achten, selbst wenn sie manchmal etwas beschwerlich für uns sind. Die Kleidung, die ich trage, ist ein Beispiel dafür.

Menemengioglu: Natürlich, aber wir möchten doch mit großem Respekt darauf hinweisen, daß wir Ihnen in Ihrer Amtsführung völlige Freiheit lassen, solange sie nicht im Widerstreit zu unseren Gesetzen steht. Noch darf sie den Eindruck erwecken, als unterhielten wir Beziehungen zu einer religiösen Macht, die, wenngleich sehr ehrwürdig, unserer Lebensweise fernsteht.

Roncalli: Ich verstehe. Das hindert aber jene „religiöse Macht“ nicht daran, sich über den Fortschritt in der Türkei zu freuen oder in Ihrer neuen Verfassung einige fundamentale Grundsätze des Christentums zu entdecken, obwohl wir natürlich mit ihrem antireligiösen Geist nicht übereinstimmen.

Menemengioglu: Ein weltlicher Staat ist unser Grundprinzip. Für uns ist er der Garant der Freiheit.

Roncalli: (lächelnd) Die Kirche wird darauf achten, nicht dagegen zu verstoßen. Aber ich bin von Natur optimistisch. Ich verweile lieber bei den Dingen, die wir gemeinsam haben, als bei jenen, die uns trennen. Da wir im Grundsätzlichen übereinstimmen, sollten wir auch in der Lage sein, wenigstens ein Stück des Weges gemeinsam zu gehen. Was den Rest anlangt, müssen wir Vertrauen haben...

Die beiden Männer wurden Freunde, und, wie der Zufall will, Roncalli wurde fast zur selben Zeit zum Nuntius in Frankreich ernannt, als Menemengioglu dort türkischer Botschafter wurde. Er sollte fast zwei Jahrzehnte lang eine Machtposition in türkischen Angelegenheiten einnehmen. Inzwischen schlossen sich an diese erste Unterhaltung weitere an, was für Roncalli ein sich weitender Kreis an zwanglosen Kontakten mit Regierungsvertretern bedeutete. Aber er suchte nicht um seine diplomatische Anerkennung nach, er hoffte nur, seine Gegenwart in der Türkei im Interesse des kleinen Häufleins türkischer

Katholiken spürbar zu machen. Es war eine mühselige, kräftezehrende Aufgabe ohne die Möglichkeit eines weithin sichtbaren Erfolges, wenn man von kleinen, beständigen Belohnungen absieht.

Am 10. November 1938 starb Kemal Atatürk im Alter von siebenundfünfzig Jahren in Ankara. Für sein Volk, das von den unerbittlichen Belastungen seines Amtes nichts wußte, noch von seiner Einsamkeit und dem Whisky, den er trank, um ihr zu entfliehen, war die Bekanntmachung seines Todes ein lähmender Schock. Roncalli machte es für die Delegatur und die Katholiken Istanbuls sofort zur Pflicht, sich der nationalen Trauer anzuschließen. Er war Atatürk nie persönlich begegnet, doch hatte es gewisse indirekte Beziehungen gegeben. So hatte sich der Präsident anerkennend geäußert, als Roncalli den Gebrauch der türkischen Sprache in den katholischen Kirchen des Landes förderte. Trotz der offiziellen Feindseligkeit der Regierung gegen jegliche Ausübung von Religion hatte Roncalli nie gezögert, seiner Bewunderung für die bemerkenswerten Anstrengungen des Präsidenten Ausdruck zu geben, mit denen er sein Land aus dem Schiffbruch des Ottomanischen Kaiserreichs rettete. Jetzt gab er klar und deutlich sein tiefes Mitgefühl mit einem Volk zu erkennen, das einen geliebten Führer verloren hatte, und das vergaß man nicht.

Der Nachfolger Atatürks war sein Premierminister Ismet Inönü, ein gläubiger Anhänger des Islams, der sich diesem, der Religion der meisten Türken, gegenüber etwas freundlicher erwies. In diesem wärmeren politischen Klima gelang es Roncalli, eine wichtige administrative Änderung zu erreichen, die auf sein langes Drängen hin endlich vom Heiligen Stuhl angeordnet wurde: im Jahre 1938 wurden die Katholiken in den Ländern des Ostens aus der Jurisdiktion der *Propaganda Fide* mit ihren missionarischen Folgerungen herausgenommen und unter der Kongregation für die Ostkirche reorganisiert. Lange vorher hatte Papst Benedikt XV. gesagt: „Die Kirche Christi ist weder römisch noch griechisch, noch slawisch. Sie ist katholisch, und alle ihre Kinder sind in ihren Augen gleich." Jetzt hatte Pius XI. jene Worte bekräftigt, indem er die Katholiken des östlichen Ritus aus der Abhängigkeit vom Westen heraushob.

Zur gleichen Zeit fuhr Roncalli in seinen Bemühungen fort, die rauhen Ecken zwischen den katholischen und orthodoxen Kirchen zu glätten. Dies war weniger ein Auftrag des Vatikans als ein Ausdruck seiner beständigen Liebe zur gesamten christlichen Brüderschaft und der Faszination, die die Geschichte und die Kultur der östlichen Kirchen auf ihn ausübten. Nichts freute ihn mehr, als auf der Schwelle eines entlegenen orthodoxen Klosters zu erscheinen, um den bärtigen Mönchen seine Aufwartung zu machen, die ihn stets mit einiger Überraschung empfingen, sich aber immer mit Hochachtung von ihm verabschiedeten. Er betete gern vor ihren Altären, studierte mit Vorliebe ihre Ikonen und plauderte über ihre Handschriften. Giacomo Testa, Roncallis Gehilfe in Sofia und Istanbul, erörterte dies kurz vor seinem Tode 1962 in einem längeren Brief an den Kirchenhistoriker Zsolt Aradi:

„Er nutzte jede Gelegenheit, um wenigstens die stofflichen Überreste der Orte wiederzusehen, die einst Mittelpunkt und Schauplatz der vergangenen Herrlichkeit gewesen waren. Und er war immer bereit, sich jenen zu nähern, die als die Nachfolger der großen alten Kirchenväter galten, auch wenn sie außerhalb der katholischen Familie standen. Es würde zu weit führen, die vielen Besuche aufzuzählen, die er den Ruinen der großen Städte, die einst Sitz von Konzilien waren, und den kulturellen Zentren der griechisch-byzantinischen Welt abstattete...

Vor allem sollten das Volk und die amtlichen Stellen spüren, daß er als Diplomat des Heiligen Stuhls ein Bischof (Vater und Seelsorger) war; er wollte der lebendige Ausdruck, gewissermaßen die wirkliche Gegenwart des warmen Herzens und der helfenden Hand des Papstes sein, wenn er seinen weit entfernten Söhnen und jenen begegnete, die nicht zur katholischen Familie gehörten."

Während der zwanzig Jahre, die Roncalli im Nahen Osten verbrachte, hat gewiß kein anderer Emissär des Papstes ein solches Verständnis für die Feinheiten des Fühlens und Handelns innerhalb der Ordnung der Orthodoxen Kirchen gezeigt. Selbst wenn das strenge Protokoll die Möglichkeit offizieller Begegnungen ausschloß, fand er einen Weg, um den Patriarchen und Prälaten der Ostkirche den Standpunkt des Papstes und seine eigene ehrliche Überzeugung zu übermitteln. Diesen Sachverhalt formulierte Testa 1959 wie folgt:

„Die Ankündigung der Vorbereitung eines Ökumenischen Konzils, das sich besonders mit der Lösung des Problems der Einheit der Kirchen befassen sollte, ist ein klarer Beweis für das außergewöhnliche

Interesse, das Papst Johannes XXIII. der orientalen byzantinischen Frage immer entgegengebracht hat."

Und in seiner ersten Ansprache, die Papst Johannes an die Welt richtete, sagte er über die östlichen Schismatiker: „Wir hoffen glühenden Herzens auf ihre Rückkehr in das Haus des gemeinsamen Vaters; sie werden nicht in ein Haus kommen, das ihnen fremd ist, sondern in ihr eigenes Haus."

Das quirlende Leben Istanbuls faszinierte ihn unaufhörlich. Hier, am Schnittpunkt dreier Kontinente, waren Reiche entstanden und wieder verschwunden und hatten einen Haufen von Schätzen und Schutt zurückgelassen. Kilometerlang schlängelten sich Bazare durch die Straßen, auf den Verkaufsständen häuften sich Gebetsteppiche, Gemüse, schimmernde Seidenstoffe, Schmucksachen und Trödel, und die Luft dröhnte vom Feilschen und Schreien. Hier pflegte er, manchmal in Begleitung von Monsignore Testa oder Giovanni Dieci, der Ende 1935 sein Sekretär wurde, hinzugehen, um ein Buch für seine wachsende Sammlung byzantinischer Literatur zu kaufen oder einen Kunstgegenstand, aber mehr noch, um die Bilder und Geräusche in sich aufzunehmen und die Erregung zu spüren, in der sechzehn Jahrhunderte lebendiger Geschichte fortdauerten. Und über dem Chaos ragten die Minarette und Kuppeln, die Moscheen und das große Kreuz auf der Hagia Sophia in den Himmel. „Hier reden die Steine", sagte er einmal. Und sein Herz hörte ihnen zu.

Seine Aufgabe war schwierig und manchmal mühsam, aber in Istanbul lebte er in Frieden. Spät in der Nacht, wenn im Haus alles ruhig war und er allein in seinem Zimmer saß, fand er Zeit zum Nachdenken oder zu ruhiger Arbeit. In den frühen Morgenstunden saß er, trotz seiner wiederholten Absicht, vor Mitternacht schlafen zu gehen, noch immer „auf meiner kleinen Schreibmaschine tippend, um meine ganze Arbeit hinter mich zu bringen". Aber er hatte jetzt das Gefühl, daß seine Arbeit einen Sinn hatte, für den keine Anstrengung zu groß war. „Das Mißverhältnis zwischen dem, was ich tue, und dem, was noch getan werden muß, quält mich."

Als er einmal am Rande der Stadt Exerzitien hielt, schrieb er:

„Hier bei den Jesuitenpatres beobachte ich jeden Abend vom Fenster meines Zimmers aus eine Ansammlung von Booten auf dem Bosporus. Zu Dutzenden, zu Hunderten tauchen sie vom Goldenen

Horn her auf. Sie treffen sich an einem bestimmten Punkt und entzünden dann ihre Lichter. Manche hell, manche weniger hell, ein farbenprächtiges, eindrucksvoll leuchtendes Bild...

Es handelte sich um den gemeinsam organisierten Fang von ‚Palamiten', großen Fischen, von denen es heißt, daß sie aus den entlegensten Teilen des Schwarzen Meeres kommen. Die Lichter scheinen die ganze Nacht, und von ferne hört man die fröhlichen Stimmen der Fischer.

Dieses Schauspiel ergreift mich. In der vergangenen Nacht setzte gegen ein Uhr ein starker Regenguß ein; die Fischer aber blieben unermüdlich bei ihrer beschwerlichen Arbeit.

Wie beschämend ist dieses Beispiel für mich, für uns Priester, als ‚Menschenfischer'. Eine Vision der Arbeit, des Eifers und der uns gestellten apostolischen Aufgabe. Vom Reich unseres Herrn Jesus Christus ist hier recht wenig übriggeblieben. Überbleibsel und Same. Aber wie viele Seelen, die hier im Meer des Islams, des Judentums, der griechischen Orthodoxie herumirren, gilt es, für Christus zu gewinnen. Laßt uns den Fischern vom Bosporus nacheifern, Tag und Nacht, mit der brennenden Fackel arbeiten, jeder in seinem kleinen Boot..."

Wieder einmal waren Gerüchte über „bevorstehende größere Ereignisse" in Umlauf, zuerst hieß es, daß man ihn nach Belgrad, eine Nuntiatur, schicken werde, und danach, daß man daran denke, ihm den Purpurmantel des Kardinals zu verleihen. „Ich bin nicht so töricht, auf diese Schmeichelei zu hören", schrieb er, „die für mich, ich gestehe es, eine zu große Versuchung wäre. Ich behandle sie wie einen Scherz... Ich habe meinen Purpurmantel bereits – mein schamhaftes Erröten darüber, daß ich mich in einer Position der Ehre und Verantwortung befinde, deren ich mich so wenig würdig weiß."

Die Last seiner Jahre machte sich langsam bemerkbar. Die Krankheit von 1936, die in seinem Tagebuch und seinen Briefen aus dieser Zeit wiederkehrende Feststellung, daß er jetzt so alt war, wie Radini-Tedeschi gewesen war, als er starb, erinnerten ihn an seine eigene Sterblichkeit. In einem Kondolenzbrief an die Witwe eines Vetters schrieb er:

„Inzwischen, meine gute Angelina, behalten wir weiter Mut, und schauen wir nach oben... Was uns noch zu leben bleibt, soll ganz eine Vorbereitung sein, gut zu sterben. Auch ich spüre, daß ich altere. Doch mehr noch, als ich es spüre, weil ich im Spiegel meine weißen Haare und manche Runzeln sehe, werde ich es gewahr, wenn ich um mich herum im Geist die lieben Bilder jener suche, die mir in der Kindheit und Jugend vertraut waren, und fast keinen mehr finde. Sie sind alle verschwunden."

Aber seine Energie war unvermindert. Arbeit, Studium, Reisen, alles dies ging tatkräftig weiter. 1936 erschien der erste Band seiner Studien über den heiligen Karl Borromäus im Druck, „die Mußestunden eines ganzen Lebens", wie Algisi sie nennt. Er war Papst Pius XI. gewidmet, der siebenundzwanzig Jahre zuvor als Achille Ratti, Präfekt der Mailänder Ambrosiana, den jungen Geistlichen ermutigt hatte, das umfangreiche Vorhaben in Angriff zu nehmen.

Seine Beziehungen zur englischsprechenden Welt und sein angeborener ökumenischer Geist verbreiterten sich durch seine Freundschaft mit Austin Oakley, dem Hausgeistlichen der britischen Botschaft. Oakley war der erste Anglikaner, den Roncalli je kennengelernt hatte. Die beiden speisten regelmäßig zusammen, und Roncalli zögerte nicht, in Oakleys Kapelle zu beten. Eine solche Kameradschaft zwischen einem Vertreter des Papstes und einem protestantischen Geistlichen war damals selten, und später, als Papst Johannes, erklärte er Oakley, mit dem er immer noch in Verbindung stand: „Wenn ich eine Mauer zwischen Christen sehe, versuche ich, einen Ziegelstein herauszuziehen."

Nur noch einmal, während des Sommers 1936, waren Ancilla und Maria in der Lage, ihrem Bruder in Istanbul Gesellschaft zu leisten und ihm jenes Gefühl von Familienleben zu geben, das er so schätzte. Danach mußten sie verständlicherweise in Sotto il Monte bleiben, um ihre älter werdende Mutter zu betreuen. Roncalli erörterte dieses Problem in einem Brief an seine Schwestern: „Wie Ihr wißt, freue ich mich sehr über Euer Kommen und Beimirsein... Doch leugne ich nicht, daß mir mehr als an allem anderen daran liegt, unserer verehrten Mutter Trost zu bereiten und zu wissen, daß in ihren letzten Jahren jemand da ist, der ihr beisteht und sie mit kindlicher Liebe und Zartheit betreut... Nun denn, meine lieben Schwestern, Ihr versteht mich ohne viel Worte, Ihr könnt in meinem Herzen lesen."

Seine Bindung an Heimat und Familie war außergewöhnlich stark. Die meisten Jahre konnte er es so einrichten, daß er seine Ferien in

Sotto il Monte verbrachte, obwohl selbst in dieser Zeit Verpflichtungen in Rom oder Bergamo die sonnigen Tage in Camaitino unterbrachen, und sein Briefwechsel mit einem ständig größer werdenden Kreis von Roncallis war wie immer recht lebhaft. Da ihre Bedürfnisse ihr Einkommen fortgesetzt überschritten, fuhr er fort, die Differenz zwischen beidem auszugleichen – wie immer.

Einmal schrieb er scherzhaft: „Ohne das Gelübde der Armut abgelegt zu haben, wie es bei einem Ordensgeistlichen der Fall ist, praktiziere ich es in der Tat." Wegen der Devisenbestimmungen, die es schwierig machten, Geld aus der Türkei zu schicken, deponierte er regelmäßig bestimmte Geldsummen bei Mario Tiraboschi, einem Buchhändler in Bergamo, und nach dessen Tod bei dem Direktor des Piccolo Credito, von welchem Konto Ancilla jeweils bestimmte Beträge abheben konnte. Manchmal waren diese Abhebungen größer als die verfügbare Summe, und er mußte zusehen, wie er das überzogene Konto wieder auf den richtigen Stand brachte, wenn er demnächst wieder in Italien war. Aber auf alle Bitten, die von zu Hause an ihn herangetragen wurden, ein Fahrrad für die kleine Anna, ein weiterer Acker, den Giovanni pachten wollte, Saverios Bäckerrechnung, Assuntas Familiensorgen, war die Antwort gewöhnlich die gleiche: „Ancilla soll zu Signor Tiraboschi gehen. Er wird ihr geben, was Ihr braucht."

Erst am Ende seines Lebens war er völlig frei von Schulden. Im Mai 1939 konnte er seinen Schwestern schreiben: „Wenn man daran denkt, daß es mir vielleicht in diesem Jahr wirklich gelingt, mich ganz von der Last zu befreien, die der Ankauf der Colombera, wie Ihr wißt, für mich bedeutet hat. Das dauerte genau zwanzig Jahre!" Aber wenige Monate später beauftragte er sie, vom Piccolo Credito zwölftausend Lire für verschiedene Familienbedürfnisse abzuheben, wovon er den größten Teil borgen mußte. Anscheinend fühlte er sich hart bedrängt, als er in einem späteren Brief schrieb: „Aber jetzt müßt Ihr mich, zumindest was die Bedürfnisse der Colombera betrifft, eine Weile in Ruhe lassen."

Doch als die sparsame Ancilla über eine Erhöhung der Steuer für Camaitino klagte, antwortete er umgehend: „Du darfst Dir wegen der Steuern keine Sorgen machen, erst recht darfst Du nicht klagen... Sonst werden die Leute sagen, ich sei schäbig und knauserig, und das könnte ich nicht ertragen. Und schließlich sind hundert Lire nicht mein

Tod ... Es ist sehr leicht für Leute, die die Verantwortung dieser Dinge nicht kennen, oberflächliche Urteile abzugeben, sehr schwierig aber ist es, eine Verwaltung in Gang zu halten. Die staatlichen Einrichtungen müssen gut funktionieren ..."

Um ihre Sorge zu erleichtern, vertraute er ihr an, daß „der Heilige Vater jetzt unsere wirtschaftliche Lage geregelt hat – aber dies darf nicht breitgetreten werden". Sein Monatsgehalt sollte leicht angehoben werden; nach seinem Ausscheiden aus dem vatikanischen Dienst sollte er eine Pension bekommen; und sollte er vorzeitig sterben, dann würde seinen überlebenden Angehörigen eine bestimmte Geldsumme ausgezahlt werden.

Wenig später setzte Mussolini sein mit Bombern und modernen Waffen ausgerüstetes Heer gegen die äthiopischen Speere und Musketen in Marsch, und Roncalli bemerkte dazu: „Die Welt ist in einem furchtbaren Zustand." Seiner diplomatischen Stellung eingedenk, fügte er nichts weiter hinzu als: „Die großen Fische wollen immer die kleineren fressen, aber der kleinste Fisch sagt, das Meer sei groß und gehöre allen." Schon damals, Ende 1935, schien er die grausamen und unvermeidlichen Folgen des faschistischen Abenteuers zu ahnen. Im Februar 1936 schrieb er an Saverio: „Fahren wir fort, uns Mut zu machen, und bitten wir Gott, daß er die Welt vor neuem Unheil bewahre. In diesen Tagen werden wir entweder schweres Unwetter bekommen oder helleren Himmel."

Aber der Himmel verdunkelte sich immer mehr. Die Diktatoren waren auf Machtzuwachs erpicht, und angesichts ihrer Schreckensherrschaft im eigenen Land und wiederholter Aggressionen in Nachbarländern konnte ihr Lippenbekenntnis für die Sache des Friedens nur jene täuschen, die sich einem unkritischen Wunschdenken überließen. In seinen letzten Lebensjahren kam Papst Pius XI., der hartnäckig versucht hatte, zuerst mit Mussolini, dann mit Hitler einen Kompromiß zu schließen, zu der Erkenntnis, welches ihre wirklichen Ziele waren und welch furchtbare Drohung sie bedeuteten. Ohne seine verzweifelte Bemühung um Frieden aufzugeben, brandmarkte er öffentlich die faschistischen Methoden und das Credo der Nazis, insbesondere den Antisemitismus. Als Hitler im Jahre 1938 Rom einen Staatsbesuch abstattete, fuhr der alte kränkliche Mann aus Protest nach Castel Gandolfo. Als der Führer den Wunsch äußerte, die Sixtinische Kapelle und die vatikanischen Museen zu besichtigen, wurde ihm gesagt, sie seien wegen Instandsetzungsarbeiten geschlossen.

„Wir, die wir nur mit dem Schwert der Wahrheit bewaffnet sind, sprechen zu euch im Namen Gottes", sagte Pius in einer öffentlichen Verteidigungsansprache. „Die Gerechtigkeit wird durch Vernunft herbeigeführt, nicht mit Waffengewalt. Durch den Frieden verliert man nichts, durch den Krieg alles."

Als Kardinal Pacelli ihn bat, seiner angegriffenen Gesundheit nicht so strenge Anforderungen aufzuerlegen, antwortete er: „Die Kirche hat von einem toten Papst mehr als von einem, der nicht arbeiten kann."

Dieses Wort mag für seinen Nachruf stehen. Er starb kurz vor dem Morgengrauen am 10. Februar 1939 im Alter von einundachtzig Jahren, und seine große Seele nahm die Last, die ihr die fast zur Gewißheit gewordene Erkenntnis der kommenden Katastrophe aufgebürdet hatte, mit sich. Die Türen des Vatikans wurden versiegelt. Das Interregnum hatte begonnen.

Roncalli, der den Papst zuletzt im September gesehen hatte, war von diesem Verlust tief getroffen. Er hatte ihn seit dreißig Jahren gekannt. Roncallis Bemühungen um ein gutes Einvernehmen mit allen Religionen schlugen sich jetzt in einer bedeutsamen Huldigung an den toten Papst nieder. Bei der Totenmesse in Istanbul am 19. Februar waren außer den bürgerlichen und diplomatischen Vertretern auch der Großrabbiner der Türkei und die Vertreter der griechischen und armenischen Patriarchen anwesend. Einheit, sagte Roncalli in seiner Predigt, war „der sehnlichste Wunsch" Pius' XI., und es diente dem Geist der Einheit, wenn er anordnete, daß die fünf Absolutionen des Trauergottesdienstes von fünf Priestern verschiedener Glaubensbekenntnisse in jeweils anderer Sprache erteilt wurden.

Am nächsten Morgen kam ein Telegramm aus Sotto il Monte: seine Mutter, die eine Zeitlang krank gewesen war, war in der Nacht gestorben. Wenn auch die Nachricht nicht unerwartet kam, so traf sie ihn doch in ihrer ganzen Schwere. Wieder gab es keine Möglichkeit, nach Hause zu fahren; die sich zuspitzende internationale Lage und die dringlichen Aufgaben der Delegatur zwischen dem Tod Pius' XI. und der Wahl des neuen Papstes machten seine Anwesenheit in Istanbul unumgänglich. Hilflos und gequält telegrafierte er seinen Brüdern und Schwestern: „Ich trauere mit Euch um unsere innigstgeliebte, verehrte Mutter. Erweist ihr Ehre. Allen Dank und Segen, die im Gebet an unserem christlichen Schmerz teilnehmen. Telegrafiere an Piccolo Credito wegen Beerdigungskosten."

Wenige Tage später erreichte ihn ein Brief von Ancilla, aus dem er etwas Trost schöpfen konnte, denn sie berichtete ihm über die letzten Stunden seiner Mutter: „Sie sprach oft von ihren Kindern und besonders von Dir, der Du so weit weg bist... Wie sie sich freute, als Dein Brief kam! Sie wollte ihn niemand anderem anvertrauen, sondern bestand darauf, ihn selbst in der Hand zu halten, um ihn zu lesen. Als sie dann fürchtete, etwas übersehen zu haben, mußte Enrica ihr den Brief vorlesen, während sie murmelte: ,Ich verstehe, daß er wahrscheinlich nicht kommen kann; nun, laßt uns hoffen; wenn der Herr mich noch etwas länger hier läßt, werde ich froh sein; wenn dies aber nicht der Fall sein sollte, werde ich seinen Willen tun, und wir werden uns im Himmel wiedersehen.'"

Obwohl sie im Haus ihres Sohnes, des Erzbischofs, gestorben war, hatte Marianna Roncalli angeordnet, daß man sie von der *casa paterna,* La Colombera, zu Grabe tragen sollte. Das ganze Dorf nahm an ihrer Beerdigung teil, und viele kamen aus Carvico und Bergamo. In der mitternächtlichen Stille seines Arbeitszimmers trauerte Roncalli allein und schrieb ein dichterisches Gedenkblatt für seine Mutter nieder:

„Geliebt und geachtet von allen,
Teurer noch ihren Kindern,
Die heranwuchsen zahlreich und stark
In der Furcht Gottes und der Liebe der Menschen,
Und den Söhnen ihrer Söhne,
Die sie sich mehren sah in Freude
In ihrem Heim
Selbst bis ins dritte und vierte Glied,
Ihr Andenken segnend."

Dann übermittelte er der Familie den letzten Willen dieser armen Bauersfrau, die das Urbild einer Mutter war:

„Ich habe ein Schriftstück gefunden, das sowohl sie wie auch unser lieber Vater mir zur Aufbewahrung gaben, damit ich ihren Willen ausführe. Das Papier enthält eine Bemerkung, die wie folgt lautet: ‚Da ich meinem Sohn Alfredo, der ledig geblieben ist, nicht die Vergünstigungen gewähren konnte, wie sie hingegen meinen Söhnen, seinen Brüdern, Zaverio, Giovanni, Giuseppino zuteil geworden sind, bestimme ich, daß bei meinem Tode Alfredo mein ganzes Bett, das heißt: Bettgestell, Federmatratze, Matratze, 8 Bettücher und Decken usw., und die Möbel, die in meinem Schlafzimmer sind, gegeben werden. Ich bitte meinen Sohn, Mgr. Angelo, diesen meinen Willen ausführen zu lassen. Roncalli Mazzola Marianna.'"

Wozu der Sohn, Monsignore Angelo, noch ein mahnendes Wort hinzufügte: „Ich bin sicher, daß diese Anordnungen von Mutter Euch alle heilig sind und daß das gute Band des Friedens, das uns immer verbunden hat, nicht zerreißt."

Wieder einmal spürte Roncalli die Last der schwindenden Jahre. Wenige Tage vor seinem achtundfünfzigsten Geburtstag schrieb er: „Dieses Jahr hat mich der Herr durch die Abberufung lieber Menschen geprüft: meine verehrte und geliebte Mutter; Mgr. Morlani, mein erster Wohltäter; Don Pietro Forno, mein enger Mitarbeiter an den *Atti della Visita Apostolica di San Carlo* ... und andere Bekannte und liebe Freunde. Die Welt sieht jetzt für mich anders aus. Die Erinnerung an diese Toten muß meine Vertrautheit mit dem Jenseits vermehren und läßt mich daran denken, daß vielleicht auch ich bald dort sein werde."

Am 2. März 1939 wurde Eugenio Pacelli, der päpstliche Staatssekretär, zum Papst gewählt. Es war das kürzeste Konklave seit 1623. Roncalli gab seiner Freude über die Wahl dieses verehrten Mannes Ausdruck, der vor langer Zeit sein Dozent des Kanonischen Rechts am Apollinare gewesen und in letzter Zeit ein treuer Verbündeter im Staatssekretariat war. „Auch ich bin mit dieser Wahl sehr zufrieden, bei der die Hand des Herrn mitgewirkt hat", schrieb er in einem Brief an die Schwestern. „Am vergangenen Sonntag konnte ich die große Zeremonie in Sankt Peter mithören. Was für eine wunderbare Erfindung ist doch das Radio!"

Fast drei Monate später machte Roncalli dem Patriarchen von Konstantinopel, Benjamin I., dem ranghöchsten der orthodoxen Kirchenführer, einen Besuch. Er sprach ihm die Anerkennung des Heiligen Stuhles dafür aus, daß er sowohl zur Totenmesse für Pius XI. als auch zum Dankgottesdienst nach der Wahl Pius' XII. einen Vertreter geschickt hatte. Es war dies die erste Begegnung dieser Art seit neun Jahrhunderten, und der Patriarch erwies dem Apostolischen Legaten jegliche Aufmerksamkeit. Obwohl die griechisch-orthodoxe Zeitung wenig Aufhebens von dem Ereignis machte („Nur ein Höflichkeitsbesuch zwischen beiden Kirchen", war der sachliche Kommentar), hatte es größere Rückwirkungen. Blickt man heute zurück, so wird ersichtlich, daß der „Höflichkeitsbesuch" vor dreißig Jahren einen weiteren Ziegelstein aus der die Christen trennenden Mauer entfernte und den Weg zum ökumenischen Konzil, Zweites Vatikanum genannt, ebnete, ein Riesenschritt zum Widerruf der gegenseitigen Bannflüche zwischen den katholischen und den orthodoxen Kirchen.

Am 1. September 1939 warf Hitler seine Streitkräfte gegen die Grenzen Polens, um sie zu zerschlagen. Der Zweite Weltkrieg hatte begonnen. Die Polen kämpften tapfer, aber gelähmt durch den Blitzkrieg der Nazis, und im Osten von der Sowjetunion überfallen, wurden sie bald überwältigt. Dann folgte jenes zwielichtige Zwischenspiel, die Monate, in denen Europa zwischen Frieden und Krieg schwebte. Französische und deutsche Truppen standen sich am Rhein Auge in Auge gegenüber, ohne loszuschlagen, und es gab auf beiden Seite solche, die sich vormachten, Hitlers Raubgier sei gestillt und es sei noch Zeit genug, um einen Kampf auf Leben und Tod zu verhindern.

Mussolini, der die Äthiopier niedergeworfen und Albanien erobert hatte, erklärte Italiens „Nichteinmischung" in diesen Krieg, den sein Achsenpartner begonnen hatte. Das italienische Volk atmete erleichtert auf. Am Weihnachtstag schrieb Roncalli, der sich Gedanken über das kommende Jahr machte, von Istanbul aus einen Brief nach Hause: „Wer weiß, welche Ungewißheit es für uns bereithält. Denkt an die Armen, die im Kriege stehen! An die Polen, an diese armen Finnen, selbst an die Deutschen und an die Russen. Was können die Soldaten dafür? Sie leiden und sterben zum großen Schmerz so vieler Familien. Die Verantwortlichen sind die Oberhäupter … Ein Glück, daß wir in Italien sind. Man muß diesmal wirklich sagen: es ist eine Hand da, die den Duce zum Wohl der Italiener führt …"

Doch auch für Roncalli war es eine schwierige Zeit. Die Türkei klammerte sich an eine gefährliche Neutralität, obwohl beide Seiten sie für ihre Sache gefügig machen wollten. Da sie sowohl an Rußland als auch an die Balkanstaaten grenzte, die eine Flanke dem Mittelmeer und die andere dem Mittleren Osten zukehrte, war die strategisch wichtige Lage der Türkei offenkundig. Und solange sie ungebunden blieb, diente sie den kriegführenden Mächten, die alle diplomatisch vertreten waren, als ein ausgedehnter Horchposten, und Ankara und Istanbul wurden Hauptzentren der Intrige und Spionage. Roncalli, der Beziehungen zur englischen, französischen und deutschen Botschaft unterhielt, bemerkte plötzlich, daß sich ausländische Geheimagenten hartnäckig an seine Fersen hefteten, manchmal zwei oder drei gleichzeitig. Schließlich lernte er sie alle kennen und sagte einmal halb scherzhaft, halb im Ernst: „Nach einiger Zeit wußte ich nicht mehr, ob sie auf mich angesetzt waren oder sich gegenseitig bespitzelten."

Seine Arbeit sollte immer wichtiger werden, ihn tief in das Wohl und Wehe Tausender, die vom Krieg umhergestoßen wurden, hineinziehen. Doch in diesen trügerischen Tagen blieb noch Zeit für seine normale Arbeit. Es war die Zeit, als er hörte, daß ein weiterer Neffe, der zwölfjährige Battista, ein Sohn Giovannis, erklärt hatte, er fühle sich zum Priester berufen.

Für Roncalli war dies von größter Bedeutung. Wenige Jahre nach dem Tod Angelinos, des ersten von seines Bruders Kindern, das sich berufen fühlte, hatte er schmerzlich geschrieben: „Gibt es denn niemand unter all meinen Neffen und Nichten, der sich bewogen fühlt, mir im Dienst des Herrn mit besonderer Hingabe zu folgen?" Da er sich besonders darüber freute, daß es ein Bruder des armen verstorbenen Angelino war, der Priester werden wollte, bot er jeden Rat und jegliche Ermutigung an, darunter auch die Benutzung seines Hauses in Camaitino.

„Was das Studium angeht", schrieb er an Giovanni, „so könnte Battistino von Camaitino und von der Hilfe der Tanten und seiner Schwester Enrica profitieren. So würde er von den Zerstreuungen der Colombera ferngehalten, und es würde ihm leichter fallen, sich zu konzentrieren und sich in geeigneter Weise als zukünftiger Seminarist verhalten zu lernen."

Als man ihm berichtete, daß die Klassenkameraden des Jungen ihn wegen seines zusätzlichen Privatunterrichts neckten, antwortete Roncalli prompt: „Das Gerede der Leute muß man übergehen. Sagte man nicht auch von mir, daß ich Priester werden wollte, um nicht auf dem

Felde arbeiten zu müssen? Das passiert zu allen Zeiten, und man braucht sich deswegen wirklich nicht zu beunruhigen."

Doch wenn auch die Familie hoffte und Roncalli sich sehnlichst wünschte, daß sein Neffe ein Diener des Herrn werde, so gab er nicht weniger deutlich zu verstehen, daß er sich bei den kirchlichen Behörden nicht für ihn verwenden werde, wenn sich seine Berufung als nicht ausreichend erweisen würde.

„Von Battistino würde ich gerne bessere Nachrichten hören", schrieb er Ende März 1940. „Ich möchte gerne hören, daß er fleißig lernt und seinen ganzen Willen beim Lernen einsetzt. Aber man muß ihm mehr Mut als Angst machen... Sollte er die Aufnahmeprüfung für das Seminar nicht bestehen, müßte man es sich natürlich anders überlegen. Das würde mir leid tun: aber ich würde meinerseits keinen Schritt unternehmen, einen Jungen, auch wenn er mein Neffe ist, zu fördern, wenn er keine ernsthaften Neigungen zeigt."

Wie sich zeigen sollte, war Battistas Berufung echt. Er wurde wirklich Priester und wirkt heute als Domherr in Bergamo.

Die unbehagliche Stille, die nach dem anfänglichen Schlachtenlärm eingesetzt hatte, endete jäh am 10. Mai 1940. Deutsche Panzer- und Luftwaffenverbände überrollten die neutralen Länder Holland und Belgien und ratterten weiter nach Süden, um Frankreich zu überfallen. Über Europa hatte sich der Sturm mit voller Wucht entladen, eine orkanartige Finsternis, die den Kontinent fünf Jahre lang verdunkeln sollte. Am 10. Juni, als Frankreich entmutigt und seine Streitkräfte in Auflösung begriffen waren, traf Mussolini die schicksalhafte Entscheidung. Gierig nach Kriegsbeute, fiel der Duce über ein Land her, mit dem er keinen Streit hatte, und setzte zweiunddreißig Divisionen über die Alpenpässe in Marsch, um Frankreich in den Rücken zu fallen. Franklin D. Roosevelt, der Präsident der Vereinigten Staaten von Amerika, brachte den Unwillen der ganzen zivilisierten Welt, darunter auch vieler Italiener, zum Ausdruck, als er sagte: „Die Hand, die den Dolch hielt, hat ihn in den Rücken des Nachbarn gestoßen." Und Roncalli schrieb: „Wir sind dabei, in den Abgrund des Fegefeuers hinabzusteigen."

Frankreich kapitulierte am 22. Juni, aber der Krieg ging unbarmherzig weiter. Die Engländer setzten den Kampf von ihrer Insel aus fort, und im Oktober fiel Italien in Griechenland ein, wobei es Albanien als Sprungbrett benutzte. Aber die Griechen, die an Truppen und Waffen überlegen waren, hielten die Italiener nicht nur in Schach, sondern trieben sie im Frühjahr nach Albanien zurück. Dies war der Zeitpunkt, den König Boris wählte, um Bulgarien an die Seite der Achsenmächte zu bringen und sich mit Hitler in gleichzeitigen Angriffen auf Jugoslawien und Griechenland zu vereinigen. In wenig mehr als zwei Wochen waren beide Länder überwältigt. König Georg II. war gezwungen, sich den Deutschen zu ergeben, und damit begann der Alptraum der Besetzung, während der vierhunderttausend Griechen ins Gefängnis geworfen, sechzigtausend hingerichtet, und Millionen von Haus und Hof vertrieben wurden, um hungernd durch das verwüstete Land umherzuwandern.

Die Neutralität der Türkei wurde ständig auf die Probe gestellt, besonders nachdem Hitler in Rußland eingefallen war, das erstere von jeher als Erbfeind betrachtete. Aber die besonneneren Köpfe blieben der Warnung Atatürks auf seinem Sterbebett eingedenk, nie einen Krieg gegen England zu führen, und behielten die Oberhand über die Heißsporne. Erst kurz vor Kriegsschluß schaltete sich die Türkei in die Auseinandersetzung ein, aber auf seiten der Verbündeten.

Inzwischen wurde Roncallis Arbeit immer dringender. Der sich beschleunigende Gang des Krieges und seine Zerstörungen verstärkten die Hilfsaktionen des Vatikans in hohem Maße, und als päpstlicher Legat für die Türkei und Griechenland stand er im Brennpunkt des Geschehens. Obwohl er ein Emissär des Papstes war, wurde seine Stellung durch die Tatsache, daß er Staatsbürger einer kriegführenden Macht war, nicht leichter. Besonders die Griechen waren erbittert darüber, daß ihr Land jetzt ausgerechnet von der Armee besetzt war, die sie vorher besiegt hatten. Es war eine Zeit, in der nur sein Taktgefühl und sein offenkundiges Mitgefühl mit allen Opfern des Krieges es Roncalli ermöglichten, wirksam zu arbeiten.

Er hatte dafür gebetet, daß Italien den Frieden bewahren möge. Jetzt, da Mussolini sich anders entschieden hatte, war er tiefbekümmert, doch bemühte er sich, seinem Land eine wohlwollende Treue zu bewahren. Er ermahnte seine Familie, den Hirtenbrief des Bischofs Bernareggi von Bergamo zu beachten, der am Tage, da Italien Frankreich und England den Krieg erklärt hatte, veröffentlicht wurde. „Unser Land hat eine schwere Entscheidung getroffen“, schrieb der

Bischof. „Für uns Katholiken gibt es nur eins: zu gehorchen. Für die ganze Dauer des Krieges müssen wir versuchen, ehrlich, tugendhaft und in der Furcht Gottes zu leben, um den göttlichen Beistand zu verdienen." Dies war ein Ratschlag, der geeignet war, den Zorn der Faschisten nicht heraufzubeschwören, aber alles andere als ein flammender Ruf nach Sieg.

Als Deutschland sich mit Rußland im Krieg befand, kam der deutsche Botschafter in der Türkei, Franz von Papen, zu Roncalli und erklärte, daß sein Land und der Vatikan jetzt wirklich Seite an Seite stünden. Vielleicht könnte der Apostolische Delegat den Heiligen Vater bewegen, seine moralische Kraft dem Kampf des Reiches gegen den atheistischen Kommunismus zu leihen.

Roncalli nahm diese Anregung alles andere als freundlich auf. „Und was soll ich dem Heiligen Vater über die Tausende von Juden sagen, die in Deutschland und Polen durch die Hand Ihrer Landsleute gestorben sind?" fragte er scharf.

Die Tagebuchnotizen aus diesen Jahren spiegeln seine wirklichen Gefühle, die Sorge über das Leid der Völker, das Verständnis eines Gelehrten für die luziferischen und historischen Ursachen des Krieges. Bei seinem Ausbruch hatte er vermerkt:

„Der Krieg ist nicht von Gott gewollt, sondern von den Menschen... Sie sind es, die mit offenen Augen den Krieg wollen, allen geheiligten Gesetzen zum Trotz, und darum ist er um so schlimmer. Der dazu antreibt und ihn schürt, ist immer nur der ‚Fürst dieser Welt', der nichts gemein hat mit Christus, dem ‚Fürsten des Friedens...'

Das Gefühl der Vaterlandsliebe, das zu Recht besteht und heilig sein kann, kann aber auch in Nationalismus ausarten... Die Welt ist vergiftet von einem ungesunden Nationalismus des Blutes und der Rasse, der in Widerspruch zum Evangelium steht."

Zwei Jahre später, als Italien auf dem Höhepunkt seiner kriegerischen Eroberungen stand, war seine Sicht der Dinge unverändert, und er nahm sich selbst nicht aus von der Verantwortung für die Gefahren einer übersteigerten Vaterlandsliebe:

„Die beiden großen Übel, die heute die Welt vergiften, sind der Laizismus und der Nationalismus. Das erste ist charakteristisch für die Leute, die an der Regierung sind, und für die Laien. Das zweite unterstützen sogar die Priester... Wir alle sind mehr oder weniger am Nationalismus erkrankt. Der Apostolische Delegat muß von dieser Ansteckung frei sein und es auch zeigen. Gott möge mir dabei helfen. Wir leben in einer sehr bewegten Zeit, und vor uns steht das Chaos."

Bei Ausbruch der Feindseligkeiten organisierte Papst Pius XII., wie es schon Benedikt XV. vor fünfundzwanzig Jahren getan hatte, die Hilfsquellen des Vatikans, um die Not der leidenden Menschen Europas zu lindern. Als eine Nation nach der anderen durch Bomben und Schlachten zur Unterwerfung gezwungen wurde, beschleunigte die Päpstliche Hilfskommission ihre Anstrengungen für die Heimatlosen und Hungernden, ohne das Elend ganz beseitigen zu können. Von Istanbul aus schrieb Roncalli: „Zusammen mit Monsignore Testa habe ich verschiedene soziale Hilfswerke eingerichtet. Der Heilige Vater hat mir für den Anfang eine halbe Million Lire geschickt. Aber hier braucht man Wundertäter."

Das vatikanische Informationsbüro wurde eine Sammelstelle für Angehörige von gefangenen oder vermißten Soldaten, die dort Erkundigungen einholen wollten. Auch die Anfragen von Flüchtlingsfamilien, die im Getümmel des Kampfes auseinandergerissen wurden, liefen hier zusammen. Jede Bitte um Auskunft, gleich von welcher Seite sie kam, wurde hier bearbeitet und an ein Netz von Priestern, Ordensgeistlichen und Laien weitergeleitet, die in mühsamer Kleinarbeit Nachforschungen anstellten. Gegen Kriegsende lagen etwa zehn Millionen solcher Anfragen vor.

Die Apostolische Delegatur in Istanbul war ein Hauptstützpunkt dieser weitverzweigten Unternehmung, denn die Türkei, die sich in einer kritischen Lage befand, weil sie im Norden an Rußland, im Süden an die verbündeten arabischen Staaten grenzte, hatte jetzt auch noch die Deutschen vor ihrer Grenze auf dem Balkan stehen. Zu dem schwer einzuordnenden Haus in Olcek Sokak 87 kam der Kurier aus Rom mit dringenden Nachrichten und Telegrammen, die für Syrien, Palästina, Ägypten, Iran und Indien bestimmt waren, um mit gefüllten Postsäcken, deren Inhalt aus diesen Ländern stammte, nach Rom zurückzukehren. Denn außer persönlichen Nachrichten und amtlichen Informationen gelang es Roncalli, eine beträchtliche Menge an geheimem Material zu übermitteln, das er aus seinen Kontakten mit Botschaften und der endlosen Reihe von Diplomaten, Journalisten und Militärpersonen, die auf der Durchreise durch Istanbul und Ankara waren, zusammengestellt hatte. In diesen beiden spannungsgeladenen Städten brodelte es von geheimen Machenschaften und offener Verschwörung. Was Roncalli in Erfahrung brachte, sollte Aufklärung über die Zeitspanne bringen, die zwischen dem Leben und dem Tod Hunderter von Juden und Tausender von Griechen lag.

Roncalli war in der Lage, auch dann noch Kriegsgefangene und politische Flüchtlinge in Konzentrationslagern ausfindig zu machen, wenn das Internationale Rote Kreuz die Suche aufgegeben hatte. In seiner eigenen Gemeinde, in der viele Mitglieder des Diplomatischen Corps waren, gute Katholiken, deren Länder sich miteinander im Krieg befanden, war sein Losungswort: friedliche Koexistenz. Schelte und blinder Haß dienten niemandem, ermahnte er die Gläubigen – Engländer, Deutsche und Italiener –, einer wie den anderen. „In Wirklichkeit trifft uns alle die Schuld; es kommt eine Zeit, da jeder einzelne in das verwickelt ist, was den anderen zustößt." Als die französische Kolonie in Istanbul sich nach der Niederlage von 1940 in zwei feindliche Lager spaltete, suchten sowohl die Anhänger von de Gaulles Freiem Frankreich als auch die Parteigänger der Vichy-Regierung Pétains Rückendeckung beim Erzbischof. Was immer seine privaten Gefühle waren, als geistlicher Oberhirte hatte er beide Gruppen gleichermaßen zu betreuen, und er legte beiden Seiten gegenüber eine besonnene Unparteilichkeit an den Tag: „Ich las in der Bibel, daß auch der Patriarch Jakob Söhne hatte, die untereinander uneins waren. Aber er, der Vater, betrachtete die Sache schweigend."

Und Roncalli blieb schweigsam, aber er bewahrte sich ihr Vertrauen und ihre Freundschaft, denn sie kamen zu der Einsicht, daß er nur dann die Freiheit besaß, das Leid des politischen Konflikts zu mildern, wenn er selbst sich von Politik fernhielt. Auf beiden Seiten gab es zungenfertige Leute genug, um zu beweisen, wer recht hatte und wer nicht. In Zeiten des Leidens hatte das keinen Sinn. Bei einem Empfang in der englischen Botschaft erkundigte sich jemand nach dem „kleinen Mann in dem dunklen Anzug", der hier völlig fehl am Platz schien. Der Botschafter antwortete, der Mann sei Roncalli, der päpstliche Delegat, „einer der wenigen hier am Ort, die wirklich etwas tun".

Er war auch Bischof der griechischen Katholiken, und seine Bemühungen um dieses verwüstete Land werden unvergessen bleiben, aber er diente ebenso den Besatzungsmächten der Deutschen und Italiener und zelebrierte die Messe für englische Gefangene in Griechenland. Manchmal brachte er einige Flaschen Wein mit ins Gefangenenlager, manchmal auch nicht. Aber seine Besuche stärkten den Lebensmut der Menschen, weil er immer er selbst blieb, einfach, offen, warm. Er teilte ihre Sorgen und aß die gleiche Nahrung aus dem gleichen Blechnapf wie sie, und nie trug er ihnen die hohlen Phrasen von Nationalismus und kriegerischem Ruhm vor.

Eines Tages gab man einem italienischen Regiment an der albanischen Grenze bekannt, daß „der Bischof" sie besuchen wolle, daß er gemäß der Dienstvorschrift mit den militärischen Ehren eines Generalleutnants empfangen werden sollte. Verdrossen stellten sich die Männer auf; sie erwarteten den üblichen großen Auftritt mit Begleitung, ein paar bombastische Redensarten, und dann die hastige Abfahrt einer Autokolonne, die sie staubbedeckt zurückließ. Statt dessen holperte ein einziges dunkles Auto über das Feld, und heraus stieg Angelo Roncalli, ganz mit Staub bedeckt, und sein offenes Bauerngesicht strahlte, als er umherging und seinen Landsleuten die Hände schüttelte. Als er auf einen Soldaten aus Bergamo stieß, verfielen sie in den bergamaskischen Dialekt. Ein anderer Soldat wollte wissen, worüber sie sprachen, und der Erzbischof gab zur Antwort: „Das ist nicht so wichtig. Es ist der Klang der alten Mundart, die uns das Herz erwärmt."

Er zelebrierte die Messe unter freiem Himmel, dann fragte er, ob welche unter ihnen seien, die nicht gefirmt worden wären. Ein Dutzend Leute trat vor. Der Bischof spendete ihnen das Sakrament. Dann setzte er sich, plauderte mit ihnen und bat sie, für den Frieden zu beten. Als er aufstand, um zu gehen, dunkelte es bereits, und plötzlich still geworden, folgten sie ihm zu seinem Auto. Als die Offiziere ihnen befahlen, wieder Aufstellung zu nehmen, trat ein einzelner Soldat, jung und unbeholfen, auf den Erzbischof zu.

„Was ist, Carissimo?" fragte Roncalli. „Kann ich etwas für Dich tun?"

„Ich möchte Sie umarmen, Exzellenz, für uns alle."

Im November 1940 trat Roncalli in sein sechzigstes Lebensjahr, „das Jahr, in dem wir beginnen, alt zu werden". Er war bei ausgezeichneter Gesundheit, kämpfte aber ständig gegen Umfang und Gewicht.

Wie immer mußte er an seine Familie denken. Um die Kosten für ihren Lebensunterhalt zu decken, hob er 15 000 Lire von seiner Lebensversicherung ab und überwies sie an Ancilla mit dem Hinweis, „freundlich und großherzig" zu sein.

Er hatte jetzt eine Ausgabe mehr, die Ausbildungskosten für den Seminaristen Battista. Er schrieb an seinen Bruder Giovanni:

„Wegen der Kosten im Seminar wende Dich an die Schwestern ... Falls die Oberen die Bezahlung für den Seminaristen nicht annehmen wollen, etwa mit Rücksicht auf den Onkel, der Bischof ist, so antworte ihnen, daß das zwei verschiedene Dinge sind, und mache auf jeden Fall die Überweisung."

Battista hatte seine Schwierigkeiten. Er bestand die Aufnahmeprüfung für das Seminar nicht, und da sein Onkel sich standhaft weigerte zu intervenieren, mußte er ein weiteres Vorbereitungsjahr in Kauf nehmen, diesmal auf einem Kolleg in Romano. Selbst nach seiner Zulassung hatte er keinen leichten Weg vor sich, denn er war keine Gelehrtennatur. Roncalli redete ihm gut zu und ermahnte Giovanni: „Vor allem bitte ich Euch: behandelt den Jungen nicht schlecht, sondern habt ihn noch lieber, mit Güte und Festigkeit." Wenngleich er daran hing, daß Battista Priester würde, so machte er dennoch nie seinen Einfluß geltend, um dem Jungen Vorteile zu verschaffen. „Es liegt ganz an ihm und am Willen Gottes", sagte er, und Battistas schließlicher Erfolg ist nicht zuletzt Roncallis Ausdauer zu verdanken.

Im September 1941 trat Battistas älteste Schwester Enrica in das Kloster zum Heiligsten Herzen Jesu ein. Roncalli war tief ergriffen, denn Enrica, die nach seiner verstorbenen Schwester genannt war, nahm in seinem Herzen einen besonderen Platz ein. Als sie ihm ihren Entschluß, Ordensschwester zu werden, mitteilte, schrieb er: „Inzwischen kann ich Dir freudig versichern, daß Du von nun an einen besonderen Platz in meinen Gebeten und in meinem Segen einnehmen wirst. Solange ich lebe, werde ich immer für Dich dasein ... Ich gehe jetzt dem Sonnenuntergang entgegen, während Du noch im Anbruch des Lebens stehst. Aber das Licht, das uns umgibt, ist das gleiche."

Nachdem sie etwas über ein Jahr im Kloster war, wurde Enrica krank und mußte ausscheiden. Aus dieser Zeit datiert ein Brief von Roncalli, der ganz bezeichnend für sein Feingefühl und sein Verständnis ist und der, wie es Enrica später ausdrückte, „es mir ermöglichte, mich selber anzunehmen". „Meine liebe Nichte Enrica, ein besonderes Wort für Dich", schrieb er. „Tränen hast Du schon genug vergossen. Weine nicht mehr, sondern sei fröhlich und zufrieden im Herrn ... Wenn der Herr etwas anderes von Dir will, dann wird er mit starker und entschiedener Stimme sprechen ... Die Heiligkeit besteht nicht in Bußen und in merkwürdigen Dingen, sondern darin, in allem den Willen des Herrn zu suchen, im Gehorsam, in der Milde ..."

Trotz seines vorgerückten Alters und seiner familiären Verpflichtungen vernachlässigte er seine offiziellen Aufgaben in keiner Weise. 1941 machte er allein vier Reisen nach Griechenland, meist per Flugzeug, obwohl ihn diese Art des Reisens gründlich enttäuschte. „Das Fliegen macht im Winter keinen Spaß", schrieb er an seine Familie, und im Frühjahr darauf bekannte er: „Jedesmal, wenn ich mich der Luft anvertraue, habe ich etwas Angst ... Ich empfehle mich dann dem heiligen Joseph, der nur auf einem Esel reiste." Aber er wußte, daß die Welt sich änderte, daß Ereignisse, die sich einst zu einer stufenweisen, logischen Schlußfolgerung entwickelt hatten, heute von der Geschichte überholt wurden, und so bejahte er das Flugzeug als einen Teil dieses beschleunigten Lebens. In jedem Fall tat er die Arbeit des Herrn, und „obgleich ich mich auf alles gefaßt mache, was mir zustoßen könnte, finde ich doch meinen Frieden wieder".

Das Werk, das er jetzt in Angriff genommen hatte, war die Hilfsaktion für die griechische Bevölkerung, die seit Anbruch des zweiten Kriegswinters in Scharen verhungerte. Die Bauern waren nicht in der Lage gewesen, Getreide anzubauen; die Blockade der Besatzungsmächte durch die Alliierten hielt ausländische Schiffsladungen mit Nahrungsmitteln fern; und die deutschen und italienischen Streitkräfte hatten mit ihren eigenen drückenden Sorgen genug zu tun. Angesichts dieses Elends versuchte der Apostolische Delegat zu handeln.

Er beschwor den deutschen und den italienischen Botschafter in der Türkei, bei ihren Regierungen um die Einwilligung zur Mitarbeit nachzusuchen, damit Lebensmittel nach Griechenland gelangen konnten. In Bulgarien erhielt er von König Boris und dem Metropoliten Stefan Gheorgiew das feierliche Versprechen, bei der Sache mitzuwirken. Und am 25. Juli 1941 flog er von Sofia in einem deutschen Flugzeug nach Athen, um die drückend heiße, hungernde Stadt erst im Oktober wieder zu verlassen.

Mit Hilfe von Geldmitteln, die der Vatikan bereitstellte, errichtete er Nahrungsmitteldepots und bestellte einen Beauftragten. Er ließ den Wohnsitz der Delegatur ausbessern und richtete eine Klinik für zivile Kranke und Verwundete ein, die ihre Arbeit noch fortsetzte, als der Krieg längst zu Ende war. Infolge seiner guten Verbindungen sickerte allmählich Mehl aus Ungarn ein, und aus Monaco kamen Medikamente. Angesichts dieses selbstlosen Einsatzes schmolz die feindselige Haltung dahin, die die verbitterten Griechen dem Italiener Roncalli gegenüber an den Tag gelegt hatten.

Doch für den Hungerbrand, der das Land überzog, war dies alles nicht mehr als ein Wassertropfen. Im September starben täglich eintausend Menschen, die in Massengräbern beerdigt wurden. Dem Einsichtigen war klar, daß sich eine unsägliche Katastrophe zusammenbraute und daß nur eine Aufhebung der Blockade sie abwenden konnte.

Der König und die Regierung von Griechenland waren nach England geflohen und hatten die orthodoxe Kirche mit ihrem Metropoliten, dem Erzbischof Damaskinos, als die einzige handlungsfähige nationale Institution zurückgelassen. Damaskinos, der jetzt als Regent handelte, ersuchte den deutschen Militärbefehlshaber in Athen, sich dafür einzusetzen, daß man in ausreichenden Mengen Nahrungsmittel nach Griechenland hineinließ, um sein Volk vor der Ausrottung zu bewahren. Der Gauleiter, dem an einer Aushungerung der Zivilisten des eroberten Landes nicht gelegen war, stellte dennoch einige schwierige Fragen. Woher sollten die Lebensmittel kommen? Würden die Alliierten sie durch die Blockade lassen? Und vor allem, wie sollte der Kontakt zu den Feinden Deutschlands hergestellt werden? Wer sollte der Mittelsmann sein?

Damaskinos konnte nur die letzte Frage beantworten. „Ich werde mich an den Vertreter einer christlichen Kirche wenden", sagte er. Der Deutsche wußte, daß er damit den Heiligen Stuhl meinte. Eingedenk des bitteren Schismas zwischen Orthodoxen und Katholiken und gerührt darüber, daß der Erzbischof bereit war, sich um seines Volkes willen zu demütigen, willigte er sofort ein.

Aber es bedurfte keiner Demütigung. Roncalli, dessen Informationsquellen nicht unbeträchtlich waren, erfuhr von der Unterredung und handelte sofort. Er schickte Damaskinos eine geheime Nachricht, in der er um eine Aussprache bat und es dem Erzbischof überließ, Zeit und Ort zu bestimmen. Diese Rücksichtnahme auf die schmerzliche Lage des Regenten, Roncallis Bemühung, ihm öffentlichen Ärger zu ersparen – und vielleicht sogar die Anklage wegen Hochverrats von seiten der Untergrundbewegung, weil er mit einem Italiener verhandelt hatte –, waren für den Erfolg der Mission von großer Bedeutung. Dieser Geist kennzeichnete auch ihre Konferenzen.

Sie trafen sich zuerst in einem Privatgemach des Paleophaleron-Palastes und danach an anderen unwahrscheinlichen Orten. Damaskinos unterrichtete ihn davon, daß die griechische Regierung genügend Geldmittel im Ausland deponiert habe, um die 370000 Tonnen Getreide zu bezahlen, die benötigt wurden, um ein Massensterben im kommenden Winter zu verhindern. Die Besatzungsmächte hatten versprochen, daß die Nahrungsmittel nur an die Zivilbevölkerung verteilt werden würden. Wie aber sollte man den Kontakt mit der westlichen Welt aufnehmen, wie war eine schnelle Verschiffung des Weizens zu erreichen? Und wie konnte man angesichts der verzweifelten Situation von den Engländern eine Garantie bekommen, daß er sicher durch die Blockade gebracht würde?

„Ich bin hier, um Ihnen jeden Wunsch zu erfüllen", sagte Roncalli zu Damaskinos. Der Heilige Vater warte nur auf ein unmittelbares Wort, bevor er zugunsten der Griechen in Aktion trete.

Darauf händigte der Regent Roncalli einen an den Papst gerichteten Brief aus – eine Bitte um Hilfe, die von den prominentesten Laienvertretern der griechischen Orthodoxie unterzeichnet war. Bei ihrer letzten Zusammenkunft Anfang Oktober erbot sich Roncalli auch, einen Brief an die griechische Exilregierung in London zu befördern, der den englischen Behörden das furchtbare Elend des griechischen Volkes in allen Einzelheiten darlegte.

Sie trennten sich mit dem Friedenskuß, der Geste der Versöhnung und brüderlichen Liebe, wie sie in der katholischen und orthodoxen Liturgie üblich ist, und am 7. Oktober flog Roncalli zurück nach Rom. Seine Audienz bei Pius XII. hatte zur Folge, daß der Plan sofort verwirklicht wurde. Angelo Roncalli hatte getan, was unumgänglich war, und jetzt tat der Papst dasselbe. Noch vor dem Winter passierten die ersten mit Weizen beladenen Schiffe die Blockade und erreichten sicher die griechischen Häfen. Die Hungersnot war abgewendet. Hunderttausende, die sonst gestorben wären, blieben am Leben. Und als 1945 wieder der Friede in Griechenland einzog, standen katholische und orthodoxe Priester Seite an Seite, um Gott zu danken und zu preisen.

Im nächsten Jahr kehrte Roncalli viermal nach Griechenland zurück. Dann verschlechterte sich die militärische Lage, und er mußte sein Wirken auf die Türkei beschränken. Aber um diese Zeit war Giacomo Testa, sein früherer Sekretär, als sein Stellvertreter in Athen eingeführt worden, und er war zufrieden, daß die Kirche dort einen fähigen Mann hatte.

In Istanbul und Ankara hatte er drückende Sorgen genug. Denn in diesen letzten Kriegsjahren nahmen die Nazis an der europäischen Zivilbevölkerung schreckliche Rache, besonders an den Juden. Als das ganze Ausmaß des Gemetzels, die Barbarei der Konzentrations- und Vernichtungslager, der entsetzten Weltöffentlichkeit bekannt wurde, versuchten Menschen guten Willens mit allen erdenklichen Mitteln die letzten Überreste eines ganzen Volkes zu retten. Sie wandten sich an die neutrale Türkei und an den Apostolischen Delegaten der katholischen Kirche, der noch immer Kontakt mit den kriegführenden Mächten hatte und der all seine Hilfsmittel einsetzte, um Menschenleben gleich welcher Religion zu retten.

Zwei solcher Männer, Dr. Isaac Herzog, der Oberrabbiner von Jerusalem, und Chaim Barlas vom jüdischen Hilfskomitee, baten Roncalli regelmäßig um Unterstützung. Sie gingen nie mit leeren Händen weg. „Kardinal Roncalli ist ein Mann, der das Volk der Bibel wirklich liebt", sagte Rabbi Herzog später, „und mit seiner Hilfe wurden Tausende von Juden gerettet." Und Chaim Barlas schrieb: „Viel Blut und Tinte ist während der jüdischen Tragödie jener Jahre vergossen worden, aber zu den wenigen heldenmütigen Taten, die unternommen wurden, um Juden zu retten, gehört die Tätigkeit des Apostolischen Delegaten Monsignore Roncalli, der sich unermüdlich für sie einsetzte."

Für Roncalli, der die tatsächliche Vernichtung des europäischen Judentums die Kreuzigung von sechs Millionen nannte, war diese Arbeit nichts Besonderes, sondern verpflichtend für jeden, der für sich in Anspruch nahm, Gott und die Menschlichkeit zu lieben. Und er handelte mit der ständigen Unterstützung durch den Papst. Als er erfuhr, daß die katholische Regierung der Slowakei, eines Marionettenstaats der Nazis, im Begriff war, der „Endlösung“ Adolf Eichmanns Folge zu leisten und die letzten von neunzigtausend Juden nach Auschwitz zu deportieren, schickte er einen geharnischten Protest an den slowakischen Präsidenten Joseph Tiso, der selbst Priester war: „Der Heilige Stuhl ist von verschiedenen Seiten gebeten worden, im Interesse von Teilen der Bevölkerung, die der jüdischen Rasse angehören, zu intervenieren, da gegen sie ernste Maßnahmen ergriffen werden sollen. Der Heilige Stuhl, beseelt von Gefühlen der Menschlichkeit und christlichen Nächstenliebe, die keine Unterschiede der Geburt, der Nationalität oder Rasse kennen, kann diesen dringenden Bitten gegenüber nicht gleichgültig bleiben. Der Heilige Stuhl beschwört die slowakische Regierung besorgt ... eine Haltung einzunehmen, die mit den katholischen Grundsätzen und den Gefühlen ihres Volkes im Einklang steht.“

Dieses Unternehmen schlug fehl; deutsche Truppen trieben 13 000 Juden zusammen und schickten sie in die Gaskammern, aber anderswo, besonders in den Balkanstaaten, trug sein direktes Eingreifen zur Befreiung Tausender von Juden bei. In Beantwortung einer anderen Bitte telegraphierte er im Februar 1944 an den Vatikan: „Oberrabbiner Herzog von Jerusalem kam persönlich zur Apostolischen Delegatur, um dem Heiligen Vater für die vielfachen Formen der Wohltätigkeit zu danken, die den Juden in diesen Jahren erwiesen wurden. Erbittet dringend päpstliche Hilfe für 55 000 Juden ... die durch möglichen Rückzug deutscher Truppen ernsthaft gefährdet sind.“ Pius XII. stellte dem Jüdischen Rat für Rumänien unverzüglich die Summe von 1,35 Millionen Lei (etwa 400 000 DM) zur Verfügung. Über das Ergebnis berichtet der Historiker Theodore Lavi: „Das zu diesem Zeitpunkt vom Vatikan bekundete Interesse ... war ein wichtiger Faktor, der zur Rettung der rumänischen Juden wesentlich beitrug. Ihre moralische Widerstandskraft wuchs, als sie sahen, daß man sie nicht ihrem Schicksal überließ.“

In Bulgarien, wo König Boris noch unlängst den „jüdischen Experten“ Adolf Eichmanns empfangen hatte, verhinderten kirchliche Vorstöße die geplanten Deportationen. Mgr. Mazzoli, Roncallis Nachfolger als Apostolischer Delegat, legte Königin Giovanna ein schriftliches

Bittgesuch von sechshundert Frauen vor, deren Männer auf der Ausweisungsliste standen. Sie las es mit Tränen in den Augen und versprach zu helfen. In Istanbul aber zeigte Chaim Barlas dem Delegaten Roncalli einen Aktionsbericht aus Bulgarien, in dem die Endlösung der Judenfrage detailliert beschrieben war. Barlas hat später die Reaktion Roncallis geschildert: „Er erhob sich in zorniger Überraschung und flüsterte: ‚Gütiger Gott! Ist das möglich? Herr im Himmel, hilf uns!‘ Und er stürzte an seinen Schreibtisch, öffnete eine Schreibmaschine und schrieb auf ein Telegrammformular eine lange, an König Boris gerichtete Botschaft. Er gab seinem Diener den Auftrag, es unverzüglich abzuschicken, und sagte: ‚Laßt uns beten, daß dies uns retten möge.‘“

Das Telegramm hatte Erfolg. Trotz des Drängens der Nazis verzögerte Boris mehrmals die Ausführung des Planes, und im August 1944, als die Deutschen den Rückzug antraten, hob er alle antijüdischen Gesetze auf.

Im gleichen Sommer bat Ira Hirschmann, ein Sonderbeauftragter des amerikanischen Komitees für Kriegsflüchtlinge, um eine Unterredung mit dem Apostolischen Delegaten in der Türkei. Roncalli empfing ihn in der Sommerresidenz der Delegatur in Prinkipo, einer Insel im Marmarameer. Hirschmann, der mit Statistiken und Augenzeugenberichten über das verzweifelte Elend der Juden in Ungarn bewaffnet war, bat um Hilfe. Roncalli zog seinen Sessel näher heran und fragte, ob Hirschmann direkte Kontakte mit den ungarischen Juden habe. Der Besucher bejahte die Frage. Darauf entwarf Roncalli einen Plan, der an die Jahre erinnerte, die er in der von Intrigen wimmelnden Türkei verbracht hatte.

Er hatte gehört, daß bestimmte Nonnen in Budapest einigen Juden, hauptsächlich Kindern, Taufscheine ausgestellt hatten. Die Nazis hatten sie anerkannt und ihre Besitzer unbehelligt gelassen. Er sei bereit, sagte Roncalli, so viele Taufscheinformulare zur Verfügung zu stellen, als benötigt würden. Ihm sei es gleich, ob die Juden wirklich das Sakrament empfingen oder ob sie, wenn der Krieg vorbei war, wieder aus der Kirche austreten wollten. Ihm gehe es nur um die Rettung von Menschenleben. So wurde das Unternehmen Taufe gestartet.

In seinem Bericht für Washington stellte Hirschmann fest: „Die katholische Hierarchie, die in Ungarn großen Einfluß ausübt, ergriff außerordentlich spontane Maßnahmen, um jüdische Bürger, wo immer es möglich war, zu retten ... (Ich beziehe mich) auf die Taufe von Tausenden von ungarischen Juden in Luftschutzkellern." Diskreterweise erwähnte er den Namen Erzbischof Roncallis nicht.

Im Herbst und Winter 1944 gab es in Budapest praktisch keine katholische Kircheninstitution, in der die Juden nicht Zuflucht fanden. Und als die Russen die Stadt im Februar 1945 einnahmen, waren etwa 100 000 Juden (in ganz Ungarn waren es insgesamt 200 000) gerettet worden. Dies war das Werk von Priestern, Ordensschwestern und Bauern. Nur mit der schlichten Überzeugung bewaffnet, daß Christsein mehr bedeutet als Sonntagsfrömmigkeit, wußten sie, was sie zu tun hatten, und sie taten es.

Infolge der unregelmäßigen Postbeförderung während des Krieges (ein Brief traf manchmal erst nach drei Monaten in Sotto il Monte ein) und einer persönlichen Abneigung gegen Geld war Roncallis Konto beim Piccolo Credito häufig überzogen, und er wußte selten, wie es damit stand. Doch er zögerte nie, Ancilla zur Bank zu schicken, um die benötigte Summe abzuheben. „Jeder, der mich kennt, weiß, daß er unbesorgt sein kann", schrieb er. „Die göttliche Vorsehung läßt jene nie im Stich, die auf sie vertrauen."

Irgendwann im Frühjahr 1943 muß er ernsthaft daran gedacht haben, die Villa in Camaitino zu kaufen und darin einen Kinderhort zu errichten, „als ein wohltätiges Werk für meine liebe Pfarrgemeinde zum Andenken an mich. Wie Ihr wißt", schrieb er, „will ich nicht als Reicher leben noch sterben." Dieser Plan wurde zwar nie verwirklicht, doch um die gleiche Zeit faßte er etwas anderes ins Auge, was ihm sehr am Herzen lag: eine gesicherte Zukunft für seine Angehörigen. Er kaufte einen zweiten Bauernhof von etwa zehn Morgen nicht weit von der Colombera, so daß seine Geschwister und deren Kinder, insgesamt vierundzwanzig Personen, sich jetzt selbst helfen konnten. Im Januar schrieb er an Giovanni:

„Es versteht sich, daß ich unter der Bezeichnung Geschwister Roncalli kaufen würde und unter diesem Namen die beiden Schwestern Ancilla und Maria genau den gleichen Platz und in demselben Maß einnehmen müßten wie wir fünf Brüder. Wenn der Kauf ordnungsgemäß getätigt ist, wird man sehen, was zu tun zweckmäßig ist, d.h. an eine Aufteilung des Grund und Bodens zu denken, und der Häuser; oder sich so gut wie möglich zu einigen ... Ich bleibe immer derselben

Ansicht: Friede und brüderliche Liebe vor allem. Nun mögt Ihr mir alle Ratschläge geben, die Ihr nur geben wollt, aber auf mich als Euren Euch liebenden älteren Bruder hören, wie Ihr es immer getan habt, und daran denken, daß ich niemandem gegenüber eine Ungerechtigkeit tun werde, sondern allen Gutes zu tun suche."

Nachdem er dann im einzelnen aufführt, wie die Brüder bei dieser Transaktion vorgehen sollten, fügte er folgende Nachschrift hinzu: „Damit Ihr Euch nicht über meine Dinge wundert, sage ich Euch, daß die Gelder teils eine Schenkung des Heiligen Vaters sind, teils mein Gehalt. Somit ist alles in Ordnung und nichts ungewiß."

Er hatte gut geplant. Bis heute sind die beiden Bauernhöfe, La Colombera und Le Gerole, im Besitz der Familie Roncalli. Sie werden von zwei Neffen des Papstes bewirtschaftet und liefern den Unterhalt für eine Anzahl Kinder und alter Leute.

Inzwischen kam der Krieg auch nach Italien. Lange bevor der erste Soldat der Alliierten den Fuß auf italienischen Boden setzte, hatte Roncalli geahnt, daß sein Volk die Verblendung durch den Faschismus würde teuer bezahlen müssen. Die Verwüstung Griechenlands stand ihm noch deutlich vor Augen, und er schrieb an die Familie: „Betet und fordert auch die Kinder auf zu beten, damit uns die Schrecken einer Nachkriegszeit erspart bleiben."

Seine Gebete waren vergeblich. Im Juli 1943 fielen die Streitkräfte der Verbündeten mit der ganzen Wucht ihrer wachsenden Stärke in Italien ein und erkämpften sich in achtunddreißig Tagen ihren Weg durch Sizilien. Drei Wochen später, am 3. September 1943, landeten sie bei Reggio auf dem Festland, und am 9. streckte die italienische Regierung die Waffen. Aber niemand konnte jetzt noch den Zusammenbruch und die Zerstörung abwenden. Die Deutschen drangen von Norden her ins Land, und zwanzig Monate lang wurde Italien zum Schlachtfeld.

Im Oktober schrieb Roncalli nach Sotto il Monte:

„Hinsichtlich der Ereignisse, die das Leben unseres lieben Vaterlandes beunruhigen, habe ich keine Ratschläge zu wiederholen. Es ist unnötig, Kommentare abzugeben, jetzt ist Krieg, die große Strafe des Herrn, die auch die Italiener sich ins eigene Haus gezogen haben. Es ist jetzt nicht die Stunde, nach den Verantwortlichen zu suchen. Man muß leiden, schweigen, und jeder muß seine Pflicht tun, den augenblicklichen schmerzlichen Umständen entsprechend ... Laßt die Arbeit des Soldaten dem Soldaten und die Politik den Politikern."

König Boris war im Sommer unter mysteriösen Umständen gestorben, eine Woche nach seiner Rückkehr von Beratungen mit Hitler. Ostern des kommenden Jahres bat Franz von Papen, der deutsche Botschafter in der Türkei, Roncalli, dem Vatikan die Bitte zu übermitteln, die Verbündeten möchten einen Unterschied machen zwischen dem Naziregime und dem deutschen Volk. Am 4. Juni war das 88. US-Infanterieregiment auf die Piazza Venezia einmarschiert, wo Mussolini zu den Menschenmassen zu sprechen pflegte, und zwei Tage später, am Tag D, landete die größte Armada der Geschichte eine Angriffsstreitmacht in Frankreich.

Die alte Ordnung ging zu Ende. Selbst als der Kampf vorerst weiterging und bei dem Versuch, ein Ergebnis zu vereiteln, das sich bereits abzeichnete, noch Millionen starben, nahm die Nachkriegswelt mit neuen Gesichtern und neuen Zielen Gestalt an. Unter jenen, die sich dagegen sträubten, in die Mülltonne der Geschichte gefegt zu werden, war auch von Papen.

Er war ein überzeugter Katholik und ehemaliger Reichskanzler, ein Aristokrat der alten Schule, der, wie so manche seiner Standesgenossen, teils hypnotisiert war von dem fanatischen Nationalismus Hitlers, teils sich angewidert fühlte von dessen moralischem Bankrott. Schließlich ließen er und seinesgleichen sich von der Überzeugung irreführen, daß nur der Nationalsozialismus dem revolutionären Kommunismus standhalten könnte, und Papen selbst verhalf Hitler an die Macht.

Roncalli, der in jedem Menschen eine gute Seite sah, betrachtete ihn als ein Opfer des Krieges. Von Papen hatte die Bemühungen der Kirche, zum Tode verurteilte Juden nach Palästina verschwinden zu lassen, ständig unterstützt. Gewiß war er ein Gentleman, ein ausgezeichneter Diplomat und ein beispielhafter Katholik, und jetzt ging für ihn eine Welt zugrunde. Was mag Roncalli gedacht haben, als er erfuhr, daß von Papen auch der führende Kopf des Unternehmens Cicero war, daß der kriecherische Diener, den Roncalli von Zeit zu Zeit in der englischen Botschaft gesehen hatte, im Solde von Papens stand und ihm regelmäßig alliierte Geheimdokumente lieferte? Wir wissen es nicht.

Wohl aber wissen wir, daß er gegen Kriegsende von Papen, soweit er konnte, Mut zusprach. Er erklärte ihm, daß das deutsche Volk die Entscheidung der Westmächte abwarten müsse, daß er aber Vertrauen in dieses Urteil setze. Bei seiner Abreise aus der Türkei im August schickte ihm Roncalli einen herzlichen Brief: „Sie können mir glauben, mein Herz ist traurig, daß Sie abreisen..."

Und später, als von Papen in Nürnberg während des Prozesses gegen Kriegsverbrechen auf der Anklagebank saß, erfüllte Roncalli seine Bitte um eine Zeugenaussage, die seiner Verteidigung Rückhalt geben sollte. Und von Papen wurde freigesprochen. Nachher verurteilte ihn ein deutsches Entnazifizierungsgericht zu acht Jahren Gefängnis, von denen er zwei Jahre abbüßte.

Der 6. Dezember, ein Mittwoch, war ein trüber Tag in Istanbul; es war kalt und grau, als ob Schnee in der Luft läge. Gegen Abend war Roncalli in seinem Arbeitszimmer tätig, als Luigi ihm ein Telegramm vom Vatikan brachte. Es war verschlüsselt. Sein Sekretär Thomas Ryan, der gewöhnlich die mühsame Arbeit auf sich nahm, chiffrierte Botschaften zu entziffern, war ausgegangen, und Roncalli kannte das Verfahren nicht. Da er vermutete, daß es sich um eine wichtige Nachricht handeln könnte, holte er das Codebuch aus dem Safe und machte sich an die Arbeit. Die ersten Worte, die er entzifferte, waren „Nuntius" und „Frankreich". „Ich dachte zunächst", so sagte er später, „man habe in Rom einen Fehler begangen und mir eine Nachricht gesandt, die für Monsignore Valeri in Paris bestimmt war."

In diesem Augenblick kam Ryan zurück, und Roncalli übergab ihm das Telegramm. Es war kein Irrtum. Nach wenigen Minuten blickte Ryan vom Schreibtisch auf, sein volles irisches Gesicht war gerötet, und langsam, jedes einzelne Wort deutlich artikulierend, las er laut vor: „Seine Heiligkeit ernennt Sie zum Nuntius in Paris. Brief folgt. Montini."

Roncalli stand unbewegt, er konnte es nicht glauben. Nuntius in Paris! Er, der bisher nur ein halbamtlicher päpstlicher Emissär an entlegenen Orten gewesen war; er, der mit 63 Jahren zu der Ansicht gekommen war, daß nur das Grab noch vor ihm liege, ausgerechnet er war jetzt dazu ausersehen, den wichtigsten diplomatischen Posten des Vatikans zu übernehmen? Er brachte kein Wort hervor.

Ryan erhob sich. „Meinen Glückwunsch, Exzellenz", sagte er, indem er seine Hand ausstreckte. „Gott wird mit Ihnen gehen."

Nuntius am Quai d'Orsay

Frankreich steckte in einer Krise, als das turbulente Jahr 1944 zu Ende ging. Die Deutschen waren zurückgetrieben worden, aber die Bevölkerung, die vier Jahre lang unter der Knute des Feindes gestanden hatte, war seelisch durch die Wunden der Besatzung zerrissen und gespalten durch Haß und Leidenschaften, die aus der tiefen Demütigung vor der Welt geboren waren. De Gaulle war an der Macht und Pétain im Gefängnis, aber das Volk war noch besessen von unerbittlicher Wut und von Rachegelüsten gegen die Kollaborateure. Und im Kreuzfeuer stand die Hierarchie der französischen katholischen Kirche.

Mit dem Fall Frankreichs im Jahr 1940 hatte Roncallis Vorgänger als Nuntius, Valerio Valeri, die von den Nazis bestätigte Regierung von Marschall Henri Pétain nach Vichy begleitet. Andere Bischöfe hatten gleichfalls ihre Pflichten unter dem Vichy-Regime weitergeführt. Keiner war Nazi-Sympathisant. Viele waren ergebene Gaullisten, aber die meisten folgten der Haltung des Vatikans: Der alte Pétain, *Pater Patriae,* stand an der Spitze der ordnungsgemäß gebildeten Regierung von Frankreich, und sie unterstützten ihn. Im Verfolg ihrer Pflichten hatten einige regelmäßige Kontakte mit deutschen Beamten gehabt. Valeri soll auf freundschaftlichem Fuß mit Otto Abetz, dem Botschafter der Nazis in Paris, gestanden haben.

Für die Männer und Frauen der französischen Résistance war das Verrat, und sie waren nicht gewillt, ihm zu verzeihen, auch nicht dem Klerus. *Sie* hatten nicht zusammengearbeitet. Sie hatten sich in den Städten und Wäldern verborgen und weitergekämpft. Sie waren gejagt worden und hatten gehungert, sie hatten gesehen, wie ihre Kameraden niedergemetzelt und unschuldige Geiseln von den Eindringlingen erschossen worden waren. Und sie wollten nicht vergessen. Selbst die neue katholische politische Partei, das *Mouvement Républicain Populaire* (M.R.P.), dessen Kirchentreue unzweifelhaft war, drängte die Regierung, die Schmach von Vichy zu tilgen.

Charles de Gaulle, provisorischer Präsident, hatte das Freie Frankreich von außen her gelenkt; dieser strenge und unerschrockene Mann war in den Kriegszeiten die Hoffnung der Widerstandskämpfer gewesen. Jetzt, da sie triumphierten und Frankreich befreit war, erwarteten sie von ihm, die Erneuerung der Ehre Frankreichs auszulösen. Einer seiner ersten Schritte in dieser Richtung war, Valeri abberufen zu lassen. In seinen Memoiren schreibt de Gaulle, wobei er seiner Gewohnheit nach von sich selbst in der dritten Person spricht: „Der Vatikan wünschte augenscheinlich, Mgr. Valerio Valeri bei General de Gaulle akkreditieren zu lassen, nachdem er bei Marschall Pétain Nuntius gewesen war. Das war von unserm Standpunkt aus unmöglich. Nach einigem Hin und Her bat der Heilige Stuhl um unsere Zustimmung zu der Person von Mgr. Roncalli. Wir gaben sie sofort." Er verlangte weiter, daß nicht weniger als 30 Bischöfe ersetzt werden sollten.

Aber er wollte keinen Bruch in den diplomatischen Beziehungen; er war ein guter Katholik und Frankreich eine katholische Nation, und er verlieh Valeri vor seinem Weggang das Großkreuz der Ehrenlegion. Gleichzeitig drängte er den Vatikan, unverzüglich Ersatz zu senden, und bot ein Flugzeug an, um den neuen Nuntius eilends nach Frankreich zu holen. Diese letzte dringliche Note war wenigstens zum Teil politisch. Seit dem Wiener Kongreß von 1815 war es üblich, daß der Apostolische Legat, ohne Rücksicht auf die Länge seiner Dienstzeit in Frankreich, Dekan des diplomatischen Korps war. Als solcher sprach er im Namen aller versammelten Botschafter die traditionellen Neujahrsglückwünsche für den Präsidenten der Republik. In Abwesenheit eines Nuntius fiel diese Ehre dem dienstältesten anwesenden Diplomaten zu. Und als der letzte Monat des Jahrs 1944 herannahte, wurde sich de Gaulle peinlich bewußt, daß der dienstälteste Botschafter Alexander Y. Bogomolow aus der Sowjetunion war.

De Gaulles erste entschiedene Vorstöße hatten im Vatikan höchst besorgte Unruhe ausgelöst. Der Papst war sich der gefährlichen Strömungen in Frankreich bewußt und konnte, obwohl durch die praktische Ausweisung Valeris verletzt, die Kirche nicht ohne Vertretung lassen. Aber wen sollte man nehmen? Seine beiden *sostituti,* Stellvertreter auf dem lange vakanten Posten des Staatssekretärs, Domenico Tardini und Giovanni Battista Montini, zerbrachen sich tagelang die

Köpfe. Die erfahrenen Nuntien, die sie in Betracht zogen, ließ man entweder besser dort, wo sie waren, oder sie wurden von dem unbeugsamen de Gaulle als *persona non grata* angesehen, weil sie Ländern dienten, die Frankreich politisch feindlich gesinnt waren.

Der Papst selbst dachte an den Apostolischen Delegaten in Istanbul. Roncalli war unauffällig, hatte aber einen sicheren Kurs durch die diplomatischen Untiefen der Türkei und Griechenlands gesteuert, wobei er Zusammenstöße mit verbitterten Parteien vermieden und durch seine Bescheidenheit und Wärme Freunde für die Kirche gewonnen hatte. Er sprach Französisch; er hatte eine gewisse Sympathie für die Auffassungen der christlichen Demokratie, die in Frankreich jetzt zu neuem Leben erwachte. Und wenn er diplomatisch ein Unbekannter war, dessen Erfahrungen sich auf zweitrangige Berufungen stützten, dann um so besser. Er war 63 Jahre alt; sollte er in Frankreich versagen, würde es keine Peinlichkeiten geben, wenn man ihm einen harmlosen Posten in Rom gab oder ihn – wo war doch seine Heimatdiözese? – nach Bergamo zurückschickte.

Und Roncalli selbst gab sich keinen Illusionen hin, nachdem er einmal die überraschende Nachricht verdaut hatte. Er war menschlich genug, vom Glanz der Nuntiatur in Paris angezogen zu werden. Zum erstenmal wurde er in ein vorherrschend katholisches Land geschickt und erhielt vollen diplomatischen Status. Aber er war Realist. Jemand hat gesagt, daß Frankreich in Wirklichkeit nur eine schwarze Soutane mit weißer Weste wollte. Und Roncalli sagte später einmal einem Freund: „Wenn die Pferde nicht mehr können, nimmt man Esel."

Aber der völlige und plötzliche Wechsel beunruhigte ihn. „Zehn Jahre jünger hätte ich für den Auftrag sein müssen, den man mir da anvertraut", schrieb er an seine Familie am Tag, nachdem das Telegramm angekommen war. „Ich werde mein Bestes tun."

Nachdem Montinis bestätigender Brief angekommen war, der die Wichtigkeit seiner Anwesenheit in Paris am 1. Januar unterstrich und zur Eile anhielt, bewegten sich die Ereignisse in halsbrecherischem Tempo. In Istanbul gab es ein Abschiedsessen, aber er mußte aufbrechen, bevor das Mahl zu Ende war, um den Zug nach Ankara zu erreichen. Auch dort mußte er sich mit dem Abschied beeilen, und am Mittwoch, dem 27. Dezember, einem düsteren, wolkenverhangenen Tag, bestieg er eine vom Krieg gezeichnete amerikanische B 24, die ihm die französische Regierung zur Verfügung gestellt hatte, und flog nach Rom ab. Er kauerte sich auf einen Kübelsitz, und fast sofort verschwanden die Lichter von Ankara im Dunst.

Die Kriegsereignisse hatten Roncalli mehr als drei Jahre von der Heiligen Stadt ferngehalten. Jetzt ging er sofort zum Staatssekretariat, wo Tardini ihn erwartete. Sie sprachen eine Weile über die Probleme, die ihn in seiner neuen Mission erwarten würden, und Roncalli drückte sein Erstaunen darüber aus, daß man ihn gewählt hatte. Tardini, ein zäher alter Römer mit Jahrzehnten kurialer Erfahrung, antwortete prompt: „Sie sind nicht der einzige, der erstaunt ist." Und er wies auf die päpstlichen Gemächer. „Es war allein *seine* Idee."

Am Morgen des 29. Dezembers sah Roncalli Pius, der ihm bestätigte, daß alles seine Idee gewesen war. „Ich allein, Monsignore, habe an Sie gedacht und diese Entscheidung getroffen, kein anderer."

Er verließ Rom am nächsten Morgen, diesmal in de Gaulles persönlichem Flugzeug, und kam am frühen Nachmittag über Paris an. Aber die Stadt lag unter Winternebel; nach einem vergeblichen Versuch, in Le Bourget zu landen, kam der Pilot schließlich in Orly herunter, damals nur ein kleiner Militärflugplatz. Natürlich war keiner da, um ihn abzuholen. Das Empfangskomitee der Nuntiatur und des Quai d'Orsay wartete noch auf einen Anruf von Le Bourget, aber schließlich besorgte jemand einen Jeep und einen Fahrer, und so zog er in Paris ein. Er erreichte die Nuntiatur auf der Avenue Président Wilson Nr. 10 gegen vier Uhr nachmittags und klopfte an die Tür. Dem verwirrten Priester, der ihm öffnete, sagte er vergnügt: „Guten Abend, ich glaube, Sie warten schon auf mich. Ich bin Monsignore Roncalli."

Am ersten Tag des neuen Jahrs machte sich Roncalli auf, eine sorgfältig vorbereitete Rede in der Tasche und ein demütiges Gebet um Beistand im Herzen, um General de Gaulle sein Beglaubigungsschreiben zu überreichen. Der Élyséepalast, Residenz der französischen Präsidenten, zeigte noch die Verheerungen des Kriegs, verleugnete aber nicht seinen inneren Glanz. De Gaulle empfing ihn in einem kleinen Empfangsraum, dessen verschlissene Vorhänge und herrliche Fenster aus dem 18. Jahrhundert ein Bild Frankreichs zu sein schienen: stolz, von schweren Zeiten heimgesucht, aber im Innersten unversehrt. Der General, der den beleibten Roncalli überragte, stand steif und ohne zu lächeln da. Er hatte weder Italiens abscheulichen Angriff im Jahr 1940 vergessen noch das Schweigen des Vatikans zu der deutschen Besetzung. Er beschränkte seine Grüße auf bloße Höflichkeiten, und Roncalli blieb nichts übrig, als mit der Verlesung seiner Ansprache zu beginnen: „Ich überreiche Eurer Exzellenz hiermit das Schreiben, das mich als Apostolischen Nuntius beim Präsidenten der Provisorischen Regierung der Französischen Republik beglaubigt... Damit sei Ihnen, Herr Präsident, zum Ausdruck gebracht, mit welchen Gefühlen der aufrichtigen Freundschaft ich die Aufgabe übernehme, die der Heilige Vater mir in diesem Lande anvertraut hat, in dem der Krieg Verwüstungen und Zerstörungen angerichtet hat, ohne aber dessen Lebenskraft zu brechen und den Schwung seines Geistes zum Erlahmen zu bringen..." Ein kleiner antwortender Ausdruck soll des Generals starren Blick gemildert haben. Niemand konnte Roncalli sprechen hören, nicht einmal in den hochgestochenen Phrasen der Diplomatie, ohne zu erkennen, daß es ihm aus dem Herzen kam. Und sein Französisch war hervorragend.

Kaum eine Stunde später versammelten sich die Botschafter und bevollmächtigten Gesandten in der Reihenfolge ihres Ranges im Großen Salon des Élysée. Roncalli, der neben Bogomolow, dem russischen Botschafter, stand, murmelte eine Entschuldigung dafür, daß er zwar noch gerade rechtzeitig gekommen sei, ihn der Ehre des Neujahrsgrußes zu berauben, aber nicht früh genug, um ihm die Sorge um die Vorbereitungen zu nehmen. Der Botschafter lächelte wissend; er war kein Neuling in solchen Dingen. Aber Roncalli war echt bekümmert. Es lag einfach nicht in seiner Natur, jemand zu nahe zu treten. „Ich möchte meinen ersten amtlichen Besuch in der sowjetischen Botschaft machen", sagte er. „Würde es morgen passen?" Päpstliche Vertreter besuchten nur selten sowjetische Botschaften und nie mit solcher Achtung. Aber Roncalli tat es. Bei einer andern Gelegenheit, als es bei der Feier des Tags der Bastille (14. Juli) zu regnen anfing, bemerkten Journalisten und alle andern Anwesenden, wie der Nuntius unter dem Regenschirm des Sowjetbotschafters Schutz suchte und die beiden dann angeregt plauderten.

Um halb zehn erschien General de Gaulle, und Roncalli trat vor:

„Herr Präsident!

Es ist für mich eine hohe Ehre... Ihnen im Namen unserer Souveräne und Staatsoberhäupter die besten Glückwünsche zum neuen Jahre zu entbieten.

Das Jahr, das soeben inmitten von Prüfungen und unvermeidbarem Leid zu Ende gegangen ist, ist für Frankreich auf Grund wichtigster Ereignisse ein Jahr von allergrößter Bedeutung gewesen. Denn dank Ihrem politischen Weitblick und Ihrer Tatkraft hat dieses Land tatsächlich seine Freiheit und den Glauben an seine Sendung wiedergefunden. Wir zweifeln nicht, daß das neue Jahr Zeuge neuen Fortschritts und neuen Aufstiegs sein wird. Auf diese Weise wird Frankreich sein altes Antlitz zurückerhalten und die Stellung, die ihm unter den Völkern zukommt. Mit seinem Weitblick, seinem Fleiß, seiner Liebe zur Freiheit und seiner geistigen Strahlkraft... wird es der Menschheit den Weg weisen, der sie in innerer Geschlossenheit und in Gerechtigkeit Zeiten der Ruhe und eines dauerhaften Friedens entgegenführt..."

Der Präsident hörte gespannt zu. Roncalli hatte eine verwandte Saite in dem glühenden Patrioten de Gaulle angeschlagen, und sein Abschiedshändedruck war warm. Roncalli hatte gut angefangen.

Aber während des ganzen Winters schneidender Kälte und ungewöhnlichen Schneefalls war er sich der Größe seiner Aufgabe und seiner fortschreitenden Jahre voll bewußt. „Ich darf mich der Tatsache nicht verschließen", vertraute er seinem Tagebuch an, „daß ich mich entschieden dem Alter nähere. Der Geist wehrt sich dagegen und protestiert gleichsam, da ich mich noch so jung, rüstig, agil und frisch fühle. Ein Blick in den Spiegel allerdings genügt, um über meine wirkliche Verfassung zu urteilen. Das ist die Zeit der Reife. Ich muß also mein Bestes tun und bedenken, daß mir vielleicht nur noch wenig Zeit beschieden ist."

Eine der explosivsten Situationen, denen er sich in seinem neuen Amt gegenübersah, war de Gaulles Forderung nach Rücktritt der dreißig der Zusammenarbeit mit den Nazis beschuldigten Bischöfe, darunter Emmanuel Kardinal Suhard, Erzbischof von Paris. Roncalli protestierte nicht formell gegen die Forderung der Regierung. Er verstand die Fieberquelle, der sie entsprang. Aber der Geist der Rache stieß ihn ab; er wollte nicht teilhaben an einer Hexenjagd. Er schlug Georges Bidault, dem französischen Außenminister, vor, daß eine Untersuchung der spezifischen Anklagen gegen die Beschuldigten eingeleitet würde, und innerhalb weniger Tage hatte er plumpe Dossiers über jeden. Er las sie ungläubig. „Was ich bisher gesehen habe, besteht aus Zeitungsabschnitten und Gerüchten", schrieb er an Bidault. „Es gibt keine Belege, nichts, was in irgendeinem Rechtssystem als Beweis gelten könnte. Wenn das alles ist, dann fürchte ich, daß jedes Vorgehen gegen diese Männer für mich und die Ehre Frankreichs schändlich sein würde."

Es gab weitere Nachforschungen, weitere Verhandlungen, aber inzwischen gingen Monate vorbei; die Leidenschaften kühlten sich ab. Und am Ende wurden nur drei Bischöfe entfernt. Kardinal Suhard gehörte nicht dazu. Es war ein herausragender Erfolg. Roncalli war einer Krise begegnet, die die französische Kirche hätte erschüttern können mit Rückwirkungen auf die gesamte katholische Welt, und mit Ruhe und Vernunft hatte er sie bestanden.

Bald danach hatte er Gelegenheit, einem französischen Priester zu helfen, der den Nazis aktiv widerstanden, damit einen Schlag für alle, die nicht kollaborieren wollten, geführt und so nicht zufällig die tiefe Dankbarkeit der Regierung de Gaulles gewonnen hatte.

Der Erzbischof von Toulouse, Mgr. Jules Saliège, war ein schwacher alter Mann, fast völlig gelähmt, aber sein Mut und sein Mitgefühl waren nicht geschmälert. Im Sommer 1942, als der ganze Schrecken der nazistischen Aushebung und Deportation französischer Juden klargeworden war, hatte er eine aufsehenerregende Gewissenserklärung verfaßt und angeordnet, daß jeder Priester seiner Diözese sie auf der Kanzel verlesen sollte. Als die Polizei Saliège aufforderte, die Anordnung zurückzuziehen, antwortete er: „Es ist meine Pflicht, meine Diözesanen Moral zu lehren, und wenn notwendig, auch die Beamten der Regierung." Und am folgenden Sonntag ließ er sich auf einer Bahre in die Kathedrale tragen und sprach unvergessene Worte, die in vierhundert Kirchen ihr Echo fanden, in Verstecke der Résistance und in die BBC in London geschmuggelt, im Osservatore Romano abgedruckt und zweimal von Radio Vatikan gesendet wurden.

Obwohl mehrfach mit Gefangennahme bedroht, überlebte Saliège den Krieg und war nicht vergessen. Als Giuseppe Saragat, der italienische Botschafter, den Nuntius auf die besondere Aufmerksamkeit der französischen Regierung für Saliège hinwies, erkannte dieser sofort, daß nicht nur die französische Regierung, sondern jeder Franzose, der

Hitler bekämpft und Vichy widerstanden hatte, sich durch eine kirchliche Anerkennung des tapferen Erzbischofs von Toulouse geehrt fühlen würde. Er schickte sofort eine dringende Empfehlung nach Rom, Saliège zum Kardinal zu machen, und das geschah beim nächsten päpstlichen Konsistorium. Roncalli selbst ging nach Toulouse, um Saliège das rote Birett zu überreichen.

Grundsätzlich trägt der Nuntius in Frankreich das rote Birett im Rucksack. Er kann also, falls er nicht stirbt oder in Ungnade fällt, fast sicher sein, in das Kardinalskollegium erhoben zu werden. Roncalli war nie bemüht, persönliche Vorteile wirklich oder scheinbar zu suchen. Deshalb warnte er seine Familie: „Ich kann es nicht hören, wenn jemand meinethalben vom Kardinalat spricht. Wenn mir dies zustoßen sollte, könnte es mir nur eine große Eitelkeit und eine große Melancholie bedeuten. Ich lege wirklich keinen Wert darauf. Deshalb ist es mir lästig, wenn jemand, um mir eine Freude zu machen, darauf anspielt. Macht Ihr es genauso. Sprecht nicht davon und laßt nicht zu, daß man davon spricht... Es könnte mich irgendein großes Unglück treffen, das alles Geschwätz der Menschen in Rauch aufgehen ließe."

Meist jedoch war er mit den täglichen Pflichten viel zu sehr beschäftigt, um sich um künftigen Ruhm zu sorgen. Als Nuntius war er nicht unmittelbar verantwortlich für die geistliche Führung der französischen Katholiken, wie er es für die der Katholiken der Türkei und Griechenlands gewesen war, aber dennoch hielt er sich an Festen und besonderen Feiern den Pfarreien im ganzen Land zur Verfügung. Mgr. Loris Capovilla, sein treuer Gehilfe, drückt es so aus: „Mgr. Roncalli verschloß sich als Nuntius nicht in ein mächtiges Palais am Ende einer Straße von Paris, sondern stand täglich vor einer Gemeinde oder vor Landeskindern: gleichviel ob es die ‚clochards' der Seine oder die Zöglinge von Cannes, ob es die Fischer der Sables d'Olonne oder die Weinbauern von Beaune waren, ob die Pfarrgottesdienste in St. Severin oder die patriotischen Feiern am 14. Juli." Roncalli pflegte zu sagen, daß der Papst Pfarrer der ganzen Welt sei; als Nuntius sah er sich gern als Pius' Delegierter in dessen Pfarrei Frankreich.

Er ließ auch die lange vernachlässigte Nuntiatur auf der Avenue Président Wilson reparieren und angemessen ausstatten. Oft stand er im Schutt, plauderte mit den Arbeitern und lud sie zu einem Glas Wein ein. Einmal kam ein italienischer Schweißer, um einige Heizkörper zu versetzen, und Roncalli war so entzückt von der Gesellschaft des Mannes, daß es 6 Uhr nachmittags wurde, ehe die Arbeit getan war. Daraufhin schickte er den Schweißer heim, um Frau und Kinder zur Nuntiatur zum Abendessen zu holen.

Bald wurde die neuhergerichtete Nuntiatur ein beliebter Treffpunkt für die Führer der europäischen Politik, das diplomatische Korps, Mitglieder des französischen Kabinetts und Würdenträger auf Besuch. Sie kamen nicht wegen des ausgezeichneten Essens und Weins, obwohl Roncalli einen Küchenchef eingestellt hatte, der aus der manchmal mageren Nachkriegsversorgung unglaubliche Dinge herstellte, sondern wegen der Gesellschaft des Nuntius selbst. Robert Schuman, der 1947 französischer Premierminister wurde, sagte über Roncalli: „Er ist der einzige Mensch in Paris, in dessen Gesellschaft man körperlich Frieden spürt."

Daß Roncallis angeborene Wärme und Herzlichkeit Freundschaft zwischen grundverschiedenen Führern der Menschen entfachen konnte, ist verständlich. Eben diese Wärme, sein Verlangen, Freundschaft zwischen Menschen und Nationen zu stiften, führten ihn auf völlig natürliche Weise zu einem hohen Rang diplomatischer Fähigkeit. Seine Methode war immer ehrlich und gerade. Als man ihn einmal wegen seines Geschicks bei der Vertretung der Interessen des Vatikans lobte, sagte er von sich selbst: „Ich verdiene kein Lob. Es liegt einfach daran, daß meine Freunde in der Regierung an diplomatische Schliche gewöhnt sind. Wenn sie entdecken, daß ich die einfache Wahrheit sage, erklären sie: ‚Wie klug der Mann ist!'"

Er betrachtete es als Teil seiner Mission, alle Nationen einander näherzubringen. Bei einem Essen zu Ehren des sechsten Jahrestags der Krönung Papst Pius', der ersten Versammlung des französischen diplomatischen Korps nach dem Krieg, überließ er es den andern, den Heiligen Vater zu preisen. Der Toast des Nuntius galt Frankreich und England.

Die Würdenträger, die regelmäßig an seinem Tisch zusammenkamen, stimmen darin überein, daß Roncalli gewöhnlich die Unterhaltung selbst anführte, beherrschte, wie einige sagen. Daß dieser Sohn der Erde, dessen formale Bildung zutiefst religiös gewesen war, diese Männer von Welt bei weitgespannten Diskussionen anführen konnte, ist ein sprechender Beweis für seine bemerkenswerte Gabe der Selbsterziehung, für die sich entfaltende Stärke der Persönlichkeit und seinen lebhaften Verstand.

Jacques Dumaine, Chef des Protokolls beim Quai d'Orsay, schrieb in seinen Memoiren: „Monsieur Roncalli ist ein Mann von Erfahrung und guter Laune ... Er war außerordentlich beliebt, und zwar verdientermaßen. Ich erinnere mich an einen Empfang, wie er sich, ganz in Purpur und Rot, zwischen dem Außenminister und seinem Generalsekretär, inmitten von fünf Botschaftern, mehreren Soutanen und ein paar Akademikern wie ein Kreisel drehte. Er war allen Lagen gewachsen."

Das war er wirklich. Kardinal Vagnozzi, der damals Roncallis Geschäftsträger war, erzählt, wie einmal einer der neuen Botschafter zu einem Festessen mit seiner Frau erschien. „Wir luden nie Damen in die Nuntiatur ein. Das war unschicklich. Aber augenscheinlich hatte dieser Herr uns mißverstanden, und da standen wir nun, mit dieser – dieser Dame! Ich war entsetzt." Nicht so Roncalli. Er rief Vagnozzi auf die Seite und forderte ihn auf, in den Speisesaal zu schleichen, die Tischkarten abzuändern und die Frau des Botschafters an seine Rechte zu setzen. Vagnozzi war mitten bei der peinlichen Aufgabe, als die Dame die Lage erfaßte und sich taktvoll verabschiedete. „Aber das ändert nichts", sagt Vagnozzi in Erinnerung an jenen Tag. „Er hätte sie nie aufgefordert zu gehen und war sogar bereit, ihr den Ehrenplatz zu geben, um ihr die Befangenheit zu nehmen."

Man erinnert sich in Frankreich an Roncalli als großen Esser, aber obwohl die Essen, die er gab, zu Recht wegen der Fülle köstlicher Speisen und Weine berühmt waren, aß er selbst immer weniger. Sein Koch Roger, der später Eigentümer eines attraktiven Restaurants auf dem linken Seine-Ufer wurde, Roger à la Grenouille, lernte seine Lieblingsgerichte, Polenta, scharf gewürzte Hähnchen und Bergamasker Kutteln, klagte aber: „Für einen Mann, der dick ist wie ein Kurat, ißt er wie ein Vogel. Die Bücher und Papiere, die er verschlingt, müssen ihn satt machen."

Zu dieser Zeit nahm er gelegentlich nach dem Essen eine Zigarette. Später, als Zeitungsfotos ihn mit einer Zigarette in der Hand zeigten, schüttelten einige besorgt den Kopf, er habe schlechte Gewohnheiten angenommen. Aber er war kein wirklicher Raucher. Er nahm eine Zigarette an, wenn ein Gast sie ihm anbot, damit dieser sich wie zu

Hause fühlte, aber er inhalierte nie und paffte einfach drauflos in der ungeschickten Art von Nichtrauchern.

Roncallis Humor verließ ihn nie, selbst nicht angesichts seiner Leibesfülle. Bei Gelegenheit seines ersten Besuchs der erlauchten Französischen Akademie fragte ihn jemand nach seinem Eindruck. Er saß noch auf seinem Sitz, blickte umher und murmelte: „Schön, schön." Dann stand er mühsam auf und fügte hinzu: „Leider gestatten die Stühle das Sitzen nur einem halben Nuntius."

Die Franzosen, aufrichtige Bewunderer von Bonmots, ergötzten sich an seinen Scherzen, und diese machten oft von Büro zu Büro in einem ganzen Ministerium die Runde. Später bedauerte er, so oft zitiert zu werden, und gestand, daß ihm manchmal seine schnelle Zunge ausrutschte. Tatsächlich aber entsprangen seine Geschichten gewöhnlich dem Drang, die Schranken der Schüchternheit niederzureißen, und hatten nie boshafte Absichten. Dumaine erzählt, daß Roncalli sich einmal bei einem Essen neben einer Dame mit einem verwirrend tief ausgeschnittenen Kleid fand. Einen Augenblick lang herrschte erschrecktes Schweigen am Tisch, bis Roncalli das Eis brach. „Ich finde es wenig höflich", sagte er rasch, „daß niemand das Kleid bewundert, das diese gute Dame mit soviel Mühe für diese Gelegenheit ausgesucht hat. Statt dessen schaut jeder auf den Nuntius, um zu sehen, wie *er* es aufnimmt."

Keiner, der dabei war, wird wohl Roncallis Neujahrsgrüße an Präsident Léon Blum am 31. Dezember 1946 (de Gaulle war im vorhergehenden Januar zurückgetreten) vergessen. Der Nuntius hatte sich einen bösen Fall von Laryngitis zugezogen, und daher mußte sein Auditor, Mgr. Oddi, die Adresse verlesen. „Aber Mgr. Roncalli konnte einfach nicht stumm bei einer solchen Gelegenheit dabeistehen", erinnert sich Dumaine. „Das war gegen seine italienische Natur. Und so mimte er das Sprechen und unterstrich jeden Satz mit den passenden Gesichtsausdrücken und Gesten, die deutlich machten, wenn das überhaupt notwendig war, daß ihm die Worte von Herzen kamen."

Und das taten sie. Blum, ein Sozialist, war 1941 nach Deutschland verschleppt und dort vier Jahre gefangengehalten worden. Roncalli spielte auf dies schmerzliche Erlebnis an, als er sagte: „Sie, Herr Präsident – und viele, viele edle Söhne Frankreichs mit ihnen – haben ... ein hervorragendes Beispiel tapferer Ausdauer gegeben ... Der Mut, mit dem Sie die Zügel der Regierung in die Hand genommen haben, wurde mit Recht von allen bewundert."

Aber er sagte auch, und was er meinte, wurde klar verstanden: „Zwei Jahre nach einem Krieg, der wohl der schrecklichste der Geschichte gewesen ist, führen noch Millionen von Menschen ein angsterfülltes Leben und harren des Tages, da sie ihre Familien wiedersehen und ihr Heim wieder aufbauen können."

Er meinte natürlich die deutschen Kriegsgefangenen, von denen noch 250000 in französischen Lagern eingeschlossen waren. Vor Weihnachten im gleichen Jahr hatte er einige in einem Hospital bei Fontainebleau besucht und geschrieben: „Arme Burschen, manche verheiratet, fern von ihren Lieben und oft ohne Nachricht seit sieben Jahren, dazu noch krank und gefangen; und wie lange noch?... Im Herzen vieler, die nun außer Gefahr sind, herrscht noch Haß gegen die Feinde von gestern, als ob wir nicht alle Sünder und Hochmütige wären." Als er erfuhr, daß in einem Lager bei Chartres etwa 200 junge deutsche Seminaristen gefangen waren, ließ er ihnen Bücher schicken, so daß sie ihre theologischen Studien hinter dem Stacheldraht fortsetzen konnten, und er selbst weihte die ersten Priester aus diesem „Untergrundseminar".

Er verbarg seine Gefühle nicht vor den französischen Behörden und drängte wiederholt auf einen Geist der Nächstenliebe. Auch der Vatikan rief zur Rückführung der Gefangenen auf, aber eine Regierung nach der andern zögerte aus Furcht vor der Öffentlichkeit. Erst März 1948, fast drei Jahre nach dem Krieg, als die französischen Bischöfe in einem Hirtenbrief die Sache zu einer Gewissensfrage gemacht hatten, wurden die Deutschen endlich heimgeschickt.

Roncalli war fast ständig mit der Frage befaßt – für ihn war es von Anfang an eine Gewissensfrage gewesen –, hatte aber vermieden, sich zu stark in französische Angelegenheiten einzumischen. Auch hier vermitteln Jacques Dumaines Erinnerungen einige unvoreingenommene Einsichten. Dies seine Eintragung vom 20. November 1946: „Ich stattete dem Nuntius einen Besuch ab... Er ist sorgfältig bemüht, nicht in innere Politik verwickelt zu werden und seine Aufgaben als diplomatischen Vertreter des Papstes nicht zu überschreiten. Er ist sich natürlich des üblichen Vorwurfs gegen den Nuntius in Frankreich bewußt, in die inneren Angelegenheiten des französischen Klerus einzugreifen und mit den Vorrechten der Bischöfe zu spielen."

Roncalli verglich seine Mission in Frankreich mit der des heiligen Joseph. „Ich muß die Interessen unseres Herrn bewahren und beschützen, aber immer taktvoll. Ich zeige mich bei der Regierung so selten wie möglich." Man hat gesagt, daß er ebensoviel Energie an die Aufgabe der Nichteinmischung wandte wie manche seiner Vorgänger an Intrigen.

Einmal machte ihm Bidault Vorwürfe, daß sie sich so selten träfen, wobei er ihn daran erinnerte, daß ein Nuntius des 19. Jahrhunderts den Außenminister jede Woche besucht hatte. „Ja", antwortete Roncalli, „aber in jenen Tagen waren Ihre Minister im allgemeinen Gegner der Kirche, und der arme Nuntius mußte seine Anwesenheit bemerkbar machen. Jetzt aber bin ich unter Freunden, die ich nicht bloßstellen will." Dennoch kam er mit dem Außenminister überein, ihn regelmäßiger zu besuchen.

Daß Roncalli seine politische Unparteilichkeit wahrte und einen streng objektiven Kurs steuerte, befriedigte weder die Extremen der Rechten noch der Linken, und beide nahmen mit Wonne Gelegenheit, ihn anzugreifen. Sie waren eine kleine, aber lautstarke Minderheit und versuchten beharrlich, den Abgesandten des Papstes in einen politischen Hinterhalt zu locken. Maurice Thorez, Führer der französischen Kommunisten, versuchte einmal, ihm eine Meinung über eine gerade anstehende Angelegenheit zu entlocken. Roncalli parierte mit einer Abhandlung über italienischen Wein und Weinanbau und sprach unentwegt weiter, bis Thorez, ausgespielt und mit neuem Respekt vor seinem Gegner, lächelnd die Hand hob: „Friede, Exzellenz! Meine nächste Frage, versichere ich Sie, wird nur Ihren Eindruck über das Pariser Wetter betreffen."

Ein anderer, der ihn in Parteipolitik zu verwickeln suchte, war Pierre de Gaulle, Bruder des Generals und damals Bürgermeister von Paris. Aber er drängte zu sehr und wurde nicht nur zweiter Sieger, sondern bekam auch den feinen Stich einer der seltenen Gegenstöße Roncallis zu spüren. Bei einem Empfang zur Erinnerung an den 2000. Geburtstag der Stadt Paris spielte der Bürgermeister auf politische Strömungen der Zeit an und versuchte dann taktlos, Roncallis Anwesenheit in eine kirchliche Billigung der neugebildeten gaullistischen Partei zu verdrehen. In dem betretenen Schweigen, das folgte, erhob sich der Nuntius ruhig zur Erwiderung. Nachdem er die erlauchte Versammlung begrüßt hatte, sagte er: „Ich habe die Freude gehabt, die internationale Buchmesse in Verbindung mit diesen Feierlichkeiten zu besuchen und besonders zu entdecken, daß sich unter den frühesten in Frankreich veröffentlichten Büchern ein von einem Bergamasker Landsmann geschriebenes befindet, nämlich von dem Humanisten des 16. Jahrhunderts Gasparino de Barsizzi." Dann schaute er kurz zum Bürgermeister, kehrte seinen heiteren Blick wieder der Versammlung zu und fuhr fort: „Das ganze Buch handelt von guten Manieren."

Nach General de Gaulles Rücktritt und während der unruhigen Tage der Vierten Republik, als Regierungen manchmal innerhalb eines Monats kamen und gingen, hielten es einige Führer der katholischen Partei, des *Mouvement Républicain Populaire,* nicht für unter ihrer Würde, um Roncallis Unterstützung für den einen oder andern Kandidaten zu bitten. Auf ein solches Ersuchen antwortete er: „*Cher Monsieur,* Sie wissen, daß zum Schluß der Fastenzeit alle heiligen Bilder in unsern Kirchen mit einem violetten Schleier verhangen werden. Erlauben Sie bitte dem Nuntius während der Wahlzeit das Vorrecht, sich mit einem Schleier des Schweigens zu bedecken."

Sein liebenswürdiger Stil, die Fähigkeit, selbst eine Enttäuschung mit sanftem Humor zu mildern, machten ihn fähig, politischen Abstand zu wahren, während er feste Freundschaften in allen Lagern schloß. Als Vincent Auriol, der einer der liebsten Gefährten Roncallis in Frankreich werden sollte, ihn einmal bat, beim M.R.P. in einer Schulangelegenheit, die Katholiken von ganzem Herzen billigen konnten, zu intervenieren, lehnte er ab: „Zwar stehe ich dem M.R.P. nahe genug, um einen gewissen kleinen Einfluß zu haben. Aber das nur, weil ich ihn nie ausübe."

Nachdem er sein 65. Lebensjahr überschritten hatte, versuchte er, sich um seine Gesundheit zu kümmern. Er ging brav um 10 Uhr abends zu Bett, war aber gewöhnlich morgens um 4 wieder auf und bei der Arbeit. Seine stattliche Figur war eine vertraute Erscheinung geworden bei den Bouquinisten an der Seine, und Besucher der Nuntiatur wurden in die Bibliothek geführt, um seine schöne Sammlung geistlicher Werke zu sehen. Darin erkannte er einen Zug von Eitelkeit, hatte aber deswegen keine übertriebenen Gewissensbisse.

Er gab weiterhin sein Geld an jeden weg, der in Not zu ihm kam. Vagnozzi erzählt, wie er einmal einen Bettler traf, einen Mann, der früher in der Nuntiatur gearbeitet hatte. Roncalli gab ihm 20 Francs. „Exzellenz", schalt Vagnozzi ihn beim Weitergehen, „der Mann kann arbeiten. Er betrügt Sie. Warum geben Sie ihm ein Almosen?"

„Er muß leben", sagte Roncalli. „Er hat eine Frau."

„Sie ist nicht seine Frau! Sie waren nie verheiratet, wenigstens nicht miteinander."

„Mag sein, aber sie müssen dennoch leben", sagte er bestimmt. „Ich lasse mich lieber von neun Leuten betrügen, als einem Hilfe zu versagen, der sie braucht."

Zu seinem bischöflichen Stab gehörten damals neben Vagnozzi zwei weitere, ein junger Schweizer, Don Bruno Heim, und Mgr. Oddi, der Auditor. Sie kamen gut zusammen aus, aber aus gewissen Andeutungen geht hervor, daß Roncalli manchmal glaubte, ihnen gegenüber nicht streng genug zu sein. Im Tagebuch schreibt er, daß seine Natur zur Nachgiebigkeit neige. Er finde nur die guten Seiten der Menschen heraus und scheue sich vor Kritik und voreiligen Urteilen. Dies und „der beträchtliche Altersunterschied ... bringen mich nicht selten in einen schmerzlichen inneren Gegensatz zu meiner Umgebung. Jede Form von Mißtrauen oder Unhöflichkeit, gegen wen auch immer, vor allem aber gegen die Kleinen, die Armen, die Geringen ... bereitet mir Schmerz ... Ich schweige, aber das Herz blutet mir. Meine Mitarbeiter sind tüchtige Geistliche: Ich verkenne nicht ihre guten Eigenschaften, ich habe sie sehr gern, und sie verdienen das alle auch. Aber ich leide an der mangelnden Übereinstimmung meines Geistes mit dem ihren."

Er erinnert sich an den Haushalt von Bischof Radini-Tedeschi, wo es keine respektlosen oder unehrerbietigen Äußerungen über Personen im Vatikan gegeben hatte. „Von den Frauen aber, von ihrer Gestalt oder dem, was sie betraf, fiel nie ein Wort. Als ob es keine Frauen auf der Welt gäbe. Dieses absolute Schweigen, dieses Fehlen jeglicher Vertraulichkeit in bezug auf das andere Geschlecht, war eine der stärksten und tiefsten Lektionen meiner priesterlichen Jugend."

Noch fünfzehn Jahre später, als er sich über einige längst vergangene Sünden gegen die Keuschheit äußert – „nichts Ernsthaftes, *nie*" –, war seine Haltung dem Geschlechtlichen gegenüber die seiner Seminarjahre. In jenen einfacheren Zeiten, vor Sigmund Freud und dem explosiven Einfluß der neuen Formen der Unterhaltung, gab es keinen Zweifel, daß sexuelle Regungen bei Priestern böse und vom Teufel gesandt waren. Roncalli dachte immer noch so. Wahrscheinlich aber fühlten sich seine jüngeren Mitarbeiter, wenn sie sich auch der Gefahren der Versuchung bewußt waren, in der offeneren Atmosphäre jener späteren Jahre freier, darüber unter sich zu diskutieren.

Aber selbst das beunruhigte Roncalli weniger als ihre gelegentliche Geringschätzung von Vorgesetzten. Für ihn war das schockierend und unmoralisch. Aber es lag nicht in seiner Natur, sie zurechtzuweisen, auch nicht, wenn sich die Kritik, wie es einmal geschah, gegen ihn selbst richtete. Was er ihnen aber sagte, war wohl noch wirksamer. Er war etwas spät zum Mittagessen gekommen, und als die Unterhaltung plötzlich abbrach, riet er scharfsinnig: „Ich schließe aus dem plötzlichen Schweigen, daß Sie über mich gesprochen haben, vielleicht nicht allzu freundlich." Ihr bestürzter Ausdruck gab ihm recht. „Nun, Priester müssen soviel aufgeben", fuhr er ruhig fort, „Heirat, Kinder – so viele verbotene Vergnügungen. Man muß ihnen den schönsten klerikalen Sport gestatten: Kritik an den Oberen."

Er hatte wieder den Brauch aufgenommen, seine Ferien in Sotto il Monte zu machen, wo die junge Enrica, die nach ihrer Enttäuschung im Kloster nach einem neuen Lebensinhalt suchte, nach Camaitino gezogen war, um sich um ihre alternden Tanten Ancilla und Maria zu kümmern. Allmählich fiel ihr die Rolle zu, ihres Onkels Hauptbriefkorrespondentin, Kurier und Sprecher zu sein, wenn er weg war. „Du bist heute die bevorzugteste Schriftstellerin der Inselrepublik", schrieb er ihr freundlich, drängte sie dann erneut, in sich nach geistigem Frieden zu suchen. „Die Gnade und Liebe Jesu im Herzen haben und ständig in der Lage sein, sie um Dich herum im engsten Kreis Deiner Familie, bei Deinen Tanten und in der Familie Deiner Onkel verbreiten zu können, so daß Du unter ihnen durch Deine Klugheit, Liebenswürdigkeit und Geduld zum wahren Band des Friedens wirst, das scheint dir wenig zu sein, oder Du glaubst, daß Du ein anderes Apostolat suchen solltest?"

Er verstand es, jedem Mitglied der Familie dies Eigentliche einer einzigartigen Beziehung zu vermitteln: seine besondere Sorge, ein bestimmtes Mitgefühl, das auf keinen andern zutraf. An Alfredo, der unverheiratet geblieben war und jetzt langsam sein Augenlicht verlor, sandte er kurz nach Neujahr 1948 „ein besonderes Wort". „Du bist mein Bruder... mehr als die andern zusammen mit den Schwestern Ancilla und Maria mir lieb, denn... wir sind immer bei derselben Partei geblieben: wir haben keine andere Gesellschaft gesucht, sondern uns mit jener des Herrn begnügt, der sicher mit besonderem Wohlgefallen auf uns blickt. Dies sage ich, ohne die andern zu beleidigen. Denn wenn sie alle unserm Beispiel gefolgt wären, dann wäre ja die Colombera ein Kloster von Mönchen."

An Ancilla und Maria schrieb er zu Weihnachten jenes Jahres: „Meine guten Wünsche gelten vor allem Euch, die Ihr mir am nächsten steht... Ihr habt auf das Leben des größten Teils der Töchter Evas verzichtet und seid bei Eurem geistlichen Bruder geblieben."

Giuseppe war ihm besonders lieb, weil er der jüngste Bruder und Vater von zehn Kindern war. Im Verlauf des Kaufs eines neuen Hofs jedoch hatte Giuseppe plötzlich die Harmonie der Familie gestört, als er der Teilung des Eigentums widersprach, und das brachte ihm eine sanfte Mahnung ein. „Was bei den Teilungen gemacht wurde", schrieb Roncalli, „wurde von meiner besonderen Rücksicht auf Dich eingegeben. Die Brüder und Schwestern hielten sich treu an meine Anregung, nicht streng beim bloßen Pflichtmäßigen stehenzubleiben, sondern großzügig zu sein im Hinblick auf Deine Kinder, die ich immer geliebt habe und weiter liebe."

Es schmerze ihn tief, fuhr er fort, nach dem finanziellen Opfer für den Erwerb des Landes und Hauses in Le Gerole zu erfahren, daß Giuseppe die Colombera nicht verlassen wollte. „Als ob die drei Brüder und die zwei Schwestern... verpflichtet wären, für Dich... sich in Unannehmlichkeiten zu stürzen... Diese Dinge habe ich Dir gesagt, lieber Giuseppino, nicht um Dich zu kränken, sondern weil Wahrheit und Liebe Hand in Hand gehen müssen."

Am Ende stellte die sanfte Überredung des ältesten Bruders den Frieden in der Familie wieder her – und seinen inneren Frieden. Seine Familie und sein Dorf, seine Wurzeln im steinigen Boden von Sotto il Monte waren ihm kostbarer als der goldene Glanz von Paris und seine hohe Stellung und Ehre. Er schrieb nach Hause, daß die Gesellschaft von Königen und Fürsten, Staatsmännern und kirchlichen Würdenträgern ihn nur an „die Einfachheit unserer Felder" denken lasse. Mitten im Glanz des Élysée-Palastes, schrieb er seinem Bruder Saverio, dachte er an ihre Mutter. „Mir war, als ob unsere Mama aus einer Ecke hervorkäme und in ihrer Einfachheit fassungslos sagte: ‚Madonna, der Angelo, was ist denn aus dem geworden! Soll's sein, beten wir für ihn, lassen wir's dabei.'"

Und als die Jahre vergingen und eine neue Ernte herannahte, schrieb er ihnen: „Ich gebe mich allmählich damit zufrieden, zu wissen, daß es Euch allen gut geht und daß Ihr mit unserm Land verbunden seid. Auch meine Gedanken – was glaubt Ihr? sind häufig bei Euch, und es ist für mich erquickend, wenn ich mir vorstelle, wie Ihr alle beim neuen Wein, beim harmlosen Geplauder... beisammen seid." „Enrica sagt mit Recht, daß das Leben auf dem Land das schönste Leben ist."

Er war froh, zu erfahren, daß zwei weitere Kinder seiner Brüder, Giuseppes Anna und Giovannis Giuseppina, das geistliche Leben gewählt hatten. Sofort unterrichtete er sie, daß er alle notwendigen Auslagen bezahlen würde, allerdings hoffe er, so schreibt er an beide, daß die Nonnen ihn es nach und nach bezahlen lassen würden. Mit der Zeit entschloß Anna sich, als Missionsschwester der Kongregation von der Heiligen Mutter der Schwarzen in Afrika zu dienen. Und als Giuseppina ihre Ewigen Gelübde ankündigte, machte Roncalli die Fahrt nach Rom, damit sie den Schleier aus seinen Händen empfangen konnte.

In den folgenden Jahren verlor er nie ganz den engen Kontakt mit diesen beiden Nichten, die sich mit Gott vereint hatten. Und während der ersten schweren Jahre des Klosterlebens, wenn sie, wie es so oft geschieht, schwankten und sich in weltliche Vorstellungen verloren, brachten seine Briefe voll Güte und Mitgefühl sie sanft wieder auf den Weg ihrer heiligen Berufung.

Um diese Zeit stand er in Briefwechsel mit einem Vetter zweiten Grades, der sich wegen einer Affäre mit zwei Frauen vor Gericht zu verantworten hatte. Roncalli schrieb ihm, daß er sich nicht einmischen könnte. „Ich bitte Dich, mir deshalb nicht böse zu sein. Ich bin Priester und deshalb mehr dazu geneigt, zu verstehen, Mitleid zu haben und die menschlichen Schwächen... zu verzeihen. Doch die Klugheit, die ich bei Dir und Deinen Angelegenheiten anwenden muß, ist engstens mit den höheren Erfordernissen meines Amtes verknüpft, und ich muß sie um jeden Preis respektieren." Er schickte ihm jedoch 20000 Francs (etwa 150 DM).

Es gab weitere meist unerwartete Ausgaben für die Familie, aber er kam für alle auf. Ein Vetter, der in Frankreich in der Nähe von Metz lebte, hatte eine kranke Frau; Giuseppe wollte eine Kuh kaufen; die Steuer auf die Colombera belief sich auf schmerzliche 80000 Lire. „Der Onkel Erzbischof scheint reich zu sein, ist in Wirklichkeit aber arm", sagte er einmal. Aber: „Es macht nicht einmal Spaß, das Gute ohne Schwierigkeit zu tun."

Als er hörte, daß es Giuseppe nicht gut ging, drückte er seine Sorge aus, bot sich an, für die Ausgaben der Behandlung aufzukommen, und wagte eine kluge Diagnose. „Ich habe festgestellt, daß wir Brüder Roncalli sämtlich schlechte Zähne haben... Nun aber kann man mit schlechten Zähnen schlechter kauen und verdauen. Wenn Deine Kur hier beginnen sollte, beginne sie sofort!"

Und die Kur wirkte. Aber mehr als ein Jahr später schrieb er an Enrica: „Schicke mir Nachricht über die Zahnprothese Deines Vaters. Sag ihm, er soll es sich nicht verdrießen lassen und jeden Morgen den Mund und die beiden Prothesen reinigen."

Er versorgte die Familien in La Colombera und Le Gerole mit einem Radio, ermahnte sie aber, „daß das Radio keine Entschuldigung dafür sein soll, Deinem schönen Hof die eigene Ruhe zu nehmen".

Im Herbst 1948 schickten die Armen Schwestern in Bergamo, denen er geholfen hatte, ein Haus für die neue Niederlassung in Paris zu bauen, Servalli, einen bekannten Künstler aus Bergamo zu ihm, um ihn zu porträtieren. Als das Bild im folgenden Frühjahr fertig war, schrieb er: „Alle sagen, daß es sehr gelungen ist... schöner als das Original."

Wirklich überraschend ist, daß er Zeit fand, dafür zu sitzen. Neben seinen offiziellen Aufgaben und seinen Pflichten bei religiösen Anlässen nahm er sich Zeit für eine ganze Reihe von Tätigkeiten, die mit beiden nichts zu tun hatten. Es überraschte in Paris niemand, ihn im Theater, im Louvre, in der Sorbonne, bei einem Pfadfinder-Jamboree oder auf der Spitze des Eiffelturms zu sehen.

Er besuchte bis auf zwei alle 87 Diözesen Frankreichs, einige von ihnen mehrfach. Denn obwohl seine Hauptmission war, als Botschafter des Vatikans zu dienen, machten ihm apostolische Aufgaben die größte Freude. Er sagte einmal: „Wir alle neigen dazu, die Ereignisse von der Handvoll Erde zu unsern Füßen aus zu beurteilen. Das ist eine große Illusion. Wir müssen die Höhen als Aussichtspunkt nehmen und mutig das Ganze umfassen."

Und so machte er sich daran, ganz Frankreich kennenzulernen und zu umarmen, und das in einem Tempo, das sein Alter Lügen strafte und seine Mitarbeiter erschöpfte. Er tauchte in entlegenen Pfarreien auf, in weit entfernten Klöstern und obskuren Heiligtümern, neugierig, alles zu sehen, froh, mit Bischöfen und Geistlichen zu sprechen, hatte aber auch Zeit fürs Volk. Einmal, bei einem Besuch in der Nähe von Amiens, durchbrach er den Ring der Offiziellen, um mit einigen Bauern zu sprechen. „Sie sind Landleute, nicht wahr?" sagte er zu ihnen. „Auch ich bin auf dem Land aufgewachsen."

Früh im Jahr 1950 brach er zu einer Autoreise von 9000 km durch Spanien und Nordafrika auf, um Algerien zu besuchen, das die Franzosen zu einem integrierenden Bestandteil der Vierten Republik gemacht hatten, um eine unruhige Selbständigkeitsbewegung abzuschwächen. In Algier, das von Zwietracht und terroristischer Gewalt zerrissen war, ging er in die Kathedrale und sprach zu der weitgehend französischen Gemeinde über Frieden: „Algerien erlebt Zeiten, die manche Betrübnis mit sich bringen... Vielleicht sind sich zwei Weltanschauungen noch nie so diametral gegenübergestanden: die Liebe und der Haß, der Friede und der Krieg, die Güte und die Gewalt... Meine Brüder! Widerstehen wir den Einflüsterungen des Hasses, bleiben wir der Liebe, dem Frieden, der Güte treu... Mein Denken und mein Herz wenden sich nicht nur unseren katholischen Brüdern zu, sondern auch... der großen Zahl von Arabern und den unzähligen Völkerschaften der verschiedensten Nationalität und der verschiedensten Sprachen, die die Mehrzahl dieses afrikanischen Erdteils ausmachen, der soviel Geheimnisvolles und Anziehendes an sich hat."

Seine Bereitschaft, zu den fernsten Bereichen seines Gebiets zu reisen, trug viel dazu bei, der Kirche die Achtung wiederzugewinnen, die sie in Frankreich verloren hatte. Doch schließlich wurde es Roncalli hinterbracht, daß Pius XII. sein Herumwandern in Paris und sein Stöbern in Läden und bei Buchhändlern nicht gern sah. Es sei für einen Abgesandten des Heiligen Stuhls nicht ziemlich. Ruhig antwortete Roncalli nach Rom: „Heiliger Vater! Eine bloße Bemerkung wird für mich zur Lebensregel. Was mein Kommen und Gehen in Frankreich betrifft, so gehe ich nur dorthin, wo die Bischöfe auf meiner Anwesenheit bestehen. Und mit meiner Anwesenheit versuche ich wie im Osten, das Auge, das Herz und die hilfreiche Hand des Papstes zu sein."

Zusätzlich zu seinen anderen Aufgaben wurde Roncalli 1951 der erste ständige Beobachter des Vatikans bei der Organisation der Vereinten Nationen für Erziehung, Wissenschaft und Kultur (UNESCO), die ihr Hauptquartier in Paris hat. Die Delegierten, von denen manche fürchteten, daß die Ansichten des Heiligen Stuhls in schroffem Gegensatz zu denen der UNESCO stehen würden, reagierten auf Roncalli zunächst mit einem Seufzer der Erleichterung, dann mit beträchtlicher Begeisterung. Er gebärdete sich nicht unfehlbar über das, was die Kirche über diesen oder jenen Gegenstand dachte; er gab nicht vor, daß der Vatikan die letzte Bastion der Moral in einer modernen materialistischen Welt sei. Dennoch, so bemerkte ein amerikanischer Delegierter, schienen die Leute über seine Worte nachzudenken. „Selbst die Russen rühmten, daß er keine frommen Abhandlungen von sich gab. Sie liefen nicht zur nächsten Kirche, um sich taufen zu lassen... aber die Saat seiner Tätigkeit ging auf."

In einer Rede bei der Generalversammlung kurz nach seiner Ernennung schlug er den Grundton der Einheit an. Er sei, so sagte er, der Vertreter der ältesten Kulturorganisation der Welt. Als vor zweitausend Jahren Jesus seine Jünger mit den Worten ausgesandt habe, die von den Hügeln Galiläas schallten: „Gehet hin und lehret!" habe er eine Kraft in Bewegung gesetzt, die noch immer in allen Ländern lebt, „in denen Freiheit kein leeres Wort ist".

„Die UNESCO", fuhr er fort, „ist... zu einem gewaltigen und lodernden Feuerbrand [geworden], dessen Funken überall eifrige und aktive Kräfte und eine weltumspannende Zusammenarbeit wecken, um den Zielen der Gerechtigkeit, der Freiheit und des Friedens unter allen Völkern der Erde ohne Unterschied der Rasse, der Sprache oder der Religion zu dienen."

Im folgenden Jahr, beim Eröffnungsgottesdienst der Arbeitstagung der UNESCO, wiederholte er das Thema der Einheit und des gegenseitigen Fortschritts. Aber er fügte eine Warnung an:

„Ein Ruf [scheint] alles übrige übertönen zu wollen: ‚Wir müssen uns dem Lauf der Geschichte anpassen'... als ob die Welt erst am Anfange stünde!... Gewiß, wir alle, die wir hier sind, fühlen uns in

Wahrheit in den Strom der Geschichte miteinbezogen. Aber nicht, um sie nur zu erleiden, nicht, um sie über uns hinfluten zu lassen, sondern um sie zu beherrschen und sie dem Heile, nicht aber dem Schiffbruch der Welt entgegenzuführen. Die modernen Erfindungen, die Technik, ihre erstaunliche Anwendung auf alle Formen des menschlichen Lebens und der Gesellschaft, all das ist von Belang und beachtenswert. Doch reicht dies nicht einmal zum zeitlichen Wohle des Menschen aus. Was sollen wir erst vom ewigen Glück seiner unsterblichen Seele sagen?"

Wenn alle Straßen nach Rom führen, dann gingen in den acht Jahren, in denen Roncalli Nuntius war, die meisten von ihnen anscheinend durch Paris. So war er Gastgeber kirchlicher Würdenträger aus aller Welt und gewann damit Einblick in ihre Heimatländer und ihre besonderen Probleme. Und die Liste prominenter Laien, die er in dieser Zeit traf und unterhielt, ist wahrhaft glanzvoll: Churchill, Nehru, Eisenhower, Paul-Henri Spaak, Thomas Mann, François Mauriac und alle politischen Notabeln Frankreichs.

Er schloß einige bemerkenswerte Freundschaften. Botschafter Menemengioglu aus der Türkei, der in Ankara so kühl zurückhaltend gewesen war, konnte in Paris seine wirklichen Gefühle frei ausdrükken. „Was wir, Exzellenz, in der Türkei für Sie nicht tun konnten, können wir jetzt hier in Frankreich tun", sagte er Roncalli gleich zu Beginn. „Meine Regierung hat mich autorisiert, Ihnen meine höchste Achtung und aufrichtigste Dankbarkeit zu übermitteln." Danach waren sie besonders herzlich zueinander. Roncalli bezeichnete Menemengioglu einmal als seinen „Lieblingsungläubigen".

Ein weiterer Ungläubiger, der offen zugab, den Rat und die Freundschaft des Nuntius zu suchen, war Vincent Auriol, der 1947 Präsident von Frankreich wurde. „Einen ehrlichen Sozialisten" nannte Roncalli ihn bei der ersten Neujahrsbotschaft, und seine Ausführungen wurden mit jedem nachfolgenden Jahr wärmer. In seiner letzten Neujahrsbotschaft illustrierte Roncalli wie so oft seine Worte mit einer Fabel Lafontaines. Nachher näherte sich Auriol dem Nuntius und sagte: „Lafontaine ist wahrhaft ein großer Schriftsteller. Ich habe ihn trotz Ihres Akzents erkannt." Roncalli lächelte und erwiderte in Anspielung auf Auriols Herkunft aus der Haute-Garonne: „Ich kann Ihre Schwierigkeiten verstehen, Monsieur le Président. Ich habe ja auch lange gebraucht, um mich an Ihren Tonfall zu gewöhnen."

Diese freundlichen Scherze waren nicht so simpel, wie es scheint, und sie waren auch nicht der einzige Grund für Roncallis Erfolge in Frankreich. Er übte eine Art von intuitiver Diplomatie. Er hatte ein sicheres Gespür, wann es möglich war, das Protokoll zu verlassen, und wann Schweigen sein stärkster Verbündeter war. Seine Schlagfertigkeit beruhte auf Intelligenz, Zucht und Einfühlsamkeit – wie es echte Schlagfertigkeit immer tut. Aber am Ende war er beliebt und daher erfolgreich, weil unter der Leichtigkeit tiefstes Gespür für Menschen und Sachen lag. Roncalli schrieb in sein Tagebuch:

„Mein längerer Aufenthalt in Frankreich erweckt bei mir immer größere Bewunderung für dieses große Land ... Vor meinem Gewissen bemerke ich jedoch einen Widerspruch; der Widerspruch zwischen dem Lob einerseits, das auch ich den verdienten und lieben katholischen Christen Frankreichs gern spende, und meiner Pflicht als Nuntius anderseits. Ich darf nicht aus reiner Gefälligkeit oder Furcht, dadurch Anstoß zu erregen, Mängel übersehen und die wirkliche Lage bezüglich des religiösen Lebens, des ungelösten Schulproblems, des Priestermangels, der Ausbreitung des Laizismus und des Kommunismus hier bei der ältesten Tochter der Kirche verschleiern. Meine klare Aufgabe in diesem Punkt ist lediglich eine Frage der Form und des Maßes. Ein Nuntius wäre sonst nicht mehr würdig, als das Auge und Ohr des Heiligen Stuhls zu gelten, würde er nichts anderes als loben und selbst das anerkennen, was schmerzlich und bedenklich ist." Jahrzehnte und sogar Jahrhunderte können vergehen, bevor seine Geheimberichte an den Vatikan den Gelehrten zugänglich gemacht werden. Öffentlich bewahrte er „ein sanftes Schweigen". Jedoch wurde er in gewissen Kreisen unberechtigt als Konservativer abgestempelt, ein Grund dafür, daß die Neuerungen seines Papsttums die Welt so sehr überraschten. Er verteidigte mit Kraft die Formen seines Glaubens. Er füllte seine Botschaften mit den religiösen Vorstellungen seiner Jugend. Aber ihm fehlte ein wichtiger Beweis katholischen Konservativismus: er glaubte nicht, daß Gott jemand bestraft, weil er nicht katholisch ist. Er schloß sogar Nichtgläubige in sein Gebet ein.

All das mag Ursache für sein verhältnismäßig geringes Ansehen bei der Römischen Kurie gewesen sein, wo er niedrig eingeschätzt und manchmal als „unser guter Roncalli“ abgetan wurde. Er wußte das sehr wohl und kannte die Sorte Diplomaten, die in einigen Sekretariatskreisen bevorzugt wurden, solche, die Pressekonferenzen einberufen, Proteste loslassen und Treffen veranstalten. Roncalli hat einmal gesagt: „Ich finde es gewöhnlich lohnender, Besuche zu machen, als ein Treffen zu veranstalten.“ Er ging jetzt gelassen seinen Weg weiter. Und genau dieser Weg gewann ihm die Herzen der Franzosen; der Weg der Kurie hätte in jener explosiven Zeit zweifellos dazu geführt, daß man ihn aus dem Land geworfen hätte.

1943 schrieben zwei junge Kapläne der katholischen Arbeiterbewegung, Abbé Daniel und Abbé Godin, eins jener Bücher, die als Marksteine unsere Zeit beleuchten und verändern. Es hieß: *Frankreich – Missionsland?* und schilderte schonungslos die bestürzende Entchristianisierung der „ältesten Tochter der Kirche“. Kardinal Suhard soll nach der Lektüre des Buchs das Fragezeichen gestrichen und sich dann die ganze Nacht gegrämt haben. In vielen Gebieten, sagten Daniel und Godin, und besonders in den Großstädten betrachteten sich die Massen der Bevölkerung nicht mehr als katholisch. Bei den Arbeitern wüchse das Gefühl, daß die Kirche sich mit der etablierten Gesellschaftsordnung verbündet habe und nur noch auf die reichen Unternehmer und den Mittelstand eingehe. Sie sei unempfindlich gegenüber den Bedürfnissen der Arbeiter und daher für ihr Leben bedeutungslos geworden. Die von Daniel und Godin veröffentlichten Zahlen waren erschreckend. In einem Land, das wenigstens nominell zu 80% katholisch war, ging nur einer von vier regelmäßig zur Messe, in einigen Gebieten wurden weniger als 20% der Neugeborenen getauft; in ganz Frankreich gab es mehr als 15 000 Pfarreien ohne Priester, und niemand beklagte sich ernstlich darüber.

Wie diese Millionen zurückgewinnen? Solange die Priester behaglich in ihren Pfarrhäusern blieben und die Arbeiterklasse ihren Läden, Fabriken und Bergwerken überließen, gab es keinen Ausweg. Die Antwort lag im Beispiel der tapferen Priester der Kriegszeit, die freiwillig Tausende von Franzosen in die Sklavenlager Deutschlands begleitet hatten. Da man ihnen verboten hatte, als Geistliche zu gehen, taten sie es als Arbeiter und nahmen das bittere Los ihrer Landsleute auf sich, um ihnen den Trost des Glaubens zu bringen. Der Krieg war vorüber, aber die Erfahrung jener Jahre, ein neues Verständnis von der Arbeit und vom Arbeiter führten unmittelbar zur Bewegung der Arbeiterpriester.

Kardinal Suhard und die französischen Bischöfe unterstützten dies kühne, revolutionäre Experiment, die Kirche ins Volk zu tragen. Natürlich gab es Gefahren. Der Plan bedeutete nichts Geringeres, als Priester der säkularen Welt auszuliefern, sie in die Werke und Häfen zu senden, um das Wort Gottes Menschen zu bringen, die es geschmäht hatten, um neben den Unzufriedenen zu arbeiten, ihr kümmerliches Leben zu teilen und sie dadurch zu überzeugen, daß die Kirche sich um sie kümmerte. Aber die Not war dringend. „Eine Mauer trennt die Kirche und die Massen", sagte Suhard, „man muß diese Mauer um jeden Preis niederreißen."

In Rom wurde der Plan von Anfang an mit Mißtrauen verfolgt. Aber die ersten Erfolge riefen eine solche Flut von Optimismus hervor, daß nichts unternommen wurde. Idealistische junge Geistliche, in besonderen Seminaren ausgebildet, zogen aus, um in den Arbeitervierteln der Städte und ihren schäbigen Vororten zu leben. In Arbeiterkleidung zelebrierten sie die Messe auf Fabrikbänken und auf Küchentischen und benutzten dabei eine vereinfachte Liturgie, die von ihren neuen Pfarrkindern verstanden werden konnte. Plötzlich war eine Bresche in die große Mauer der Entfremdung der Arbeiterklasse geschlagen. Die Religion bekam wieder Bedeutung.

Aber wie so oft bei Revolutionen war der Erfolg die größte Gefahr. Ihre enge Verbindung mit den Arbeitern machte die Priester zu natürlichen Kandidaten für Führungsposten in den örtlichen Gewerkschaften, einschließlich der kommunistisch geführten *Confédération Générale du Travail* (C.G.T.). Unvermeidlich wurden viele nicht nur in Arbeitsverhandlungen und Streiks, sondern auch in politische Proteste und Demonstrationen verwickelt, einige sogar verhaftet.

Die Presse überging nichts. Die Idee, daß Priester in Slums lebten und mit ihren Nachbarn zusammenarbeiteten, fand starken Anklang, und bald kam es zu einem stetigen Strom von Geschichten und Spekulationen, manche davon, was nicht überrascht, sensationell und verzerrt. Wie stand es um den Zölibat von Priestern, die in weltlicher Umgebung lebten? Wann fanden sie, wenn sie den ganzen Tag arbeiteten, Zeit für die heiligen Handlungen? Und bestand nicht die große

Gefahr, daß sie, statt Menschen vom Zweifel fortzuführen, ihm selbst verfielen?

Die Berichte wurden vom Vatikan mit Besorgnis gelesen. Die Sorgen der Kurie gingen über das Büro des Nuntius. Umgekehrt suchte Suhard und später sein Nachfolger als Erzbischof von Paris, Mgr. Maurice Feltin, Rat bei Roncalli. Typischerweise beschloß dieser, sich selbst umzusehen. Als er in Gebiete reiste, in denen Arbeiterpriester wirkten, entdeckte er schnell, daß die Bewegung, wie groß die Probleme auch sein mochten, die Sympathie und das Vertrauen des Volks gewonnen hatte. Was genau er dem Vatikan berichtete, bleibt verschlossen, aber offensichtlich war der Kern seiner Empfehlungen Geduld, denn solange er in Frankreich blieb, wurde nichts unternommen. Und als die Entscheidung fiel, das Experiment zu beenden, war er als Nuntius durch jemand ersetzt, der bereit war, die Axt nach Paris zu tragen.

„In Frankreich werden die Gedanken mit Flügeln geboren", pflegte er zu sagen, schreckte aber vor hochfliegenden Gedanken nicht zurück. „Ohne etwas heilige Verrücktheit kann die Kirche nicht wachsen."

Er war den Gefahren der Arbeiterpriester-Bewegung gegenüber nicht blind. Er stimmte aber mit Erzbischof Feltin überein, daß alle, die sich die Mühe machten, den Schleier der Informationen aus zweiter Hand zu durchdringen und diese ernsten jungen Misssionare richtig kennenzulernen, ihrem apostolischen Eifer Beifall spenden mußten und von ihrem Erfolg bei der Gewinnung von Seelen ermuntert wurden. Er hatte seine eigenen Jahre bei Radini-Tedeschi und den Arbeitern von Bergamo nicht vergessen. Und er war einfach nicht der Mann, die Unterdrückung einer solchen Bewegung anzuraten, besonders wenn sie die Unterstützung der französischen Hierarchie besaß.

Aber Unterdrückung lag in der Luft und wurde nach dem Tod Suhards im Jahr 1949 stärker. Einen Monat später dekretierte das Heilige Offizium die Strafe der Exkommunikation für alle, die mit Kommunisten zusammenarbeiteten. Im folgenden Jahr erklärte Papst Pius in einer leicht zu durchschauenden apostolischen Exhortation: „Wir nehmen an, daß euch bekannt ist, daß unter den Priestern, besonders unter denen, die sich weder durch Bildung und Wissen noch durch strenge Lebensführung auszeichnen, eine ständig weiter um sich greifende und schwerwiegende Neuerungssucht schwelt." Und 1953, dem Jahr, als Roncalli Paris verließ, kam sein Nachfolger mit klaren

Weisungen, die kuriale Intervention vorzubereiten, die die Bewegung der Arbeiterpriester praktisch beendete.

Nachdem Roncalli Papst geworden war, griffen die Franzosen, die seine Sympathie für das Experiment nicht vergessen hatten und daran glaubten, daß sein letztes Kapitel noch nicht geschrieben war, die Frage wieder auf. Ihre Forderung nach nochmaliger Prüfung der ganzen Angelegenheit kam während der ersten Monate seines Papsttums, als er noch lernte, mit der amorphen und entschlossenen Kurie fertig zu werden. Sie wurde dem Heiligen Offizium zugeleitet und dort entschieden. Die Antwort war nein.

Das Gefühl des nahenden Endes verließ ihn jetzt nie. 1950, in seinem 70. Lebensjahr, schrieb er in sein Tagebuch aus Psalm 89: „Denn unseres Lebens Summe sind siebzig Jahr', und sind wir rüstig, können es achtzig sein. Und all ihr Prangen ist Mühsal und Nichtigkeit, denn flüchtig gehen sie vorbei und fliegen dahin." Einige von seinen Lieben waren dahingeschieden, der Mann seiner Schwester Assunta, Giovanni, und Giuseppes Ida, und er schrieb:

„Es besteht kein Grund, Illusionen zu hegen, vielmehr mich mit dem Gedanken an das Ende vertraut zu machen. Nicht mit Schrecken... wohl aber mit Vertrauen... Seit langem habe ich mir vorgenommen, diesem Grundsatz getreu zu sein, so den Tod zu erwarten, in diesem ‚Hilarescit – Er wird heiter sein', das das letzte Lächeln meiner Seele sein soll im Augenblick, da sie aus diesem Leben scheidet. Man braucht nicht oft davon sprechen und den andern damit lästig werden, aber immer daran denken, denn wenn das ‚iudicium mortis – das Gesetz des Todes' einem vertraut wurde, so ist es gut, es hilft die Eitelkeit auszutilgen und allem den Sinn von Maß und Ruhe zu geben. Was meine irdischen Dinge anbelangt, so werde ich eine Abänderung an meinem Testament vornehmen. Gott sei gelobt, ich bin arm, und so will ich auch sterben.

Was meinen Geist anbelangt, so werde ich die Flamme um so lebhafter brennen lassen, wie die Zeit, die mir noch bleibt, vergeht. Völlige Loslösung also von den irdischen Dingen, Würden, Ehren, kostbaren oder wertvollen Dingen. Ich möchte meine Anstrengungen verstärken, um meine Veröffentlichung über die Apostolische Visitation des heiligen Karl Borromäus von Bergamo abzuschließen. Ich halte mich aber auch zu dem Opfer bereit, daß ich darauf verzichten muß."

Er plante, seinen ganzen Urlaub in Camaitano im September für die Arbeit am letzten der Borromäus-Bände zu verwenden. Aber als er am 24. September nach einer ermüdenden Reise aus Paris ankam, hörte er durch Rundfunk, daß französische Seminaristen auf einer Pilgerfahrt mit dem Bus in Italien bei einem Unfall verletzt und in ein Krankenhaus in Ravenna gebracht worden waren. Es war eine harte Tagesreise von Sotto il Monte, aber Roncalli fühlte sich verpflichtet, sie zu besuchen. Er brach am 26. auf und war bei Anbruch der Nacht am Bett der Seminaristen.

Bei seiner Rückkehr nahm er die Arbeit an Borromäus wieder auf und arbeitete daran bis ins Frühjahr, jede Nacht drei Stunden lang. In jenem Sommer 1951 schrieb er an seine Nichte Enrica: „... ich habe es beinahe geschafft. Dieser Band ist der letzte, er liegt mir sehr am Herzen. Nach meinem Tod wird man sich in Bergamo nur seinetwegen und nicht wegen anderem an den bescheidenen Namen des Mgr. Roncalli erinnern."

Im April 1952 begann er, seine vier Brüder zu überreden, ihn in Paris zu besuchen. Ancilla und Enrica waren seine Bundesgenossen, und den ganzen Frühling und Sommer bombardierte er sie mit Briefen, die Einwände der Brüder vorwegnahmen und widerlegten. War es zu weit? Er würde seinen eigenen Wagen schicken, um sie abzuholen – sie könnten sogar auf dem Weg eine Pilgerfahrt nach Lourdes machen. Fehlte es ihnen an Geld, an der richtigen Kleidung? Sie würden keine Ausgaben haben, nicht einmal für Kleidung. Enrica sollte den Stoff aussuchen und die Anzüge in Italien machen lassen. „*Ich werde alles bezahlen*", schrieb er und hat selbst den Satz unterstrichen.

„Es ist eine Geste der Zuneigung, die ich ihnen erweisen will, solange dazu noch Gelegenheit besteht... Sie sollen auch nicht daran denken, an ihrer Stelle die Frauen, Söhne oder Töchter kommen zu lassen." „Sie sollen keine Angst und keine Bedenken haben. Hier werden sie von allen sehr zuvorkommend behandelt werden, ohne daß sie sich befangen fühlen müssen." Schließlich schrieb er an sie selbst: „Meine lieben Brüder, gebt mir keine Absage und sucht nicht nach Ausreden oder anderem. Ihr kommt wie im Gehorsam." So fuhren sie im August, und es lief alles prächtig für sie.

Am Abend ihrer Ankunft in Paris hatte der Nuntius zu ihren Ehren einige Freunde zum Abendessen eingeladen. Aber die Gäste waren schon lange erschienen, und die vier Brüder waren noch in ihren Zimmern auf dem obersten Stock der Nuntiatur. Schließlich ging Roncalli selbst, um sie zu holen, und fand die vier um einen einzigen Spiegel geschart, wie sie vergebens versuchten, ihre Krawatten zu binden.

„Deshalb also kommt ihr nicht", sagte er lachend. „Eigentlich hätte doch eine der Frauen mitkommen müssen."

Schnell vollbrachte er das Wunder, ihnen die Krawatten zu binden, und sie gingen hinunter. Roncalli stellte seine Brüder den Gästen vor und erklärte die Verzögerung: „Sie warteten auf den Nuntius, damit er seine andere Rolle spielen konnte, die einer Ersatzfrau."

Sicher gab es während dieses Besuchs einige vorsichtige Fragen nach der Zukunft des Nuntius. Ebenso sicher war Roncallis Antwort eine Wiederholung dessen, was er der Familie schon geschrieben hatte: Sie sollten weder Vermutungen anstellen noch Gerüchte über „weitere Ehren usw. in der Kirche" nähren. Schließlich, sagte er, sei es für sein Leben ein bißchen zu spät, das rote Birett noch nötig zu haben. „Da mein kleines Boot ganz zufriedenstellend die Wasser der Seine heruntergesteuert zu werden scheint, gelüstete es mich nach gar keiner andern Stellung." Aber natürlich war er gegenüber den diplomatischen Ratespielen oder den Strömen von Vermutungen, die in seinem eigenen Haushalt flossen, nicht unempfindlich. Einmal sagte er zu seinem Sekretär: „Ich bin jetzt der älteste Nuntius, der je in Frankreich gedient hat. In meinem Alter waren die andern Kardinäle längst tot und begraben."

Dann, am 10. November 1952 kam eine geheime Botschaft vom Vatikan: Mgr. Carlo Agostini, Patriarch von Venedig, war unheilbar erkrankt; Papst Pius hatte Roncalli als Nachfolger erwählt, sobald der Sitz frei wurde. Am 29. November kündigte der Vatikan an, daß sein Name auf der Liste der Kardinäle stehe, die beim Konsistorium vom 12. Januar ernannt werden sollten. Sofort regnete es Tausende von Gratulationsschreiben. Am 29. Dezember starb Mgr. Agostini, worauf beim Konsistorium angekündigt wurde, daß Roncalli ins Patriarchat von Venedig berufen werden würde.

Und mitten hinein kam in eben jenem Winter die erschütternde Nachricht, daß Ancilla an Magenkrebs litt und wohl nicht mehr lange leben würde. „Ancilla, meine liebe Ancilla", schrieb er, „die Du mir am nächsten stehst, fasse Mut, schau, daß Du wieder auf die Höhe kommst, indem Du viel ausruhst, gut ißt, ohne zu sparen, auf den Herrn vertraust..."

Während dieser ganzen Zeit des bevorstehenden Wechsels waren Roncallis Briefe verständlicherweise von entgegengesetzten Gefühlen beherrscht. Einerseits mußte er auf alle überschwenglichen Äußerungen der Gratulation und des guten Willens eingehen; aber in wenigen fehlte eine Bemerkung, daß die ihm zugewandten Lorbeeren begleitet wurden von „einem Dorn, der die empfindlichste Seite meines Herzens durchbohrt".

Seinen „lieben Schwestern, Brüdern, Neffen, Nichten und Verwandten", die schon Mitte November die ersten Gerüchte gehört hatten, schrieb er: „Wie Ihr seht, verbreiten sich gewisse Nachrichten so schnell, daß den Betroffenen nicht einmal die Zeit bleibt, sie anzukündigen. Es ist also wahr: mein armseliger Name reiht sich ein unter die 24 Kirchenmänner, die der Heilige Vater am 12. Januar zu Kardinälen der heiligen Kirche ernennen wird."

Er schrieb an Battista und warnte ihn vor den durch die neuen Umstände seines Onkels hervorgerufenen Tagträume: „Auch im Gebet bitten wir um das *panem nostrum quotidianum* – unser tägliches Brot – und nicht um die Speise von morgen." Einige Tage, bevor Battista die heilige Tonsur empfangen sollte, die ihn in die Reihen der Geistlichen einführte, schrieb er wieder: „‚Der Herr segnet die Morgenröte, und er segnet den Sonnenuntergang.' Du gehst... der Morgenröte Deines Priestertums entgegen; ich hingegen neige mich seinem Ende entgegen, aber wir sind beide im gleichen Licht..."

Dann, zwei Wochen vor Weihnachten, riß er sich von der Tätigkeit der Nuntiatur los und eilte nach Sotto il Monte. Er blieb nur 24 Stunden, verbrachte sie aber, abgesehen von einem kurzen Schlaf, an Ancillas Bett. Sie wußte, daß sie nicht mehr lange zu leben hatte, klagte aber nicht. Es war der Wille Gottes. Wie immer galt ihre erste Sorge dem Bruder: Er solle sich nicht um sie sorgen; er solle nachts gut schlafen – sie könnte sie alle noch überraschen. Tatsächlich lebte sie verhältnismäßig schmerzfrei noch fast ein Jahr.

Inzwischen bereitete sich Roncalli auf seine Investitur vor.

Es war schon lange das Privileg der Staatsoberhäupter katholischer Länder, Kardinal-Nuntien das Birett zu überreichen. Und so empfing Roncalli am 15. Januar 1953 die Ehre von seinem guten Freund Vincent Auriol, damals Präsident von Frankreich. Roncalli kniete, und Auriol blickte auf das gebeugte weiße Haupt und setzte ihm sanft das Birett auf. „Es war für mich eine große Ehre", sagte er später. „Ich war tief bewegt. Der neue Kardinal kniete nieder, um das Birett entgegenzunehmen. Er warf sich nicht vor mir persönlich, einem Ungläubigen, nieder, sondern vor jemandem, der in jenem Augenblick das souveräne Oberhaupt der Kirche repräsentierte ... Ich sah seine Freunde vor Freude und Stolz weinen und schämte mich nicht, es ihnen gleichzutun."

Und wie waren Roncallis Gefühle? Da er jetzt Kirchenfürst war und im Alter von 71 Jahren alle Ehren besaß, die ein Priester überhaupt erwarten kann, war er jetzt ruhig? Oder spürte er, als er dort neben hervorragenden Staatsmännern und Jugendfreunden kniete, die Ahnung eines noch größeren Amtes?

Darauf gibt es keine Antwort. Er erhob sich mit einem warmen, gutherzigen Lächeln und war jetzt Seine Eminenz, Angelo Giuseppe Kardinal Roncalli. Sich an Auriol wendend, sagte er: „Herr Präsident, die Geste, die Sie eben vollzogen haben, indem Sie mir im Namen des Heiligen Vaters das Kardinalsbirett überreichten, ist für mich eine Ehre; doch muß ich gestehen, daß sie zugleich auch Betrübnis verursacht, denn sie bedeutet, daß meine Aufgabe hier zu Ende ist und ich Frankreich verlassen muß ...

Es wird mir, immer und überall, wo mir der Heilige Vater im Dienste der heiligen Kirche eine Aufgabe oder eine Verantwortung übertragen wird, ein Trost sein, wenn jeder gute Franzose bei der Erinnerung an meinen bescheidenen Namen und meinen Aufenthalt unter Ihnen sagen kann: ‚Er war ein offener und friedliebender Priester, stets und bei jeder Gelegenheit ein zuverlässiger und aufrichtiger Freund Frankreichs.'"

Er war in einer dunklen und trügerischen Zeit gekommen und hatte daran gearbeitet, die Wunden zu heilen. Er hatte geholfen, den Frieden in der Kirche wiederherzustellen, und einen segensreichen Einfluß auf die Gemüter und die aufeinanderprallenden Überzeugungen Frankreichs und der französischen Katholiken ausgeübt. Am 25. Februar verabschiedete er sich mit einem echten Gefühl für das Volk und kehrte heim nach Italien, um zum erstenmal nach fast 30 Jahren dort eine Aufgabe zu übernehmen.

Patriarch von Venedig

Sein Einzug in Venedig wurde auf Sonntag, den 15. März, festgesetzt, und in der Zwischenzeit ging er nach Sotto il Monte und Bergamo. Delegationen und bedeutende Besucher kamen von überall her, ihn zu besuchen, und er empfing sie mit bescheidener Höflichkeit, obwohl ihr Besuch oft mehr seinem neuen Amt als seiner Person galt. „Es ist wahr, daß Fürsten mehr geachtet sind als einfache Leute", bemerkte er bedauernd.

Ein Besucher aber, über den er sich freute, war Bruno Vianello, Pförtner des Patriarchenpalastes, in dem Roncalli residieren sollte. Mit seiner Frau und auf eigene Kosten kam dieser bescheidene Venezianer unangekündigt nach Sotto il Monte, um dem neuen Patriarchen seine Aufwartung zu machen und die ansehnliche Menge Post, die sich bereits angehäuft hatte, zu überbringen. Roncalli war entzückt, bewirtete das bescheidene Paar, stellte es seiner Familie vor und schickte es mit seinem Segen zurück.

Am Dienstag, dem 10. März, brach er von Bergamo auf, machte Aufenthalt in Verona und Vicenza und betrat die Stadt Venedig am Nachmittag des 15., einem Tag voller Sonnenschein und der Vorahnung von Frühling.

Er wurde mit stürmischer Herzlichkeit begrüßt. Das Volk besetzte jede verfügbare Barkasse und Gondel, um ihn zu sehen, und reihte sich dann in Prozession hinter dem Schiff ein, das ihn durch den Canale Grande zur Piazza San Marco brachte. Paläste und Brücken waren geschmückt mit den Fahnen und den Bannern der alten Republik Venedig. Ihr Emblem, der geflügelte Löwe des heiligen Markus, flatterte im Wind. Die Ufer waren gesäumt von freudigen Gläubigen, und Roncalli winkte und umfing sie alle mit seinem strahlenden Lächeln. Über ihm waren die Fenster angefüllt mit begeisterten Gesichtern. Nur die des Rathauses waren geschlossen, denn der Stadtrat hatte eine starke kommunistische Fraktion. Aber als ein Offizieller sich dafür entschuldigte, antwortete Roncalli heiter: „Wir werden versuchen, die da oben zu öffnen.“

Auf der Piazza bahnten ihm die Carabinieri den Weg durch das Gewühl der glücklichen Bürger. Angetan mit den scharlachroten Gewändern des Kardinals und einem kurzen Hermelinumhang, schritt er langsam zur Basilika, dem tausend Jahre alten Prachtstück byzantinischer Architektur. Im Innern wurde ein feierliches *Te Deum* gesungen. Dann blickte der 34. Patriarch und 139. Bischof von Venedig durch seine Stahlbrille auf die Notenblätter mit der Überschrift: „*Ecce homo, ecce sacerdos, ecce pastor*“ („Hier ist der Mann, hier ist der Priester, hier ist der Hirt“) und sprach zum Volk:

„Ich möchte zu euch mit größtem Freimut sprechen. Ihr erwartet mich mit Beklommenheit. Man hat euch Dinge von mir erzählt, die meine Verdienste bei weitem übertreffen. Voller Demut darf ich mich vorstellen. Ich bin ein Mensch wie jeder andere hier auf dieser Erde. Ich stamme aus einer Familie und von einem bestimmten Ort. Mir ist die Gnade einer guten körperlichen Gesundheit verliehen, ein bißchen gesunder Menschenverstand, der mich die Dinge rasch und deutlich erkennen läßt und eine Neigung zur Menschenliebe...

Hier nun, am Ende vieler Erfahrungen, wende ich mich wieder Venedig zu, dem Land und dem Meer, das meinen Vorfahren vertraut gewesen ist... Zweifellos übersteigt die große Stellung, die man mir anvertraut hat, alle meine Fähigkeiten. Aber vor allem empfehle ich eurem Wohlwollen den Mann, der einfach nur euer Bruder sein will... Ich habe nie eine andere Rolle angestrebt als die eines einfachen Pastors in meiner Heimatdiözese Bergamo. Aber bis heute hat die Vorsehung es anders beschlossen. Nun, da ich schließlich ein Hirte bin, euer Hirte, ist mein erster Wunsch, die Schafe zu zählen, meine Schafe.“

Die Venezianer waren entzückt von ihm. Die Festlichkeiten dauerten bis in den Abend, und sie kamen zu Tausenden, um ihm Gutes zu wünschen. Es war fast Mitternacht, als die Menge sich verlief, und Roncalli wandte sich an Pio Pietragnoli, den Herausgeber des Bistumsblattes: „Nun ist die Braut verheiratet, und die Gäste bei der Hochzeit sind alle gegangen. Jetzt bin ich allein in diesem großen, schönen Palast und weiß nicht einmal, wie ich mich zurechtfinden soll. Würden Sie so freundlich sein, mich zu führen?“

Danach fand er selbst den Weg in seiner neuen Umgebung. In mancher Weise waren die nächsten fünf Jahre die glücklichsten in Roncallis Leben. Pallenberg sagt darüber: „Eine große, spontane Sympathie war zwischen dem Patriarchen und den Venezianern entstanden, einem freundlichen, duldsamen, gewinnenden, manchmal skeptischen Volk, das unmittelbar die Herzlichkeit und gute Laune seines neuen Hirten spürte."

Der örtliche Klerus bezeichnete ihn bald als „Ruhe nach dem Sturm", denn sein Vorgänger war ein nervöser, wilder Wirbelwind von einem Mann gewesen. Roncalli suchte in seiner milden, gemächlichen Art die Freundschaft eines jeden. In seiner Residenz neben der Kathedrale stand er jedem zur Verfügung und ging ohne Aufsehen durch die Stadt.

Schon nach einer Woche suchte er den Bürgermeister Armando Gavagnini zum Dank für den warmen Willkomm im Rathaus auf. Wie Roncalli vorausgesehen hatte, war der ganze Stadtrat mit Sozialisten, Kommunisten und allen zugegen. Er sagte ihnen, daß er sich freue, im Haus des Volkes zu sein, dem Ort, wo die Leute für eine gute Regierung arbeiteten. „Nur wer für das Gute arbeitet, ist ein guter Christ", fuhr er freundlich fort, „selbst wenn hier zufällig welche sein sollten, die sich nicht Christen nennen. Aber man kann sie getrost als solche ansehen wegen des Guten, das sie tun, und so gebe ich Ihnen allen ohne Unterschied meinen väterlichen Segen."

Im Mai schrieb er während einiger Einkehrtage in der Villa des Diözesanseminars: „Welch eine Veränderung um mich her seit dem April des vergangenen Jahres, als ich im Schatten des Sacré Cœur auf dem Montmartre in Paris innere Sammlung suchte, bis zum Mai dieses Jahres, da ich mich hier am Fuße des Monte Grappa als Kardinal und Patriarch von Venedig befinde!... Heute stehe ich wirklich voll und ganz im Dienst an den Seelen. Eigentlich habe ich immer geglaubt, daß die sogenannte Diplomatie bei einem Priester von seelsorgerlichem Geist erfüllt sein muß; anders ist sie bedeutungslos und wendet einen heiligen Auftrag ins Lächerliche. Jetzt habe ich es unmittelbar mit den wahren Anliegen der Kirche zu tun, gemäß ihrer Bestimmung, die Seelen zu retten und sie zur Seligkeit zu führen."

Venedig ist immer eine zauberhafte Stadt gewesen. Sie wurde bald nach dem Fall des Römischen Reichs von Flüchtlingen, die vor den Einfällen der Barbaren aus dem Norden flohen, gegründet. Sie bauten Häuser und Paläste von großer Schönheit auf den Sumpfinseln ihrer Lagune und rechneten damit, daß das Meer sie schützen würde. Mit dem Blick auf die Adria, die im tiefblauen Licht zwischen Himmel und Wasser zu schweben schien, schufen sie einen blühenden Stadtstaat, der die Welt des Mittelmeers beherrschen sollte.

Dann kamen schlechte Tage über Venedig. Noch als große Mal- und Musikschulen in seinem Zauberlicht blühten, beschnitt die Entdeckung neuer Wege in den Osten seine wirtschaftliche Stärke und seinen Einfluß. Ohne Kampf ergab es sich Napoleon, kam unter die Herrschaft Österreichs und wurde 1866 mit Italien vereint. Und als das 20. Jahrhundert in seine zweite Hälfte trat, lebte es immer noch von vergangenem Ruhm. Denn außer Schiffs- und jahreszeitlicher Fremdenindustrie gab es nichts, was die jungen Leute davon abhielt, ihren Lebensunterhalt auf dem Festland zu suchen. Auf der Spitze seiner edlen Säule blickte der geflügelte Löwe des heiligen Markus über das Meer, aber er sah nur Fremde ankommen, während Venezianer freiwillig gingen.

Wenige Wochen nach seinem Einzug in seine Residenz schrieb Roncalli: „Zwei schmerzliche Punkte habe ich bereits festgestellt inmitten so großen Glanzes kirchlicher Würde und Verehrung als Kardinal und Patriarch: die Dürftigkeit der bischöflichen Einkünfte und die Schar der Armen und das Drängen um Anstellung und Unterstützung.“ Am Ende des ersten Jahres fühlte er sich, wie er seiner Familie erzählte, wie die Mutter eines armen und sehr großen Haushalts. Und in seiner Weihnachtsbotschaft 1955 machte er es deutlich, daß er das soziale und wirtschaftliche Wohlergehen der Armen als eine Verantwortung der Reichen betrachtete und als eine legitime Sorge der Kirche. Er ging im einzelnen auf die Härten weitreichender Arbeitslosigkeit in Venedig ein und schrieb: „Ich wende mich an die Industrieführer und an die Unternehmen, an ihre technischen Berater und Wirtschaftler und flehe sie im Namen Gottes an, zu bedenken, daß ihnen eine aktive Intelligenz und Vermögensgüter geschenkt worden sind nicht nur, um ihre Bilanzen in Ordnung zu bringen, sondern auch, um Diener der Vorsehung für die ganze menschliche Familie zu sein. Sie sollten sich also als

Tätige im schwierigsten, aber wichtigsten sozialen Dienst sehen – ein Ehrentitel für den, der im Geist des Alten und des Neuen Testaments wirkt."

Er war fasziniert von der Geschichte seiner alten Diözese und wurde ständig auf ihre modernsten Probleme aufmerksam gemacht. Seine persönliche Liebestätigkeit beschnitt die ihm zugestandenen Gelder erheblich, und er mußte demütig um dringend notwendige neue Kirchen und kirchliche Schulen betteln. Schließlich verkaufte er sogar die Sommervilla des Patriarchen in Fietta, um ein neues Seminar zu bezahlen. Als jemand Einspruch erhob, daß er eine Zuflucht aufgebe, wo er auf ein bißchen Ruhe vom Drang der Geschäfte zählen könnte, antwortete er, daß die Bedürfnisse der Diözese wichtiger wären, und fügte hinzu: „Und ich schlafe hier in Venedig ganz gut."

Bald war er der erste Bürger der Stadt. Die Leute gewöhnten sich daran, seine beleibte Figur durch Straßen und über Plätze schreiten zu sehen. Abgesehen von dem roten und goldenen Band um den breitkrempigen Hut und den roten Strümpfen unter der schwarzen Soutane sah er wie ein gewöhnlicher Pfarrgeistlicher aus. Er besaß weder eine Gondel noch eine private Motorbarkasse und mietete eine, wenn nötig, oder benutzte weit häufiger den *vaporetto*, den öffentlichen Bootsbus. Wenn andere Passagiere ihren Kardinalpatriarchen erkannten, eilten sie, ihm Platz zu machen. Aber er wollte sie bei sich haben: „Kommt und setzt euch zu mir", ermutigte er sie. „Ihr zahlt dasselbe Fahrgeld wie ich. Kommt, wir wollen uns unterhalten."

Er stand regelmäßig um 4 Uhr auf, verließ das Bett aber auch, wenn Schlaflosigkeit ihn weckte, und arbeitete, bis er spürte, daß er wieder schlafen konnte. Gegen sieben hatte er sein Brevier gebetet und die Messe gelesen. Im Sommer stieg er oft auf eine Terrasse auf dem Dach des Palastes und schaute über das Labyrinth der Dächer, wie die aufgehende Sonne sie in feuriges Rot verwandelte. Nach dem Frühstück mit Kaffee, warmer Milch und etwas Obst wandte er sich den Tagesgeschäften zu, immer wechselnd in den Einzelheiten, aber immer gleich an Intensität. In seinem Amtszimmer, einem mittelgroßen, ein wenig unordentlichen Zimmer mit rosa Brokatwänden und einem schweren Schreibtisch, unter dem ein Fußwärmer stand, ging er ein halbes Dutzend Zeitungen durch. Von 10 Uhr an war er für jeden da, der ihn sprechen wollte. Besucher empfing er in der Audienzhalle der Dogen der Venezianischen Republik. Seine Mitarbeiter versuchten, diese Audienzen abzukürzen, gaben es aber bald auf. „Laßt sie kommen!“ protestierte Roncalli. „Laßt sie alle kommen – vielleicht wollen einige beichten.“

Mittagessen war um eins, die Hauptmahlzeit des Tages, danach eine kurze Ruhepause. Der Nachmittag gehörte den endlosen Verwaltungsangelegenheiten der neun Diözesen, deren Metropolit er war. Es gab Konferenzen, Beratungen, Briefwechsel. Oder, was häufig vorkam, er besuchte Kranke, begrüßte einen hervorragenden Besucher, segnete eine Rugby-Mannschaft oder führte eine Gruppe von Besuchern durch den Palast.

Um 7.45 Uhr traf er sich mit den Mitgliedern seines Haushalts in der Kapelle zur Rosenkranzandacht. Abendessen war um acht, etwa eine Gemüsesuppe, Obst und Käse, und dann zog sich Roncalli in das kleine Arbeitszimmer neben seinem Schlafzimmer zurück. Oft mußte er an einem Hirtenbrief oder einer Ansprache schreiben, und das konnte ihn bis 2 Uhr wachhalten. Sonst las er oder arbeitete am letzten Borromäusband und war um 10 Uhr im Bett.

Roncalli hielt das nicht für ein besonders strenges Leben. „Ich bin in meinem bescheidenen Leben nie ein Rennpferd gewesen“, schrieb er einem Mitbruder in Bergamo. „Ich gehe früh um zehn zu Bett und stehe um vier auf, weil mir das Zeit gibt, in Ruhe zu beten und mit ruhigem Gemüt an die Arbeit zu gehen.“

Zu dieser Zeit traten zwei Menschen in sein Leben, die ihm bis zum Ende seiner Tage dienen sollten, Loris Capovilla und Guido Gusso. Capovilla, ein schlanker und ernster junger Priester aus Venedig, wurde im ersten Sommer sein Sekretär, und zwischen den beiden kam es zu der gleichen warmen Vater-Sohn-Beziehung, die Roncalli zu *seinem* Bischof Radini-Tedeschi gehabt hatte. Bis heute betrachtet sich Capovilla, literarischer Nachlaßverwalter von Papst Johannes, als im Dienst des Verstorbenen.

Guido Gusso kam ein paar Tage nach Roncallis Eintreffen in Venedig, als er außer ein paar Übriggebliebenen aus Agostinis Patriarchat noch keine Dienerschaft hatte. „Ich mußte alles machen“, sagte Gusso, ein großer und einnehmender junger Mann Jahre später. „Ich war Butler, Fahrer, Küster, Haushofmeister, weil monatelang sonst keiner da war.“ Und dann lächelnd:: „Und all das für ein miserables Gehalt.“

Als man ihn fragte, warum er bei so geringer Bezahlung keine andere Beschäftigung gesucht habe, erwiderte er: „Wie konnte man einen solchen Mann verlassen? Er hatte soviel Herz. Er konnte nichts dafür, daß man ihm nicht genug Geld gab. Manchmal gab er mir von seinem was ab.

Und mir machte es nichts aus, daß ich um sechs Uhr morgens aufstehen mußte, um bei ihm Messe zu dienen, daß ich ihn bei Festen und Firmungen von Pfarrei zu Pfarrei fahren mußte. Und ich schämte mich nicht, Schlafzimmer und Arbeitszimmer zu reinigen und ihn beim Essen zu bedienen; denn wie sehr ich auch arbeitete oder andere arbeiteten, er arbeitete härter, der alte Mann."

Einige Jahre, nachdem Gusso bei Roncalli angefangen hatte, verlobte er sich mit einem Mädchen aus seiner Vaterstadt Caorle. Wenn er je an Heirat denken wollte, mußte er den Dienst bei Roncalli aufgeben. Im Frühherbst 1958 faßte er sich Mut und sagte es ihm. Die Antwort des Patriarchen gefiel ihm nicht. „Er sagte, er wolle nicht, daß ich gehe. Was auch immer ich sagte, er antwortete mir mit der Bibel, mit der Bergpredigt aus Matthäus, wie unser himmlischer Vater die Vögel der Luft ernährt und daß wir uns nicht um morgen sorgen dürfen, weil morgen für sich selbst sorgen wird. Es war, als ob er mich überhaupt nicht verstünde – ich wollte doch heiraten!"

Aber ein paar Tage später kam Capovilla mit erstaunlichen Neuigkeiten zu Gusso: Auf Roncallis Verlangen hatte er mit dem Direktor einer Bank in Venedig telefoniert und ihm eine neue Stelle verschafft. Die Bezahlung sollte beinahe doppelt so hoch sein wie jetzt, und er konnte schon in der nächsten Woche anfangen. Gusso war glücklich und setzte den Heiratstermin fest.

„Das war die erste Oktoberwoche", erinnerte sich Gusso mit trokkenem Lächeln. „Am neunten starb Papst Pius, und ich verschob die Hochzeit einmal. Capovilla telefonierte erneut mit dem Bankdirektor und sagte, ich müsse mit zum Konklave gehen, der Patriarch brauche mich. Wir würden alle in 14 Tagen zurück sein, und dann sei ich frei, sofort bei der Bank anzufangen. Nun, alle wissen, was beim Konklave geschah, warum ich die Hochzeit wieder verschieben mußte, diesmal um sechs Monate. Der Patriarch wurde zum Papst gewählt, und keiner von uns kam je wieder nach Venedig zurück."

Die Beweise für Roncallis fünfjähriges Patriarchat sind für jeden sichtbar, der die Stadt gekannt hatte, bevor er kam. Er errichtete 30 neue Pfarreien und ein zentrales Patriarchatsarchiv, baute ein Seminar und begann mit einem Programm für die Erneuerung des Palasts und der Basilika, das auch nach seinem Abschied weiterging.

Eines seiner ersten Renovierungsprojekte galt der Grabkrypta unter dem Hauptaltar des Doms. Das Grab des heiligen Markus, das dem Blick verborgen war, wurde gehoben, so daß man es sehen und verehren konnte. Die sterblichen Überreste früherer Patriarchen wurden dann dort beigesetzt, und die herrlichen byzantinischen Mosaiken wurden wiederhergestellt. Hier wollte Roncalli selbst beigesetzt werden, aber das sollte natürlich nicht sein.

Ein weiteres Problem, das Roncalli löste, allerdings erst, nachdem er Papst geworden war, gab es bei der Aufstellung der Ikonostase des heiligen Markus, einem Lettner aus prächtig verziertem Marmor, der unglücklicherweise den Blick der Gläubigen auf den Hauptaltar versperrte. In den alten Tagen der Venezianischen Republik konnten der Doge und seine kleine Begleitung dicht genug herankommen, um die Meßfeier zu verfolgen, und es war unwichtig, daß die andern es nicht konnten. Aber jetzt, da Sankt Markus seit anderthalb Jahrhunderten die Basilika des Patriarchen der Stadt war, beschloß Roncalli, daß endlich alle Gläubigen den Altar sehen und voll an der Liturgie teilnehmen sollten. Er sprach mit verschiedenen Ausschüssen, mit dem Bürgermeister, der Kunstkommission; aber es geschah nichts.

Schließlich schlug er vor, das Meisterwerk, statt es zu entfernen, auf Zapfen drehbar zu lagern, so daß es während der Gottesdienste auf eine Seite gedreht werden konnte. Aber es gab immer noch Kritik: er versuche, den historischen Dom zu verstümmeln; Touristen jeden Glaubens und ohne Glauben mit Kameras würden das Heiligtum profanieren.

Wurde Sankt Peter profaniert, fragte Roncalli mild? Denn Millionen kamen jährlich, um auf seinen Hochaltar zu schauen. Aber er sagte nichts weiter. Dann, ein paar Monate nach seiner Thronbesteigung in Sankt Peter, bemerkte er zu einem Venezianer, der ihn besuchte: „Wegen der Ikonostase von Sankt Markus ..." Innerhalb von Wochen war sie auf Zapfen gestellt, genau wie er vorgeschlagen hatte, und es gab nur Lob für die Umwandlung.

Man sagt, daß er in jeder Pfarrei der venezianischen Diözese die Messe gefeiert hat. Die Liste seiner Tätigkeiten enthält wiederholte Besuche der neuen Pfarreien und der auf dem Festland, wo hauptsächlich Arbeiter wohnten. Und er drückte allen diesen Besuchen seinen eigenen Stempel auf.

Soviel Roncalli auch in seinem Patriarchat zu tun hatte, fand er doch Zeit zu Auslandsreisen, manchmal im Auftrag des Papstes, manchmal, um in Ländern zu sprechen, in denen er früher tätig gewesen war. Im Sommer 1954 führte er die Bischöfe der drei venezianischen Provinzen auf einer Pilgerfahrt nach Lourdes an. Dann tauschte er seine Kardinalsgewänder gegen eine schlichte schwarze Soutane und reiste zwei Wochen lang durch Spanien. Später in jenem Jahr ging er als päpstlicher Legat zu einem marianischen Kongreß in den Libanon, wo er viele Prälaten des östlichen Ritus wiedersah.

In Paris hatten ihn seine Pflichten regelmäßig in die Gesellschaft weltlicher Führer geführt. In Venedig bewegte er sich unter den gewöhnlichen Leuten seiner Herde ohne Veränderung seines Verhaltens. Eine Delegation von Gondolieri kam zu ihm und erzählte, daß er sich bei ihrem Eintritt erhoben hatte und sie nach ihrer Ansicht über eine Menge lokaler Fragen gefragt hatte. Dann brachte er sie persönlich bis zur Tür. „Der Präsident der Republik hätte nicht besser behandelt werden können“, sagte einer, Anhänger Roncallis sein Leben lang.

Wie kam es, daß er mit allen so gut zurecht kam? fragte ihn einmal jemand. „Warum nicht?“ antwortete er lächelnd. „Meine Nerven sind in Ordnung und meine Leber auch.“

Und auch sein Herz. Während der Weihnachtszeit seines ersten Jahrs in Venedig las er in der Zeitung, daß Eugenio Bacchion, ein Führer der katholischen Aktion im Bistum, soeben seine Frau verloren hatte. Er rief ihn an, um ihm sein Beileid auszusprechen, und sagte dann: „Dies ist Ihr erstes Weihnachtsfest mit einem leeren Platz am Tisch. Wollen Sie nicht mit Ihren Kindern zu mir zum Weihnachtsmahl kommen?“

Als Vincent Auriol ihn besuchen kam, bat Roncalli die städtische Musikkapelle, auf dem Markusplatz die Marseillaise zu spielen, zur unverhüllten Freude des patriotischen alten Franzosen. Die Venezianer waren fasziniert von dem herzlichen Band zwischen Roncalli und diesem sozialistischen Nichtgläubigen, der Präsident von Frankreich gewesen war. Aber da sie gelernt hatten, das Unerwartete von ihrem Patriarchen zu erwarten, waren sie nicht überrascht. Auriol hat einen Bericht darüber hinterlassen, wie Roncalli ihn durch den Patriarchenpalast geführt hat, und über den ahnungsvollen Augenblick, als sie zu dem von einem der Vorgänger, Giuseppe Sarto, der später Papst Pius X. und heiliggesprochen wurde, benutzten, bescheiden ausgestatteten kleinen Zimmer kamen. „‚Hier lebte Pius X.' hat er, glaube ich, nur gesagt, weil Bewegung ihn daran hinderte, mehr zu sagen. Pius X. hatte ihn am Tag nach seiner Priesterweihe gesegnet, vor mehr als 50 Jahren. Ich bemerkte in diesem Augenblick, daß an meiner Seite nicht mehr der Mann stand, der acht Jahre lang als scharfsinnigster Doyen des diplomatischen Korps in Frankreich gewirkt hatte, dieser kultivierte, zu klarem Ausdruck fähige und gütige Humanist. Jetzt war er nichts weiter als der einfache Priester, den frommes Gedenken übermannte."

Auriol war tief bewegt. „Vielleicht", sagte er, als sie den einfachen Raum verließen, „wird der Nachfolger des gegenwärtigen Papstes auch von hier ausgehen."

Roncalli antwortete nicht. Das Andenken an Pius X. lebte in Venedig wie ein täglich erneuerter Segen. Und er hörte die Vergleiche: „Der da", sagten die Leute und meinten ihn, „ist auch ein Heiliger." Um diese Zeit schrieb er an seine Schwester Maria, daß einige unvernünftige Leute ihm insgeheim Vorhersagen machten. „In Frankreich... (haben) ein paar verrückte Franzosen, die Offenbarungen und das zweite Gesicht haben, mir gar den Namen genannt, den ich annehmen würde, wenn man mich zum Papst wählen sollte. Sie sind verrückt, verrückt alle miteinander! Ich hingegen denke ans Sterben..."

Aber es beunruhigte ihn.

Roncalli war erst ein paar Monate in Venedig, als sein Neffe Battista, dessen Weg zum Priestertum mit Hindernissen gepflastert schien, schon wieder auf eines stieß. Er war 26 Jahre alt geworden, ohne zum Subdiakon geweiht worden zu sein, was an sich nicht schlimm war, aber nach italienischem Recht waren nur solche Seminaristen vom Militärdienst befreit, die jenen Status bis zum Ende des 26. Lebensjahrs erreicht hatten. Als Battista im April 1953 seinen Einberufungsbefehl erhielt, war ihm das Herz schwer bei der Aussicht auf eine weitere

Verzögerung von zwei Jahren. Er zeigte den Befehl seinem Vorgesetzten, Mgr. Battaglia, Bischof von Faenza, der ihn zusammen mit seinem Generalvikar sofort nach Venedig zu seinem Onkel, dem Kardinalpatriarchen, schickte. Er würde sicher etwas tun können.

Sie trafen ihn in der Halle des Palastes, und Battista zeigte ihm den Befehl.

Er sah ihn an und sagte: „Ich verstehe nicht, warum ihr hergekommen seid. Wenn du das tun mußt, dann tu es. Ich habe es auch getan. Es gibt nichts im Leben, woraus wir nicht lernen können." Dann entschuldigte er sich, denn eine Gruppe von Kindern wartete darauf, gefirmt zu werden, und mit einem Abschiedsgruß eilte er davon.

Battista wollte gleich wieder abfahren, aber der Generalvikar drängte ihn, es noch einmal zu versuchen. Der Kardinal habe gewiß nicht verstanden.

So warteten sie auf seine Rückkehr. Battista war nervös, denn er glaubte, sein Onkel würde ärgerlich sein.

Er war aber keineswegs ärgerlich. Sein Gesicht hatte einen Blick von Geduld und Liebe. „Mein lieber Junge, ich kann dir nicht helfen. Ich kann für dich nicht tun, was für andere nicht getan wird. Daß du mein Neffe bist, bedeutet, daß ich dir geben kann, was mir gehört, meine Liebe, mein Geld, aber sonst nichts, nicht, was von Rechts wegen diesem Amt gehört, das ich den Vorzug habe, eine Zeitlang innezuhaben. Das siehst du doch ein, nicht wahr, lieber Battista?"

Battista verstand, und sie gingen. Der Vikar war so erstaunt, daß er nicht sprechen konnte. Als sie zurückkamen, war auch der Bischof erstaunt, aber er sprach. „Wie ist das möglich?" sagte er zu Battista. „Wie ist das nur möglich, da Sie doch sein eigen Fleisch und Blut sind?"

„Weil er ein Heiliger ist, Exzellenz", sagte Battista, „sonst nichts."

Schließlich veranlaßte Mgr. Battaglia, daß Battista vor der normalen Zeit Subdiakon wurde, und es gelang ihm schließlich, dem Militärdienst zu entgehen. Dann bekam er von seinem Onkel einen Brief. „Wenn Dich dieser Brief von mir erreicht, wirst Du hoffentlich Deine Schwierigkeiten in einer Weise, die Deinen Wünschen und den geheimnisvollen Plänen der Vorsehung am meisten entspricht, überwunden haben ..."

Am 10. August 1953 begann Roncalli das 50. Jahr seines Priestertums. Es sollte eine Zeit der Heimsuchung werden. Ancilla näherte sich den letzten Tagen ihres Lebens, und schon bald mußte er erfahren, daß auch Maria an Krebs litt. „Alle meine Verwandten sind mir *teuer*", schrieb Roncalli einmal, „aber niemand wird sich verletzt fühlen, wenn ich sage, daß meine Schwestern Ancilla und Maria mir am *teuersten* sind. Ich könnte sagen, daß wir drei wie drei Kerzen sind, die auf demselben Altar brennen." Nun wollten zwei der Kerzen verlöschen.

Ancilla starb im frühen November, kurz bevor Roncalli zu einem beabsichtigten letzten Besuch ankam. Statt dessen blieb er zur Beerdigung und kehrte erschüttert nach Venedig zurück. Es dauerte einige Zeit, ehe er Enrica schreiben konnte, daß er wieder ruhiger sei.

„Im Gedanken an sie, die nun im Himmel sein muß und die uns von dort beschützt und segnet, wird es mir allmählich leichter. Als ich von Camaitino abfuhr, wollte ich sie nochmals auf dem Friedhof besuchen, wo der junge Totengräber Mapelli gerade dabei war, das Grab zuzuschütten. Ich kann Euch nicht beschreiben, wie sehr ich gelitten habe, als ich sie dort zu den Füßen unserer Toten sah. Möge sie für uns beten! Laßt uns für sie beten!"

In den nächsten drei Jahren erlitt er eine traurige Folge von Verlusten. Sie waren nicht ganz unvorhergesehen in einer Familie, deren Mitglieder das sechste und siebente Jahrzehnt des Lebens erreicht hatten, aber natürlich machte das den Verlust der Lieben nicht leichter. Eine andere Schwester, Teresa, starb plötzlich, nur zwei Monate nach Ancilla, und dann begann das lange, schmerzliche Leiden Marias, das nur ein Ende haben konnte. Roncalli schrieb ihr oft.

„Ja, das ist sehr schmerzlich für mich. Zwei Schwestern zu haben. die auf eine Familie verzichteten, um mit mir, ihrem priesterlichen Bruder, zu leben ... Da macht sich die eine auf in den Himmel und die andere schwebt in Gefahr, auch dahin zu gehen. Ich sage nicht, daß das wirklich früher oder später eintreten muß – ich könnte Dir mit meinen fast 74 Jahren noch vorangehen ... Ich habe mich schließlich so gut an den Gedanken meines Sterbens gewöhnt, daß er mir jetzt überhaupt keine Angst mehr bereitet, weil ich weiß, daß der Himmel viel schöner ist als Venedig oder Camaitino und daß dort wirklich das ewige Fest des Lebens beginnen wird in der Begegnung mit dem gebenedeiten Jesus, mit der heiligen Maria und mit dem Wiedersehen mit unseren Lieben, die uns vorausgegangen sind und uns erwarten."

Maria starb am 18. April 1955. Weniger als eine Woche später wurde sein Neffe, Assuntas Sohn Giuseppe, bei einem Autounfall auf dem Weg zur Arbeit getötet. Roncalli schrieb sofort an seine Schwester, um sie zu trösten und finanzielle Hilfe anzubieten. „Ach Beppino! Am Dienstag sah ich ihn noch bei der Beerdigung von Maria: ernst und gut. Und nun ein gefällter Baum ... Ich glaube, daß der Herr ihn aufgenommen hat ... (Ich) bete ... inzwischen weiter für Beppino, für die Witwe, die er hinterläßt, für Dich und die Mädchen, die nun Waisen geworden sind."

Im Herbst fiel noch ein weiterer Schlag: Giovanni, den nächstjüngeren seiner Brüder, den Vater Enricas, Battistas und Schwester Angelas, befiel eine bösartige Darmkrankheit. Roncalli verbarg seine Besorgnis und sandte Worte des Trostes und der Aufmunterung und erinnerte Giovanni an die großen Gefahren, die er als Soldat während des Ersten Weltkriegs bestanden hatte. Aber wie die anderen Brüder hielt Giovanni nur noch ein Jahr aus, dann verschied er, und wieder kehrte der liebende Bruder nach Sotto il Monte zurück, um einen lieben Menschen zu begraben.

Aber es war nicht nur eine Zeit ununterbrochener Trauer. 1954 feierte Roncalli still in Sotto il Monte sein goldenes Priesterjubiläum, fünfzig Jahre im Dienst Gottes. Er mußte strenge Maßnahmen ergreifen, um zu verhindern, daß die Angelegenheit zum Fest der Diözese wurde, und schrieb einen scharfen Brief an Battista, der die treibende Kraft hinter den Vorbereitungen gewesen zu sein scheint. „Äußere Ehrungen habe ich in meinem Leben so viele erlebt, daß sie alle meine Verdienste in einem halben Jahrhundert übertreffen ... Richtet alles ganz schlicht her und seid gesegnet."

Der arme Battista, der nur tun wollte, was seinem Onkel gefiel, richtete alles ganz einfach her. Für Roncalli war der Frieden von Sotto il Monte Segen genug, und man sah zu, daß er ihn bekam. An dem so bedeutenden Jahrestag schrieb er in sein Tagebuch: „Mein Priesterjubiläum in Sotto il Monte am 10. August 1954. Ein Morgen mit dem klaren Himmel, nach einem wohltuenden nächtlichen Regen ... Was ist mein bescheidenes Leben von fünzig Priesterjahren? Ein schwacher Abglanz dieses Gedichts: ‚Meritum meum, miseratio Domini – Mein Verdienst, das ist die Barmherzigkeit des Herrn.'"

Und im folgenden Sommer widerfuhr ihm eine weitere große Gnade. In der Kapelle des Patriarchen in Venedig, im trauten Kreis der Familie, weihte er Battista zum Priester. Danach war der ernste junge Mann ein besonderer Trost für seinen Onkel, vor allem in den letzten Jahren, als er Papst war, als das Leben in den höchsten Bereichen der Autorität sehr einsam war.

Inzwischen ging das Leben auf den Feldern in Sotto il Monte weiter. Von den Älteren blieben nur vier, Saverio, Alfredo, Giuseppe und Caterina – Assunta, die Witwe Giovannis, lebte jetzt bei ihren Kindern in der Nähe von Mailand –, aber in ihrer Mitte wuchs, wie Roncalli es nannte, „ein Reichtum an Kindern“ heran und gründete eigene Familien. Um die *casa paterna* der Roncallisippe der Familie noch lange zu erhalten, wurden an der Colombera 1956 umfangreiche Erneuerungen vorgenommen, wozu der Patriarch eine Million Lire (etwa 6700 DM) als Anfangsbeitrag beisteuerte.

Als sein Namensvetter, Giuseppes Sohn Angelo, zum Wehrdienst eingezogen wurde, schrieb ihm der Onkel einen langen und liebevollen Brief, in dem er an seine eigenen Jahre in der Armee während des Ersten Weltkriegs erinnerte. Die Welt hatte sich seitdem sehr verändert, und dem Patriarchen lag besonders daran, daß der Neffe sich nicht im Wirbel der Vergnügungssucht, die für die neue Zeit kennzeichnend schien, verlor. „Nimm Dich vor allem vor den Frauen in acht. Nähere Dich ihnen auf gar keinen Fall und laß nicht zu, daß sie Dir nahekommen. Ein einziges Mal genügt, um einen guten jungen Mann zugrunde zu richten. Und laß Dich auch nicht von verrückten Ideen, die im Umlauf sind, beirren. Überleg mit Deinem eigenen Kopf und nicht mit dem der anderen.“

Sein Rechtschaffenheitsgefühl stammte eben aus einer früheren, einfacheren Zeit. Aber es gehörte eindeutig und unbeirrbar zu ihm und stand wie ein Felsen in den Strömen des Hedonismus und in der Flut der Zügellosigkeit.

Es gab viele Familienbesuche in Venedig – mit der Zeit kamen alle –, aber keiner bewegte den Patriarchen mehr als der von Enrica, die Onkel Saverio und Tante Maria anläßlich ihrer Goldenen Hochzeit begleitete. Noch bevor sie kamen, schrieb Roncalli seinem Bruder, daß die Goldene Hochzeit ihnen zwar materiell weder Gold noch Silber gebracht habe... „aber sie ist wohl mehr wert als Gold und Silber, gemessen an der geistlichen Bedeutung“. Und auf seine Bitte hin schickte der Papst ein „langes und schönes“ Glückwunschtelegramm.

Das Band zwischen Roncalli und seinem Sekretär Loris Capovilla wurde sehr eng. Der Patriarch konnte sich darauf verlassen, daß ihm sein hervorragender Mitarbeiter zahllose kleine Lasten abnahm und mit ihm klar über größere Angelegenheiten sprach. Es entwickelte sich bald eine tiefe gegenseitige Zuneigung, die über ihre kirchliche Beziehung hinausging und jedem sichtbar war, der sie zusammen sah. In einem Brief nach Hause sagte Roncalli, daß Capovilla „wie ein Familienmitglied" geworden war. In einem andern im Frühling 1956 schrieb er besorgt: „Hier ist seit über einem Monat mein lieber und tüchtiger Sekretär, Mgr. Loris Capovilla, an einer Mandelentzündung erkrankt, unter der er sehr leidet, wenn er auch seine Schmerzen mit großer Geduld erträgt."

Capovilla, der aus einer armen Familie Venetiens kam, war das Gegenteil des ruhigen, wohlbeleibten Patriarchen. Er war überempfindlich und überaktiv, und Roncalli hat einmal gesagt: „Wir kommen so gut miteinander aus, weil wir solche Gegensätze sind." Der Korrespondent von Time-Life, Robert Neville, nannte Capovilla „Roncallis Fenster zur Jugend der Welt". Er liebte Geschwindigkeit, Flugzeuge, Fernsehen, was alles den Patriarchen kaltließ.

Der Gegensatz bestand auch in ihrer Haltung zum Geld. Roncalli war der Ansicht, daß die Vorsehung schon irgendwie für ihre Bedürfnisse sorgen würde; Capovilla zweifelte nicht daran, hielt es aber für nützlich, Roncallis Neigung, freudig alles, was er hatte, an Bittsteller wegzugeben, entgegenzuwirken. Und Roncalli, der am liebsten nichts mit Geschäften zu tun hatte, nicht einmal mit seinen persönlichen, und auch gar nichts davon verstand, war sehr glücklich, die Last seinem Sekretär aufzubürden.

Aber gegen die kleinen Almosen des Patriarchen kämpfte Capovilla eine verlorene Schlacht. Roncalli sah einmal, wie er einem Bootsmann ein Trinkgeld von 100 Lire gab, und hielt ihm vor, wie teuer das Leben sei. „Was sind denn 100 Lire heute, mein lieber Don Loris? 1000 sind wenig genug. Kommen Sie, wo ist meine Brieftasche? Der gute Mann verdient mehr." Als er aber die Brieftasche in den Falten seiner Soutane fand, war sie leer, was gar nicht ungewöhnlich war, und Capovilla mußte die fehlenden 900 Lire selbst beisteuern.

Als die Restaurierungsarbeiten am Engel auf der Spitze von St. Markus beendet waren, kletterte Roncalli die enge Stiege zum Glockenturm hinauf, um ihn zu segnen, und Capovilla folgte verbissen. Borlui, der dabei war, um das Ereignis zu fotografieren, erzählt, wie Roncalli in hundert Meter Höhe auf dem schmalen Absatz schwankte, sich überlehnte und seinen Segen gab. Dann – „da wir schon mal hier sind" – stieg er auf eine Bank der Arbeiter, während Capovilla sich an sein Gewand klammerte, und segnete die ganze Stadt. „Als wir hinuntergingen", sagte Borlui später, „konnte ich sehen, wer nervös war – Don Loris' Gesicht war kreideweiß."

Venedig ist eine lebhafte Stadt, Gastgeberin eines bedeutenden internationalen Filmfestivals und einer Kunstbiennale. Anders als manche seiner Vorgänger vernachlässigte Roncalli das kulturelle Leben nicht, wenn auch manche Aspekte die Grenzen der Schicklichkeit überschritten. Er zelebrierte persönlich die traditionelle „Kinomesse" zur Filmfestivalzeit im September und gab jedes Jahr im Palast einen Empfang für die Filmmacher aller Nationen und schloß dabei die der kommunistischen Welt nicht aus oder die Berühmtheiten, deren Liebesabenteuer im wirklichen Leben manchmal farbiger waren als ihre Filmrollen. Aber er ließ nie die Gelegenheit vorübergehen, Produzenten, Regisseure und Schauspieler an ihren riesigen Einfluß und ihre große Verantwortung zu erinnern. „Der Geist herrscht auch über die Unterhaltung", sagte er ihnen einmal. Auf französisch ermahnte er sie: „Messieurs! Meine Brüder! Die Welt von heute ist in eine erstikkende Atmosphäre gehüllt. Reinigen Sie sie! Lassen Sie frische Luft herein! Dann werden Sie einen Beitrag sowohl für das Kino wie für die Welt liefern. Ich bete für Sie; kommen Sie, beten Sie mit mir!"

1954 besuchte er als erster Patriarch die berühmte Venediger Biennale, die jedes zweite Jahr in Venedig stattfindende Schau moderner Kunst. Kardinal Sarto (der spätere Papst Pius X.) hatte den Priestern verboten, wegen der zu jener Zeit schockierenden Art einiger Bilder die Ausstellung zu besuchen. Aber wie für seine Vorgänger der Renaissance war für Roncalli die Kunst „eine edle menschliche Betätigung", und tatsächlich wußte er eine Menge über Malerei, wenn er auch immer sein intellektuelles Wissen zu verkleinern suchte. Es war ihm auch wichtig, mit wertvollen neuen Kunstrichtungen in Fühlung zu bleiben. 1956, bei einem Empfang von Künstlern und Gästen in der Sala Maggiore des Palastes, kündigte er eine Aufhebung des alten Besuchsverbots der Ausstellung für Kleriker an.

Er schuf eine jährliche Messe für Journalisten am Fest des heiligen Franz von Sales, des Patrons der katholischen Schriftsteller. Er blieb eifriger Zeitungsleser, obwohl er während seines Dienstes in einigen der größten Städte der Welt gelernt hatte, daß es große Unterschiede zwischen dem wirklichen Geschehen gab und dem, was darüber geschrieben wurde, je nach der Meinung des Schreibers. Aber seine Reaktion war gewöhnlich mild und gelegentlich spaßhaft. In Venedig sagte er zu einem, der über ihn geschrieben hatte: „Sie haben zuviel Salz beigegeben." In Rom zeigte er Jahre später Capovilla lachend einen Zeitschriftenaufsatz. „Das müssen Sie lesen, wenn Sie wissen wollen, was der Papst vorhat. Auf diesen Seiten habe ich nicht nur gefunden, was ich tue, sondern auch, was ich denke."

Eine andere seiner Neuerungen, an die man sich in Venedig wohl am besten erinnert, war die Einführung neuer Musik in St. Markus. Er lud den russischen Komponisten Igor Strawinsky während eines Musikfestivals ein, die Erstaufführung seines Oratoriums *Feierlicher Lobgesang zu Ehren des heiligen Markus des Evangelisten* in der Basilika zu dirigieren. Zwei Jahre später kam Strawinsky noch einmal, um seine *Klagen des Propheten Jeremias* in Sankt Markus zu dirigieren. Der Patriarch war bei den Proben anwesend.

Das heißt nicht, daß er alles, was in Venedig geschah, und jeden Vorschlag, es für die Touristen attraktiv zu machen, guthieß. Als der Stadtrat vorschlug, das Spielkasino vom Lido ins Zentrum Venedigs, ja auf den Markusplatz, zu verlegen, legte er Einspruch ein. Dieser war taktvoll, aber so klar formuliert, daß man von der Angelegenheit nichts mehr hörte, solange Roncalli Patriarch war. Und als die Verlegung schließlich geschah, wurde das Kasino an einem unauffälligen Ort der Stadt wiedererrichtet, in der Nähe des Bahnhofs.

Einen Pfeil seines Witzes richtete Roncalli gegen die Touristen, die Venedig im Sommer überschwemmten, mehr nacktes Fleisch zeigten, als ihnen zu Hause im Traum einfallen würde, und stracks Sankt Markus aufsuchten. „Wir leben nicht in den Tropen oder in der Arktis. Ich erwarte keineswegs von den Touristen, daß sie in Italien Pelze oder Wollkleider tragen. Sie können sich ja aus dieser modernen amerikanischen Seide, die so frisch und weich ist, Kleider zu niedrigen Preisen beschaffen. Andererseits liegt Italien nicht unter dem Äquator – tragen denn dort nicht die Löwen ihre Pelze und die Krokodile nicht ihre so wertvolle Haut?"

Am 11. Februar 1954, beim 25. Jahrestag der Lateranverträge, die den langen Streit zwischen der Kirche und der italienischen Regierung beendet hatten, bewies Roncalli erneut seinen uneingeschränkten Geist der Nächstenliebe und seinen seltenen Mut. In einer Gedenkansprache lobte er in einer Zeit, als der Name Mussolinis noch schreckliche Leidenschaften in Italien aufrühren konnte, den entehrten *Duce* wegen seines „entscheidenden Anteils am Abschluß der Verträge".

„Er war der Mann, den die Vorsehung Pius XI. gegenüberstellte ... Später wurde er zum Anlaß großen Leides für das italienische Volk. Aber es ist menschlich, und es ist christlich, ihm wenigstens diesen Anspruch auf Ehre nach seinem riesigen Unglück nicht zu verweigern ... und nach seiner Demütigung seine Seele der göttlichen Barmherzigkeit unseres Herrn zu empfehlen, der ... oft das ungeeignetste Gefäß erwählt und es, wenn das Werk vollbracht ist, zerbricht, als sei es nicht für seinen besonderen Zweck bereitet worden. Meine Brüder und Söhne, ich kann verstehen, was ihr fühlt. Laßt uns also die Bruchstücke des zerbrochenen Gefäßes achten und die Lehre, die sie uns geben, zu guten Zwecken wenden."

Sein ganzes Leben lang blieb er ein glühender Verfechter der Katholischen Aktion und der Christlich-Demokratischen Partei. Im Anfangsschwung der Nachkriegserneuerung waren die christlichen Demokraten stark genug, die absolute Mehrheit in der italienischen Abgeordnetenkammer zu besitzen. Als aber die Spannungen des Kalten Kriegs nachzulassen begannen und die Politiker sich ihrem eingewurzelten Hang zu kleinlichen Differenzen wieder hingeben konnten, wurden die Christdemokraten zu Koalitionen mit andern Parteien gezwungen, um die Regierung nicht den Extremisten von rechts oder links zufallen zu lassen. Als sie sich den Sozialisten zuwandten, erregten sie das tiefe Mißfallen des Heiligen Stuhls. Der achtundsiebzigjährige Papst Pius XII. war 1954 von schwerer Krankheit befallen worden, und obwohl er sich so weit erholte, daß er noch vier Jahre lebte, war er nie mehr derselbe Mann. Seine eigenmächtige Herrschaft über die Maschinerie des Vatikans entglitt ihm, und so stärkten die kurialen Konservativen ihre Stellung, und ihre starre Haltung gegenüber der

Welt jenseits des Petersdoms gestattete keinen Unterschied zwischen atheistischen Kommunisten und gemäßigten Sozialisten.

Im August 1956, als die christlich-demokratische „Öffnung nach links" heiß umstritten war, sprach Roncalli dagegen, ebenso wie Montini in Mailand, wo er Erzbischof geworden war. Beide folgten loyal den Direktiven aus Rom. Ihre päpstlichen Regierungszeiten sind aber wohl ein besseres Zeugnis ihrer wirklichen Anschauungen, ebenso wie Roncallis gastfreundlicher Willkommensgruß an einen sozialistischen Kongreß in Venedig nur sechs Monate, nachdem er die Koalition mit der Linken „einen sehr schweren doktrinären Irrtum" genannt hatte. Er ließ überall in der Stadt Plakate anschlagen, die seine persönlichen Grüße verkündeten und die Hoffnung, daß die Sozialisten „alles tun werden, um die Lebensbedingungen und die soziale Wohlfahrt zu verbessern". In einem Hirtenbrief, in dem er bekannte, daß es ihm schmerzlich sei, zu sehen, wie ehrliche, kluge Menschen an eine nicht durch die Bibel inspirierte Ideologie glauben konnten, drückte er den Wunsch aus, „daß das Volk von Venedig, gastfreundlich und liebenswürdig, wie es ist, helfen wird, diese Versammlung so vieler unserer Brüder aus allen Gebieten Italiens zu einem Beitrag zu den Idealen der Wahrheit, der Güte, der Gerechtigkeit und des Friedens werden zu lassen".

Die bestürzte Reaktion bei den konservativen Venezianern verursachte einen kurzen Sturm in den Zeitungen. Einem Journalisten, der ins Patriarchat kam, um eine Aussage zu erhalten, sagte Roncalli: „Keiner sollte sich durch meine Initiative stören lassen. Eines Tages werden diese Leute (die Sozialisten) wieder in die Kirche kommen." Und einem anderen erklärte er: „Neben der Reinheit der Lehre öffnen sich Bereiche für die Übung der Nächstenliebe, die mit Achtung und Höflichkeit beginnt."

Aber die Kontroverse in Venedig war nichts gegen die stille Mißbilligung, die aus dem Vatikan sickerte. „Unser guter Roncalli" hatte es mal wieder getan.

Wie er es noch einmal tun sollte, als er den Thron des heiligen Petrus bestiegen hatte. Sein wesentlicher Glaube war offen, nicht geschlossen. Derselbe Mann war Freund von Vincent Auriol, „einem aufrechten Sozialisten", und von Numan Menemengioglu, „meinem Lieblingsungläubigen". Seine tiefsten Überzeugungen als Hirt und Patriarch fanden klarsten Ausdruck in seiner Ansprache an eine Diözesansynode im November 1957. In der Liturgie, sagte er, wird der Bischof Vater und Hirt genannt. Er muß sich um die geistliche Wohlfahrt seiner Kinder kümmern und sie gegen Bedrohungen ihres Glaubens schützen. Dabei aber muß sich der Bischof selbst vor zwei Gefahren hüten: vor autoritärer Arroganz und Paternalismus. „Autoritäre Herrschaft erstickt die Wahrheit, beschränkt alles auf einen starren und leeren Formalismus, der von äußerer Disziplin abhängt. Sie drosselt heilsame Initiative, hält fälschlich Härte für Festigkeit, Unbeugsamkeit für Würde. Paternalismus ist eine Karikatur wahrer Väterlichkeit. Er wird oft begleitet von einer ungerechtfertigten Besitzhaltung gegenüber dem Opfer, einer Gewohnheit der Aufdringlichkeit, einem Mangel an echtem Respekt vor den Rechten der Untergebenen."

Er war nicht unempfindlich gegenüber der Vermutung von einigen, daß seine Nachsicht in Wirklichkeit Schwäche, sein Streben nach Einfachheit in Wirklichkeit Einfältigkeit sei. Aber er sei entschlossen, die Vervollkommnung der Milde, der Geduld und der Liebe weiter zu verfolgen, schrieb er, „und das alles um jeden Preis, auch auf das Risiko hin, als ein Schwächling oder ein Niemand zu scheinen und beurteilt zu werden".

Einmal drängte man ihn, gegen einen Priester vorzugehen, der in gewisse Schwierigkeiten mit dem Bistum geraten war. Er weigerte sich. „Wenn man ein Glas zerbricht, ist es zerbrochen", sagte er. Wieder erduldete er den unausgesprochenen, aber gespürten Vorwurf der Schwäche. Der Priester aber machte seinen Fehler wieder gut.

Obwohl er ganz in seinen Pflichten als Patriarch aufging, vergaß er weder damals noch je die Länder oder Völker, denen er einmal gedient hatte. 1954 sagte er, als er über die Ostkirchen sprach: „Der Weg zur Einheit zwischen den verschiedenen christlichen Bekenntnissen ist Liebe, die auf beiden Seiten so wenig geübt wird." Er erinnerte seine Zuhörer an Josephs Vergebung für die Brüder, die ihn verraten hatten: „Ich bin Joseph, euer Bruder!"

Ohne es zu wissen, näherten sich seine Tage in Venedig dem Ende. Im August 1958 nahm er seinen Jahresurlaub in Sotto il Monto, eine freundliche, friedliche Zeit. An einem ruhigen Sommertag verließ er sein Geburtsdorf, ohne zu wissen, daß er es nicht wieder sehen würde.

Er hatte den Schlußband der Arbeit über den heiligen Karl Borromäus vollendet, der jetzt gedruckt wurde. Das Geld dafür hatte er in Bergamo beschafft. In einem Vorwort, in dem er allen, die geholfen hatten, dankte, sagt er: „Unter normalen Bedingungen hätten fünf Jahre harter Arbeit genügt; ich habe fünfzig gebraucht.“ Es scheint klar, daß er seine weltlichen Verpflichtungen für fast erfüllt ansah. Bei Exerzitien im September schrieb er: „Mit fortschreitendem Alter sollte ich mir mehr Zurückhaltung auferlegen, Predigten außerhalb meiner Diözese zu übernehmen. Ich muß alle immer erst aufschreiben, das fällt mir schwer, dazu kommt die Beschämung, die ich über mein geringes Wissen empfinde. Der Herr möge mir helfen und verzeihen.“

Im selben Monat feierte er das Jahrgedächtnis des heiligen Pius X., der auch aus einer bäuerlichen Familie gekommen, in den kirchlichen Rängen aufgestiegen und Patriarch von Venedig geworden war, es 1903 verließ, um nach Rom und in die Unsterblichkeit zu gehen.

Aber im Frühherbst 1958 gab es in Venedig keine sichtbaren Anzeichen der Ereignisse, die Roncallis Leben ändern sollten. Bruno Vianello, der treue Pförtner, erinnert daran, daß der Palast des Patriarchen immer noch im Zustand der Erneuerung war. „Er hatte eine Menge Arbeit angeordnet, weil alles sehr altmodisch war. Überall sollte es fließendes Wasser geben, sogar in meiner Wohnung, und Zentralheizung und einen neuen Aufzug.“ Die Arbeit schien nie enden zu wollen, und in dem ganzen Herbst mußte Roncalli mit vielen Entschuldigungen durch Vianellos Wohnung gehen, um die Anlegestelle der Motorboote zu erreichen. Einmal sagte er: „Bruno, Sie werden sehen, wenn der Käfig schließlich fertig ist, wird der Vogel ausgeflogen sein.“

Als nicht lange danach Vianello Papst Johannes XXIII. in Rom an diese Prophezeiung erinnerte, sagte dieser: „Ja, ich erinnere mich, aber ich meinte es nicht *so:* Ich dachte, ich würde in den Himmel entfliegen.“

Aber im September und Oktober dieses schicksalhaften Jahrs 1958, als beunruhigende Hinweise auf die Hinfälligkeit Pius' XII. kamen, befiel ihn eine Sorge vor der Zukunft, wie er sie nie vorher gespürt hatte. Sie ist wohl auch verantwortlich für den entschiedenen Ton seines Briefes an Enrica vom 6. Oktober: „Wie Ihr gehört habt, muß man für die gute Gesundheit des Heiligen Vaters beten: ich möchte mich nicht bald in der Lage sehen, nach Rom reisen zu müssen. Ohne mehr dazu zu sagen: es ist unsere Pflicht zu beten. Lassen wir uns nicht beunruhigen, denn der Herr regiert die Kirche, und lassen wir uns nicht von der Phantasie blenden."

In Venedig fand in dieser kritischen Woche ein medizinischer Kongreß statt, und die Ereignisse warfen mit einem dringenden Ruf aus Rom ihre Schatten voraus: Der Vatikan suchte Dr. Antonio Gasbarrini, den Facharzt für Innere Medizin, der den Papst behandelte. Dann kam eine Warnung vom Staatssekretariat, die offizielle Mitteilung an alle Mitglieder des Kardinalskollegiums in der ganzen Welt: jeder solle sich bereit halten; der Zustand des Papstes sei ernst.

In Castel Gandolfo, dem päpstlichen Sommersitz, näherte sich der 82jährige Pius, geschwächt durch quälende Anfälle von Schluckauf, die ihn vier Jahre vorher beinahe getötet hatten, sichtlich dem Ende. Stunden nach der ersten Ankündigung der Krankheit belagerten Zeitungsleute die Piazza vor der päpstlichen Residenz und beobachteten das Schlafzimmerfenster im dritten Stock, und weitere Hunderte waren unterwegs. Radio Vatikan begann, regelmäßige Bulletins zu senden.

Am Morgen des 6. Oktober erlitt Pius an seinem Schreibtisch einen Schlaganfall. Unglaublicherweise erholte sich der schwache alte Mann, und die ärztlichen Berichte des Dienstag waren vorsichtig optimistisch. Aber am nächsten Tag erlitt er einen erneuten Schlaganfall, und mit den Worten: „Dein Wille geschehe" glitt er ins Koma. Am Donnerstag verlosch eine Stunde vor der Morgendämmerung das Licht im Schlafzimmer des dritten Stocks. Nach einem Pontifikat, das fast 20 Jahre lang gedauert hatte, war Papst Pius XII. tot.

Im Palast des Patriarchen von Venedig lauschte zur selben Zeit Angelo Roncalli in der Stille seines Schlafzimmers ins Radio. Eine wichtige Ankündigung wurde versprochen. Seine Gedanken waren bei dem Mann mit dem hageren Gesicht und dem guten Herzen, der ihn nach Frankreich mit den Worten: „Ich allein, Monsignore, habe an Sie gedacht und diese Entscheidung getroffen, kein anderer", geschickt hatte. Er betete für ihn, wie er es während dieser sorgenvollen Tage immer wieder getan hatte, und wartete.

Dann kam das vertraute Sendezeichen von Radio Vatikan, und die matte, müde Stimme von Pater Francesco Pellegrino verlas das letzte Bulletin: „Der Heilige Vater ist tot. Papst Pius XII., der geachtetste und verehrteste Mann in der Welt, einer der größten Päpste des Jahrhunderts, ist heute, am 9. Oktober 1958, 3.52 Uhr vormittags, sanft entschlafen.“ Roncalli erhob sich mühsam und ging in seine Kapelle.

Am 11. Oktober feierte er in Sankt Markus ein feierliches Requiem für den Heiligen Vater. Dann ließ er Gusso die Koffer für die Fahrt nach Rom packen, wo er den toten Papst beerdigen und im feierlichen Konklave mit den andern Kardinalfürsten der Kirche den Nachfolger wählen sollte. Er nahm seine *cappa magna,* den zeremoniellen roten Umhang, den er nie getragen hatte, den Kardinäle nur tragen, wenn sie dem Papst zum ersten Mal huldigen. Aber sonst nahm er wenig mit, nichts von den persönlichen Papieren und Büchern, die ihn sonst selbst bei kurzen Fahrten begleiteten. Er *wollte* zurückkehren. Aber als er am Sonntag, dem 12. Oktober, sein Haus verließ, bemerkte Capovilla, daß er einen letzten langen Blick darauf warf.

Noch einmal mußte er durch Vianellos kleine Wohnung gehen, um zum Anlegeplatz zu gelangen. Die Kinder eilten beiseite, um ihn und Capovilla durchzulassen; Gusso war schon mit dem Gepäck im Wagen vorausgefahren. Er blieb stehen, um sich bei Vianello zu entschuldigen, und sagte: „Vielleicht ist dies das letzte Mal, daß ich Sie stören muß.“ Dann, als er sich plötzlich der unbeabsichtigten Bedeutung seiner Worte bewußt wurde, sagte er rasch: „Nein, nein – weil die Reparaturen fertig sein werden, wenn ich zurückkehre.“

Das Boot tuckerte durch das Wasser des Canale Grande, und alle an Bord waren still. Es regnete, und anders als bei seinem Einzug in die Stadt, waren nur wenige Leute da. Am Bahnhof stand eine kleinere Menge, einige Amtspersonen, und ein jeder dachte daran, daß ein früherer Patriarch von Venedig, Giuseppe Sarto, mit einer Rückfahrkarte in der Tasche zu einem Konklave gefahren, aber als Papst Pius X. in Rom geblieben war. Als jedoch jemand Roncalli das gleiche wünschte, antwortete er, sein eigener Wunsch sei, in 14 Tagen wieder in Venedig zu sein. Einem andern sagte er: „Darüber möchte ich mit Ihnen nach meiner Rückkehr sprechen.“

Ein letztes Foto von ihm in Venedig zeigt ihn am offenen Abteilfenster, wie er auf seine Freunde auf dem Bahnsteig hinunterlächelt. In dem Lächeln liegt eine gewisse Traurigkeit, sicher eine Spiegelung des Augenblicks, aber vielleicht auch seiner privatesten Gedanken, als der Zug sich zu bewegen begann. Die Vergangenheit, die lange Vorbereitung, lag hinter ihm, und vor ihm lag seine endgültige Bestimmung.

Das Konklave

Er kam am Montag, dem 13. Oktober, vormittags an und ging sofort zur Domus Mariae, dem Hauptquartier der katholischen Frauenaktion in Rom, wo er wohnen sollte, bis das Konklave endgültig zusammentrat. Sie steht fast auf dem Gipfel des Aventinhügels, ein neues Gebäude, das auf die alte Stadt und den Petersdom hinunterschaut. Kardinal Roncalli hat sich sicher mit dieser Aussicht während der nächsten zwölf Tage vertraut gemacht, denn außer zu den offiziellen Verpflichtungen im Vatikan verließ er seine Zufluchtsstätte nur selten.

An jenem ersten Montag, dem dritten Tag der *novendialia,* stand er mit den andern Kardinälen im Gebet, als der Leichnam des Heiligen Vaters, eingesargt in Särge aus Zypresse, Blei und Rüster, in der Krypta unter der Clementinischen Kapelle beigesetzt wurde. Danach trafen sich die Kardinäle, immer noch in den Purpursoutanen der Trauer, jeden Tag in der Aula des Konsistoriums, um die Geschäfte des Heiligen Stuhls zu führen und das Konklave vorzubereiten.

Manchmal besuchte Roncalli die Kirchen Roms, die Wendepunkte seines Lebens bezeichneten: Santa Maria in Monte Santo, wo er vor 54 Jahren geweiht worden war, San Carlo al Corso, die Kirche des heiligen Karl Borromäus, wo er zum Bischof konsekriert worden war. Aber meist schloß er sich betend und denkend in der Domus Mariae ein. Wie die andern Kardinäle, die zusammen vor der schweren Verpflichtung standen, den nächsten Stellvertreter Christi auf Erden zu wählen, war er entschlossen, sich von dem Geschrei und den Vermutungen fernzuhalten, die die Welt draußen in Atem hielten. Denn da kein Favorit sichtbar wurde, da kein einziger Name auftauchte für den *sede vacante,* wie es 1939 Pacellis und später 1963 Montinis taten, stieg die Ungewißheit zu einem Spekulationsfieber an. Sogar der seriöse *Osservatore Romano,* der vor unangebrachten „Ratespielen“ gewarnt hatte, veröffentlichte Biographien von nicht weniger als 25 Kardinälen, die *papabili* sein sollten.

Und was dachte Angelo Roncalli, als die Tage der *novendialia* verstrichen? Einem Besucher gegenüber zitierte er ein wenig vieldeutig die alte Weisheit, daß, wer als Papst ins Konklave geht, als Kardinal herauskommt. Nach einem Requiem für Pius XII. erspähte er seinen alten Sekretär Mgr. Thomas Ryan, der jetzt eine Stelle beim Vatikan hatte, und rief spontan: „Don Tomaso, kommen Sie mich nach dem Konklave in Venedig besuchen!“

Aber von Anfang an gab es Zeichen für das, was kommen sollte. Eine bestimmte Gruppe von Kardinälen, unter ihnen sechs aus Frankreich, taten alles, um den Patriarchen von Venedig zu ermutigen. Mit ihrer betonten Hochachtung vermittelten sie etwas, das keiner weiteren Erklärung bedurfte. Und in Roncallis Briefen finden sich beziehungsreiche Zeilen.

An Enrica schrieb er am 20. Oktober, daß die Familie nicht an Zeitungsklatsch glauben solle. „Geheimnisvolle Tage nähern sich für mich und manche andere, ja für alle Kardinäle... Man muß auf ihn (den Herrn) schauen und nicht auf andere, auch nicht auf Ehren oder auf Pläne für den uns noch verbleibenden Rest des Lebens... Also Mut! Ich habe mehr denn je Vertrauen, fast die Gewißheit, nach Venedig und nach Camaitino zurückzukehren.“

Am 24. Oktober, einen Tag, bevor er ins Konklave ging, schickte Roncalli einen Brief an Mgr. Giuseppe Pazzi, Bischof von Bergamo, der vielleicht am besten seine Gefühle in jenen letzten Stunden, bevor die Kardinäle sich von den Menschen abschlossen, zum Ausdruck bringt: „Etwas zu meinem Eintritt ins Konklave: etwas wie eine Beschwörung von allem, was meinem Herzen als guter Bergamasker am teuersten ist... Aber es kommt nur wenig darauf an, ob der neue Papst aus dem Gebiet von Bergamo ist oder nicht. Unsere gemeinsamen Gebete sollten darum gehen, daß der neue Papst ein weiser und gütiger Führer sein werde, daß er ein heiliger Mann sei und einer, der Heiligkeit verbreitet. Sie verstehen, was ich meine, Exzellenz. Grüße und Umarmung...“

Was dachte Angelo Roncalli? Gewisse oberflächliche Schriften haben eine gerade und einfache Seele gezeichnet, die an nichts anderes dachte als an den Willen Gottes, als er zur Stimmabgabe in den Vatikan einzog. Das aber ist ein steriles und unbefriedigendes Porträt, das nicht mit Roncalli als Mensch mit privaten Gefühlen und Empfindsamkeiten rechnet, als einem klugen Beobachter von Menschen und Ereignissen. Und seine klaren Hinweise, auch wenn sie negativ sind, auf seine Chancen, die Wahl seiner Mitkardinäle zu werden? Der neue Papst *müsse* nicht aus dem Gebiet von Bergamo kommen. Er habe *fast* die Gewißheit, nach Venedig zurückzukehren.

Aber offenbart er uns nicht, da er die andere Möglichkeit zugesteht, den innersten Winkel seines Herzens? Ohne allen Zweifel *wünschte* er vor allem, nach Venedig zurückzukehren. Aber er scheint sich auch bewußt gewesen zu sein, daß eine Reihe von Umständen, die bereits im Entstehen war, ihm diesen Wunsch versagen könnte. Gottes Wille würde geschehen, gewiß, davon war er überzeugt. Aber als die *novendialia* endeten und die Kardinäle, jetzt in scharlachroten Gewändern, sich in der Capella Paolina (neben der Sixtinischen Kapelle) versammelten, erkannte Angelo Roncalli sicherlich klar die Möglichkeit, daß er das Werkzeug des Willens Gottes sein konnte.

Jeder der 51 Kardinäle, die den Konklavebereich nachmittags am Samstag, dem 25. Oktober, betraten, durfte zwei Helfer, „Konklavisten", mitbringen. Es bestand auch eine kleine Arbeitsgruppe – zwei Ärzte, Schreibkräfte, Feuerwehrleute, Friseure, Klempner und Köche. Zusammen waren etwa 250 Personen in der versiegelten Abteilung des apostolischen Palastes.

Roncalli war einer der ersten. Etwas vor 3 Uhr nachmittags schritt er durch das niedrige Tor der Glocken mit seinen Konklavisten Capovilla und Gusso. Ihm war das Büro des Kommandanten der Nobelgarde, Zelle Nr. 15, zugeteilt worden, ein kleiner, leerer Raum, in den ein eisernes Bettgestell gebracht worden war. Capovilla bezog den Vorraum. Gusso warf nur einen Blick ins Zimmer, verschwand und kehrte mit einem Krug und einem Waschbecken zurück. „Sie sollen sich wenigstens hier waschen können, Eminenz", sagte er.

Roncalli achtete nicht darauf. Einigen der Kardinäle, den ältesten und schwächsten, war es besser ergangen, aber die meisten waren wie Roncalli in improvisierten Schlafzimmern mit gemeinschaftlichen Badegelegenheiten untergebracht. Der bärtige, fürstliche Tisserant, Dekan des Heiligen Kollegiums, war in einer Ecke der Borgia-Waffenkammer. Aber keiner beklagte sich. Es gehörte zu den Prinzipien des Konklaves, daß physische Bequemlichkeiten die Kardinäle nicht von ihrer Aufgabe abhalten durften.

Nachdem das Konklavegebiet von innen und außen verriegelt war, setzten sich die Kardinäle zu einem einfachen Mahl in ein Refektorium. Dann gingen sie in ihre getrennten Quartiere. Am folgenden Morgen, genau um 10 Uhr, versammelten sie sich in der Sixtinischen Kapelle, um mit der Abstimmung zu beginnen. Throne aus purpurnem Damast waren rings um die Wände für sie aufgestellt mit einem Baldachin über jedem. Roncalli saß nahe bei der Tür neben Kardinal Valeri, seinem Vorgänger als Nuntius in Frankreich.

Die Sixtinische Kapelle, während der Regierungszeit von Papst Sixtus IV. im späten 15. Jahrhundert erbaut, ist eines der Wunder unserer Kultur. Ihr Grundriß ist ein einfaches Rechteck, etwa 40 m lang und etwa 13 m breit. Aber seine erhabene gewölbte Decke und das goldene Licht, das auf ihre herrlichen Fresken fällt, auf Michelangelos ehrfurchtgebietendes und unvergleichliches „Jüngstes Gericht", machen sie zu einer hervorragend geeigneten Stätte für die Wahl des obersten Hirten der 500 Millionen römischen Katholiken in aller Welt.

An jenem Sonntag, dem 26. Oktober, war der gemusterte Fußboden mit Holz und das Holz mit einem grünen Teppich bedeckt. Vor dem Altar stand ein alter Silberkelch, in den die Kardinäle ihre Wahlzettel werfen sollten. Hinter ihnen, jenseits der Marmortransenna, die die Kapelle teilt, stand ein schwarzer Ofen, in dem die Zettel verbrannt werden würden. Ein improvisierter Kamin, der durch eins der großen Fenster führte, war das Verbindungsglied zwischen dem Konklave und der wartenden Welt. Weißer Rauch würde die Wahl eines Papstes ankündigen, schwarzer Rauch bedeutete, daß noch niemand die erforderliche Zweidrittelmehrheit plus eine Stimme erlangt hatte.

Am Sonntag gab es vier Wahlgänge, zwei am Morgen, zwei am Nachmittag, und der Rauch war schwarz. Montag das gleiche. Für die Tausende auf dem Petersplatz und die Millionen in der Welt, die vor Rundfunk- und Fernsehgeräten saßen, vergingen die Tage ohne Veränderung und handfeste Nachrichten. Das Spiel der *papabili* ging weiter. Neue Favoriten sollten sich an die Spitze gesetzt haben, aber das war reine Vermutung.

Und doch geschah tatsächlich etwas höchst Bedeutsames hinter dem stummen Stein und den leeren Fenstern. Gegen Montag nacht waren die widerstreitenden Kräfte, wobei es wichtig ist, zu bedenken, daß der Streit immer sehr gelassen geführt wurde, in eine Sackgasse geraten.

Es herrschte Kompromißstimmung. Vielleicht gab es einen unter ihnen, der sich nicht ohne weiteres mit dieser oder jener Partei identifizieren ließ. Und der Name, der in den kleinen formlosen Konferenzen nach den Wahlgängen oft vernommen wurde, war der des Patriarchen von Venedig.

Nach Capovilla zeigten die Kardinäle jetzt Roncalli „zartfühlendste Aufmerksamkeit", als ob sie „ihn mit der Wärme kindlicher Zuneigung und dem Versprechen ergebenster Verbundenheit stützen" wollten. Um Zelle Nr. 15, das Büro der Nobelgarde, gab es ein ständiges Kommen und Gehen. Als jemand fragte, ob das Schild an der Tür mit „Comandante" ein Omen sein könnte, sagte Roncalli prompt, daß er nicht an Omen glaube.

Aber der Erzbischof von Turin, Kardinal Maurizio Fossati, der Zelle Nr. 16 bewohnte, beobachtete die Aktivität nebenan und zog seine eigenen Schlüsse. Später sagte er über diese Schlüsselstunden: „Ich glaube nicht, daß ich die Schweigepflicht verletze, von der ich mich zudem durch die große und freundliche Güte des Heiligen Vaters (Papst Johannes) entbunden fühle, wenn ich sage, daß zu einem gewissen Zeitpunkt ein Freund es für notwendig hielt, die Zelle eines Freundes zu betreten, *confortans eum,* um ihn zu trösten."

Tatsächlich aber schlief Roncalli gut in dieser Nacht. Er hatte den Kardinälen schweigend zugehört und sah nun der Aussicht auf das Ergebnis des nächsten Wahlgangs mit einem gewissen Abstand entgegen. Er hatte das schreckliche Gefühl der Furcht, daß er für die furchtbare Verantwortung nicht würdig, für die erdrückende Last nicht stark genug sei, hinter sich gelassen. Denn als er schließlich allein in dem kleinen Büro des Kommandanten der Nobelgarde saß, fühlte er sich in Gottes Hand. In einem persönlichen Tagebuch, das zu führen er in einem großen Notizbuch begonnen hatte und das unveröffentlicht bleibt, schrieb er in der Nacht des 27. Oktober: „Wer aber regiert die Kirche? Du oder der Heilige Geist? Nun denn, Angelo, geh schlafen!" Und offensichtlich zufrieden fügte er hinzu: „Ich komme mir vor wie ein leerer Beutel, den der Heilige Geist unerwartet mit Stärke anfüllt."

Die Geheimnisse der Papstwahl sollen von den Beteiligten streng gehütet werden. Alle werden unter Strafe der Exkommunikation zu Stillschweigen verpflichtet. Aber man weiß, daß ein hartnäckiger

Frager ein paar Tatsachen zusammengetragen hat – seine Quellen müssen natürlich verschwiegen werden –, und wenn man diese Informationen benutzt zur Ergänzung des ohnehin Augenscheinlichen über die beteiligten Persönlichkeiten und Kräfte, kann man das Wesentliche einigermaßen rekonstruieren.

Zunächst ist festzustellen, daß die gängigen Etiketten, die auf dem Petersplatz und in der Weltpresse die Runde machten, aus der Luft gegriffen und ganz allgemein unzutreffend waren. Es gab keine klar abgegrenzten Gruppen von „Reaktionären" oder „Fortschrittlichen" unter den Kardinälen und auch keine Kandidaten, bei denen man damit rechnen konnte, daß sie „pastorale" oder „politische" Päpste sein würden. Die Unterschiede zwischen ihnen waren unendlich subtiler, unentwirrbar verknüpft mit Theologie und Lehre und sozialen Neigungen, und wenn es in einem Bereich Unterschiede gab, konnten in andern leicht sich deckende Übereinstimmungen bestehen.

Aber es gab Unterschiede. Zum größten Teil bestanden sie zwischen denen, die den eisernen Griff der Kurie lockern wollten, und denen, die in den letzten Jahren von Pius XII. ungewöhnliche Macht gewonnen hatten und sie nicht aufgeben wollten. Das alles läßt sich vergleichen mit der bekannten Kluft zwischen den Fronttruppen eines Heeres, hier durch die Kardinäle mit bischöflichem Stuhl vertreten, und der Etappe, hier der Kurie. Auf den Vatikan beschränkt, hatten sich die Kurienkardinäle von den Realitäten des Lebens entfernt und widersetzten sich gern jedem Wandel, während die Kardinalerzbischöfe der großen Städte täglich vom Leben und seinen modernen Verwicklungen hart bedrängt wurden und die dringende Notwendigkeit verspürten, daß die Kirche Schritt hielt.

Die ersten Wahlgänge enthüllten keinen Favoriten beider Seiten. Sie beschränkten sich auf die traditionellen Höflichkeitsstimmen; die Franzosen stimmten für Tisserant, viele Italiener für Ruffini, einige Amerikaner für Spellman und einige für Kardinal Wyszyński aus Polen, ein Opfer sowohl der Nazis wie der Kommunisten. Keiner konnte als ernsthafter Kandidat angesehen werden. Roncalli stimmte für Valeri, um erneut seine Meinung zu unterstreichen, daß der einstige Nuntius ungerechterweise aus Frankreich gewiesen worden war. Es war die einzige Stimme, die Valeri erhielt.

Aber als am Nachmittag des Sonntags die ersten Wahlgänge endeten, waren einige Illusionen zerstört und ein Mythos verscheucht. Die Befürworter von Kardinal Gregor Peter Agagianian, Propräfekt der Kongregation für die Verbreitung des Glaubens, hatten nichts getan, um das Gerücht zu entkräften, daß er zum Konklave „mehr als den halben Weg zum Thron von Sankt Peter" gekommen war. Tatsächlich schien er hervorragend geeignet für das Papsttum – kultiviert, gelehrt, fromm, ein Armenier, der völlig romanisiert war, ein Kurienmitglied mit modernen Ansichten. Aber obwohl Agagianian hoch oben auf der Liste der *papabili* eines jeden stand, widersetzten sich ihm Tisserant und andere, weil er römischer als selbst die Italiener geworden war, oder, wie jemand bemerkte, „mit 63 doktrinärer als Pius mit 80". Auf jeden Fall zerbrach seine Kandidatur am Sonntagnachmittag, als er nur eine Handvoll Stimmen erhielt.

Dann gab es noch einige, die an der Meinung festhielten, der nächste Papst warte in Mailand. Es gab mehrere Versionen darüber, warum Pius XII. Giovanni Battista Montini den roten Hut nicht überreicht hatte, als er den treuen *sostituto* als Erzbischof nach Mailand geschickt hatte, wobei die vorherrschende Theorie war, daß der andere *sostituto* Tardini es irgendwie verhindert hatte; aber für die, welche Montinis offene, modernere soziale Ansichten unterstützten, machte das keinen Unterschied. Im Kirchenrecht steht nichts darüber, daß ein Papst aus dem Kreis der Kardinäle gewählt werden müsse, wiederholten sie jedem, der es hören wollte. Jeder männliche Katholik sei wählbar. Und augenscheinlich hörten viele gern zu – auch Montinis Name stand oben auf der Liste der *papabili* –, aber sie alle standen draußen. Innerhalb des Konklaves war das Heilige Kollegium nicht bereit, mit der 600 Jahre alten Tradition zu brechen und einen Nichtkardinal zu wählen. Montini, der das rote Birett schließlich von Johannes XXIII. erhielt und die überwältigende Mehrheit im Konklave von 1963, bekam 1958 überhaupt keine Stimme.

Auch andere häufig erwähnte Bewerber sahen ihre Chancen am Sonntag blockiert: Ruffini und Ottaviani, weil sie als zu starr konservativ angesehen wurden; Lercaro, Erzbischof von Bologna, wegen seines auffallenden Wesens.

Schließlich wurde noch ernsthaft über einen nichtitalienischen Papst gesprochen. Aber auch hier beschränkte sich das Gerede auf solche mit begrenzter Kenntnis päpstlicher Politik. Denn obwohl die nichtitalienischen Kardinäle tatsächlich eine Mehrheit von 2 : 1 im Heiligen Kollegium ausmachten, waren sie doch auf 22 Nationen zersplittert und stimmten also darin überein, daß es zur Zeit jedenfalls besser war, eine alte Tradition zu wahren, als neue nationalistische Leidenschaften aufzuwühlen.

Am Montag morgen offenbarte sich der wahre Kandidat der Kurienkardinäle. Es war Benedetto Aloisi Masella, aristokratisches Mitglied der exklusiven kirchlichen Gesellschaft Roms, früher einmal Nuntius in Portugal, Chile und Brasilien, nach dem Tode von Pius vom Heiligen Kollegium zum *camerlengo,* dem Interimsherrscher der Heiligen Römischen Kirche, gewählt. Als die Stimmen des zweiten Wahlgangs am Montag ausgezählt wurden, schien Aloisi Masellas Wahl sicher: er hatte fast die Hälfte aller Stimmen, und seine Anhänger vertrauten darauf, die notwendige Mehrheit am Nachmittag zu erhalten.

Aber am Nachmittag, so berichtet es eine Quelle, „waren wir alle wieder ratlos". Aloisi Masellas Stärke bröckelte ab. Denn eine kleine Gruppe unter Führung von Tisserant und den französischen Kardinälen, die entschlossen war, die Macht der Kurie über die kirchlichen Angelegenheiten zu schwächen, häufte ihre Stimmen hartnäckig und geschickt auf einen einzigen Kandidaten, auf einen, den sie für fähig hielt, einen Wandel herbeizuführen, Angelo Roncalli. Und mit ihrer Hartnäckigkeit begann sie, Stimmen zu gewinnen. In einer neuen Anstrengung, den Sieg zu erringen, sammelten die konservativeren Kardinäle nun ihre Kräfte hinter Giuseppe Siri, Erzbischof von Genua. Aber Siri war erst 50 Jahre alt, und die Möglichkeit, daß er noch im Jahr 2000 Papst sein könnte, gefiel einem Kollegium von Männern, die im Schnitt 73 waren, nicht besonders. Auf diesen Augenblick bezieht sich Roncalli, wenn er vier Jahre später in einer „Rückschau auf die großen Gnadenerweise, die dem zuteil wurden, der sich selber für gering achtet", von seiner ersten Gnade schrieb: „In Einfachheit die Ehre und die Last des Pontifikats anzunehmen und mit Freude sagen zu können, nichts, aber auch wirklich nichts unternommen zu haben, um es zu erlangen. Im Gegenteil, ausdrücklich und bewußt darauf bedacht, meinerseits keinen Hinweis auf meine Person zu geben. Sehr zufrieden, als ich bei den verschiedenen Abstimmungen des Konklaves manche Möglichkeiten, die mich betrafen, schwinden und sich andern Personen zuwenden sah, die auch nach meiner Ansicht überaus würdig und verehrenswert waren."

Aber wenn er auch am Montag nachmittag noch glauben konnte, Siri oder Masella würden vorn stehen, mußte ihm die unvermeidliche Wahrheit am Abend klar werden. Später sagte er: „Ich erkannte aus gewissen Anzeichen, daß man mich wählen würde." Diese Anzeichen waren die Besuche in Zelle Nr. 15 von so vielen seiner Kollegen. Wenn auch die endgültige Stimmenzahl des Tages bescheiden war, nicht mehr als zwölf oder fünfzehn, kamen die Kardinäle doch, um ihm Mut zu machen, ihm ihr Vertrauen auszudrücken, ihre Treue zu bekunden.

In den beiden Wahlgängen am Dienstag morgen gewann er die Stimmen von fast allen Gemäßigten und auch von einigen aus dem Kurienkontingent und setzte sich damit an die Spitze der Kandidaten. In der Sala Ducale, wo Capovilla mit den andern Konklavisten nervös wartete, ging das geflüsterte Gerücht um, daß eine „Roncalliflut" eingesetzt habe. Und beim Mittagessen sagte Tisserant, während sich Roncalli am anderen Ende des Tisches seinem Essen hingab, mit einiger Befriedigung, daß dies wohl die letzte gemeinsame Mahlzeit der Kardinäle sein könnte.

Warum wandte sich das Heilige Kollegium zur großen Überraschung der wartenden Millionen Angelo Roncalli zu? Er war schließlich der Welt wenig bekannt, ließ sich wenig im Vatikan sehen und wurde dort noch seltener verstanden. Suchten die Kardinäle nur einen *papa di passaggio* (Übergangspapst), wie so weithin berichtet wurde, einen älteren, im wesentlichen harmlosen Verwalter, um die Kluft zwischen vatikanischen Gemäßigten und Konservativen zu überbrücken; jemand, der die knarrende Maschinerie des Heiligen Stuhls ein paar Jahre zusammenhalten konnte, während die Väter der Kirche den nächsten Schritt abwägen und sich auf die Thronbesteigung eines Aktivisten vorbereiten konnten? – Auf Montini?

In all diesen Spekulationen steckt ein Körnchen Wahrheit. Aber es gab keinen Mangel an entsprechend alten Würdigen unter den Kirchenfürsten, und der Grund, warum Roncalli gewählt wurde und die andern nicht, ist entwaffnend einfach und vielleicht gerade deshalb allgemein übersehen worden. Am Ende hatte er nicht nur die geringste

Opposition, sondern seine positiven Tugenden wurden für die eingeschlossenen Wähler immer anziehender. Keiner bestritt mehr seine natürlichen Gaben als Staatsmann. Seine Güte und Einfachheit waren immer schon sichtbar gewesen. Die Franzosen hatten seinen Mut in der Sache der angeklagten Bischöfe und der Arbeiterpriester nicht vergessen. Die Kardinalerzbischöfe glaubten, daß er die Kluft zwischen der Kirche und der sich schnell wandelnden Welt schließen könnte. Und selbst die kurialen Konservativen schätzten seine Treue und seinen nicht wankenden Gehorsam gegenüber Pius XII.

Als sich also die Kardinäle am Dienstag, dem 28. Oktober, nachmittags versammelten, hielt eine neue Erregung, zweifellos nichts anderes als eine Vorahnung, Einzug in der Sixtinischen Kapelle. Und als der elfte Wahlgang begann, als die Ehrwürdigen Väter wieder einmal ihre Stimmzettel zeichneten und sie einer nach dem andern zum Altar trugen, war es klar, daß sich das komplizierte Ritual der Wahl seinem letzten Höhepunkt näherte. Jeder Kardinal kniete der Reihe nach in schweigendem Gebet nieder und sagte dann laut: „Ich rufe Christus den Herrn zum Zeugen an, daß ich den wähle, von dem ich glaube, daß er durch Gottes Willen gewählt werden soll." Seine Stimme wurde dann in den Kelch gelegt. Als alle abgestimmt hatten, lasen drei Kardinal-Prüfer den Namen auf jedem Zettel vor, während die andern auf ihren Baldachinthronen mitzählten. Und immer wieder hieß es: „Der sehr ehrwürdige Kardinal Roncalli." Und zum Schluß hatte der Patriarch von Venedig weit mehr als die erforderlichen 35 Stimmen.

In plötzlicher Stille, in dem Augenblick, der zu einem Vorspiel der Geschichte wurde, schritt Kardinal Tisserant mit dem stolzen bärtigen Haupt, das eines der Propheten aus Michelangelos Fresken hätte sein können, langsam zu dem Thron, auf dem Roncalli bleich und schweigend und, obwohl noch inmitten aller, ganz allein saß. Tisserant, Dekan des Heiligen Kollegiums, stand vor ihm und fragte in traditionellem Latein: „Nimmst du die Wahl an, die rechtmäßig vollzogen worden ist?"

Wieder hing das Schweigen schwer über ihnen. Es schien lange zu dauern, war aber nur ein Augenblick, der sich dem Gedächtnis derer, die so angespannt lauschten, einbrannte. Dann antwortete Angelo Roncalli: „Beim Anhören deiner Stimme schaudert es mir, und ich fürchte mich. Was ich von meiner Armseligkeit und Schlichtheit weiß, genügt, mich zu betäuben. Aber nach dem Wunsch meiner Brüder, den Kardinälen der Heiligen Römischen Kirche, nach diesem Zeichen des Willens Gottes nehme ich die Wahl an. Ich neige den Kopf vor dem bitteren Kelch und der Last des Kreuzes. Zum Christkönigsfest haben wir gesungen: ‚Christus ist Sieger, Christus ist König, Christus ist Weltenherrscher. Erhöre uns, Christus!'"

In dem Augenblick, da er sprach: „Ich nehme an", wurde er Papst. Die andern Kardinäle zogen an den Schnüren, die die Baldachine über ihren Thronen senkten, zum Zeichen, daß sie nicht mehr seine Gleichen waren. Jetzt fragte Tisserant: „Mit welchem Namen willst du genannt werden?"

„Vocabor Johannes" („Ich will Johannes heißen").

Das war die erste Überraschung seines Papsttums. Er brach mit der Folge von Piussen, die mit wenigen Ausnahmen die Kirche fast 200 Jahre lange beherrscht hatten, und kehrte nicht zurück zu Benedikt oder Leo, den großen Päpsten seiner Jugend, sondern den ganzen Weg bis zu Johannes XXII. aus dem 14. Jahrhundert. 100 Jahre später, als sich drei Rivalen um die Krone von Sankt Peter stritten, gab es sogar einen Gegenpapst Johannes XXIII. Nun holte Angelo Roncalli einige Notizen hervor und sagte, warum er diesen Namen gewählt hatte: „Dieser Name ist Uns teuer, weil er der Name Unseres Vaters ist. Er ist Uns lieb, weil die bescheidene Pfarrkirche, in der Wir getauft wurden, diesen Namen trägt. Er ist der feierliche Name unzähliger Kathedralen in der ganzen Welt, an erster Stelle der heiligen und ehrwürdigen Lateranbasilika, Unserer Kathedralkirche. Dieser Name kommt in der langen Reihe der römischen Päpste am häufigsten vor. Zweiundzwanzig Päpste mit dem Namen Johannes sind von unbestrittener Legitimität. Fast alle hatten ein kurzes Pontifikat."

Das war sein kleiner Scherz, den er auch bei einer so feierlichen Gelegenheit nicht lassen konnte. Er fuhr fort:

„Wir wollten die Geringheit Unseres Namens hinter dieser herrlichen Folge römischer Päpste verbergen ... Doch Wir lieben den Namen Johannes, der Uns und der ganzen Kirche so teuer ist, ganz besonders darum, weil er von zwei Männern getragen wurde, die dem Herrn Christus, dem göttlichen Erlöser der ganzen Welt und Gründer der Kirche, ganz nahe waren. Johannes der Täufer ... und der andere

Johannes, der Jünger und Evangelist... Gebe Gott, daß die Stimme der beiden Johannes in der gesamten Kirche hörbar wird, durch Unser sehr demütiges Hirtenamt...

Meine Kindlein, liebet einander; liebet einander, denn das ist das große Gebot Gottes.

Der gütige Gott gewähre Uns, Ehrwürdige Brüder, daß Wir, die Wir uns mit demselben Namen nennen wie der erste in der Reihe dieser Obersten Hirten, mit Hilfe der göttlichen Gnade die gleiche Heiligkeit des Lebens, die gleiche Seelenkraft beweisen wie er, ja, wenn Gott es so will, bis zur Hingabe Unseres Blutes."

So offenbarte Papst Johannes in seiner ersten kleinen Ansprache, die am folgenden Tag weit verbreitet wurde, den wesentlichen Glauben, den einfachen Geist der Liebe, auf den Millionen in der Welt ringsum jeder Religion und ohne Religion bald antworteten.

Als Johannes aufgehört hatte zu sprechen, näherte sich Mgr. Alberto di Jorio, Sekretär des Konklaves, mit dem weißen Zucchetto, dem Käppchen, das von den Päpsten getragen wird. Johannes nahm sofort sein rotes Birett ab und setzte es di Jorio auf. Das war eine weitere Überraschung, die Wiederaufnahme eines 50 Jahre nicht mehr geübten Brauchs. Es bedeutete, daß di Jorio als Belohnung für seine Dienste am Heiligen Kollegium beim nächsten Konsistorium in den Kardinalsrang erhoben würde.

Nun ging Johannes allein zum Hauptaltar, um zu beten, und kehrte dann zurück, um den Akt der Annahme zu unterzeichnen, bevor er sich in die kleine Sakristei der Sixtinischen Kapelle zurückzog, um die päpstlichen Gewänder anzulegen. Jetzt erfuhren Capovilla und Gusso, daß *ihr* Kardinal Papst war. Während die andern Konklavisten in einen andern Raum geschickt wurden, führte man sie durch die Sixtinische Kapelle in die Sakristei. Es war ein bewegender Augenblick. „Jetzt seht ihr, was mit mir geschehen ist", sagte Papst Johannes.

Capovilla war so überwältigt, daß er nicht sprechen konnte, half aber automatisch dem Papst in die weißen Kleider. Obwohl die offiziellen Schneider päpstliche Gewänder in verschiedenen Größen angefertigt hatten, um den anderen *papabili* gerecht werden zu können, trotzten unglücklicherweise Roncallis mehr als zweihundert Pfund auch den größten. „Ich fühle mich eingeschnürt und fertig zum Versand", witzelte Johannes, als Capovilla die Soutane so stramm wie möglich band und den Schlitz mit dem Chorrock verdeckte.

Gusso war inzwischen zur Domus Mariae geschickt worden, um einige Dinge für den Papst zu holen, besonders seine eigenen Schuhe, da er sich in die bereitgestellten kaum hineinzwängen konnte. Aber Gusso kam nach wenigen Minuten untröstlich zurück. Da das Konklave noch geschlossen sei, berichtete er, habe Tisserant ihn am Weggehen gehindert. Johannes räusperte sich und gab seinen ersten päpstlichen Befehl. „Sie können Seiner Eminenz, Kardinal Tisserant sagen, daß der Papst, da er seine Schuhe braucht, Ihnen die Erlaubnis zum Verlassen des Konklaves gegeben hat."

Tatsächlich sollte das Konklave erst am folgenden Tag aufgehoben werden. Als Papst Johannes in die Sixtinische Kapelle zurückkam, um die knienden Kardinäle zu segnen, bat er sie, noch eine Nacht mit ihm zusammen innerhalb des Konklaves zu bleiben. Es sei das letzte Mal, daß er sie alle beisammen hätte, sagte er, und bevor sie in verschiedene Richtungen aufbrächen, wollte er, da sie noch nicht von der Welt um sie herum abgelenkt wären, ihren Rat in einer Reihe von „Familienbesprechungen" suchen.

Dies noch nie dagewesene Abweichen von der Tradition verursachte einen Augenblick lang ein komisches Drama. Eine ansehnliche Gruppe von Prälaten, darunter Tardini, drang, nachdem sie den weißen Rauch gesehen hatte und nun schleunigst dem neuen Papst huldigen wollte, ins Konklave durch die Tür ein, die Gusso öffnete, um fortzugehen. Entsetzt über diesen Bruch des Kirchenrechts, hielt Tisserant sie auf und verkündete feierlich, daß sie sich die Strafe der Exkommunikation zugezogen hätten. Als später jemand Johannes erschrocken erzählte, was geschehen war, lächelte er freundlich und sagte: „Nun, dann werden Wir Unsern neuen Einfluß ausüben müssen, um die Unglücklichen zu absolvieren."

Es war jetzt fast 6 Uhr nachmittags. Kardinal Canali sah vom Balkon der Basilika aus auf das Meer erwartungsvoller Gesichter auf dem Petersplatz. Die Stimmen verstummten plötzlich, die Spannung war fast hörbar, als die Hunderttausende sich anstrengten, den Namen des neuen Papstes zu hören. „Habemus Papam!" sagte Canali, und sie jubelten. „Es ist mein erhabenster und verehrtester Herr, Angelo Giuseppe Kardinal Roncalli." Und nach geflüsterter Überraschung kam donnernder Applaus. „Habemus Papam!"

Papst Johannes machte sich auf den Weg zum Balkon. Viele Offizielle schwärmten um ihn herum, schossen herbei, um seine Kleider zurechtzurücken oder ihn an diese oder jene Feinheit des Protokolls zu erinnern. Plötzlich verscheuchte er sie mit einem kräftigen: „Nun ist es aber genug! Schluß mit dem Getue. Wollen Sie, daß ich vor allen diesen Leuten stolpere?" Dann schritt er ins volle Licht vor den Blick der ganzen Welt.

Inzwischen hatten die Nachrichten Sotto il Monte erreicht. Saverio und Alfredo, die von harter täglicher Arbeit auf den Feldern zurückgekommen waren, hörten sie im Rundfunk, als sie sich gerade zu Tisch setzten. Sie erstarrten in Schweigen. Sie hörten noch eine Weile weiter zu, während die Suppe kalt wurde. Dann gingen sie, um die guten schwarzen Anzüge anzuziehen, die sie für die Reise nach Paris gekauft hatten. Als sie fertig waren, schlugen die ersten aufgeregten Nachbarn bereits an die Tür der Colombera.

Assunta war gerade beim Broteinkauf, als die Nachricht über das Radio des Bäckers kam. „Mein Gott", stöhnte sie laut. „Kleiner Angelo!"

Und Battista, der in dieser Nacht von Faenza nach Fusignano fuhr, einer kleinen Arbeiterstadt, in die er als Kaplan versetzt worden war, sah vor dem Pfarrhaus eine Menge sich versammeln. Er glaubte zuerst, es seien Kommunisten des Orts, die für irgendein Anliegen demonstrierten. Und tatsächlich entdeckte er die Gesichter von vielen Kommunisten unter den Leuten, die seinen kleinen Fiat 500 umschwärmten, aber sie hatten keine Demonstration im Sinn.

„Ihr Onkel ist Papst geworden!" rief einer. Und andere Stimmen schrien: „Es ist wahr! Es ist wahr!" als er aus dem Wagen stieg. Hände streckten sich nach ihm aus, und andere klopften ihm glückwünschend auf die Schultern.

„Ich konnte es nicht glauben", erinnert er sich. „Ich wollte es nicht glauben. In seinem Alter wünschte ich ihm ein bißchen Ruhe und Gemütlichkeit, nicht alle diese neuen Bürden."

Dann übergab ihm jemand ein Telegramm aus Rom und endlich verstand er:

„Erster Segen. Sofort kommen. Capovilla."

Der neue Papst hatte den traditionellen Apostolischen Segen über die Stadt und die Welt – *Urbi et Orbi* – gegeben. Er stand noch ein wenig länger im Scheinwerferlicht auf dem Balkon und schaute auf die Tausende, die sich von den Knien erhoben und auf ihn schauten. Dann ging er hinein. Und die Leute begannen zu gehen, zurück in ihre Häuser und zu ihrem eigenen Leben. Aber sie sprachen nur vom neuen Papst Johannes XXIII., als sie sich langsam vom Platz wegbewegten, und sie fragten: „Wird er gut sein?“

Die Vatikanstadt

„Heute haben sie mich zum Papst gemacht", schrieb er am 28. Oktober ins Tagebuch. Aber auch in den ersten dramatischen Stunden voller Hast, die auf seine Wahl folgten, überfiel ihn wieder das Gefühl schwarzen Zweifels, die menschliche Unfähigkeit, eine so betäubende Wahrheit zu erfassen und zu begreifen: daß er, Angelo Giuseppe Roncalli – „armer Sohn der (Giovanni) Battista und Marianna Roncalli – zwei gute, aber so bescheidene und demütige Christen!" –, jetzt Papst war.

Am Abend saß er beim letzten Mahl zusammen mit den Kardinälen, trank aber selbst nur eine Tasse Tee. Dann zog er sich mit Mgr. Dell'Acqua zurück, der eine Zeitlang sein Mitarbeiter in der Türkei gewesen und nun im Staatssekretariat war, und zusammen verfaßten sie eine erste Botschaft an die Welt. Es war ein Aufruf zum Frieden. Später, in der Stille der Mitternacht, saß er allein in der fremden Umgebung der Wohnung im ersten Stock des Vatikans, die gewöhnlich vom Kardinalstaatssekretär benutzt wurde, ein Posten, den Pius lange vakant gelassen hatte. Während des Konklaves hatte sie als Quartier von Aloisi Masella gedient, dem Kardinalcamerlengo, und war jetzt hastig für den neuen Papst gerichtet worden, bis er die päpstlichen Gemächer im vierten Stock beziehen konnte.

Hier fand Capovilla ihn lange nach Mitternacht, in seinem Brevier lesend. Als der Sekretär ihn fragte, ob er noch etwas für ihn tun könne, und ihn drängte, sich zurückzuziehen, erwiderte Johannes, daß der Tag ihn in seinen Gebeten zurückgebracht habe. „Ich werde noch die Vesper sprechen und dann zu Bett gehen", sagte er.

Aber er konnte nicht schlafen. „Ich verbrachte die ganze Nacht im Gebet", bekannte er später dem französischen Schriftsteller Henri Daniel-Rops. „Es war solch eine Last, die ich nun hatte, solch ein Gewicht. Aber der Herr wollte es."

Am Morgen, nach einer Messe für die Kardinäle in der Sixtinischen

Kapelle, hielt Johannes seinen Friedensappell. Er wurde von Radio Vatikan in 36 Sprachen gesendet und richtete sich unmittelbar an die Herrscher der Nationen.

„Warum legt man nicht endlich die Streitigkeiten und Spannungen in gerechter Weise bei? Warum benutzt man den menschlichen Geist und die Reichtümer lieber, um Waffen herzustellen – furchtbare Werkzeuge des Todes und der Zerstörung –, als daß man sie zur Hebung des Wohlstands aller Völker, besonders aber der notleidenden, verwendet? ... Macht euch darum mit Vertrauen und Mut ans Werk, und das Licht von oben möge euch erleuchten, die Hilfe Gottes euch beistehen. Schaut auf die euch anvertrauten Völker, hört auf ihre Stimmen! Was verlangen sie, was erflehen sie von euch? Nicht neue Monsterwaffen, die unsere Zeit ängstigen und die Ursache von Brudermord und allgemeiner Vernichtung werden können, sondern Frieden."

Bald danach war das Konklave offiziell beendet. Radio Vatikan verkündete: „Das Pontifikat Johannes' XXIII. hat begonnen."

Zu seinen ersten Besuchern zählte eine Delegation von Geistlichen und Laien aus Bergamo, darunter der Journalist Gabriele Carrara. Johannes trug noch die improvisierten weißen Gewänder, in denen er am Abend vorher die Gläubigen auf dem Petersplatz begrüßt hatte. Sicherheitsnadeln steckten Stoffalten unter den Achselhöhlen hoch, und auf seinem Gesicht lag nach Carrara „der Blick eines Mannes, der unter einer schweren Last geht". Er begrüßte sie alle warmherzig, kämpfte mit den fremden neuen Verzwicktheiten richtiger päpstlicher Anrede, die vom Heiligen Vater verlangt, für sich das kaiserliche „Wir" zu gebrauchen, und gab dann seinem ununterdrückbaren Humor nach: „Ich bitte Sie, mir zu verzeihen, wenn ich die Zeremonie und das Protokoll dieses neuen Amtes noch nicht meistere. Wie Sie wissen, schließen die Gaben des Heiligen Geistes leider die Gabe des päpstlichen Stils nicht ein. Aber meine guten Mitarbeiter werden mich erziehen, und Wir vertrauen darauf, daß Wir uns langsam, langsam an die Maßstäbe der Würde und des Takts, die man von einem Papst erwartet, gewöhnen werden."

Aber seine Tagebucheintragung vom 29. Oktober, ein flehentlicher Ruf um geistige Unterstützung der verstorbenen Lieben, spiegelt seine andauernde Angst wider. „Heute spricht und schreibt die ganze Welt nur über mich, meinen Namen und mich selbst. Ach, Mama, ach,

Vater, Großvater Angelo, Onkel Saverio, wo seid ihr? Wer hat uns solche Ehre gebracht? Betet für mich!"

Und dann, irgendwann in diesen drangvollen Stunden, fand er die Stärke, die er brauchte. Capovilla erzählt, wie Johannes schließlich seinen Ängsten widerstand, indem er beschloß, mit dem Papst darüber zu sprechen. Und als er sich schließlich bewußt wurde, daß *er* der Papst war, reckte er sich und sagte laut: „Nun gut, dann will ich mit unserm Herrgott darüber sprechen." Dann blickte er der Welt heiter und zuversichtlich entgegen und nahm die furchterregenden Bürden seines Amtes auf sich.

Die Presse, angetan von seiner bescheidenen Offenheit und seiner bäuerlichen Vitalität, machte sich bald daran, den Mythos von Johannes als einem Übergangs- oder Interimspapst, den die Journalisten selbst vorher in der Überraschung über die Wahl dieses verhältnismäßig Unbekannten aufgebaut hatten, zu zerstören.

Besonders die Wahl des päpstlichen Namens kennzeichnet Johannes als selbständigen Mann. Sehr häufig wählt ein neuer Papst den Namen eines Papstes der jüngeren Vergangenheit, dessen Programm oder persönlichen Stil er am meisten schätzt, so daß seine erste Entscheidung sehr wohl etwas über die Natur der künftigen Politik verrät. Als Roncalli auf einen Namen zurückgriff, der seit mehr als fünf Jahrhunderten in Verruf war, trotzte er nicht nur dem Geist des Gegenpapstes, der den päpstlichen Thron als Johannes XXIII. usurpiert hatte, sondern erklärte damit auch, daß er sich die Freiheit nahm, sein Pontifikat nach seinem Willen zu formen. Aber es gab erfahrene Kenner der Kirche, die sofort errieten, daß die Namenswahl Johannes auch als einen Mann kennzeichnete, der gewillt war, einen Kurs zu steuern, von dem die Piusse und Leos der letzten zweihundert Jahre nicht einmal geträumt hatten.

Es gab noch andere Zeichen. Da Päpste der Überlieferung nach an einem Sonntag gekrönt werden, nahmen ganz Rom und der vatikanische Hof an, daß die Krönung Johannes' am 9. November stattfinden würde. Statt dessen setzte er als Datum den 4., einen Dienstag, fest – den Festtag des heiligen Karl Borromäus. Bei seiner ersten wichtigen Ernennung machte er seinen früheren Vorgesetzten Tardini zum Pro-Staatssekretär. Als *sostituto* war Tardinis Verantwortung auf die äußeren Angelegenheiten beschränkt gewesen, während Pius XII. fast fünfzehn Jahre lang sogar die belanglosen Einzelheiten der inneren Angelegenheiten der Kirche selbst bestimmt hatte. Jetzt sollte Tardini, der zähe und aufrechte alte Römer, beide Sektionen des Staatssekretariats lenken und war als engster politischer Berater des neuen Papstes des roten Huts beim nächsten Konsistorium sicher. Johannes öffnete die päpstlichen Türen noch weiter durch die Wiedereinberufung der *di-tabella*-Audienzen, bei denen die Leiter der Kongregationen und die Kurienbeamten damit rechnen konnten, den Papst zu festgesetzten Zeiten während der Woche zu treffen. Sie waren während der Krankheit von Pius 1954 aufgehoben und nie wieder eingerichtet worden.

Am 30. Oktober schickte Johannes nach Graf Giuseppe della Torre, Chefredakteur des *Osservatore Romano,* der halbamtlichen Stimme des Heiligen Stuhls. War der ehrenwerte Graf schon über die Aufforderung erstaunt – er war 12 Jahre lang nicht durch eine Privataudienz beim Papst geehrt worden –, so erstarrte er in Schweigen, als ihm der Zweck klar wurde.

Mit traditionsverhafteter Hartnäckigkeit schmückte der *Osservatore Romano* jeden Hinweis auf den Papst mit Phrasen wie „Der erleuchtete Heilige Vater“ und der „Höchste Oberhirte“ und leitete Berichte über öffentliche Erklärungen etwa so ein: „Der Erwählte hat in seiner inspirierten und erhabenen Ansprache ...“ oder „Wie wir von den erhabenen Lippen erfahren haben ...“ Nachdem Johannes della Torre für die langen und ausgezeichneten Dienste gedankt hatte, kam er zur Sache: Er wünsche ein Ende dieser aufgeblasenen und gewundenen Ausdrucksweise.

Sein Neffe Battista kam mitten in dem Durcheinander des zweiten Tags gegen sieben Uhr abends an. Aber da er vergessen hatte, Capovillas Telegramm mitzunehmen, und ein wenig eingeschüchtert durch die unpersönliche Großartigkeit des Vatikanpalastes, den er zum erstenmal sah, gelang es ihm nicht, mit seinen schwachen Versicherungen, wer er sei, und daß er seinen Onkel, den Papst, besuchen wolle, Interesse zu erregen. Und daß die Muttersprache der meisten Schweizer Gardisten Deutsch ist, half auch nicht gerade. Endlich fand er jemand, der ihn das Telefon benutzen ließ, und er rief Capovilla an.

„Wo stecken Sie?“ rief der Sekretär. „Der Heilige Vater fragt ständig nach Ihnen!“

„Ich bin hier unten – irgendwo. Sie wollen mich nicht durchlassen.“

Man stellte bald fest, wo er war, und einen Augenblick später kam Guido Gusso herbeigelaufen und führte ihn durch das Labyrinth marmorner Loggias. Dann kam das bewegende erste Wiedersehen. So erinnert sich Battista daran:

„Im Vorzimmer waren so viele bedeutende Leute, Monsignori und andere, die Botschafter sein mußten, und sie sahen mich gar nicht freundlich an, als ich vor ihnen eingelassen wurde. Die Tür seines Arbeitszimmers stand offen, und da konnte ich ihn sehen, ganz in Weiß gekleidet, und ich hielt an, denn mir kamen die Tränen, da ich wußte, was für eine Last er nun bis ans Ende seiner Tage tragen mußte und daß er Sotto il Monte nie wiedersehen würde. Er sah so müde aus. Dann forderte Gusso mich auf, weiterzugehen, und jemand rief: ‚Vergessen Sie nicht, dreimal niederzuknien!', und plötzlich – ich weiß nicht einmal mehr, ob ich kniete – umarmte er mich."

Ein Augenblick verlegenen Schweigens folgte. Der Papst stand strahlend bei seinem Neffen, während Battista, jetzt völlig verwirrt, nach Worten suchte. „Ich konnte überhaupt nicht mehr denken. Ich wußte nicht, ob ich stehen oder sitzen sollte. Ich wußte nicht einmal, wie ich ihn anreden sollte – Onkel, Heiliger Vater oder sonst was."

Endlich sprach Johannes: „Hast du Hunger? Du hast eine lange Reise hinter dir."

„Nein, nein."

„Vielleicht Durst? Es ist so warm."

Und trotz Battistas Protesten fuhrwerkte er herum, um ein Getränk zu bestellen, schaute dabei zuerst auf eine verwirrende Zahl von Klingeln und Knöpfen auf seinem Schreibtisch und eilte dann zur Tür, um einen der Würdenträger aus dem Vorzimmer herbeizurufen. Der arme Mann, ein Monsignore, der bestimmt nicht zum Haushalt gehörte, hörte sprachlos zu, wie der Heilige Vater, großen Unwillen vortäuschend, ausrief: „Was für ein Ort ist das hier eigentlich? Hier ist mein Neffe, der den weiten Weg von Faenza hierher gemacht hat, und keiner bietet ihm eine Erfrischung an."

„Ich werde mich sofort darum kümmern, Eure Heiligkeit", sagte der verstörte Geistliche. „Was Eure Heiligkeit wünschen!"

„Was möchtest du, Battista? Eine Orangeade?"

„Ja, eine Orangeade."

Aber es verging fast eine Stunde, bevor ein Diener schließlich das

Getränk brachte. Inzwischen waren Onkel und Neffe in Frage und Antwort über jedes einzelne Mitglied der Roncallisippe vertieft. Johannes, der sich im Augenblick seiner Ankunft in Rom vor zweieinhalb Wochen von der Welt abgeschlossen hatte, wollte nun alles über Sotto il Monte wissen und über die Verwandten, die nicht mehr dort wohnten. Er fragte besonders nach Battistas Schwester Giuseppina, der er den heiligen Schleier überreicht hatte und die jetzt als Schwester Maria Angela Krankenschwester bei den Töchtern Unserer Lieben Frau des Heiligen Herzens von Issoudun im nahegelegenen Monte Sacro war. Warum war sie ihn nicht besuchen gekommen, fragte er. Sie war so nah. Als Battista antwortete, daß sie zu schüchtern sei, sich allein den Verzwicktheiten des Vatikans zu stellen, sagte Johannes: „Nun, dann mußt du heute nacht hierbleiben und sie morgen holen!"

Das tat Battista, aber wieder gab es Schwierigkeiten, in die innersten Bereiche vorzudringen. Bruder und Schwester, die verloren auf einem Flur warteten, wurden von einem übereifrigen Monsignore belehrt, der überhaupt keine Notiz von ihren Erklärungen nahm und immer wieder knurrte: „Man kann doch nicht einfach diese Türen für jeden Priester und jede Nonne öffnen, die den Papst sehen wollen."

Diesmal kam Johannes ihnen selbst zu Hilfe. Er schritt inmitten eines feierlichen Gefolges vorbei, erspähte die verzweifelten Geschwister, brach sofort aus der Prozession aus und stürzte Kammerherrn und Kleriker in Verwirrung. „Hier sind mein Neffe und meine Nichte!" strahlte er und stellte sie einer nervösen Schar von Soutanen vor. Einer zupfte ihn am Ärmel und flüsterte eindringlich: „Eure Heiligkeit, wir werden erwartet – der Segen ..."

Aber er rührte sich nicht vom Fleck, bis er sicher war, daß Battista und Schwester Maria Angela gut aufgehoben waren. Später brachte man sie zu ihm, und nach einer weiteren Stunde Unterhaltung über die Familie war Battista glücklich: Heute schien sein Onkel wirklich seinen Frieden gefunden zu haben. Als er fragte: „Wie haben Sie heute nacht geschlafen, Eure Heiligkeit?" antwortete Johannes mit dem alten italienischen Ausdruck des Wohlbefindens: „Wie der Papst."

Aber es gab Verwicklungen, plötzlichen und unvermeidlichen Druck in den früher so unbeschwerten Beziehungen zu seiner Familie. Man fragte Johannes, ob er der Tradition entsprechend seine Brüder in den Adelsstand erheben und ihnen einen fürstlichen Titel verleihen wollte. Es lag sogar in seiner Macht, sie innerhalb des Vatikans einzuquartieren, wo sie Hof halten konnten. Johannes schob alles beiseite. Seine Brüder würden als Brüder des Papstes bekannt werden, was sie ja waren, aber mehr nicht, und das genügte. Ihr größter Adel, sagte er, bestände darin, in ihren spärlichen Heimen in Sotto il Monte zu verbleiben, wie es auch ihr Wunsch sei. Saverio, Alfredo und Giuseppe selbst lehnten ab, als der Bürgermeister von Bergamo vorschlug, sie durch den Titel *Cavalieri della Repubblica Italiana* zu ehren.

Und dann war da die Sache mit seiner Haushälterin. Gerüchte besagten, daß Schwester Angela den Posten haben sollte. Aber es war eine heikle Angelegenheit, besonders wegen der bösen Erfahrungen mit der Haushälterin des verstorbenen Papstes Pius, Schwester Pasqualina. Diese bayrische Nonne, die Pius' Gesundheit und Privatleben 40 Jahre lang eifersüchtig behütet hatte, mischte sich bedenkenlos in kirchliche Angelegenheiten ein, wenn nach ihrer Meinung das Wohlergehen des Papstes auf dem Spiel stand. Das war kein Geheimnis. John Foster Dulles, damals amerikanischer Außenminister, erzählt, daß sie einmal in das Arbeitszimmr des Papstes marschiert war und ihre Konferenz mit der Ankündigung unterbrochen hatte, daß das Mittagessen fertig sei. Worauf Seine Heiligkeit sich erhob und entschuldigend zu Dulles sagte: „Keine Macht der Erde könnte unsere gute Mutter Pasqualina abhalten, wenn die Suppe auf dem Tisch steht."

Schwester Angela wurde nicht Haushälterin. Da sie als Krankenschwester ausgebildet worden war, ist es zweifelhaft, ob sie je ernsthaft in Betracht gezogen worden war. Und auch kein sonstiges Mitglied der Roncallifamilie erhielt eine Beschäftigung im Vatikan. Schließlich wurden drei Bergamasker Nonnen ausgewählt, sich um die Mahlzeiten und den privaten Haushalt des Papstes zu kümmern, und dienten in zufriedenstellender Anonymität.

Johannes bezog die päpstlichen Gemächer am 30. Oktober. Die Siegel, die unmittelbar nach Pius' Tod angebracht worden waren, wurden gelöst, und der neue Papst zog mit seinen Büchern, einigen Familienphotos und wenig sonst ein. Und obwohl die gesamte päpstliche Suite aus mehr als 20 Räumen bestand, beschränkte Johannes sein privates Leben auf ein spärlich möbliertes Schlafzimmer, ein Arbeits- und ein Eßzimmer, dieselben Räume, die auch seine beiden Vorgänger benutzt hatten. Ins Schlafzimmer, das auf das St.-Anna-Tor und die große

Piazza schaute, hängte er Bilder von seinem Vater und von seiner Mutter. Dann, am Nachmittag, machte er sich auf, um den Vatikanstaat zu besichtigen, dessen absoluter Herrscher er jetzt war.

Der Papst ist oberster Bischof für die 500 Millionen Katholiken in der Welt, Primas der italienischen Nation und Bischof der Stadt Rom. Und der Vatikan, ein winziges weltliches Reich von nicht einmal einem halben Quadratkilometer, ist der Kern dieser weitreichenden Herrschaft, Nervenzentrum und schlagendes Herz der Kirche. Johannes, der erste Papst des 20. Jahrhunderts, der vor seiner Wahl nie dort gewohnt oder gearbeitet hatte, kannte wenig von seiner Geographie und seinen inneren Mechanismen, und da er neugierig auf das alles war, tauchte er an den unerwartetsten Orten auf. In der Schreinerwerkstatt bestellte er Wein für die verdutzten Handwerker, und sie tranken auf seine Gesundheit. In der Radiostation, die auf einem Hügel am äußersten westlichen Ende der Vatikanstadt erbaut ist, war der einzig Anwesende, als er eintraf, ein Ansager, der so fassungslos über das plötzliche Erscheinen des Papstes war, daß er stotterte: „N-niemand ist da, Heiligkeit."

„Unsinn, *Sie* sind da", antwortete Johannes freundlich. „Kommen Sie, zeigen Sie mir, wie das hier funktioniert."

Die Journalisten Charlotte und Denis Plimmer erzählen aus diesen Tagen des Zurechtfindens, daß ein Besucher, der sich im Labyrinth von Fluren und Höfen verirrt hatte, in ein großes und prächtiges Zimmer mit Spiegelwänden geriet. Sicher hatte ein Außenstehender hier nichts zu suchen, aber als er die Tür hinter sich zugezogen hatte, konnte der Unglückliche den Ausgang nicht mehr finden. Wohin er sich auch wandte, blickte ihn sein verängstigtes Spiegelbild an, bis er hilflos und geschlagen nur noch in den Spiegel schaute. Da stand er nun in schrecklicher Erwartung, als einer der großen Spiegel auf ihn zu schwang, und ins Zimmer trat der Papst. Johannes, der die Lage gleich durchschaute, legte spitzbübisch einen Finger auf die Lippen und flüsterte: „Pst! Ich habe mich auch verirrt."

An einige Regeln des strengen Protokolls konnte er sich nicht gewöhnen, z. B. daran, daß der Papst allein essen mußte, eine lange überholte Vorschrift, die vor Jahrhunderten eingeführt worden war, um Orgien und unziemliche Gelage am Sitz der katholischen Christenheit zu verhindern. Das war völlig gegen Johannes' gesellige Natur. Nachdem er eine Woche einsamer Mahlzeiten erduldet hatte, in der er sich, sagt er, wie ein bestrafter Seminarist vorgekommen sei, gab er es auf. „Ich habe mit Aufmerksamkeit das Evangelium gelesen, ohne darin eine Stelle zu finden, die abgesonderte Mahlzeiten vorschreibt. Jetzt habe ich also gelegentlich einen Gast und fühle mich viel wohler."

Es beunruhigte ihn auch, daß selbst vertraute Mitarbeiter jedesmal auf die Knie sanken, wenn sie zu ihm kamen. Das war ein so fest gefügter Brauch im Tagesablauf des Vatikans, daß Amtsträger zur Zeit Pius' XII. sogar gekniet haben sollen, wenn der Papst mit ihnen telefonierte. Johannes konnte diese Form übertriebener Zeremonie nicht leiden. Sie widersprach seinem Bergamasker Sinn für Brüderlichkeit, und er forderte die Leute ständig auf, aufzustehen. Als ein älterer Reporter vom *Osservatore Romano* ihm versicherte, daß er sich vollkommen wohl fühle, im Knien ein Interview zu führen, drohte Johannes, den Raum zu verlassen, wenn der Mann sich nicht auf einen Stuhl setze.

Aber er konnte nicht alles ändern. Er war zu rücksichtsvoll gegenüber den Gefühlen anderer. Einer davon war der *maestro di camera*, Mgr. Mario Nasalli Rocca di Corneliano, der sich mit der hartnäckig egalitären Neigung des neuen Papstes auseinanderzusetzen hatte. Einmal folgte Nasalli Rocca dem Heiligen Vater wie betäubt, als er einen Besucher von der Bibliothek durch eine Reihe von Vorzimmern und den ganzen Weg bis zur Treppe, die zum Damasus-Hof führt, begleitete. Bei der Rückkehr erklärte der Kämmerer vorsichtig, so etwas ginge einfach nicht: die Menschen, gleich welchen Ranges, kämen zum Papst, der sie empfinge und sie in seinen eigenen Räumen verabschiede.

„Aber das ist doch mein Haus", sagte Johannes. „Ich habe doch nur einen Gast zur Tür gebracht."

Dennoch schüttelte Johannes bald darauf einem Besucher an der Tür seiner Privatbibliothek die Hand und sagte reuig: „Ich möchte Sie ja gern hinausbegleiten, aber Mgr. Nasalli Rocca sieht das nicht gern."

Als er das erstemal hoch oben in der *sedia gestatoria* getragen wurde, dem goldenen Thronsessel, sah er auf die Köpfe der Leute hinunter und sagte traurig: „Hier oben ist es windig."

Am Abend des 3. November kam die Familie des Papstes Johannes, die drei noch lebenden Brüder und seine Schwester Assunta und vielleicht 30 Neffen und Nichten, am Bahnhof Termini in Rom an zur Krönungsfeier ihres lieben Don Angelo. Sie trugen schwarze Anzüge und Kleider und hielten ihre Strohkoffer und Pappkartons fest. Natürlich verwirrte sie das Gedränge und Gewühle eines hauptstädtischen Bahnhofs. Und als ein Schwarm von Dienern und Prälaten des Vatikans sich auf sie stürzte, sie in die Wartehalle für Prominente geleitete und sie mit Achtung überhäufte, einschließlich des Titels Exzellenz, der den nahen Verwandten des regierenden Papstes zusteht, waren sie viel zu benommen, um selbst miteinander zu sprechen. Und so saß die zusammengewürfelte Gesellschaft nervös auf den Stuhlrändern, die einfachen Landleute wußten nicht, was sie mit den Händen anfangen sollten, und die kirchlichen Beamten strengten sich an, eine höfliche Unterhaltung zu führen. Schließlich kamen zwei Busse, um sie zum Vatikan zu bringen. Aber sobald sie vor den Papst geführt wurden, wich der Druck.

„Er war wie immer", sagte Enrica, „voller Zärtlichkeit für jeden und kleinen Scherzen für alle. Er sah, daß einige von uns Tränen in den Augen hatten, und er sagte: ‚Aber, aber, keine Tränen. So schlimm ist es ja schließlich nicht, was sie mit mir gemacht haben.'"

Saverio erinnerte sich an eine Bemerkung, so viele junge Leute aus Bergamo hätten die heiligen Weihen bekommen, daß „einer von uns schließlich aufsteigen und Papst werden mußte".

Später brachte man sie zum Schlafen zur Domus Mariae, demselben Pilgerzentrum, in dem er bei seiner Ankunft aus Venedig einquartiert worden war. Früh am nächsten Morgen fuhr man sie nach St. Peter und setzte sie in der Basilika auf eine Sondertribüne in der Nähe des päpstlichen Throns, mitten unter die Tausend, unter Könige, Minister, Diplomaten, Vertreter von Herrschern und Staatsoberhäuptern von 51 Nationen, die alle gekommen waren, um Papst Johannes' XXIII. Krönung als 262. Haupt der römisch-katholischen Kirche zu sehen.

Für Johannes hatte der Tag vor der Dämmerung begonnen, als er aufwachte, um noch einmal das lange und verwickelte Krönungsritual zu studieren. Während der ganzen Feier würde ihm zwar Mgr. Enrico Dante zur Seite stehen, päpstlicher Zeremonienmeister und überragende Autorität für liturgische Formen, aber er wollte die Einzelheiten selbst meistern. Bald nach 8 Uhr zog die päpstliche Prozession von nahezu 300 Personen, die sich in der Sixtinischen Kapelle aufgestellt hatte, in majestätischer und streng vorgeschriebener Ordnung in St. Peter ein: die Schweizer Garde in Brustpanzern, Mitglieder des päpstlichen Hofs und Haushalts, das Heilige Kollegium der Kardinäle in rotseidenen Umhängen mit Hermelinbesatz, Patriarchen und Bischöfe, noch mehr Schweizer Garde. Acht starke Männer trugen die *sedia gestatoria,* die merklich schwankte, als Papst Johannes, in die heiligen Gewänder gekleidet, die Menge segnete.

Als der Zug das Atrium der Basilika erreichte, brach der Chor in den Triumphgesang „*Tu es Petrus*" aus, und die Massen auf der Piazza und der Via della Conciliazione schrien in beharrlichem Takt; „*Viva il Papa! Viva il Papa! Viva il Papa!*"

Zwölf Silbertrompeten schmetterten und hallten in den hohen Gewölben von Sankt Peter wider. Bevor die Prozession den Hauptaltar erreichte, wurde sie dreimal vom päpstlichen Zeremonienmeister angehalten, der eine Handvoll Flachs entzündete. Wenn die Flocke aufflammte und vor den Augen des Papstes rasch verbrannte, intonierte Mgr. Dante den alten Gesang, der den Menschen daran erinnert, daß sein Leben kurz und seine Werke vergänglich sind: „*Sancte Pater, sic transit gloria mundi*" („Heiliger Vater, so vergeht der Ruhm der Welt").

Die Basilika strahlte im Licht von zehntausend elektrischen Kerzen. Die Pfeiler waren rot und gold verhangen, die Bronzestatue des heiligen Petrus in volle pontifikale Gewänder gehüllt und mit einer dreifachen Mitra gekrönt. Fernsehkameras strahlten das Schauspiel in ganz Europa aus, und ein amerikanisches Filmteam drehte, da es noch keine Satellitenübertragung gab, einen Film, der in rasender Eile über den Atlantik gebracht werden sollte, damit er noch am gleichen Abend in den Vereinigten Staaten ausgestrahlt werden konnte.

Die Krönungsmesse dauerte fast fünf Stunden. Der 77jährige Papst trank während dieser ganzen Zeit nur ein Glas Wasser, und seine Stimme blieb sonor und kräftig. Von Zeit zu Zeit suchten seine Augen die verwitterten Gesichter seiner Geschwister. Nach dem Evangelium – „Du bist Petrus, und auf diesen Felsen will ich meine Kirche bauen; und die Pforten der Hölle werden sie nicht überwinden" – überraschte er die ganze Versammlung und die zehn Millionen fernen Zuschauer dadurch, daß er unmittelbar zu ihnen sprach und offenbarte, welche Art von Papst er zu sein hoffte: „Die einen hoffen im Papst vor allem den geschickten Diplomaten und Staatsmann zu finden, die andern den Wissenschaftler, den Organisator des Gemeinschaftslebens oder den, dessen Geist allen Formen des Fortschritts des modernen Lebens ohne Ausnahme aufgeschlossen ist. Ehrwürdige Brüder und geliebte Söhne... Der neue Papst gleicht vielmehr auf Grund seines ganzen Lebens Joseph, dem Sohne Jakobs, der seine von schwerem Unglück betroffenen Brüder vor sich kommen läßt und sich ihnen voll Liebe und Mitleid offenbart: ‚Ich bin... Joseph euer Bruder.' Der neue Papst stellt in sich vor allem jenes wunderbare Bild des Evangeliums dar, das der Evangelist Johannes mit den Worten des göttlichen Erlösers selber vom Guten Hirten gibt."

Nach Beendigung der Messe erhielt der Papst eine weiße Seidenbörse, gefüllt mit 25 historischen Münzen, die traditionelle Bezahlung in Sankt Peter für „eine gut gesungene Messe". Dann bildete sich die Prozession erneut, und Papst Johannes wurde in der *sedia gestatoria* die breite Scala Regia hinaufgetragen bis zur Benediktionsaula und hinaus auf den Mittelbalkon, wo eine Plattform gebaut worden war, so daß der päpstliche Thron von der wogenden Menge auf der Piazza gesehen werden konnte. Der größte Augenblick, die eigentliche Krönung, war für das Volk aufgespart worden. Als Johannes seinen Platz auf dem Thron einnahm, winkten sie und jubelten, und manche weinten.

Der Chor sang nur die Hymne „Eine Krone von Gold auf seinem Haupt", und Kardinal Tisserant sprach nur ein Gebet: das Gebet des Herrn. Dann setzte Kardinal Canali dem Papst die juwelenbesetzte dreifache Krone, Sinnbild der heiligenden, herrschenden und lehrenden Gewalt der Kirche, aufs Haupt. Gleichzeitig sprach er die alte lateinische Formel: „Empfange die Tiara, geschmückt mit drei Kronen, und wisse, daß du der Vater der Fürsten und Könige bist, Papst der ganzen Welt und Stellvertreter auf dieser Erde unseres Erlösers Jesus Christus, dem Ehre und Ruhm ist ohne Ende."

Es war fast 1 Uhr nachmittags. Mit der Tiara auf dem Haupt trat Johannes an die Balustrade und gab seinen Segen den vielen Tausenden, die erwartungsvoll auf ihn schauten. Viele waren vor Tagesanbruch angekommen und hatten einen feuchten grauen Morgen lang auf diesen Augenblick gewartet. Dann, als die Rufe „*Viva il Papa*" immer wieder ertönten, ging er durch die offenen Türen in die Benediktionsaula.

Er fand Zeit, jedem zu danken, der an den Zeremonien Anteil gehabt hatte. Besondern Dank sagte er lachend den acht Männern, die die *sedia gestatoria* getragen hatten: „Ihr hättet eigentlich mehr bekommen müssen, da Wir so viel mehr wiegen als Unsere Vorgänger."

Ein Besucher fragte ihn, wie ihm Rom gefiele im Vergleich zu andern Städten, in denen er gelebt hatte. Schlagfertig fielen ihm sofort zwei Namen von Vatikanmitarbeitern ein, Kardinal Canali und Mgr. Dell'Acqua, was auf italienisch Kanäle und Wasser bedeutet. Und er scherzte: „Rom ist wie Venedig. Auch hier sind Wir von Canali und Dell'Acqua umgeben."

Aber natürlich war es hier ganz anders als in Venedig, ganz anders als in allen weit verstreuten Orten, in denen er der Kirche gedient hatte. Hier in Rom war *er* in einem sehr eigentlichen Sinn die Kirche, und alle ihre weltweiten Probleme waren seine. Er schreckte nicht zurück, hauptsächlich, weil er keinen bewußten Plan hatte, die Kirche zu revolutionieren, und nicht einmal die Erwartung, sie sehr zu ändern. Wo immer er gewesen war, hatte er seine Autorität nach einem Lieblingsgrundsatz ausgeübt: Alles sehen, vieles übersehen, ein bißchen verbessern. Hier in Rom nun schien es wenigstens im Anfang, daß die gleiche sanfte Geduld sein Papsttum kennzeichnen würde.

Sein Stil jedoch war eine andere Sache und stand sofort in starkem Gegensatz zu dem des asketischen und lange kränkelnden Pius XII. Johannes hatte gern Leute um sich und füllte bald die leeren Wohnungen des zweiten und dritten Stockwerks mit Neuernannten für lange unbesetzte Ämter. Jetzt glänzten die Fenster des Apostolischen Palastes, die während der letzten Regierungsjahre Pius' in Dunkelheit gehüllt gewesen waren, freundlich hinunter auf den Petersplatz und übermittelten der Bevölkerung etwas vom lebendigen neuen Geist dieses neuen Regimes. Zwar pflegte Johannes sich gern als Gefangenen des Vatikans zu bezeichnen, aber er verließ ihn oft genug und bereitete denen, die für seine Sicherheit verantwortlich waren, oft genug Sorgen. Wenn es ein Symbol dafür gab, daß er sich nicht dem gewohnten passiven päpstlichen Lebensstil unterwerfen wollte, dann waren es seine Schuhe. Die üblichen roten Samtpantoffeln hätten Johannes' häufige Ausflüge jenseits der Vatikanmauern kaum ausgehalten, und schon früh beauftragte er einen Schuhmacher, ihm gute kräftige Straßenschuhe zu machen, die rot gefärbt wurden.

Mgr. Heim, der Schweizer, der Johannes' Sekretär während seiner Zeit als Nuntius in Paris gewesen und seitdem Fachmann für Heraldik geworden war, entwarf das Wappen für den neuen Papst. Es wurde ganz ähnlich dem, das er als Patriarch von Venedig benutzt hatte, ein Turm, der die Ursprünge seiner Familie symbolisierte, Lilien für seinen Dienst in Frankreich und der geflügelte Löwe des hl. Markus der Republik Venedig. Johannes verlangte nur eine einzige Änderung: der Löwe, sagte er, sei zu grimmig; er wolle „einen sanften venezianischen Löwen, der keinen erschreckt".

Er war sich seiner steigenden Volkstümlichkeit bewußt und von Anfang an besorgt, daß seine Person im Gegensatz zu seiner geistlichen Autorität zum Kultgegenstand werden könnte. Durch Gottes Willen war er zum Thron von Sankt Peter aufgestiegen, aber er konnte nicht vergessen, daß er unter der schönen roten Stola immer noch Angelo Roncalli war, dessen Angehörige seit Generationen den lombardischen Boden bearbeitet hatten.

Er spazierte gern durch die vatikanischen Gärten, und zwar zu unregelmäßigen Zeiten, immer wenn er es für notwendig hielt, sich von den nie endenden Problemen, die ihm ins Arbeitzimmer getragen wurden, abzuwenden, um Geist und Gemüt zu erfrischen. Das beunruhigte die Funktionäre. Pius war auch in den Gärten spazierengegangen, aber immer zur gleichen Stunde, und sie hatten dann die Kuppel der Basilika für das Publikum gesperrt. Johannes' Gewohnheiten aber waren unberechenbar, und sie wußten nicht, was sie tun sollten.

„Warum müssen Sie denn etwas tun?" fragte der Papst sie. „Warum müssen Sie die Kuppel überhaupt sperren?"

„Weil man Sie sonst sehen könnte, Heiligkeit!" erwiderte einer bestürzt. „Die Leute, alle die Touristen..." Seine Stimme versickerte in Entsetzen.

Johannes überlegte einen Augenblick und sagte dann: „Machen Sie sich keine Sorgen. Ich verspreche Ihnen, nichts zu tun, was Anstoß erregen könnte."

Und im Scherz zeigte sich der große Mensch. Es war Angelo Roncalli, der sich nicht in Geheimnisse hüllen wollte und wieder sagte: „Ich bin Joseph, euer Bruder."

Tardini, an den eisernen Rhythmus des Vatikans unter Pius XII. gewöhnt, wurde manchmal durcheinandergebracht durch die plötzliche Beschleunigung und die unerwarteten Wendungen in Johannes' Papsttum. Beamte im Staatssekretariat im Erdgeschoß gewöhnten sich bald an die barschen Bemerkungen des alten Römers und die Art, wie er die Augen nach oben verdrehte, wenn er den neuen Papst meinte mit Wendungen wie: „Der da oben." Natürlich hörte Johannes davon.

„*Caro* Tardini", sagte er, als sie eines Tages allein waren. „Lassen Sie mich eins richtigstellen. ‚Der da oben' ist Gott der Herr über uns alle. Ich bin nur ‚der da oben im vierten Stock'." Und als Tardinis Mund aufklappte, fügte er liebenswürdig hinzu: „Bitte, bringen Sie die Rangordnung nicht durcheinander."

Im Anfang stoben die Gärtner des Vatikans, die eingehend über Pius' Hang zur Einsamkeit belehrt worden waren, auseinander, wenn der neue Papst auf seinen Spaziergängen erschien. Aber Johannes suchte sie auf. Er wollte etwas über ihre Arbeit und ihre Familien wissen, und ob sie mit ihren Gehältern auskämen. Und so fand er heraus, daß die vom Heiligen Stuhl gezahlten Löhne schändlich niedrig waren, selbst unter Berücksichtigung der steuerfreien Läden und der billigen Wohnungen für viele Vatikanbedienstete.

Für jemand wie Papst Johannes, der in der Bergamasker Tradition der Katholischen Aktion und der sozialen Gerechtigkeit wurzelte, war der Gedanke, daß ein Mann um den Lebensunterhalt seiner Familie mit nur umgerechnet 350 DM im Monat kämpfen mußte, unerträglich. Er befahl eine sofortige Untersuchung, die bald darauf zu Lohnerhöhungen führte. Als einige Kurienbeamte einwarfen, diese zusätzliche Belastung der jährlichen Personalausgaben würde die Liebeswerke des Vatikans beschneiden, nahm Johannes diese bedauerliche Folge hin. „Die Lohnerhöhung ist einfach eine Sache der Gerechtigkeit", sagte er, „und Gerechtigkeit geht vor Nächstenliebe."

Obwohl die Gehaltserhöhung jedem zugute kam, den Geistlichen wie den Laien, gingen die prozentual größten Erhöhungen an die, welche am wenigsten verdienten. Mit den besonderen Zuschlägen für Kinder stieg die Lohnskala des Vatikans von der niedrigsten in Rom auf eine beachtliche mittlere Ebene.

Theoretisch hatte der Lateranvertrag von 1929 zwischen der Kirche und der italienischen Regierung den Papst von der selbstauferlegten

Beschränkung auf den Bezirk des Vatikans befreit. In der Praxis jedoch verließen weder Pius XI. noch Pius XII. oft die Leoninischen Mauern. Plötzlich spazierte dieser neue, dieser „*Papa Giovanni*", zum Entzücken der römischen Mengen in seiner weißen Soutane und seinem breitkrempigen weißen Hut mitten unter ihnen oder fuhr stehend in seinem Wagen und winkte und tauchte unerwartet an den unwahrscheinlichsten Orten auf. Johannes hatte beschlossen, um sein Episkopat als Bischof von Rom wirklich auszuüben, jede der 192 Pfarreien zu besuchen. Er hätte es auch wohl trotz der Kürze seines Pontifikats getan, wäre er nicht seiner Vorliebe für einige Pfarreien erlegen, die er immer wieder aufsuchte.

Guido Gusso, jetzt Fahrer des Heiligen Vaters, erzählt, wie sie sich im glänzend schwarzen Mercedes mit der Nummer SCV – 1 allein aus dem Vatikan stahlen und hinter sich einen Aufruhr zurückließen.

„Den Vorschriften nach sollte seine Absicht auszufahren wenigstens zwei Stunden vorher angekündigt werden, so daß die Carabinieri benachrichtigt werden konnten. Aber das bedeutete, daß ihn ein ganzer Zug von Autos und Polizei auf Motorrädern begleitete, und das mochte er nicht, weil sie dann Verkehrsstockungen hervorriefen und die Polizei die Leute nicht an ihn heranließ und die Monsignori ihn immer drängten zurückzukehren. Aber er hielt gern wie alle andern bei Rot, und wenn die Leute ihn erkannten, winkte er ihnen zu und segnete sie. Daher ließ er mich, wenn er jemand besuchen wollte, heimlich den Wagen holen, und wir fuhren allein los."

Zu denen, die er besuchte, gehörte der englische Botschafter am Heiligen Stuhl, Sir Marcus Cheke, der seit kurzem krank war. Das war für die entgeisterten Vatikanbeamten doppelt bestürzend, weil sie zum erstenmal erfuhren, daß der Heilige Vater ohne vorherige Ankündigung und ohne Eskorte ausgefahren war und daß er dazu noch einen Anglikaner besuchte! Später fuhr Johannes allein mit Gusso zu einem Heim für alte Priester auf dem Monte Mario, zog einfach die Türglocke und wartete geduldig, bis ein überraschter Türhüter öffnete. In der kurzen Zeit während der hektischen ersten Monate besuchte er das Päpstliche Römische Seminar, in dem er selbst sich mehr als ein halbes Jahrhundert vorher auf das Priestertum vorbereitet hatte, erschien bei einer Truppe von Zirkusleuten und besuchte eine konzertante Version von T. S. Eliots Drama über den Tod von Thomas Becket

Mord im Dom. Während der Fastenzeit erneuerte er einen 1300 Jahre alten päpstlichen Brauch, indem er sich zu Fuß in die Kreuzwegprozession von Pfarrangehörigen einreihte. Die guten Römer waren zwar erstaunt über den Anblick ihres höchsten Hirten, der seine schicke Limousine verließ und mit ihnen durch die engen, gewundenen Straßen zog, aber sie waren nicht ganz frei von ein bißchen Unehrerbietigkeit. Unter sich gaben sie ihm den Spitznamen „Johnnie Walker".

Aber ohne Zweifel hatte er ihre Herzen gewonnen. Selbst als er die Arbeiterviertel Roms, Bastionen der italienischen Kommunistischen Partei, besuchte, drängten sich die Leute zur Begrüßung heran, zur großen und wachsenden Nervosität seiner Sicherheitskräfte, und hängten zum Gruß Bettücher und farbige Tischtücher aus den Fenstern ihrer düsteren Mietskasernen. In der kleinen Kirche eines solchen Distrikts klatschten die sich im Innern drängenden Hunderte wild Beifall, als er sich zum Sprechen erhob. Und dann ermahnte er sie taktvoll: „In der Kirche darf es nur zweierlei geben, Gebet und Stille."

Im Sommer reiste er nach Roccantica in den Sabiner Bergen, weiter, als ein Papst in den letzten 100 Jahren gereist war. Er betete in der Seminarkapelle und hielt eine kleine Ansprache an die Einwohner, die sich aufgeregt versammelt hatten. Wahrscheinlich aber gingen seine Gedanken zurück zu dem längst vergangenen Augustabend des Jahres 1904, als er nur einen Tag nach der Feier seiner ersten heiligen Messe eben hierhergekommen war, wo die anderen Studenten ihn erwarteten, an der kleinen Brücke standen und sangen: „Du bist Priester auf ewig."

An keinen seiner Besuche von Kirchen, Seminaren, Heiligtümern und Krankenhäusern erinnert man sich so gut wie an die beiden beim ersten Weihnachtsfest seines Papsttums. Unmittelbar nach der Christmette in Sankt Peter ging er nach Gesù Bambino, einem Kinderkrankenhaus. Der Besuch war nicht vorgeplant. Er entschied sich einfach dafür und kam. Als die Schwestern und Wärter sich ihrem hohen Besucher gegenübersahen, wußten sie nicht, was sie tun sollten. Aber die Kinder antworteten mit natürlicher und unverhohlener Begeisterung: „*Papa, Papa*, komm hierher, zu uns!"

Und Johannes antwortete: „Ruhig, ruhig. Ich komme ja. Ich bin gekommen, um euch alle zu besuchen."

Er ging von Bett zu Bett und plauderte lachend mit ihnen. Einem kleinen Jungen, der ihm erzählte, daß er Angelo hieße, sagte er: „Auch Wir hießen einmal Angelo." Er saß lange am Bett eines Kindes, das sein Augenlicht verloren hatte. Er streichelte die Hand des Jungen und sprach ernsthaft mit ihm. „Wir alle sind manchmal blind, mein Junge. Vielleicht wird dir geschenkt, daß du mehr sehen kannst als die anderen."

Am nächsten Tag, dem 26. Dezember, verließ er die Vatikanstadt noch einmal, diesmal, um das Gefängnis Regina Coeli zu besuchen. „Ihr konntet nicht zu mir kommen, so bin ich bei euch", sagte er lächelnd zu den eilig zusammengerufenen Gefangenen. Als sie laut jubelten, rief er aus: „Freut ihr euch, daß ich gekommen bin? Freut ihr euch?"

„*Viva il Papa!*" riefen sie zurück.

Er stand in der Rundhalle, vier Zellenflure über ihm und um ihn herum, und die Männer drängten sich an den Geländern, um ihn zu sehen. „Meine lieben Söhne, meine lieben Brüder, auch hier an diesem Ort sind wir im Haus unseres Vaters." Wieder jubelten sie, und Johannes fragte noch einmal: „Freut ihr euch, daß ich gekommen bin? Ich wußte, daß ihr meinen Besuch wolltet, und ich wollte euch sehen." Er erzählte ihnen, daß einer seiner Verwandten einmal wegen Jagens ohne Jagdschein ins Gefängnis gekommen war, ein Geständnis, das im Bericht des *Osservatore Romano* über diesen Besuch schamhaft verschwiegen wurde, und fügte hinzu: „So etwas kann vorkommen, selbst wenn man nichts Böses im Sinn hat. Aber wenn man gefehlt hat, muß man dafür zahlen, und wir müssen dem Herrn unser Opfer bringen."

Dann erhob er Arme und Gesicht und sagte zu ihnen: „Es ist unmöglich, auszudrücken, was in meinem Herzen vorgeht, während ich zu euch spreche... Meine Augen blicken in eure – nein, nein, weint nicht! Freut euch, daß ich hier bin. Freut ihr euch nicht? Ich drücke mein Herz an eures. Der Papst ist gekommen – hier bin ich mitten unter euch – und mit euch denke ich an eure Kinder, die euer Trost und eure Sorge sind, und an eure Frauen, Schwestern und Mütter."

Er bestand darauf, sich unter ihnen zu bewegen, und ließ sich mit ihnen photographieren. Als er zu einer Abteilung für Schwerverbrecher kam, die vom übrigen Gefängnis abgetrennt war, bat er, das Tor zu öffnen. „Sperrt mich nicht von ihnen aus. Sie sind alle Kinder des

Herrn." Drinnen fiel ein verurteilter Mörder vor ihm auf die Knie und bettelte: „Kann auch so einer wie ich Vergebung finden?" Statt einer Antwort hob Johannes den Gefangenen auf und umarmte ihn.

Bald führten seine Ausflüge zu Gerüchten, daß der Papst beabsichtige, über Rom hinaus zu reisen, vielleicht sogar ins Ausland. Sein alter Freund, Mgr. Spada, Herausgeber des *Eco di Bergamo,* sagt, daß das wirklich Johannes' große Hoffnung war. Nur die Vorbereitung des historischen II. Vatikanischen Konzils und seine letzte Krankheit hinderten ihn an einem Besuch der Vereinigten Staaten, einem Land, das ihn fesselte, im Rahmen einer Weltreise. Aber die geschichtliche Wirkung ist die gleiche. Indem er die Pfarreien seines römischen Bistums besuchte, befreite er künftige Päpste von der Beschränkung auf den Vatikan. Indem er ins Gefängnis Regina Coeli ging, machte er es Paul VI. möglich, nach Amerika und ins Heilige Land zu gehen.

Mit der Zahl und Unterschiedlichkeit derer, die er in Audienz empfing, erweckte Papst Johannes manchmal den Anschein, als betrachte er die ganze Welt als seine Herde. Tatsächlich waren seine freundlichen, manchmal weitschweifigen Gespräche mit ausländischen Besuchern erste Anzeichen dafür, daß dieser Papst, dieser *Papa Giovanni,* seine Hand nach Menschen ausstreckte, die eine halbe Welt weit entfernt lebten und die mit dem Katholizismus oder auch überhaupt einer andern Religion nichts zu tun hatten.

Es begann am 6. November, nur zwei Tage nach seiner Krönung, als die Hunderte von Journalisten, die nach Rom gekommen waren, um über das Konklave und die Krönung zu berichten, zu einer Audienz im Clementinischen Saal eingeladen wurden. Papst Johannes anerkannte die große Macht der Presse – „Selbst an Zahl ähneln Sie einer Armee!" – und den hohen Rang ihres Berufs. Dann sagte er lächelnd und frei auf französisch, gelegentlich mit einem italienischen Scherz gewürzt, daß er in den letzten Tagen viele Berichte über seine Wahl gelesen habe. „Und das war das immer wiederkehrende Thema: Jeder von Ihnen bemühte sich eifrig, die Geheimnisse des Konklaves zu lüften." Das Lächeln wurde breiter. „Obwohl die Fähigkeit der Journalisten, im Dunkeln zu sehen, weithin bekannt ist, wäre in diesem Fall kluges Schweigen weiser gewesen." Die Reporter lachten befangen. Der Papst fuhr fort: „Eine Zeitung berichtete sogar darüber, was angeblich Stunde um Stunde im Konklave geschehen war, und wissen Sie" – an diesem Punkt schnellte er vor Vergnügen auf seinem Thron hoch –, „die ganze Sache hatte nicht zwei Zeilen Wahrheit in sich."

Und nachdem er sie so durch Humor gewonnen hatte, pflanzte er in den nun fruchtbaren Boden einige sehr ernste Gedanken: „Sie schreiben über einen politischen Papst, einen gelehrten Papst, einen diplomatischen Papst. Tatsache ist aber, daß der Papst einfach der Papst ist, der ‚Gute Hirt', der nach Wegen sucht, die Seelen der Wahrheit zuzuführen. ‚Wahrheit und Güte' sind seine beiden Flügel. Keiner sollte sich einen Papst nach andern Vorstellungen, und besonders nicht nach seinen eigenen bilden."

Er erinnerte sie daran, daß die gewaltige Macht des geschriebenen Wortes Verantwortung verlange, und zitierte Alessandro Manzoni: „Die Wahrheit ist heilig, und ich habe sie nie verraten." Schließlich sagte er: „Jetzt will ich ihnen einen kleinen Segen geben, wenn Sie ihn empfangen wollen. Und dieser Segen wird für alle gelten, die Ihnen teuer sind."

Es gab einen Sturm spontanen Beifalls, und als Johannes sich erhob und den Raum verließ, trug er die Herzen eines Pressekorps mit sich, das ein halbes Hundert Nationen repräsentierte.

Am Ende des ersten Jahrs seines Papsttums hatte er über 240 000 Menschen in Audienz empfangen, weit mehr, als irgendein Papst vorher in einem Jahr gesehen hatte.

Er sprach zu allen ohne besondere Vorbereitung oder Notizen und schweifte oft in seiner warmen, freundlichen Art aus, bis er weit von seinem Ausgangspunkt entfernt war. Das bereitete ein besonderes Problem, wenn er ausländische Besucher hatte, denn dann mußten die Dolmetscher in einer Minute oder zwei das Wesentliche seiner Ausführungen zusammenfassen, die eine halbe Stunde um den Gegenstand gekreist hatten. Zu Mgr. William Carew, einem jungen Kanadier, der Johannes als englischer Dolmetscher diente, sagte der Heilige Vater nach einer solchen Audienz: „Wissen Sie, Sie haben gestern eine wundervolle Übersetzung geliefert. Erst nachdem ich Ihre Zusammenfassung gelesen habe, merkte ich, was ich eigentlich sagen wollte."

Und doch brachte er es immer fertig, das unnachahmliche Wort oder die Geste zu finden, die ihn mit seinen Besuchern von Mensch zu Mensch verband.

Letztlich zählte natürlich das, was er bei solchen doch sehr förmlichen Gelegenheiten sagte, weniger als die charismatische Wärme seiner Gegenwart. Er interessierte sich für jeden, nicht in der Abstand haltenden, vom Protokoll diktierten Art der Staatskunst, sondern in menschlicher Weise. Und als sich die Kunde von seiner freundlichen Zugänglichkeit über die Welt verbreitete, fanden die unterschiedlichsten Gestalten aus den Hauptströmen der Religion, Politik und Kunst einen Grund, Rom zu besuchen. Sicherlich hat kein Papst vorher so viele Notabeln empfangen; in Johannes' viereinhalb Jahren waren es mehr als in Pius' zwanzig, und einige dieser Besuche beim Papst machten Geschichte. Nie zuvor war der leitende Bischof der protestantischen Episkopalkirche der Vereinigten Staaten mit einem regierenden Papst zusammengetroffen. Und seit dem 14. Jahrhundert hatte kein Erzbischof von Canterbury mehr seinen Fuß in den Vatikan gesetzt und auch kein griechisch-orthodoxer Souverän seit der Zeit des Byzantinischen Reichs. Nun kamen sie alle Papst Johannes besuchen.

Schon einige Zeit vor der Ankündigung des Vatikanischen Konzils sahen aufmerksame Beobachter in der Art und Weise dieses neuen Pontifikats die Aussicht auf eine neue Ära zwischen den Kirchen. Und bald sagte Patriarch Athenagoras von Istanbul: „Der Papst von Rom ist der erste Führer des römischen Katholizismus, der das Geheimnis des nahtlosen Gewandes Christi begriffen, Kette und Schuß und seine nahtlose Wundersamkeit erfühlt hat."

Anfang 1963 bat der Sowjetbürger Alexej Adschubej, mit seiner Frau vom Papst empfangen zu werden. Da die Frau die Tochter Nikita Chruschtschows und Adschubej selbst kein gewöhnlicher Russe war – als Mitglied des Obersten Sowjets und Herausgeber der *Iswestija*, der Regierungszeitung, stellte er eine Macht dar –, verursachte die Anfrage Schockwellen in den innersten Kreisen des Vatikans: Der Heilige Vater würde einem so prominenten Kommunisten sicher keine Audienz gewähren.

Aber der Heilige Vater tat es doch. Er hielt nichts von geschlossenen Türen. Er konnte Gegner der kommunistischen Lehre sein, brachte aber keine persönliche Feindschaft gegen einzelne Kommunisten auf. Und so blieb Johannes, während die Besorgten die Hände rangen und sich aufregten, bis die Adschubejs ins Arbeitszimmer geführt wurden, offen und freundlich, wie es seiner Natur entsprach. Und typischerweise fragte er zuerst nach ihren Kindern. Rada Adschubej erwiderte, daß sie drei Söhne hätten, Nikita, Alexej und Iwan.

„Das sind schöne Namen", sagte der Papst und bemerkte, daß Iwan die russische Entsprechung seines Namens Johannes sei. „Sie müssen sie für mich umarmen, wenn Sie zurückkehren", fuhr er fort, „besonders den kleinen Iwan." Und lächelnd: „Aber so, daß die andern beiden nicht eifersüchtig werden."

Nur in Anwesenheit von Pater Kulik, dem Dolmetscher, plauderten sie eine Viertelstunde lang. Als Adschubej fragte, ob er glaube, daß Ost und West ihre Differenzen ausgleichen könnten, erwiderte er: „Sie sind Journalist und kennen sicher die Bibel. Diese sagt uns, daß Gott die Welt in sechs Tagen erschaffen hat. Die Tage waren in Wirklichkeit Epochen, unendliche Zeitspannen. Am ersten Tag sagte der Herr: ‚Es werde Licht!' Heute befinden wir uns in der ersten Stunde. Gott ist es, der uns Licht gibt. Zweifeln Sie nicht, mein Sohn – er wird uns auch das andere geben."

An anderer Stelle sagte Johannes: „Sie sagen, Sie sind Atheisten. Aber sicher nehmen Sie den Segen eines alten Mannes für Ihre Kinder an?" Am Ende segnete er auch das Paar. Entwaffnet standen die beiden mit gesenkten Köpfen, als er mit unendlicher Güte sagte: „Das war nur ein kleiner Segen. Ein so kleiner kann nicht weh tun. Empfangen Sie ihn, wie er gemeint ist – und alle Ihre Angehörigen zu Hause sind darin eingeschlossen –, im Geist der Versöhnung. Möge Friede und Gerechtigkeit Sie immer begleiten!"

Später spricht Rada Adschubej von seinen Händen, „schöne, große Bauernhände", die sie an die ihres Vaters erinnerten. In der Welt verursachte die Begegnung schwunghafte Spekulationen: Chruschtschow selbst würde zum Vatikan kommen; unter Johannes' Ägide würden sich Chruschtschow und Kennedy treffen und die großen Differenzen zwischen Ost und West beilegen. Wenn auch wenig Substanz in diesen Erwartungen steckte, spiegelten sie doch Johannes' Gabe wider, die besten Hoffnungen der Menschen zu beflügeln: Millionen fingen an zu glauben, daß, wenn überhaupt jemand, der Papst das Wunder eines dauerhaften Friedens zwischen den Völkern herbeiführen könnte.

Es gab andere, weniger erfreuliche Reaktionen auf die Begegnung mit Adschubej. Als die Italienische Kommunistische Partei bei der folgenden Wahl erhebliche Stimmengewinne verzeichnen konnte, wurde

Johannes von der Rechten offen und oft bitter angegriffen. Die konservative Presse beschuldigte ihn, durch die Audienz für die Adschubejs alle Kommunisten in einen Mantel der Ehrbarkeit gekleidet zu haben. Die Gegner seiner Politik einer Öffnung nach außen am eigenen Hof sprachen jetzt hämisch über „den roten Papst". Und als das alles Johannes hinterbracht wurde, weinte er. Sie mißverstanden ihn. Sie sahen nicht, was er zu tun versuchte, sagte er.

Etwas früher hatte eine Freundschaft begonnen, die Gegenstand eines scharfsichtigen und bewegenden Buchs des in Rom lebenden Journalisten und Schriftstellers Curtis Bill Pepper wurde: „Freundschaft mit dem Papst". Der Künstler war Giacomo Manzù, einer der größten Bildhauer der Welt, Schöpfer zahlreicher Christusstatuen und Büsten von Kardinälen, die der Vatikan in Auftrag gegeben hatte. Aber im Frühling 1960, als die beiden sich begegneten, quälte er sich immer noch mit einer Reihe von Bronzetüren für den Petersdom, die er vor zwölf langen und entmutigten Jahren begonnen hatte. Denn nach dem Beginn der Arbeit an den Türen, die sein Hauptwerk werden sollten, hatte sich der Künstler seinem Glauben entfremdet und dem Kommunismus zugewandt, und je lauter die Hüter der Orthodoxie in der Kurie schimpften, desto mehr floh ihn die Inspiration.

Das alles kümmerte Johannes nicht. Da er ein amtliches Porträt von sich machen lassen mußte, eine Büste, wählte er Manzù, den begabten Bildhauer. Daß Manzù aus Bergamo kam, daß Johannes seinen Vater gekannt hatte, war für den Papst entschieden wichtiger als seine politischen Ansichten. So wurden sie Freunde, und die Geschichte ihrer bemerkenswerten Beziehung – enger, wie Pepper sagt, als sie irgendein Papst seit der Zeit Michelangelos zu einem Künstler gehabt hat – endete erst, als Manzù drei Jahre später in einer Frühlingsnacht zum Vatikan eilte, um Johannes' Totenmaske abzunehmen. Aber die Kraft ihrer Freundschaft dauerte an. Sie gab Manzù den zündenden Funken, den er brauchte, um die Türen für St. Peter zu vollenden – die Türen des Todes –, und ihre überragende Schönheit ist ebenso ein ewiges Denkmal für sein und der Welt Gefühl des Verlustes wie ein Tribut an den unbesiegbaren Geist des Menschen.

Mgr. Carew erinnert sich daran, wie Yousuf Karsh, der große kanadische Porträtphotograph, zu Pius XII. kam, um ihn zu photographieren. Bei der Sitzung sagte Karsh dem Papst, er habe ihn am Tag vorher bei der Messe und bei dem besonders bewegenden Augenblick beobachtet, da er mit gefalteten Händen und aufwärtsgekehrtem Blick das unaussprechliche Geheimnis des religiösen Glaubens verkörperte. Könnte Seine Heiligkeit diese Pose jetzt wiederholen? Pius nahm sofort eine solche Gebetshaltung ein, und das Ergebnis war ein weiterer Triumph Karshs, vielleicht das schönste geistliche Photo, das je von Pius XII. gemacht worden ist.

Jahre später kam Karsh wieder nach Rom, um den neuen Papst zu photographieren. Wieder beobachtete er am Tag vor der offiziellen Sitzung still den Papst, diesmal bei einer Generalaudienz, und merkte sich schließlich den Augenblick, als der warme und väterliche Blick auf Johannes' Gesicht den Pastor und Seelenhirten verriet. Aber am nächsten Tag, als er an diesen Augenblick erinnerte – „Als Sie die Leute segneten, Heiligkeit, und sich so zu ihnen wandten –", konnte Johannes nicht reagieren. Seine Reaktionen mußten natürlich und spontan sein. Er konnte unmöglich einer nichtvorhandenen Menge zuwinken oder einen leeren Raum mit soviel Überzeugungskraft segnen, daß die Kamera getäuscht wurde. Die Schwierigkeit wurde schließlich überwunden, als er nach Capovilla läutete und ihm sagte: „Würden Sie bitte hier niederknien, Monsignore, da ich Ihnen meinen Segen geben muß." Und mit den realen Gegebenheiten kam auch der besondere Blick, und Karsh photografierte das selige Lächeln, das die Welt kennt.

Unter der Anleitung von Mgr. Ryan, der damals die englischsprachliche Abteilung des Staatssekretariats leitete, nahm Johannes das Englischstudium wieder auf, das er versuchsweise vor 15 Jahren in Istanbul begonnen hatte. Es war kein besonderer Erfolg. Mgr. Carew, damals auch in der englischen Abteilung, hatte den Eindruck, daß die beiden alten Freunde vielleicht 10 Minuten lang englische Grammatik lernten und sich dann in lebhaftem Italienisch an die Tage im Nahen Osten erinnerten. Ryan, jetzt Bischof in seinem heimatlichen Irland – diese Ernennung war eine der letzten Taten Johannes' –, gab kürzlich zu, daß es so war. Der große und immer noch energische Mgr. Ryan sagte: „Ich glaube, Papst Johannes fühlte sich ein bißchen weniger als Vater der englisch sprechenden Menschen, die er traf, weil er zu ihnen nicht in ihrer Sprache sprechen konnte. So versuchte er, Englisch zu lernen, nicht um Reden zu halten, sondern bloß, um ein paar Worte der Begrüßung zu sagen. Aber natürlich war er über 77, und wenn wir uns trafen, war es ihm viel lieber, Geschichten aus den alten Tagen zu erzählen."

Ryan erinnert sich an die Begegnung mit Eisenhower, unsterblich geworden durch das berühmte Photo von Papst und Präsident mit vor Lachen zurückgeworfenen Köpfen, als Johannes sich mit der sorgfältig einstudierten englischen Begrüßung abplagte. „Era di belli!" („Das war aber schön!") rief er dann aus, und seinem Ton war die Anstrengung anzumerken, als die Kamera klickte.

Seine Wärme und sein Witz waren so, daß die Geschichten über ihn unvermeidlich wucherten. Natürlich sind einige apokryph und einige reine Erfindungen. Es gab Leute, besonders in gewissen Kreisen der römischen Aristokratie, die die Geschichten und die behäbige Erscheinung des Papstes als Zeichen seiner Begrenztheit ansahen. Aber das war ein Irrtum. Johannes XXIII. war kein einfacher Bauer, wie selbst Übergescheite erfahren mußten. In unglaublich kurzer Zeit war er der weltweit beliebteste Papst in der Geschichte geworden, nicht, weil er lustige Geschichten erzählte, sondern weil sein innerster Glaube über Länder und Glaubensbekenntnisse hinweg das Herz der Welt gewann. „Ich bin Joseph, euer Bruder", rief er allen Menschen zu und gab ihnen das Gefühl, zur menschlichen Familie zu gehören.

Und kein einfacher Bauer hätte die katholische Kirche neue Wege führen können, von denen es kein Zurück gibt, Wege zu einer ehrlichen Konfrontation mit den verzweifelt wichtigen Fragen des Atomzeitalters. Niemand weiß heute, ob die Antworten Gutes oder Schlechtes für die Kirche bringen werden, aber die meisten stimmen darin überein, daß den Fragen begegnet werden muß. Papst Johannes hörte die Gegenstimmen innerhalb des Konzils, aber sie schreckten ihn nicht. „Wir sind doch nicht Mönche, die denselben Psalm singen", sagte er, und die Bischöfe sprachen sich aus, und unter der Führung eines tapferen Mannes wurde ein tapferer Anfang gemacht.

Weniger als ein Jahr nach seiner Thronbesteigung schrieb Johannes an seine Nichte Enrica: „Ich vergebe allen von Herzen, daß sie sich in diesen langen Jahren nie oder fast nie haben sehen lassen. Nun bin ich sozusagen kein Niemand mehr, sondern gehöre der ganzen Welt. Der Herr hat sich in seiner großen Güte so meiner demütigen Person für große Dinge bedienen wollen. Ich muß ihm nach besten Kräften dienen."

Ein paar Monate später beherrschte dieses Thema während einer Einkehr im Vatikan weiterhin seine Gedanken: „Seitdem mich der Herr ... zu diesem großen Dienst berufen hat, fühle ich mich keinem privaten Bereich in diesem Leben mehr zugehörig, weder Familie noch Heimat, Vaterland ... Mehr denn je erkenne ich mich heute als unwürdigen und demütigen ‚Knecht Gottes und Knecht der Knechte'. Meine Familie ist die ganze Welt."

Und im August 1961 machte er dieses Verständnis seiner irdischen Mission unauslöschlich klar: „Als die Kardinäle der Heiligen Römischen Kirche am 28. Oktober 1958 mich im Alter von 77 Jahren zum Oberhaupt der ganzen Herde Christi erwählten, verbreitete sich die Meinung, ich würde ein Papst des provisorischen Übergangs sein. Und jetzt stehe ich bereits vor dem vierten Jahre meines Pontifikats und habe ein gewaltiges Programm abzuwickeln, auf das die ganze Welt erwartungsvoll blickt. Was mich angeht, so halte ich mich an den heiligen Martin: ‚Er fürchtete den Tod nicht, aber er weigerte sich nicht zu leben.'"

Offene Fenster

Beim ersten Jahrestag seiner Erhebung zum Papst antwortete Johannes auf die Glückwünsche einiger Besucher aus Bergamo trocken, daß einer, der mit 78 Papst ist, keine große Zukunft hat. In Wirklichkeit aber trug sein Pontifikat bereits geschichtliche Züge. Selbst wenn die Tiara an eben diesem Tag auf einen andern übergegangen wäre, hätte die große Wandlung, die sich abzeichnete, als Johannes XXIII. die 2600 Bischöfe der Römischen Katholischen Kirche aufrief, sich zu einem Ökumenischen Konzil zu versammeln – erst die 21. Versammlung im 2000jährigen Leben der Kirche und die erste seit 1870 –, ihren Lauf genommen. Er hatte aufgerufen zu einem Geist des *aggiornamento*, einer Erneuerung im Leben und Glauben eines jeden Katholiken, einer Wiedergeburt, welche die Kirche einem fernen triumphalen Ziel zuführen sollte: der Einheit des christlichen Volkes. Solch ein Geist ist nicht leicht zu ersticken.

Am Beginn hatte Johannes sein Papsttum einer „neuen Entwicklung in der ewigen Jugend unserer heiligen Kirche“ gewidmet. Alte anachronistische Traditionen waren erschüttert. Zwei Wochen nach seiner Krönung, am gleichen Tag, als er Tardini den vollen Titel eines Staatssekretärs verliehen hatte – „weil es hier schon zu viele *sostituti* gibt“ –, kündigte er an, daß er auf einem Konsistorium am 15. Dezember 23 neue Kardinäle ernennen wolle. Das waren bestürzende Nachrichten. Man war allgemein der Meinung, daß eine Blutauffrischung des Heiligen Kollegiums längst fällig war; es war auf 52 zusammengeschrumpft, von denen zwölf über 80 waren, aber was Johannes vorhatte, überschritt die von Papst Sixtus V. 1586 gesetzte Grenze von 70 Kardinälen.

Das war aber noch nicht alles. In den nächsten drei Jahren hielt er vier weitere Konsistorien ab und schuf insgesamt 55 neue Kardinäle. Darunter Erzbischof Santos, der erste Bischof der Philippinen, der den roten Hut erhielt, und Bischof Laurean Rugambwa, der erste Afrikaner; Pater Augustin Bea, der hervorragende Bibelforscher, der Pius' XII. Beichtvater gewesen war; Bischof Julius Döpfner von Berlin, der erst 45 war und der jüngste der Kirchenfürsten wurde; und natürlich Tardini.

„Ich verweigerte Pius XII. den roten Hut, weil ich in Ruhe gelassen werden wollte", brummte der alte Mann privat. „Aber *diesem* kann man nichts abschlagen." Und wie immer rollten seine Augen aufwärts zum vierten Stock, stumm „diesen" bezeichnend.

An der Spitze der ersten Liste der erwählten Kardinäle stand der Name des Erzbischofs von Mailand, Giovanni Battista Montini. Wäre Montini beim letzten Konklave Kardinal gewesen, bekannte Johannes einmal Capovilla gegenüber, hätte er für ihn als Papst gestimmt. Jetzt, da er ihn zu seiner *prima creatura* machte, deutete Johannes an, was erfahrenen Beobachtern nicht entging: der Erzbischof von Mailand war seine Wahl als sein Nachfolger.

Kleine Akte zur Verbesserung „unserer eigenen schlechten Gewohnheiten", wie er es einmal ausdrückte, beleuchteten seine Rücksicht auf die Gefühle anderer. Auf Weisung des Papstes wurde aus der Taufzeremonie für Konvertiten die Verdammung anderer Glaubensbekenntnisse gestrichen. Ebenso wurden Teile des liturgischen Gebets zum Heiligen Herzen Jesu, die für Juden und Moslems kränkend waren, beseitigt. An seinem ersten Karfreitag als Papst tilgte Johannes aus den traditionellen Karfreitagsfürbitten die Bezeichnung „perfide Juden". Daß es ihm sehr ernst damit war, zeigte sich einige Jahre später, als ein Kardinal, der die Karfreitagsliturgie in Anwesenheit des Papstes zelebrierte, aus alter Gewohnheit wieder „perfide Juden" sagte. Johannes hielt ihn auf der Stelle an und forderte ihn auf: „Sagen Sie es noch einmal – aber nach der neuen Form!"

Kein moderner Papst gewann so wie er die Zuneigung von Nichtkatholiken. Aber manchmal schien es, als ob gerade da, wo Johannes die Vorstellungskraft der Welt draußen fesselte, Elemente in der römischen Kurie sich anschickten, ihm innerhalb der Kirche Widerstand zu leisten. Sie wollten die Dinge so, wie sie immer gewesen waren, bedacht nur auf ihr eigenes Lehen und gegen die Kräfte des Wandels, die von „*il buon Roncalli*" entfesselt wurden. Und Johannes, der das alles wußte, tat nichts dagegen. Es lag nicht in seiner Natur, einen Machtkampf zu führen. Einem amerikanischen Prälaten, der sich über kuriale Machenschaften beklagte, sagte er: „Mein lieber junger Mann, wenn Sie Jesus Christus in der Ewigkeit als einer seiner Bischöfe entgegentreten, dann wird er Sie nicht fragen, wie Sie mit der römischen Kurie ausgekommen sind, sondern wieviel Seelen Sie gerettet haben."

Anderseits gab es für ihn keinen Zweifel darüber, wer das Kommando hatte. Als er über die Kurienväter sprach, sagte er: „Es sind eifrige Männer, aber nicht sie regieren die Kirche. Das Amt habe ich." Und bewaffnet mit Güte und der Gabe der Versöhnlichkeit und Überredungskraft, regierte er wirklich.

Kardinal Alfredo Ottaviani, Sekretär des Heiligen Offiziums und vielleicht der doktrinärste Traditionalist, kam einmal wegen einer politischen Angelegenheit zu ihm. Die von Ministerpräsident Amintore Fanfani geführte Christlich-Demokratische Partei hatte eine Koalition mit den Sozialisten gebildet, und es gab Leute, darunter Ottaviani, die darin eine Herausforderung sahen, die die Kirche annehmen mußte. In einer gleichen Situation vor ein paar Jahren hatte das Heilige Offizium unter der Regierung von Pius XII. Exkommunizierungsdekrete gegen die Italiener, die für die Kommunisten stimmten, erlassen.

Johannes hörte freundlich zu, als Ottaviani seine Haltung darlegte. Er sagte nichts. Dann erhob er sich unerwartet, nahm den Kardinal am Arm und führte ihn zum Fenster. Sie sahen über die Stadt hin, und Johannes sagte, wie schön sie sei, wie golden und friedlich im Licht der Nachmittagssonne. Ottaviani ging bald, irgendwie überzeugt, daß Papst Johannes ihn verstanden habe. Aber es erfolgte keine Äußerung des Heiligen Offiziums über die Koalition, keine Einmischung des Vatikans in die Politik der Republik.

Gewiß waren Tardinis Ansichten konservativ, aber er diente Johannes trotz seines Knurrens treu und gut. Als er 1960 versuchte, sein Amt wegen einer Unstimmigkeit aufzugeben, nahm Johannes seine Demission an und ernannte ihn sofort aufs neue. „Hier ist der alte Staatssekretär und der neue", verkündete er den versammelten Kardinälen, und Tardini blieb.

Er starb im folgenden Sommer, und Johannes war tief betrübt. Er selbst verkündete die Nachricht von seinem Tod vom Balkon über dem Petersplatz: „Der Todesengel hat heute morgen den Staatssekretär Domenico Tardini hinweggeführt, der der engste und stärkste Mitarbeiter des Papstes in der Regierung der Kirche gewesen ist. Unser Herz ist betrübt..."

Am selben Abend berief er Kardinal Amleto Cicognani, der lange Apostolischer Delegat in den Vereinigten Staaten gewesen war, auf den vakanten Posten. Cicognani war entsetzt. Er wies darauf hin, daß er über 78 sei, daß seine Energie nicht mehr so sei wie früher, und bat schließlich um Bedenkzeit. Ungerührt sagte Johannes, das Alter habe nichts mit der Sache zu tun, er selbst sei älter als Cicognani und immer noch im Geschirr. Er sprach weiter – das war ein Zug, den er bis zur Vollkommenheit entwickelt hatte, um eine heikle Situation zu überbrücken, und bemerkte unter anderem, daß Cicognanis amerikanische Erfahrungen unschätzbar für das Staatssekretariat seien. Dann schloß er: „Nun, Sie haben Zeit gehabt, die ganze Sache zu überdenken, und ich weiß, Sie werden ja sagen." Und Cicognani sagte ja.

Johannes ist Revolutionär genannt worden. Eine Kardinal Siri zugeschriebene Bemerkung, die Kirche würde 50 Jahre brauchen, um sich von den Irrwegen Johannes' XXIII. zu erholen, beschwört das Bild eines stürmischen, schwungvollen Papstes herauf, der zertrümmerte Institutionen und unglaubhaft gewordene Dogmen hinterließ.

Das war Johannes nicht. Er glaubte, die Kirche müsse ins 20. Jahrhundert geführt werden, widerstand aber jedem Impuls, dabei eine 2000 Jahre alte Lehre aufzugeben. Er strebte danach, die Kirche katholischer und weniger römisch zu machen und eine Soziallehre zu entwerfen, die Folgen für die wirkliche Welt hatte. Aber er hatte taube Ohren für gewisse Kleriker, die beim Experiment eines volkstümlichen Katholizismus alles zum alten Eisen werfen wollten: Dogma, Lehre und Zucht.

Die im Januar einberufene Diözesansynode, die erste in der langen Geschichte Roms, sollte seinen unverminderten Glauben an die alten Wahrheiten aufzeigen. Die Synode, die einberufen worden war, um größere diözesane Reformen zu beraten, und weithin als eine Art Vorläuferin des kommenden weltweiten II. Vatikanischen Konzils angesehen wurde, beschränkte sich auf die Erstellung einer Reihe von kleinlichen Regeln für das Verhalten von Laien und Geistlichen unter strenger Betonung der Disziplin: Priestern wurde es verboten, Kinos, Theater oder Opern zu besuchen, das Fernsehen zuviel zu benutzen, sich in Bars und Restaurants sehen zu lassen „außer aus sehr wichtigem Anlaß" oder mit einer Frau im Auto zu fahren. Johannes gab seine Enttäuschung über den engen Horizont der Synode zu, aber er stellte ihre Dekrete nicht in Frage.

Es war die Zeit, da einige Geistliche zuerst zaghafte Einwendungen gegen das Gesetz geistlicher Keuschheit erhoben. Während der Synode veröffentlichte ein bekannter Priester sogar einen Artikel, in dem er ausführte, daß der Pflichtzölibat kein Dogma, sondern nur Gesetzesübung war und daher in Frage gestellt werden könnte. Johannes antwortete vorbauend mit einer Ansprache, in der er den Zölibat nicht offen ansprach, aber mit der Bitte um Gottes Segen für die Kirche schloß, „die eine, heilige, katholische" – und nach einer erwartungsvollen Pause und mit Betonung –, „keusche".

Für jemand seiner Generation und seiner Ausbildung konnte Papst Johannes kaum anders sprechen. Und doch half ihm selbst noch mit seinen 80 Jahren seine angeborene Feinfühligkeit, das besondere Dilemma eines Priesters in den lockeren und hemmungsarmen sechziger Jahren zu verstehen. Es beunruhige und betrübe ihn, sagte er, „die Klage priesterlicher Seelen wegen ihrer Einsamkeit und ihres Zölibats" anzuhören. In einem beredten und mitfühlenden Brief an einen amerikanischen Orden, der sich der Hilfe für gefallene Priester widmete, schrieb er: „Diese Männer sind unsere Brüder, Pilger im Leben. Als sie ihr junges Leben weihten, rechneten sie nicht mit dem Preis. Wenn sie nun im Kampf verwundet sind, ist es unsere Pflicht, ihnen zu helfen, denn sie sind unsere Brüder, unsere kranken Brüder."

So glaubte er, daß priesterliche Zucht durch menschliche Liebe und ein Verständnis für den Druck der modernen Zeit gemildert werden müsse, auch daß die größeren Probleme der Zeit nicht auf alte Art zu lösen seien, nicht durch päpstliche Donnerschläge oder kuriale Verdammungen oder erneut dadurch, daß sich der Vatikan vor einer verunsicherten Bevölkerung und einer turbulenten Welt abriegelte.

Fast ein Jahrhundert war vergangen, seit der Verlust der weltlichen Macht der Päpste zu kompromißlosem Vertrauen auf die kirchliche Macht geführt hatte. Seit dem Vatikanum I im Jahr 1870 (so genannt, weil es das erste im Vatikan abgehaltene ökumenische Konzil war) hielt das Dogma von der Unfehlbarkeit des Papstes eine einzige Antwort auf alle Fragen bereit: *„Roma locuta; causa finita"* („Rom hat gesprochen; die Sache ist erledigt"). Als das Pontifikat Johannes' XXIII. anfing, war die Kirche, was nominelle Anhänger und möglichen Einfluß angeht, nie mächtiger gewesen. Und doch kämpfte sie gegen die Windmühlen des Modernismus und des Abfalls.

Die Welt hatte sich inzwischen gewandelt. Mehr als ein Drittel der Menschheit stand unter kommunistischer Herrschaft. In Frankreich und Italien besuchte kaum ein Katholik unter drei regelmäßig die Sonntagsmesse. Überall gingen die Priesterberufe zurück, während sich in den Entwicklungsländern die Kluft zwischen Priestern und Volk verbreiterte. Und innerhalb des Vatikans lauschten die Kurienväter nervös auf Streitgespräche von draußen und auf immer dringender werdende Forderungen nach dezentralisierter Autorität und Liturgiereform.

Was war zu tun?

Am Morgen des 20. Januar 1959, nur drei Monate nach seiner Wahl, besprach Papst Johannes diese Dinge mit Kardinal Tardini. Was war zu tun? „Plötzlich“, wie Johannes diesen Augenblick später beschrieb, „entsprang in Uns eine Eingebung wie eine Blume, die in einem unerwarteten Frühling blüht. Unsere Seele wurde von einer großen Idee erleuchtet... Ein Wort, feierlich und bindend, formte sich auf Unseren Lippen. Unsere Stimme drückte es zum erstenmal aus – ein Konzil!“

Wie der konservative Tardini auf diesen Donnerschlag reagierte, ist fraglich. Johannes aber mit seiner gewohnten Großmut drückte es so aus: „Um die Wahrheit zu sagen, Wir fürchteten, daß Wir Verwirrung, wenn nicht Entsetzen ausgelöst hatten... Aber auf dem Gesicht des Kardinals zeigte sich ein klarer Ausdruck. Seine Zustimmung war unmittelbar und frohlockend, das erste sichere Zeichen des Willens des Herrn.“

Am folgenden Sonntag, dem 25. Januar, einem dunklen, wolkenverhangenen Tag mit der Drohung eines winterlichen Sturms, besuchte Johannes die Messe in der Basilika des heiligen Paulus vor den Mauern. Sie war eine seiner Lieblingskirchen in Rom. Wer den Papst genauer beobachtete, merkte eine gewisse Zerstreutheit. Als er während eines Gebets für die verfolgten Christen vor dem päpstlichen Thron kniete, verbarg er das Gesicht in den Händen. Nach der Messe zog sich Johannes in Begleitung einer Gruppe von Kardinälen in das anschließende Benediktinerkloster zurück. Und dort machte er, zu den Kardinälen und durch sie zur Welt sprechend, die historische Ankündigung.

„Wir wissen“, sagte er, „daß sowohl viele freundliche und eifrig gestimmte wie auch übelwollende und schwankende Kreise mit Spannung auf den neuen Papst ... schauen." Er sprach von seiner doppelten Verantwortung als Bischof von Rom und als Hirte der universalen Kirche und wies auf die riesigen Schwierigkeiten hin in einer Stadt, die „im Laufe von vierzig Jahren zu einer völlig andern Stadt geworden (ist), als Wir sie in Unserer Jugend kennengelernt haben ... Ein wahrer Bienenstock voller Menschen, aus dem ein ununterbrochenes Gesumm verworrener, aber nach Harmonie suchender Stimmen ertönt." Und bei einem Überblick über seine gesamte geistliche Domäne sieht der Papst auf der einen Seite die edlen Anstrengungen derer, die in der Gnade Christi die Früchte der Rettung und Heiligung vervielfältigen, und auf der andern mißbrauchte menschliche Freiheit und Menschen in der Knechtschaft des Fürsten der Finsternis, die nur nach irdischen Gütern streben. All dieses erweckte einen Entschluß „im Herzen des demütigen Priesters, den die offensichtliche Fügung der göttlichen Vorsehung, obgleich ganz unwürdig, zur Höhe des Papsttums geführt hat".

Hier blickte Johannes die 17 Mitglieder des Heiligen Kollegiums von Kardinälen vor ihm an und rief aus: „Ehrwürdige Brüder und geliebte Söhne! Gewiß ein wenig zitternd vor Bewegung, aber zugleich mit demütiger Entschlossenheit im festen Vorsatz sprechen Wir vor Euch den Namen und das Vorhaben einer doppelten feierlichen Veranstaltung aus: einer Diözesansynode der Stadt Rom und eines Ökumenischen Konzils für die Gesamtkirche."

Die unmittelbare Antwort war ein bestürztes und eisernes Schweigen. Man spürt Johannes' Enttäuschung in späteren Betrachtungen: „Menschlich hätten Wir erwarten können, daß die Kardinäle, nachdem sie Unsere Ankündigung gehört hatten, sich um Uns geschart hätten, um ihre Zustimmung und guten Wünsche auszudrücken." Aber auch hier wieder machte er das Beste daraus. „Statt dessen gab es ein frommes und eindrucksvolles Schweigen. Erklärungen folgten in den nächsten Tagen."

Der Schock der Kardinäle war verständlich. Eine Synode in Rom, wo man immer angenommen hatte, daß der Papst alle diözesanen Probleme ohne Beratung durch die Bischöfe lösen konnte, war schon außergewöhnlich genug. Aber ein Konzil – die Einberufung aller Erzbischöfe, Bischöfe und Ordensoberen aus aller Welt –, was sollte ein solches Konzil? Die Konzile der Vergangenheit hatten sich mit den Gefahren von Irrlehren und Auseinandersetzungen mit der Lehre befaßt oder mit der Bedrohung durch weltliche Mächte. Da es keine äußere Bedrohung der Kirche gab und da das I. Vatikanische Konzil 1870 das Dogma der päpstlichen Unfehlbarkeit in Angelegenheiten des Glaubens und der Sitte dekretiert hatte, welchem irdischen – oder himmlischen – Ziel sollte ein Konzil jetzt dienen?

Als später jemand Johannes fragte, was er vom Konzil erwarte, schritt er zum Fenster seines Arbeitszimmers und öffnete es. „Wir erwarten vom Konzil, daß es frische Luft hereinläßt."

Für ihn war das genug. Er schrieb kein Programm vor; er war es zufrieden, einen Weg eröffnet zu haben, um den Geist der Eingebung eintreten zu lassen. Aber bald wurde es klar, daß das Konzil ein Forum werden sollte, das beinahe jeden Aspekt katholischen Lebens überprüfen konnte. Jede Änderung von der Liturgie bis zur Freitagsabstinenz wurde möglich. Und in weiterem Sinn bereitete sich die Kirche vor, sich selbst zu prüfen im Zusammenhang einer verwirrend neuen Welt, sich in bedeutsamer Weise anzupassen an industriellen Aufschwung, an Wachstum und Verfall der Städte, an eine Explosion der wissenschaftlichen Erkenntnisse, an eine neue Moral und die Politik einer Welt, die ein Gleichgewicht des Schreckens erreicht hatte und in der die Taktiken des Kalten Kriegs, wenn auch noch nicht unglaubwürdig, aber doch schon unerheblich geworden waren.

War auch die Einheit aller christlichen Kirchen eine Möglichkeit? In der großen, von Papst Johannes geschauten geistlichen Erneuerung war nichts ohne Hoffnung. Das Konzil war, wie Peter Nichols von den *Times* es ausdrückte, Johannes' Methode, die versiegelten Mauern der Kurie zu zerbrechen. Es sollte der Weg sein, die ganze Kirche in seine Bestrebungen einzubeziehen, nicht nur zu seinen Lebzeiten, sondern für künftige Generationen.

Die Stimmen der Opposition machten bald die Runde auf den Fluren des Vatikans und nahmen zu. „Wir zahlen für eine Viertelstunde Verrücktheit unseres Papstes", murmelten Witzbolde der Kurie hinter vorgehaltener Hand. Kardinal Spellman in New York sagte ganz offen: „Ich glaube nicht, daß der Papst ein Konzil einberufen wollte, aber er wurde dazu von Leuten gedrängt, die seine Worte verdreht haben." Und Erzbischof Lercaro von Bologna erklärte: „Wie konnte er es wagen, nach hundert Jahren und weniger als drei Monate nach seiner Wahl ein Konzil einzuberufen? Entweder ist Papst Johannes unbesonnen und impulsiv mit Mangel an Bildung und Erfahrung ... oder aber Papst Johannes hat es mit berechneter Kühnheit getan, obwohl er sicher nicht fähig war, alle Einzelheiten vorauszusehen ... oder zukünftige Entwicklungen."

Diese Art von Widerstand mußte böses Blut machen. Johannes war zu klug, um nicht den durch seinen ökumenischen Ruf überstürzt hervorgerufenen Gegenschlag an Verachtung zu spüren, und zu empfindsam, um nicht dadurch verletzt zu werden. Aber gelassen ging er seinen Weg. Einem Prälaten der Kurie, der einwandte, daß es ausgeschlossen sei, schon 1963 ein Konzil zu organisieren, erwiderte er: „Gut, dann werden wir es schon 1962 eröffnen."

Im Juni setzte er eine Erste Vorbereitende Kommission ein, um die notwendigen Informationen an die 3500 Bischöfe, Prälaten, Ordensoberen und die 37 katholischen Universitäten in der Welt zu verbreiten und von ihnen Anregungen für eine Agenda zu erbitten. Ihre Antworten füllten 2000 Aktenordner, die schließlich zu 12 großen Bänden zusammengefaßt wurden. Man brauchte ein Jahr, um aus dieser Masse die notwendigen Berichte vorzubereiten, woraufhin Papst Johannes zehn Kommissionen bestellte, deren Vorsitzende Kurienkardinäle waren, mit dem Auftrag, die Schemata oder Vorschlagsentwürfe für die Beratungen des Konzils vorzubereiten.

Gleichzeitig kündigte Johannes die Bildung eines Sekretariats für die Einheit der Christen an und ernannte als Vorsitzenden Kardinal Bea, der erfahren war und schon lange Kontakt mit nichtkatholischen Christen pflegte. Diese neue Einrichtung leitete auch das historische Treffen von Geoffrey Francis Fisher, Erzbischof von Canterbury, mit Papst Johannes im November 1960 ein. Und sie diente besonders als Bindeglied zwischen dem Konzil und den eingeladenen Beobachtern anderer christlicher Gemeinschaften.

Auch das war Johannes' eigene Idee. Wieder machte er sich auf, die Kirche vom Stigma des doktrinären Absolutismus zu befreien, vom löcherigen Mantel des Geheimnisses, in den sie sich Außenstehenden gegenüber hüllte. Soweit es ihm möglich war, bat Johannes die ganze Welt, am Konzil teilzuhaben. Und trotz der logistischen Probleme – für 10000 Leute mußten Unterbringungsmöglichkeiten geschaffen werden; für etwa 3500 von ihnen, einschließlich der Bischöfe und ihrer Mitarbeiter, mußte im Kirchenschiff von St. Peter Platz gefunden werden – schaltete er sich selbst ein, damit die Beobachter die besten Plätze erhielten.

Die Vorbereitungen für das Konzil sollten 45 Monate in Anspruch nehmen. In der Zwischenzeit erforderte die Führung der kirchlichen Angelegenheiten die Aufmerksamkeit des Papstes. Sein Tagesplan unterschied sich wenig von dem in Venedig, da er sich in fast 80 Lebensjahren herausgebildet und sich seinem körperlichen Rhythmus angepaßt hatte.

Er stand um 4 Uhr morgens auf, um zu beten und die Messe zu feiern. Nach einem Frühstück mit warmer Milch, Kaffee, Brötchen, etwas Obst brachte Capovilla ihm die Zeitungen und den Tagesplan. Gegen 9 Uhr war er in der päpstlichen Bibliothek im zweiten Stockwerk, bereit für die erste Morgenaudienz mit Tardini. Die Bibliothek ist ein großer Raum, 24 m lang und 12 m breit mit rotem Seidendamast an den Wänden und reich verzierten übergroßen Möbeln. Der Schreibtisch des Papstes ist mit rotem Leder überzogen. Darauf waren ein kleines goldenes Kruzifix und ein paar Bleistifte und zwei Telefone.

Die Audienzen sollten bis 2 Uhr dauern, aber nicht selten verlor Johannes bei angeregten Unterhaltungen jeden Zeitsinn, und trotz Capovillas größter Bemühungen mußte das Mittagessen verschoben werden. Danach ruhte Johannes oder machte einen Spaziergang in den Gärten und kehrte dann allein in sein kleines Arbeitszimmer zurück, das er bevorzugte. Vor dem Abendessen wurde wieder gebetet, meist zusammen mit Dienern und den Haushaltsschwestern. Meist war er um 10 Uhr im Bett, aber manchmal wachte er um Mitternacht wieder auf und ging für weitere zwei Stunden Arbeit an seinen Schreibtisch.

Als er eines Tages beim Spaziergang in den Gärten zum Fuß des Turms San Giovanni kam, bemerkte er zu Capovilla, daß der verlassene runde alte Haufen Ziegelsteine, zum Schutz gegen Einfälle der Sarazenen erbaut und seit Jahrhunderten unbenutzt, ihm als der friedlichste und abgeschlossenste Ort innerhalb der Mauern des Vatikans erschiene. Von der Spitze aus müßte man auf die Stadt schauen können und auf die in den Straßen spielenden Kinder und auf kurze Zeit das schwere Gefühl loswerden, von den Menschen abgeschlossen zu sein.

Capovilla schlug bald darauf vor, in den Turm eine Wohnung für den Papst einzubauen. Johannes stimmte zu, und obwohl der Bau lange dauerte und mehr kostete als vorgesehen (die Fundamente mußten verstärkt und Elektrizität und ein Aufzug installiert werden), wurde er in den letzten Lebensjahren eine Zuflucht und ein Trost. Wenn er auf der Terrasse stand, oft mit einem Fernglas vor den Augen, konnte er auf die Leute von Rom, seine Nachbarn, schauen und das Gefühl haben, unter ihnen ohne Wachen und neinsagende Monsignori zu spazieren. Hier im Turm machte er auch unmittelbar vor der Eröffnung des Konzils die letzte Eintragung in sein Tagebuch:

„Ohne zuvor daran gedacht zu haben, habe ich in einem ersten Gespräch mit meinem Staatssekretär am 20. Januar 1959 die Worte: Ökumenisches Konzil... ausgesprochen... Nach drei Jahren gewiß mühevoller, aber auch glücklicher und ruhiger Vorbereitung sind wir nun am Fuß des heiligen Berges angelangt. Der Herr möge uns helfen, um alles zu einem guten Ende zu führen."

Trotz des Protokolls und des unaufhörlichen Drucks der Pflichten klammerte er sich hartnäckig an seine Familie. Er ermunterte Battista, oft zu kommen, und diese Besuche, angefüllt mit Plaudereien über Verwandte und über die Pfarreien von Faenza und Sotto il Monte, waren ihm eine besondere Freude. Zuerst fürchtete Battista, daß ihn der Onkel nur aus Höflichkeit einlade und daß er ihm womöglich kostbare Zeit stehle. „Aber dann merkte ich, daß jedesmal, wenn ich kam, es etwas Besonderes zu essen gab, Kuchen oder Eis, und die Schwestern sagten mir, daß der Heilige Vater selbst es so angeordnet habe. Da wußte ich, daß er sich über mein Kommen wirklich freute."

Da Battista Priester und ein Liebling des Papstes war, richtete man ihm im Vatikan ein Zimmer ein, und oft blieb er zwei oder drei Tage. Aber Verwandten außerhalb des engsten Familienkreises mußte man taktvoll klarmachen, daß Schicklichkeit Johannes hinderte, die gleiche Gastfreundschaft auf alle auszudehnen, und diese Aufgabe fiel der immer treuen Enrica zu.

Am 15. Mai 1961 veröffentlichte Papst Johannes die erste der beiden großen Enzykliken, die, hätte er kein anderes Erbe hinterlassen, seinem kurzen Papsttum ein langes Leben im Gedächtnis der Menschen sicherten. Ihr Gegenstand war Christentum und sozialer Fortschritt, aber ihr Titel „*Mater et Magistra*" ist dem Einleitungssatz entnommen: „Mutter und Lehrmeisterin der Völker ist die katholische Kirche!“

Mater et Magistra drückt die Sorge der Kirche aus um die ausgebeuteten Armen in den Fabriken der Industrienationen und um die vergessenen Armen in den Kolonien und Entwicklungsländern. Sie spricht nicht nur von ihrem Bedarf an Grundgütern, sondern von Menschenwürde, und sie definiert soziale Gerechtigkeit in der Mitte des 20. Jahrhunderts dahingehend, daß alle Menschen am Wohlstand, der durch die moderne Technologie möglich wurde, teilhaben. Sozialisation ist nach Johannes „Ausdruck eines sozusagen unwiderstehlichen Strebens der menschlichen Natur; des Strebens, sich mit andern zusammenzutun, wenn es darum geht, Güter zu erlangen, die von den einzelnen begehrt werden, jedoch die Möglichkeit und Mittel des einzelnen übersteigen“.

Noch auffallender ist der Teil von *Mater et Magistra,* der über den Gegensatz zwischen den wirtschaftlich fortgeschrittenen Ländern Europas und Nordamerikas und den unterentwickelten Ländern der übrigen Welt handelt: „Wenn nun die wechselseitigen Beziehungen der Menschen in allen Teilen der Welt heute so eng geworden sind, daß sie sich gleichsam als Bewohner ein und desselben Hauses vorkommen, dann dürfen die Völker, die mit Reichtum und Überfluß gesättigt sind, die Lage jener anderen Völker nicht vergessen, deren Angehörige mit so großen inneren Schwierigkeiten zu kämpfen haben, daß sie vor Elend und Hunger fast zugrunde gehen und nicht in angemessener Weise in den Genuß der wesentlichen Menschenrechte kommen. Dies um so weniger, als die Staaten täglich mehr voneinander abhängig werden und ein dauernder und segensreicher Friede nicht gewährleistet ist, wenn die wirtschaftliche und soziale Lage des einen von der des andern allzu stark abweicht.“

Als junger Priester in Bergamo war Angelo Roncalli mit dem Geist von *Rerum Novarum* geimpft worden, der großen Enzyklika Papst Leos XIII., die zum erstenmal eine aufgeklärte Haltung der Kirche gegenüber der Arbeit und dem sozialen Fortschritt formuliert hatte. Und er hatte nicht den längst vergangenen Streik in Rancia vergessen und die Lehre, die sein geliebter Bischof Radini-Tedeschi gezogen hatte: „Klugheit besteht nicht darin, nichts zu tun. Sie bedeutet handeln, gut handeln.“

Jetzt als Papst handelte Johannes, und mit *Mater et Magistra* brachte er die Tradition der von Leo 70 Jahre zuvor formulierten sozialen Sorge der Kirche auf einen modernen Stand.

Die Überraschungen nahmen kein Ende. Nur eine Woche vor Eröffnung des Konzils wurde angekündigt, daß der Papst mit der Eisenbahn eine Pilgerfahrt zum Grab des heiligen Franz nach Assisi und zum Heiligtum der heiligen Jungfrau nach Loreto machen würde. Heute scheint eine solche Reise von insgesamt etwa 400 km, gemessen an den weltweiten Reisen Pauls VI., unbedeutend. Als aber Johannes am Morgen des 4. Oktober 1962 zum Vatikanbahnhof ging, bestieg ein Papst zum erstenmal nach 99 Jahren einen Zug und waren Jahrhunderte vergangen, seit sich einer so weit von Rom gewagt hatte.

Die ganze Strecke entlang säumten Mengen die Geleise, um zu winken und zu jubeln, und bei jedem Bahnhof strömten die Leute auf das offene Abteilfenster zu, wo er stand, ihnen zulächelte und sie segnete. In Loreto, wo 50000 Menschen warteten, stand er vor dem Heiligtum Unserer Lieben Frau und betete um den Erfolg des Konzils: „Möge man in künftigen Jahren und Jahrhunderten sagen können, daß durch deine mütterliche Fürsprache die Gnade Gottes das Werk des 21. Ökumenischen Konzils krönte und allen Kindern der heiligen Kirche neue Glut, neue Großherzigkeit und Festigkeit des Willens verliehen hat ...“

Bei der Rückreise stand er wieder am Fenster und winkte den Leuten zu, die den ganzen Nachmittag bis zum hereinbrechenden Abend gewartet hatten. „Dieses Datum meines Lebens müßte in Gold geschrieben werden“, sagte er.

Nur wenige wußten, daß er bereits todkrank war.

Als er wieder hinter die Mauern des Vatikans zurückgekehrt war, zog er sich in den Turm San Giovanni zurück und sagte für eine Woche alle Audienzen ab, um sich ganz dem Gebet und der Betrachtung zu widmen. Anderswo in Rom erflehten Geistliche und Laien Gottes Segen auf die Beratungen der Konzilsväter herab, und Millionen von Nichtkatholiken, durch den neuen Geist der Mutter Kirche ermutigt und angerührt von der warmen Menschlichkeit ihres Führers, vereinigten sich im Gebet für den Sieg des ökumenischen Geistes.

Inzwischen wurden die riesigen Vorbereitungsarbeiten fortgesetzt.

Im Petersdom zimmerten Schreiner die letzten Bankreihen, jede etwa 100 m lang, die sich im Hauptschiff gegenüberstanden. Draußen bemühte sich das Organisationskomitee, Zimmer für Spätkommende zu finden und ihnen einen Platz in einem der hundert gemieteten Busse zuzuweisen, die die Väter von ihren Quartieren zum Vatikan und umgekehrt bringen sollten. Ein alter Römer scherzte: „Wenn es der Polizei gelingt, die Bischöfe durch Roms Verkehrsstauungen zu bringen, dann ist das ein sichtbares Zeichen göttlichen Eingreifens..."

Schon hatten sich die Kardinäle, Erzbischöfe, Bischöfe, Äbte und Ordensoberen versammelt, die an der Eröffnungssitzung teilnehmen wollten. Fast 3000 waren eingeladen, aber Beschränkungen in einigen Ländern unter kommunistischer Herrschaft hatten die Zahl reduziert. Ferner waren 30 Beobachter-Delegierte von 17 verschiedenen christlichen Bekenntnissen – von allen außer den Griechisch-Orthodoxen und der Weltunion der Baptisten – anwesend. (Bei Zusammentritt der vierten Session waren es 93 offizielle Beobachter.) Sie hatten zwar nicht das Recht, abzustimmen oder in den öffentlichen Sitzungen zu sprechen, konnten aber ihre Ansichten über Kardinal Beas Sekretariat für die Einheit der Christen kundtun.

Donnerstag, der 11. Oktober, dämmerte dunkel mit Regen heran, aber nach bemerkenswert kurzer Zeit schien die Sonne. Um acht Uhr traf Papst Johannes in den schweren weißen rituellen Gewändern des Pontifex Maximus die Kardinäle und Bischöfe im Saal der Segnungen und rief den Heiligen Geist mit dem Hymnus aus dem 9. Jahrhundert „*Veni, Creator Spiritus*" herab. Dann begann die feierliche Prozession zur Basilika, Reihen von weißgewandeten Bischöfen, die die Scala Regia hinab und durch die Mengen auf der Piazza zu den großen Bronzetüren schritten, die offenstanden und die zeremonielle Pracht der größten Kirche der Christenheit enthüllten.

Papst Johannes hatte darauf bestanden, mitten zwischen den Bischöfen zu gehen, einer unter Brüdern, und sein langsamer, schmerzhafter Gang den langen marmornen Bogen der Scala Regia hinunter zeugte von seiner Stärke und von seinem Mut. Hinter der gebogenen Linie der Bernini-Kolonnaden setzte er sich in die *sedia gestatoria* und wurde in Schulterhöhe über die Piazza getragen, damit die Leute ihn sehen konnten. In Sankt Peter stieg er aus und ging zu Fuß durch das Kirchenschiff.

Kardinal Tisserant, Dekan des Heiligen Kollegiums, zelebrierte das feierliche Pontifikalamt. Abgesehen von den Fernsehkameras und den nüchtern gekleideten protestantischen Beobachtern, schien es ein Augenblick aus einer vergangenen Zeit, ein Schauspiel barocken Prunks und Glanzes, durch Jahrhunderte bewahrt und von den Jahren unberührt. Dann begann Papst Johannes zu sprechen, und ein „Schwall frischer Luft" belebte die Stimmung in Sankt Peter. Die ehrwürdigen Väter wurden aus der ruhmreichen Vergangenheit der Weltkirche herausgerufen in die unruhige, aber hoffnungsvolle Gegenwart und dann sanft veranlaßt, nicht rückwärts, sondern nach vorn zu schauen.

„Erleuchtet vom Licht des Konzils, so vertrauen Wir fest, wird die Kirche an geistlichen Gütern zunehmen und, mit neuen Kräften von daher gestärkt, unerschrocken in die Zukunft schauen."

Einen Augenblick vorher war sein Gesicht im unerbittlichen Licht der Fernsehscheinwerfer kalkig weiß und von Müdigkeit gezeichnet gewesen. Er trug schwer an seinen 81 Jahren. Aber als er jetzt seine Predigt verlas und dabei durch seine altmodische goldgeränderte Brille blickte und die Seiten weglegte, wenn er damit fertig war, ertönte seine Stimme tapfer und stark in dem riesigen Kirchenschiff, seine Schultern schienen sich zu straffen, und sein Gesicht war belebt von der kühnen Vision seiner Ansprache:

„In der täglichen Ausübung Unseres Apostolischen Hirtenamtes geschieht es, daß bisweilen Stimmen solcher Personen Unser Ohr betrüben, die zwar von religiösem Eifer brennen, aber nicht genügend Sinn für die rechte Beurteilung der Dinge noch ein kluges Urteil walten lassen. Sie meinen nämlich, in den heutigen Verhältnissen der menschlichen Gesellschaft nur Untergang und Unheil zu erkennen. Sie reden unablässig davon, daß unsere Zeit im Vergleich zur Vergangenheit dauernd zum Schlechteren abgeglitten sei. Sie benehmen sich so, als hätten sie nichts aus der Geschichte gelernt, die eine Lehrmeisterin des Lebens ist, und als sei in den Zeiten früherer Konzilien, was die christliche Lehre, die Sitte und die Freiheit der Kirche betrifft, alles sauber und recht zugegangen.

Wir aber sind völlig anderer Meinung als diese Unglückspropheten, die immer das Unheil voraussagen, als ob die Welt vor dem Untergang stünde."

Als viele der guten Väter unwillkürlich in die Richtung von Ottaviani, Siri und anderen der „Unglückspropheten“ blickten, erklärte Johannes gelassen, warum er das Konzil einberufen hatte und was er von ihm erwartete. „In der gegenwärtigen Entwicklung der menschlichen Ereignisse ... muß man viel eher einen verborgenen Plan der göttlichen Vorsehung anerkennen.“ Vor Differenzen solle man keine Angst haben, denn selbst Differenzen könnten zum größeren Heil für die Kirche werden. Und um ihre Botschaft bei allen Menschen in der Welt zu verbreiten, müsse die Kirche selbst immer, wo es erforderlich scheint, auf der Höhe der Zeit sein. „Es ist vor allem nötig, daß die Kirche ihre Aufmerksamkeit nicht von dem Schatz der Wahrheit abwendet, den sie von den Vätern ererbt hat. Sodann muß sie auch der Gegenwart Rechnung tragen, die neue Umweltbedingungen und neue Lebensverhältnisse geschaffen und dem katholischen Apostolat neue Wege eröffnet hat ...

Es ist auch nicht unsere Sache, gleichsam in erster Linie einige Hauptpunkte der kirchlichen Lehre zu behandeln ... und weitläufig zu wiederholen, denn Wir glauben, daß Ihr diese Lehren kennt und sie Eurem Geiste wohl vertraut sind. Denn für eine solche Disputation muß man kein Ökumenisches Konzil einberufen. Jetzt ist es wahrhaftig nötig, daß die gesamte christliche Lehre ohne Abstrich in der heutigen Zeit von allen durch ein neues Bemühen angenommen werde.“

Dann wandte er sich dem inquisitorischen Geist zu, der das Heilige Offizium und gewisse Leute der Kurie beseelte, die mit ihren Anschuldigungen so schnell bei der Hand waren. „„... die Irrtümer erheben sich oft wie ein Morgennebel, den bald die Sonne verscheucht“, sagte er. In der Vergangenheit habe die Kirche zwar diese Irrtümer mit größter Strenge verdammt, „heute möchte die Braut Christi dagegen lieber das Heilmittel der Barmherzigkeit anwenden als die Waffe der Strenge erheben“.

Schließlich kam er zu seiner letzten und größten Hoffnung, daß das Konzil die katholische Kirche zu einer Bewegung weltweiter Wiedervereinigung aufrufen werde. Vor seinen Augen strahlte ein dreifaches Licht: „die Einheit der Katholiken untereinander, die als leuchtendes Beispiel ganz fest bewahrt bleiben muß, sodann die Einheit, die im Gebet und in den leidenschaftlichen Erwartungen der vom apostolischen Stuhl getrennten Christen besteht, wieder mit uns vereint zu sein, und schließlich die Einheit der Hochachtung und Ehrfurcht gegenüber der katholischen Kirche, die ihr von anderen, noch nicht christlichen Religionen erwiesen wird ... Die Gläubigen auf Erden beten unablässig zu Gott ... daß Eure Arbeit den Erwartungen und Bedürfnissen der verschiedenen Völker in höchstem Maß entspricht."

Einige seiner Berater hatten gewarnt, das ganze Gerede über Erneuerung und Reform könne den Glauben der Menschen grundlegend erschüttern. Wie als Antwort versammelte sich an jenem Abend das Volk auf dem Petersplatz und entlang der Via della Conziliazione, der Polizei zufolge 500 000 Menschen, um die Eröffnung des Konzils zu feiern und ihre Liebe auszudrücken für den Mann namens Johannes, der von Gott als ihr Papst gesandt worden war. Er erschien auf dem Mittelbalkon und rief aus: „Liebe Kinder, liebe Kinder, ich höre eure Stimmen!"

Sie schwiegen. Er konnte sie in dem Licht, das die große Basilika anstrahlte, sehen und im Licht der Fackeln, die Hunderte von begeisterten jungen Männern hochhielten. Und er fühlte ihre Liebe ihm entgegenströmen, und sie stärkte ihn für seine letzte und größte Mühe. Er sprach zu ihnen von den Hoffnungen fürs Konzil und gebrauchte dabei die einfache Sprache des Volkes. Dann sagte er: „Wenn Sie nach Hause kommen, küssen Sie für mich Ihre Kinder. Sagen Sie ihnen, daß es eine Liebkosung des Papstes sei."

Am Samstag, dem 13. Oktober, sprach Papst Johannes zu den Beobachter-Delegierten im Konsistorialsaal. Er saß nicht auf dem Thron, sondern setzte sich auf einen der im Rechteck angeordneten Stühle, wie er es tat, wenn er sich mit den Kardinälen im Konsistorium traf. Diese brüderliche Geste wurde noch von seinen Worten unterstrichen: „Was meine bescheidene Person angeht, so liebe ich es nicht, mich auf besondere Eingebungen zu berufen. Ich halte mich an die Lehre, die besagt, daß alles von Gott kommt." Ihre Anwesenheit habe ihm Trost gegeben. „Was Sie betrifft, so mögen Sie in meinem Herzen lesen: Sie werden da vielleicht mehr finden als in meinen Worten."

Sie alle konnten in seinem Herzen lesen, diese Männer, die vorher eigentlich nur gemeinsame Gegnerschaft mit Rom verbunden hatte. „Wenn wir heute für jemand in der Welt beten sollten", sagte der protestantische Theologe Paul Tillich später, „dann für Papst Johannes. Er ist ein guter Mensch."

Und wenn jemand unter ihnen geglaubt hatte, Johannes habe das

Konzil einberufen, um einige hochgestochene, aber harmlose Vorschriften ratifizieren zu lassen, wurden sie an eben diesem Nachmittag eines Besseren belehrt, fast sofort, nachdem die erste Allgemeine Versammlung der Bischöfe zusammengetreten war. Die Bischöfe verweigerten ihre Zustimmung zu einer Liste von 160 der Kurie genehmen Kandidaten für die zehn Ständigen Kommissionen, die man ihnen ausgehändigt hatte. Sie verlangten eine Stimme in der hochbedeutenden Organisation der Verwaltungsstruktur des Konzils, vertagten die Versammlung nach nur zwanzig Minuten und kehrten ein paar Tage später zurück, um Männer ihrer Wahl in die Schlüsselkomitees zu wählen.

Es war ein berauschender Augenblick. „Wir merkten, daß wir ein Konzil waren", sagte der amerikanische Bischof Robert J. Dwyer, „nicht als Schulbuben zusammengerufen, sondern um unsere überlegte Meinung zu sagen."

Sie waren als Fremde zusammengekommen, diese aus weit auseinanderliegenden Gebieten stammenden und unterschiedlichen Väter der Kirche, daran gewöhnt, mit Vorgesetzten und mit der Kurie umzugehen, nicht aber mit ihresgleichen. Jetzt erfuhren sie, daß sie, ob afrikanisch oder amerikanisch, ob Missions- oder Metropolitanbischof, ob Theologe oder Seelenhirt, alle eine weite und lebenswichtige Gemeinsamkeit von Interessen hatten. Der Mythos von der monolithischen Kirche wurde erschüttert. Das Konzil war eine Wirklichkeit.

Die Beratungen verliefen nicht glatt. Johannes, der sie am Fernsehschirm beobachtete (nach seiner Eröffnungspredigt ging er bis zum Ende der ersten Session im Dezember nicht wieder in die Konzilsaula), bemerkte die Spannungen zwischen den italienischen Traditionalisten und den fortschrittlicher Gesinnten von jenseits der Alpen, aber er griff nicht ein. Er zitierte gelassen Papst Pius XI.: „Es gibt drei Abschnitte im Konzil: den des Teufels, der die Papiere durcheinanderzubringen sucht; den des Menschen, der zur Verwirrung beiträgt; und den des Heiligen Geistes, der alles klärt."

Im Anfang schien das II. Vatikanische Konzil den Heiligen Geist auf eine schwere Probe stellen zu wollen. Nach der Erregung der Eröffnung – was Zeitungsüberschriften „Revolte der Bischöfe" genannt hatten – wurde es hochdramatisch, als die Väter zur Debatte über das erste Schema, den Vorschlag zur Liturgiereform, kamen.

Außerhalb des Klerus verstanden nur wenige wirklich die Schlüsselbedeutung dieser Vorlage und innerhalb auch nicht alle. An der Oberfläche besagte sie nicht viel mehr, als daß das traditionelle Latein in gewissen Teilen der Messe zugunsten der Volkssprache fallengelassen wurde. Aber die meisten Konzilsväter und gewiß alle Traditionalisten unter ihnen begriffen, daß man, wenn man die Kurie ihres historischen Rechts der Entscheidung in allen liturgischen Angelegenheiten beraubte, der Dezentralisierung Tür und Tor öffnete. Wenn, wie vorgeschlagen, nationale Bischofskonferenzen entscheiden konnten, wann Latein und wann die Volkssprache verwendet werden sollte, würden sie dann nicht auch eine Stimme in Missionsangelegenheiten und bei der Kontrolle der Seminare haben wollen?

Da die Konzilssprache Latein war, lag eine besondere Ironie darin, daß viele der Italiener, die für seine ausschließliche Verwendung in der Messe eintraten, es selbst schlecht sprachen. Und einmal mußte Kardinal Spellman, der amerikanische Traditionalist, jemand bitten, an seiner Stelle zu sprechen, weil das Konzil sein Latein überhaupt nicht verstehen konnte. Andererseits wiesen die nordeuropäischen Prälaten, deren Latein allgemein gut und gelegentlich makellos war, darauf hin, daß weder Christus noch seine Jünger in den ersten beiden Jahrhunderten Latein gesprochen hatten und daß die katholischen Kirchen des östlichen Ritus ihre eigenen Sprachen hatten.

Dann ging Kardinal Ottaviani, der an der Reihe war zu sprechen, zum Mikrophon und verlangte schroff, zu wissen, ob die Väter eine Revolution planten. Die Liturgie sei heiliger Grund, sagte er. Änderungen in der Messe würden den Gläubigen ein Ärgernis sein und sie entfremden.

Leider sprach Ottaviani, da er sich immer mehr ereiferte, mehr als die zehn Minuten, die nach den Regeln jedem Sprecher zustanden. Obwohl Kardinal Bernard Alfrink aus den Niederlanden, der an diesem Tag den Vorsitz hatte, ihn höflich erinnerte, daß er seine Zeit überschritten hatte, sprach Ottaviani in steigendem Ärger weiter. Schließlich schaltete Kardinal Alfrink nach 17 Minuten das Mikrophon ab. Einen pathetischen Augenblick lang setzte das 72jährige Haupt des Heiligen Offiziums seine Rede fort, obwohl man kein Wort mehr hören konnte. Dann, als er merkte, was geschehen war, kehrte er mit rotem Kopf und tief verletzt zu seinem Sitz zurück. Als die Väter Alfrinks Handlung beklatschten und damit ihre Ablehnung der extremen Haltung Ottavianis ausdrückten, erhob sich der alte Mann und verließ den Konzilssaal, um zwei Wochen lang nicht mehr zu erscheinen.

Nach fast einem Monat intensiver Debatten billigte das Konzil begrenzte liturgische Reformen, darunter das Recht der Bischöfe, zu entscheiden, welche Teile der Messe in der Landessprache gesprochen werden konnten. Wichtig aber war, daß das Stimmenverhältnis 1922 zu 11 war; ein überwältigendes Zeichen, daß Änderungen möglich waren.

Das nächste Schema „Über die Quellen der Offenbarung" stürzte das Konzil in eine Krise. Es war von der Theologischen Kommission vorbereitet worden, dessen Präsident Ottaviani und dessen beherrschende Mitglieder ihm Gleichgesinnte waren. Es bestätigte einstimmig einen der schärfsten Unterschiede zwischen der katholischen und protestantischen Theologie: Wie spricht Gott zu den Menschen?

Die Protestanten anerkennen nur eine Quelle der Offenbarung: die Bibel. Aber die katholische Kirche behauptet, daß ein gewisser Teil der religiösen Wahrheit, der sich von den Aposteln herleitet und Tradition genannt wird – beispielsweise die Aufnahme Mariä in den Himmel –, ebenso gültig ist. Viele der Konzilsväter glaubten, die alte Definition der Kirche von der Natur der Offenbarung strapaziere unnötig die religiösen Unterschiede und hindere auch das moderne Bibelstudium. Im Sinn der christlichen Einheit wollten sie ein Schema, das Schrift und Tradition als zwei parallele Wege zu den gleichen Orten darstellte.

Aber Ottaviani blieb unbeugsam. Sein Schema unterstrich den Unterschied zwischen den Überzeugungen der getrennten Bekenntnisse und war dazu in einer Nichtkatholiken weitgehend unverständlichen Terminologie geschrieben. Seine Befürworter, Siri, Ruffini und Kardinal James McIntyre von Los Angeles, verteidigten das Schema mit der Begründung, es vertrete Jahrhunderte katholischen Denkens; und seine Angreifer warnten, seine Annahme würde jede Hoffnung auf christliche Einheit in diesem Jahrhundert zerschlagen. Kardinal Bea mahnte: „Verschließt die Türen nicht vor dem geistlichen Europa und den ausgestreckten Händen der Freundschaft in der Alten und der Neuen Welt!"

Papst Johannes beobachtete die unglücklichen Vorgänge am Fernsehschirm in seiner Wohnung und wußte, daß die protestantischen Beobachter ebenfalls mit besonderem Interesse zuhörten. Am 20. November sah er die Abstimmung der Väter: 1368 zu 822 für einen Vorschlag, Ottavianis Entwurf abzulehnen – aber die Abstimmung blieb ohne Erfolg, weil ihr etwas an der notwendigen Zweidrittelmehrheit fehlte. Und hier nun griff Johannes ein, um das Konzil zu retten.

Er hatte die Väter nicht beeinflussen wollen, daher war er während der Konzilssession in seiner Wohnung geblieben, und es lag sicher nicht in seiner Natur, ihnen seinen Willen aufzuzwingen. Aber die Folge wären fortgesetzte Streitigkeiten, während das Schema Sektion für Sektion debattiert werden würde, ermüdend, verwundend und schließlich vielleicht vernichtend für den guten ökumenischen Geist, in dem das Konzil begonnen hatte. Nach einer Nacht voller Sorge und Gebet schickte er eine Botschaft nach St. Peter, daß er angesichts einer so klaren Mehrheit von Bischöfen, die gegen das Schema waren, es trotz der Abstimmung zurückzog: Eine neue Kommission sollte ernannt werden, um es neu zu fassen.

Was er tat, kann gar nicht überschätzt werden. Ein Sieg wurde nicht gewonnen, aber eine sichere Niederlage war abgewendet. Vatikanum II würde keine tönenden Dekrete von unwiderstehlicher Universalität verkünden, nicht zu Papst Johannes' Lebzeiten, aber es hatte sich ausgesprochen im Namen der „heiligen Freiheit", wie er es zu tun gedrängt hatte.

Und es würde zusammenkommen, nachdem er gegangen war. Die Bischöfe hatten sich und ihre Stärke kennengelernt. Sie hatten dem knarrenden Dictum „Rom hat gesprochen, der Fall ist erledigt" einen tödlichen Schlag versetzt. Statt dessen lagen ein gewisser Optimismus, eine Sehnsucht, eine göttliche Kühnheit in der Luft und würden den Vatikan heimsuchen und die Welt anfeuern.

Einige Fenster können, wenn sie einmal offen sind, nicht mehr geschlossen werden.

Die letzte Generalversammlung des Konzils wurde am 7. Dezember gehalten. Unerwartet betrat Papst Johannes den Petersdom durch eine Seitentür und nahm auf dem päpstlichen Thron Platz. Die Väter, die alle Gerüchte gehört hatten und nun das weiße und abgezehrte Gesicht des Papstes sahen, brachen in tiefgefühlten Beifall aus, standen auf, und wem nicht Liebe und Sorge die Stimme erstickte, rief laut. Johannes betete mit ihnen, segnete sie und verließ das Podium ohne Hilfe.

Am folgenden Tag, dem Fest der Unbefleckten Empfängnis, wurde die erste Session des II. Vatikanischen Konzils feierlich geschlossen. Ein Koordinationskomitee unter Kardinal Cicognani war gebildet worden, um die zweite Session vorzubereiten, die für den 8. September 1963 geplant war. Wieder erschien Johannes, und diesmal mehr der alte scheinend, sprach er die Väter in Latein an: „Während sich nun die Bischöfe aus den fünf Erdteilen anschicken ... in ihre geliebten Diözesen zurückzukehren, verweilen Unsere Gedanken bei dem, was bisher geleistet wurde, und schauen ... in die Zukunft ...

Die Erste Sitzungsperiode ist gleichsam eine bedachtsame und feierliche Einleitung zu dem großen Werk des Konzils gewesen ... Es war notwendig, daß die Brüder, die aus weiter Ferne gekommen sind, um sich um diesen ehrwürdigen Sitz zu versammeln, sich aus nächster Nähe kennenlernten. Sie mußten sich erst in die Augen sehen, um die gegenseitige Gesinnung zu erkennen."

In der 2. Sitzungsperiode „wird", sagte er, „ohne Zweifel jenes heißersehnte ‚neue Pfingsten' aufleuchten, das die Kirche mit größerer Kraft erfüllen und ihre mütterliche Sorge und ihre heilbringende Kraft in allen Tätigkeitsbereichen besser zur Geltung bringen wird ...

In diesem ... Licht grüßen Wir Euch alle, ehrwürdige Brüder, in Erwartung Euer künftigen Rückkehr ‚mit heiligem Kusse', während Wir auf Euch die reichen Segnungen herabrufen ..."

Er stand auf, schaute sie einen Augenblick lang an und schritt dann mit einiger Mühe aus der Basilika. Man ahnte, daß die Väter, seine geliebten Brüder, ihn nicht dort sehen würden, wenn das Konzil wieder begann.

Ich bin Euer Bruder

Im November 1961 schickte Chruschtschow anläßlich des 80. Geburtstages des Papstes Johannes persönliche Grüße und gute Wünsche durch die Sowjetbotschaft in Rom. Johannes hörte nicht auf den Rat ängstlicher Mitarbeiter, mit Vorsicht – oder selbst, wie einige anrieten, überhaupt nicht zu antworten, sandte prompt aufrichtigen Dank für das Gedenken und fügte hinzu: „Ich werde für das Volk Rußlands beten."

Fast ein Jahr später, als das II. Vatikanische Konzil gerade im Begriff stand zusammenzutreten, kamen zwei russisch-orthodoxe Priester in Rom an, die im letzten Augenblick die Erlaubnis ihrer Regierung zur Teilnahme als Beobachter erhalten hatten. Johannes hatte zugesichert, daß ein Angriff auf das kommunistische System nicht auf der Tagesordnung des Konzils stehe, und Chruschtschow, vielleicht ein bißchen ratlos über einen römischen Kirchenmann, der seinen Antikommunismus nicht wie eine Schlachtfahne hißte, beschloß, ihm zu trauen.

Das sollte bald Folgen haben, die weit über Moskau und den Vatikan hinausgingen, denn das Konzil hatte kaum angefangen, als Präsident Kennedy der Welt eine bestürzende Mitteilung machte: Die Vereinigten Staaten hatten erfahren, daß die Russen Raketenabschußrampen auf Kuba bauten, eine schwere Bedrohung der amerikanischen Sicherheit, und daß er der Flotte befohlen hatte, sowjetische Schiffe anzuhalten. Die Zivilisation stand vor einer nuklearen Katastrophe.

In dieser Krise übernahm Papst Johannes die Verpflichtung, für die Menschheit zu sprechen. So wurde er zum dritten Mitglied, wie Norman Cousins, damals Herausgeber der *Saturday Review,* sagte, „eines der unwahrscheinlichsten Triumvirate in der Geschichte: ein amerikanischer Präsident, ein Kommunist, ein Papst, (zusammengeführt durch) die Verwundbarkeit der Zivilisation gegenüber der modernen Vernichtungsmacht".

Cousins selbst spielte eine unvorhersehbare Rolle bei der kurzen Allianz des Trios, denn er war bei der Angelegenheit der Zwischenträger.

Cousins erfuhr durch einen Freund, P. Felix P. Morlion, Präsident der Pro-Deo-Universität in Rom, von Papst Johannes' Bereitschaft, einen öffentlichen Friedensappell zu machen, wenn das helfen könnte, die Gegner vom Rand des Krieges abzudrängen. Er übermittelte diese Absicht sofort dem Weißen Haus und dem Kreml, und Kennedy und Chruschtschow stimmten zu, daß eine solche Initiative sie bei der Suche nach einer friedlichen Regelung unterstützen könnte.

Spät in der Nacht des 25. Oktober 1962 unterbrach nur das Licht im Studierzimmer des Papstes die dunkle Fassade des Apostolischen Palastes, als Papst Johannes an seiner bedeutsamen Adresse arbeitete. Am nächsten Tag appellierte er vor den Rundfunkmikrophonen auf französisch an das Gewissen der großen Führer. Nicht nur amerikanisches und russisches Leben stünden auf dem Spiel, sagte er, auch das Leben aller Völker in der Welt und ihr Schicksal dürfe nicht übersehen werden. Die Geschichte würde die preisen, die das verständen und die das Schicksal der Menschen über ihre nationalen Interessen stellten.

„Mit der Hand auf dem Herzen mögen sie den Angstschrei hören, der aus allen Teilen der Welt, von den unschuldigen Kindern bis zu den Alten, von den einzelnen bis zu den Gemeinschaften, aufsteigt zum Himmel: Friede, Friede!“

Die Zeitungen der ganzen Welt, sogar der Sowjetunion, brachten Johannes' Bitte. Am gleichen Tag, dem 26. Oktober, ließ sich ein Nachlassen der Spannung verspüren, die sich zwischen Ost und West aufgebaut hatte. Am 28. kündigte Chruschtschow an, daß die russischen Raketen aus Kuba abgezogen würden, und Präsident Kennedy lobte ihn für diesen staatsmännischen Akt. Die Krise war vorüber.

Der Friedenswille, der diese drei in eine unwahrscheinliche Verbindung gebracht hatte, lieferte den Anstoß für weitere Erkundungen entlang den Grenzen der Unstimmigkeiten. Und wieder war Cousins der Vermittler. Vor Ende 1962 war er in Moskau, um Kennedys Vorschläge für ein Atomwaffenverbot und Papst Johannes' Interesse an einem versuchsweisen Kontakt zu unterbreiten. Bei einer Begegnung mit Chruschtschow übermittelte Cousins die Sorge des Papstes um das religiöse Wohl des russischen Volkes, nicht nur der Katholiken, sondern aller, die Gott auf ihre Weise zu verehren suchten. Ein besonderer Ausdruck des Eintretens Chruschtschows für religiöse Freiheit, sagte Cousins, wäre die Freilassung von Erzbischof Josef Slipyi, einem Ukrainer, der seit 1944 im Gefängnis saß, als er von Stalin der Kollaboration mit den Deutschen beschuldigt worden war.

Chruschtschow machte keine Versprechungen. Aber er drückte, wie Cousins später schrieb, seine echte Bewunderung für Papst Johannes mit den Worten aus: „Er hat einen großen Beitrag zum Weltfrieden während der schrecklichen Zeit der Kubakrise geleistet" und er würde gute Beziehungen mit der katholischen Kirche begrüßen. Lächelnd fügte er hinzu: „Das heißt nicht, daß ich Katholik werden will, ebensowenig, wie der Papst Kommunist wird." Dann schrieb er eine ungewöhnliche persönliche Botschaft, die er Cousins für Papst Johannes mitgab, in der er unmißverständlich religiöse Anspielungen machte, indem er dem Papst gute Gesundheit für die Weihnachtszeit wünschte.

Ein paar Tage später saß Cousins im päpstlichen Arbeitszimmer und berichtete Johannes über seine Begegnung mit dem russischen Führer.

Als ihr langes Gespräch zu Ende war, gab Johannes Cousins zwei päpstliche Medaillen. Die eine war für ihn wegen seiner Bemühungen um Erzbischof Slipyi. Dann sagte Johannes mit der Bemerkung, daß es „dem Heiligen Vater nicht anstände, Staatsoberhäuptern Auszeichnungen zu verleihen", die zweite sei für *irgend jemand* – und er betonte das Wort –, der sie nach Cousins Meinung verdiente.

Nicht lange danach hörte Cousins, der inzwischen in die Vereinigten Staaten zurückgekehrt war, vom Sowjetbotschafter Anatoli F. Dobrynin, daß Erzbischof Slipyi aufgrund des Interesses von Chruschtschow freigelassen werden sollte. Hocherfreut verständigte Cousins telefonisch sofort den Vatikan, wo Vorbereitungen getroffen wurden, den alten und gebrechlichen Prälaten nach Rom zu bringen.

Dann schickte er die zweite Medaille an Chruschtschow.

Das Ende der Geschichte läßt sich am besten in Cousins eigenen Worten erzählen:

„Einige Monate später kehrte ich nach Moskau zurück mit einer Botschaft von Präsident Kennedy, die einen damaligen Engpaß in den Verhandlungen über das Verbot von Atomtests ausräumen sollte ... Herr Chruschtschow war in guter Laune. Er begann, indem er mir für die Medaille des Papstes dankte.

‚Ich habe sie immer auf meinem Schreibtisch', sagte er. ‚Wenn Parteifunktionäre mich besuchen, spiele ich ganz auffällig damit. Wenn sie mich nicht direkt fragen, was es ist, dann lasse ich sie beiläufig in die Unterhaltung einfließen ... Natürlich fragt man mich dann, was es mit dieser großen gravierten Scheibe auf sich hat. ‚Oh', sage ich dann, ‚das ist nur eine Medaille vom Papst.'"

„Friede! Friede!" hatte er die nuklearen Supermächte angefleht, und jetzt, da der Winter sanft in den Frühling, den letzten Frühling seines Lebens überging, war das Streben nach einem gerechten und dauernden Frieden in einer Welt, in der schon der Samen ihrer Zerstörung gesät wurde, seine quälendste Sorge. Am 11. April 1963, am Karfreitag, setzte er seinen Namen unter die achte und letzte Enzyklika *Pacem in Terris*. Sie war das größte Werk seines Pontifikats. Und weil die Sehnsucht nach Frieden den Menschen allen Glaubens gemeinsam ist, sprach Johannes zu ihnen allen: *Pacem in Terris* ist die erste päpstliche Enzyklika, die sich nicht nur an die Bischöfe und die katholischen Gläubigen, sondern „an alle Menschen guten Willens" richtet.

Sie ist hervorragend begründet und kühn konzipiert, ein Entwurf für eine Weltgemeinschaft, in der Menschen verschiedener religiöser und politischer Anschauungen in Harmonie, Gerechtigkeit, Sicherheit und Frieden zusammenleben können. Mit untrüglichem Geschichtssinn erkennt Johannes die veränderliche Natur des kommunistischen Monolithen. „Falsche philosophische Lehrmeinungen" mögen beständig sein, schrieb er, aber die geschichtlichen Bewegungen, die von ihnen angeregt sind, werden von einer sich ständig wandelnden Welt beeinflußt und unterliegen daher selbst tiefreichendem Wandel. „Man muß ferner immer unterscheiden zwischen dem Irrtum und dem Irrenden, auch wenn es sich um Menschen handelt, die im Irrtum ... über Dingen befangen sind, die mit religiös-sittlichen Werten zusammenhängen. Denn der dem Irrtum Verfallene hört nicht auf, Mensch zu sein, und verliert nie seine persönliche Würde ... und die Fähigkeit ... sich vom Irrtum frei zu machen und den Weg der Wahrheit zu suchen." Er befürwortete fortgesetzte Begegnungen und Abmachungen mit Nichtgläubigen, nicht um einer bloßen Koexistenz willen, sondern in aktiver Zusammenarbeit zum allgemeinen universalen Wohl.

Er sah, wie Rassendiskriminierung und der alte ausbeutende Kolonialismus sich gegenseitig fütterten, und er verdammt beide. „Die

Menschen können nicht ihrer Natur nach andern überlegen sein, da alle mit der gleichen Würde der Natur ausgezeichnet sind. Folglich unterscheiden sich auch die staatlichen Gemeinschaften nicht voneinander hinsichtlich der ihnen von Natur innewohnenden Würde." Eine Welt, in der einige Länder über andere herrschten, sei schon im Abklingen. Jetzt müsse auch die Diskriminierung aus rassischen oder sozialen Gründen verschwinden: „Erst wenn ein Mensch sich seiner Rechte voll bewußt ist, kann er sich seiner Pflichten bewußt werden."

Schließlich wandte er sich dem Konflikt von Nationen zu, wenn sie, um Vorteile und manchmal nur Annehmlichkeiten zu erringen, miteinander in Streit gerieten. „Diesbezüglich hallt in Unseren Ohren noch die mahnende Stimme Unseres Vorgängers Pius XII. nach: ‚Nichts ist mit dem Frieden verloren. Aber alles kann mit dem Krieg verloren sein.'" Vernunft und Zwang seien für die Versöhnung der nationalen Differenzen notwendig und „eine allgemeine politische Gewalt, die nicht mit Gewalt auferlegt wird", um weiterreichende wirtschaftliche, gesellschaftliche, politische oder kulturelle Probleme zu lösen. „Es ist daher zu wünschen, die Vereinten Nationen möchten ihre Organisation und ihre Mittel immer mehr der Weite und dem hohen Rang ihrer Aufgaben anzupassen imstande sein..."

Wenn er auch der steigenden riesenhaften Macht der modernen Waffen abschreckende Wirkung zubilligte, so unterstrich er doch viel mehr ihre Verschwendung und letztliche Gefahr. „So kommt es, daß die Bürger dieser Nationen (die der Atommächte) keine geringen Lasten zu tragen haben und andere Staaten, die sich wirtschaftlich und sozial entwickeln sollten, der notwendigen Hilfeleistungen entbehren... Deshalb fordern Gerechtigkeit, gesunde Vernunft und Rücksicht auf die Menschenwürde dringend, daß der allgemeine Rüstungswettlauf aufhört; daß Atomwaffen verboten werden; und daß endlich alle auf Grund von Vereinbarungen zu einer entsprechenden Abrüstung mit wirksamer gegenseitiger Kontrolle gelangen."

Wo Männer und Frauen, Katholiken oder Nichtkatholiken, Gläubige oder Nichtgläubige sich nach einem von Kriegsdrohung freien Leben sehnten, fand *Pacem in Terris* ein Echo. Ein Leitartikel in der *New York Times* bezeichnete es als eine der „tiefsten und umfassendsten Formulierungen auf dem Weg zum Frieden, die je geschrieben worden sind".

Aber nicht alle zollten Beifall, nicht einmal alle Katholiken. Eine Minderheit, klein, aber lautstark, beklagte Johannes' offene Anerkennung, daß die Zivilisation besser führe, wenn man die kommunistischen Staaten aus dem Fegefeuer herausließ. Das sei feige Kapitulation, behaupteten sie. Aber da der größte Teil der übrigen Welt sich vom Trauma der russischen Revolution erholt hatte und die Hoffnung auf Frieden höher einschätzte als den Luxus unversöhnlichen Hasses, war die überwiegende Reaktion auf *Pacem in Terris* Lob, Begeisterung und Dank.

Am 10. Mai erhielt Papst Johannes den Balzan-Friedenspreis. Zu dieser Zeit war er ernstlich krank und hatte fast immer Schmerzen. Aber als die Ärzte ihn zu überreden versuchten, der Verleihungsfeier, die als Teil der regelmäßigen wöchentlichen Generalaudienz gedacht war, fernzubleiben, sagte er: „Aber warum denn? Was könnte für einen Vater schöner sein, als mitten unter seinen versammelten Kindern zu sterben?"

Seine Krankheit hatte um die Zeit seines 80. Geburtstages begonnen, im November 1961. Am Ende dieses Monats schrieb er in sein Tagebuch: „Ich bemerke in meinem Körper den Anfang irgendeiner Störung. Das ist in meinem Alter wohl ganz natürlich. Ich ertrage sie in Frieden, wenn sie mir auch bisweilen lästig wird, auch weil ich fürchte, sie könnte sich verschlimmern. Es ist nicht gut, darüber viel nachzudenken. Aber trotzdem fühle ich mich zu allem bereit."

Im Sommer schon fühlte er die ersten klaren Symptome eines inneren Gewächses. Später hat man gesagt, daß er die Schwere seiner Krankheit erst nach Monaten erkannt habe. Aber man kann nur schwer glauben, daß ein Mann, der seine Mutter, einen Bruder und vier Schwestern an Krebs verloren hatte, die Anzeichen der Krankheit in seinem Körper nicht bemerkt haben sollte. In seine öffentlichen Äußerungen schlich sich eine elegische Note, noch kein Lebewohl, aber die wehmütige Erkenntnis, daß das Ende seines ruhmreichen Abenteuers auf Erden näher rückte.

„Wir treten in Unser 82. Lebensjahr ein", sagte er in diesem Winter zu einer Gruppe in Sankt Peter. „Werden Wir sein Ende erleben? Alle Tage sind gut zum Geborenwerden, alle Tage sind gut zum Sterben."

Mehreren hundert Kindern, die im Damasushof nicht lange danach versammelt waren, erzählte er von Papst Leo XIII., der 93 Jahre alt geworden war. „Aber schließlich mußte auch er mitmachen, was mit uns allen geschieht, und wahrscheinlich bald auch mit dem Papst, der heute vor euch steht.“

Aber nie verließ ihn sein guter Humor. Als die Ärzte ihm sagten, er habe eine „gastropathische Kondition“, lachte er laut und sagte: „Nur weil ich Papst bin. Sonst würden Sie es Magenschmerzen nennen.“ Nachdem die frühen Berichte über seine Krankheit die üblichen römischen Gerüchte heraufbeschworen hatten, daß er schon an der Schwelle des Todes stehe, sagte er trocken: „Sagt ihnen, der Papst lebt noch. Und es gibt keinen Grund, ihn zu beerdigen, bevor er stirbt.“

Als das Konzil den zukünftigen Kurs der Kirche abwägte, folgte Johannes den Verhandlungen von seiner Wohnung aus und behielt, obwohl bleich und merklich schwächer, einen regelmäßigen Plan von Audienzen und Konferenzen bei. Im November erwählte er seinen alten Freund aus Bologna, Prof. Antonio Gasbarrini, zum Leibarzt als Nachfolger für den verstorbenen Dr. Filippo Rocchi. Man machte eine ausgedehnte Reihe von Röntgen- und andern Untersuchungen. Einige der führenden Spezialisten Italiens wurde zu Rate gezogen. Die endgültige Diagnose war schonungslos und unmißverständlich: nicht operierbarer Krebs. Es war nur noch eine lindernde Behandlung möglich, und Papst Johannes hatte bestenfalls noch ein halbes Jahr zu leben.

Am Abend dieses erschütternden Tags sagte Gasbarrini Johannes, daß er an einem Tumor leide. „Tumor“, wiederholte der alte Mann, der alles verstand, aber gleichzeitig noch voller Rücksicht auf seinen Freund war. „*Ebbene,* Gottes Wille soll geschehen. Aber seien Sie nicht traurig, weil meine Koffer gepackt sind. Ich bin bereit zu gehen.“

Ein begabter junger Anästhesist, Dr. Piero Mazzoni, zog in den apostolischen Palast ein, um Papst Johannes während der nächsten Monate ständig aus der Nähe zu betreuen. Schon ein paar Tage später, während der Nacht von Dienstag, dem 27. November, wurde Mazzoni von einem völlig verstörten Capovilla geweckt: der Heilige Vater litt unter schrecklichen Schmerzen. Er eilte herbei und sah sofort, daß Johannes Opfer einer schweren Darmblutung war. Er verordnete Gerinnungsmittel, Blutplasma und Morphium, und bei Tagesanbruch war die Blutung unter Kontrolle. Johannes, dessen Gesicht vom Kampf gezeichnet und hager war, schlief ein paar Stunden, und seine starke bäuerliche Konstitution sammelte neue Kräfte für die bevorstehenden Kämpfe.

Als die für jenen Mittwoch angesetzte öffentliche Audienz abgesagt werden mußte, begann das vatikanische Presseamt mit der Herausgabe mehrerer unbestimmter und widerspruchsvoller Berichte, die natürlich die Gerüchtemühlen der Stadt mit Stoff versahen. Der Papst habe sich erkältet, sagte die erste Ankündigung; er sei „indisponiert" die zweite, und am 29. November gab es „Symptome einer Gastropathie ... die eine ziemlich intensive Blutarmut hervorgerufen hat". Diese letzte Ankündigung war gerade mehrdeutig genug, um wildeste öffentliche Spekulation zu erzeugen: Der Papst war einer radikalen Operation unterzogen worden; der Papst würde die Woche nicht überleben; der Papst war schon tot.

Aber am Samstag erschien der Papst wunderbarerweise wie üblich am Fenster seines Arbeitszimmers, um mit der auf dem Platz unten versammelten Menge den Angelus zu beten. Schwach lächelnd sagte er: „Die gute Gesundheit, die Uns zu verlassen drohte, kehrt zurück – ist schon zurückgekehrt."

Sie jubelten, wie es die Konzilsväter getan hatten, als sie erfuhren, daß der Heilige Vater seine gewohnte Tätigkeit wiederaufgenommen hatte. Tief gerührt durch ihre Zuneigung, weinte Johannes.

Unter Dr. Mazzonis Obhut und mit regelmäßigen Ruhezeiten erholte er sich erstaunlich. Obwohl er immer noch nicht stark genug war, die regelmäßige Mittwochsaudienz in St. Peter zu halten, wurde verkündet, daß er den päpstlichen Segen von seinem Fenster aus erteilen würde. Das Konzil vertagte sich, so daß die Bischöfe sich unter die Menge mischen konnten, und am Nachmittag hatte sich die Piazza gefüllt. Sobald sich das Fenster des Arbeitszimmers im vierten Stock öffnete, brach ein Jubelsturm mit Hörnern, Glocken und Rufen aus. Schließlich wurde es ruhig, und Johannes sagte: „Meine Kinder, wie ihr seht, ist die Vorsehung mit Uns. Von Tag zu Tag gibt es Fortschritte ... *piano, piano*, Krankheit, dann Genesung. Und eure Gegenwart verleiht Uns Freude und Kraft und Stärke."

Und das war wirklich so. Unglaublich, aber er arbeitete weiter. Seine Koffer seien gepackt, hatte er gesagt, aber es war, als erinnere er sich noch kurz vor der Abreise an dringende Angelegenheiten, die seine Aufmerksamkeit forderten. Er würde gehen und freiwillig gehen, natürlich, aber in diesen letzten Monaten, als er nie wirklich frei von Schmerzen war und manchmal von ihnen gequält wurde, widmete er sich der Lösung der schwersten Konflikte des Konzils, der Abfassung von *Pacem in Terris* und auch dem persönlichen Abschied eines Mannes, der selbst unter dem härtesten Zwang der höchsten Pflicht nie vergessen hatte, daß er auch Sohn und Bruder, Onkel und Freund war. Er schrieb einen langen Brief an seine Familie in Sotto il Monte, einen Abschiedsbrief. Er betrachtete ihn als sein geistliches Testament, und obwohl er ihn an Saverio, seinen ältesten Bruder, schrieb, war er deutlich für alle Roncallis bestimmt.

„Ich glaube, es sind nun drei Jahre vergangen, seitdem ich aufgehört habe, auf der Maschine zu schreiben, wie ich es so gerne getan hatte. Wenn ich mich heute entschlossen habe, diese Gewohnheit wiederaufzunehmen und eine neue Maschine ganz für mich zu benutzen, so habe ich es getan, um Dir zu sagen, daß ich alt werde bei all dem Trubel, den man um meinen 80. Geburtstag gemacht hat, daß es mir aber weiterhin gut geht und daß ich den Weg bei guter Gesundheit wiederaufnehme, auch wenn mir dieses oder jenes kleine Leiden andeutet, daß achtzig Jahre keine sechzig ... sind.

Dieser Brief, den ich gerade an Dich, lieber Severo, schreiben wollte als eine Stimme, die alle erreichen soll ... die zu unserer großen Verwandtschaft gehören, soll für alle ein Ausdruck meiner immer lebendigen und immer neuen Zuneigung sein. Obwohl ich, wie Ihr wißt, in einem so wichtigen Dienst beschäftigt bin, auf den die Augen der ganzen Welt gerichtet sind, kann ich meine lieben Angehörigen, an die ich Tag für Tag von neuem denke, nicht vergessen.

Es ist mir eine Freude, zu wissen, daß Ihr, da ich nicht mehr in persönlicher Verbindung mit Euch stehen kann wie früher, alles Mgr. Capovilla anvertrauen könnt, der Euch sehr gut gesonnen ist und dem Ihr alles sagen könnt, wie Ihr es mir sagen würdet ...

Die vergangenen achtzig Jahre beweisen mir wie Dir, lieber Severo, und all den Unsrigen, daß am meisten zählt: gut und immer auf den plötzlichen Abruf vorbereitet zu sein. Das wichtigste ist: uns das ewige Leben zu sichern im Vertrauen auf die Güte des Herrn, der alles sieht und für alles vorsorgt ...

Seid weiterhin gut zueinander, ihr alle aus den neuen Familien der Roncalli, und versucht zu verstehen, daß ich nicht jeder einzelnen

Familie schreiben kann. Unser Giuseppino hat recht, wenn er zu seinem päpstlichen Bruder sagt: ‚Du bist ein Gefangener in einem goldenen Käfig, der nicht alles tun kann, was er möchte.' ...

Ich weiß wohl, daß Ihr einiges zu erleiden haben werdet von jenen, die recht unvernünftig daherreden: Was ist das: einen Papst in der Familie haben, auf den sich voll Ehrfurcht die Blicke der ganzen Welt richten, und seine Angehörigen müssen so bescheiden weiterleben, und man beläßt sie in ihren einfachen sozialen Verhältnissen! Indessen wissen viele, daß der Papst als Kind einfacher, aber ehrenwerter Leute niemanden vergißt, daß er ein gutes Herz hat und es auch zeigt für alle seine nächsten Verwandten, daß im übrigen seine Haltung dieselbe ist wie die fast aller seiner unmittelbaren Vorgänger und daß die Ehre eines Papstes nicht darin besteht, seine Verwandten zu bereichern, sondern ihnen je nach den Bedürfnissen und der Lage eines jeden einzelnen in Liebe beizustehen.

Das ist und soll einer der schönsten und geachtetsten Ehrentitel des Papstes Johannes und seiner Familie Roncalli bleiben. Bei meinem Tode wird mir nicht das Lob fehlen, das dem heiligen Pius X. soviel Ehre machte: arm geboren und arm gestorben.

Da ich nun achtzig Jahre alt geworden bin, werden mir natürlich auch alle anderen auf diesem Wege folgen. Mut! Mut! Wir befinden uns in guter Gesellschaft. Ich habe immer in der Nähe meines Bettes die Photographie der Marmortafel mit den Namen aller unserer Toten: Großvater Angelo, Barba Zaverio, unsere verehrten Eltern, den Bruder Giovanni, die Schwestern Teresa, Ancilla, Maria und Enrica. Was für ein schöner Chor von Seelen, die auf uns warten und für uns beten! Ich denke immer an sie. Wenn ich ihrer im Gebet gedenke, so gibt mir das Mut und flößt mir Freude ein, und ich habe die vertrauensvolle Erwartung, daß wir uns mit ihnen allen in der himmlischen und ewigen Herrlichkeit vereinigen werden.

Ich segne Euch alle zusammen und denke dabei auch an die jungen Frauen, die zur Freude der Familie Roncalli zu ihr hinzugekommen sind oder die von ihr weg zu deren Freude in andere Familien mit anderen Namen, aber von gleicher Denkart, eingeheiratet haben. Und die Kinder alle: welcher Reichtum und welcher Segen!"

Da jetzt die Prognose seiner Krankheit allen um ihn herum klar war, tat er sein Bestes, sie aufzuheitern. Er drängte Capovilla immer wieder, sich mehr Ruhe zu gönnen: „Sie werden sonst noch vor Ihrem Chef gehen.“ Guido Gusso erzählt, daß er und Capovilla, wenn Johannes es nicht sah, viel geweint hätten. „Ich hatte keine Lust mehr, zu essen und zu trinken“, sagte er. „Ich konnte nur noch Zigaretten rauchen, vier Packungen am Tag, so daß ich sie jetzt nicht mal mehr riechen kann. In den sieben Monaten, da der Heilige Vater starb, verlor ich 35 Pfund.“

Eines Tages bat Johannes Gusso, ihm seinen kleinen Sohn zu bringen. Das Kind war noch nicht drei Jahre alt und sprach venezianischen Dialekt, so daß die Verständigung schwierig war. Aber als der Junge, der Giovanni hieß, sagte, er wolle Priester werden, lachte Johannes: „Du bist zu hübsch. Wenn die Zeit kommt, wirst Du heiraten.“

Der kleine Besuch schien Johannes aufzuheitern, und er half Gusso, anzunehmen, was kommen mußte. „Er hat es aus dem Grund getan, daß ich sehen konnte, daß er ganz ruhig war und daß seine einzige Sorge die um uns war.“

Johannes interessierte sich nicht für die klinischen Aspekte seiner Krankheit. Ganz zu Beginn hatte er Mazzoni erklärt: „Sie werden tun, was Sie tun müssen, und ich weiß, daß Sie es gut machen. Ich selbst verlange nur eins von Ihnen, daß Sie mir ehrlich sagen, wenn das Ende nahe ist.“

Zu Beginn des Frühjahrs empfing Johannes Pietro Bosio, den Pfarrer von Sotto il Monte, der den ersten Stein für ein Seminar für Auslandsmissionare mitbrachte, das neben der Geburtsstätte des Papstes gebaut werden sollte, damit der Papst ihn segne. In Sotto il Monte wären viele, sagte Bosio, die ihn gern besuchen möchten. Johannes antwortete: „Dann sollen sie schnell kommen. Wollen sie warten, bis ich tot bin?“

Als er ein Modell des vorgesehenen Seminars betrachtet hatte, verfaßte er folgende kleine Adresse: „Die Leute von Sotto il Monte mögen sich freuen, nicht so sehr, weil einer, der unter ihnen geboren worden ist, ein Nachfolger des heiligen Petrus wurde, sondern weil der Herr in seiner Güte es zugelassen hat, daß mitten in jenen Feldern und Weingärten zukünftige Missionare ausgebildet werden. Sie mögen sich freuen, im weiten Kreis ihrer lieblichen Hügel einen Leuchtturm missionarischen Lichts zu beherbergen mit jungen Herzen, die vor Liebe zu Gott und den Seelen beben und die in ihrem Eifer im Gleichklang mit dem Herzen des Papstes schlagen."

Dann fügte er wehmütig hinzu: „Wenn Ihr Euch beim Bauen beeilt, komme ich vielleicht persönlich, es einzuweihen."

Am 30. April erlitt er eine erneute Blutung. Diesmal brauchte er mehrere Blutübertragungen neben Gerinnungsmitteln und Morphium gegen die Schmerzen, und 24 Stunden lang wich Dr. Mazzoni nicht von seiner Seite. Die Ärzte überlegten, ob sie eine Radiumtherapie anwenden sollten. Aber sie kamen schnell überein, was jeder im stillen von Anfang an gewußt hatte, daß sie vergeblich sein würde und höchstens zu vermehrter Blutung führen könnte.

Aber wieder fand Johannes die Stärke, dem Ansturm zu trotzen. Am 5. Mai empfing er eine Gruppe in Audienz in St. Peter und ging eine Woche später trotz der Einwendungen Mazzonis zum Quirinal, um bei der Verleihung der Balzan-Preise für Musik, Mathematik und Chemie dabeizusein. Er war der erste Papst, der den Sitz der weltlichen Regierung besuchte, seitdem man ihn 1870 dem Papsttum genommen hatte.

Es beunruhigte ihn, wenn er Voraussagen hörte, einige sogar aus dem inneren Bereich des Vatikans, daß nach seinem Hinscheiden auch alles, was er der Kirche gebracht hatte, vergehen würde: der Geist des *aggiornamento*, das Konzil, alles. Er glaubte es nicht, aber er konnte natürlich nicht sicher sein. „Mögen die Konzilsväter nach Gottes Willen fähig sein, das große Werk, das sie begonnen haben, noch zu krönen", betete er. „Ich opfere alle meine Leiden, *ut unum sint,* daß alle eine Einheit in Christus sein mögen."

Am 20. Mai besuchte ihn Kardinal Stefan Wyszyński, Primas von Polen. Capovilla hatte vorgeschlagen, ihn im Schlafzimmer zu empfangen, aber Johannes lehnte das glatt ab. „Soweit sind Wir noch nicht", sagte er und ging entschlossen die Treppen hinunter zu seiner Bibliothek. Als das Gespräch vorbei war, sagte Kardinal Wyszyński im Hinblick auf die nächste Session des Konzils: „Bis September, Heiliger Vater!"

Und Johannes erwiderte mit einem kleinen Lächeln: „Im September werden Sie entweder mich hier finden oder einen andern. Wissen Sie, in einem Monat schaffen sie das – die Beerdigung eines Papstes und die Wahl eines neuen."

In dieser Nacht hatte er wieder eine Blutung und bekam wieder Blutübertragungen. Da sein Magen jetzt jede Speise verweigerte, mußte er intravenös ernährt werden. Mittwoch, den 22. Mai, morgens, als er sich auf die Audienz in Sankt Peter vorbereitete, wurde er ohnmächtig. Aber er erholte sich schnell und ging ans Fenster, um den Leuten zu sagen, daß die Audienz abgesagt werden müsse: „Ich hatte die Absicht, euch am Mittag zu sehen, statt dessen ziehen wir unsre Verabredung etwas vor. So bin ich hier. Ich weiß, daß unsre Begegnung im Innern von Sankt Peter stattfinden sollte, aber was macht das schon, drinnen oder draußen. Solange es bei Sankt Peter ist, ist es in Ordnung."

Am nächsten Tag, am Fest Christi Himmelfahrt, erschien er wieder am Fenster, um den Segen zu sprechen. Seine Stimme zitterte, und die Menge, die sah, wie schwach er war und daß er nur mit größter Anstrengung sprechen konnte, war ernst und still. Und das war das letzte Mal, daß ihn jemand vom Platz aus sah.

Am 26. erfolgte eine neue schwere Blutung, und Gasbarrini wurde eilends von Bologna herbeigerufen. Aber es war noch nicht das Ende. Am Donnerstag, dem 29. Mai, hatte Johannes' erstaunliche Lebenskraft – was Gasbarrini „eine Konstitution aus Eisen" nannte – die wütende Krankheit zu einem kurzen Stillstand gezwungen. Er stand auf und besprach sich mit Mitarbeitern des Vatikans. Gasbarrini kehrte nach Bologna zurück, und zum erstenmal seit einer Woche verließ Mazzoni, völlig erschöpft, den apostolischen Palast, um einige Stunden zu ruhen.

Aber Schwester Tod, wie Johannes ehrfurchtsvoll sagte, war jetzt ganz nahe. In jener Nacht schlummerte Mazzoni im Arbeitszimmer, als Johannes' schwacher Hilferuf ihn kurz vor Mitternacht weckte. Die Blutung hatte wieder begonnen, und diesmal durchbrach die Wucherung die Eingeweide und überflutete das Bauchinnere mit Gift: Peritonitis. Vier weitere Tage lang schwebte Johannes zwischen Koma und schmerzhaftem Bewußtsein, aber diesmal ließ sich Schwester Tod nicht mehr abweisen.

Am Morgen lag er erschöpft und hager, und das weiße Leinennachthemd hing lose von seinem eingesunkenen Leib. Ein Schwarm Schwalben flog vorbei, als er durchs Fenster blickte, frei und heiter im Frühlingshimmel. Dann wandte er sich wieder dem Elfenbeinkruzifix an der Wand gegenüber zu, dort aufgehängt, „damit ich es beim ersten Blick am Morgen und beim letzten am Abend sehen kann“.

Mazzoni kam mit Capovilla herein. Der Sekretär, von Schmerz verzehrt, versuchte zu sprechen und konnte es nicht. Mazzoni ging zum Bettrand. „Heiliger Vater“, sagte er, „Sie haben mich aufgefordert, viele Male, Ihnen zu sagen, wenn das Ende nahe ist, damit Sie sich vorbereiten können.“

Das ausgezehrte Gesicht auf dem Kissen entspannte sich zu einem kleinen Lächeln. „Ja“, sagte Johannes. „Haben Sie keine Angst, Doktor. Ich habe Sie verstanden. Ich bin bereit.“

Capovilla fiel auf die Knie, verbarg sein Gesicht in den Decken und schluchzte. Johannes streichelte das dunkle Haar. „Mut, Mut, mein Sohn“, sagte er sanft. „Ich bin Bischof, und ich muß als Bischof sterben, einfach, aber mit Würde, und Sie müssen mir helfen. Gehen Sie, holen Sie die Leute zusammen.“

„*Santo padre,* sie warten.“

Das Lächeln verbreiterte sich, das Lächeln eines Vaters, der plötzlich durch die Liebe eines geliebten Sohns gerührt ist. „Schicken Sie mir den Beichtvater herein.“

Nach der Beichte und der letzten Kommunion erhielt er die Krankensalbung. Wieder und wieder flüsterte er die Worte Jesu nach dem Letzten Abendmahl: „*Ut unum sint*“. Langsam füllte sich das kleine Zimmer mit Kardinälen und Monsignori, die sich sammelten, um Zeuge des Todes des Papstes zu sein.

Am Nachmittag kam Battista, jetzt Kanonikus in Bergamo, tief bestürzt und erregt. Johannes fragte ihn nach Neuigkeiten von Monsignore Spada und den andern am *Eco di Bergamo,* und Battista konnte nicht glauben, daß sein Onkel im Sterben lag. Aber am Abend, als Assunta, Saverio, Alfredo und Giuseppe von Kardinal Montini zu ihm gebracht wurden, lag er wieder im Koma. Battista hat später die Szene im Schlafzimmer beschrieben, als die Familie des Papstes einen Platz unter den Würdenträgern der Kirche zu finden versuchte. „Zuerst sagte man ihnen, daß sie nicht weinen dürften. Wenn es sich herausstellen sollte, daß sie ihre Tränen nicht zurückhalten könnten, müßten sie gehen. Die vier armen alten Seelen zitterten und waren noch ganz mitgenommen von ihrer Flugreise, ihrer ersten. Im Zimmer war nur ein schwaches Licht. Wir standen alle hinten, weil wir den Eindruck hatten, daß der Papst Schwierigkeiten mit dem Atmen hatte, daß er Luft brauche und wir sie ihm nehmen könnten, wenn wir zu nahe standen."

Er gewann das Bewußtsein wieder und umarmte seine Brüder und seine Schwester. „Wißt Ihr noch, wie ich nie im Leben etwas anderes sein wollte als Priester?" flüsterte er. „Ich umarme und segne Euch. Ich bin glücklich, weil ich unsern Vater und unsere Mutter im Himmel sehen werde. Betet..."

Am Pfingstsonntag, dem 2. Juni, war seine Temperatur 40 Grad. Er sagte zu Dr. Mazzoni: „Ich leide mit Liebe, aber auch mit Schmerzen, soviel Schmerzen." Er wollte dem treuen Doktor etwas als Andenken geben und fand beim Herumtasten seinen Füllfederhalter auf dem Nachttisch. „Nehmen Sie ihn", sagte er zu Mazzoni, der jetzt auch weinte. „Er ist fast neu."

Zu Capovilla sagte er: „Es tut mir leid, daß ich Sie so lange von Ihrer Mutter ferngehalten habe. Versprechen Sie mir, sie zu besuchen, wenn dies alles vorbei ist."

Am Montag verlor er zum letzten Mal das Bewußtsein. Er lag, nach Luft ringend, in den Kissen, und manchmal hielten sie ihm eine Sauerstoffmaske vors Gesicht. Seine Zahnprothesen hatte man entfernt, und weiße Bartstoppeln rahmten sein Kinn.

Am Abend feierte Kardinal Luigi Traglia, Johannes' Vikar für Rom, eine Messe im Freien für die Tausende, die sich auf dem Petersplatz eingefunden hatten. Der Frühlingswind war so sanft, daß die Altarkerzen kaum flackerten, und das Gebetsmurmeln schien noch in der Luft zu hängen, als die Messe schon zu Ende war. Etwas vor acht Uhr sprach Kardinal Traglia die traditionellen Worte der Entlassung: *„Ite, missa est."*

Und im gleichen Augenblick tat oben in dem schwach erleuchteten Schlafzimmer, wo Schwester Tod wartete, der Mann, der als Angelo Roncalli geboren wurde und als Johannes XXIII. zur Heiligkeit berufen war, einen letzten schweren Atemzug und starb.

Das vatikanische Presseamt veröffentlichte das letzte Bulletin: „Er leidet nicht mehr." Außerhalb der Schlafzimmerfenster schwenkten die Fernsehscheinwerfer über den Platz, der vollgestopft war mit trauernden Menschen, viele von ihnen auf den Knien. Und außerhalb des Platzes trauerte auch die Welt.

Andere Päpste haben den Krieg verurteilt und den Frieden verteidigt, die Tugend gepriesen und das Böse verdammt. Aber im Erleben der lebenden Menschen hat keiner vor Johannes XXIII. jemals die Kirche in den Hauptstrom menschlicher Anstrengungen gelenkt oder alle Menschen und alle Bekenntnisse im guten Kampf willkommen geheißen oder es auch nur entfernt möglich erscheinen lassen, daß sie ihn gewinnen könnten.

Und noch tiefer hatten die Millionen der Welt den Mann begriffen, der unter den Gewändern des Papstes der Weltkirche, des Bischofs von Rom, des Stellvertreters Christi und des Souveräns des Vatikans gelebt hatte. Für diese Massen, einige fromm, einige abständig, bedeutete das bäuerliche Gesicht mit seiner unverhüllten Wärme mehr als alle diese gewichtigen Titel. „Ich bin euer Bruder", hatte er ihnen gesagt. Und sie hatten gelernt, ihm zu glauben.

Namenverzeichnis